유아교육개론

Introduction to Early Childhood Education

유아교육개론

김정임·김준규·박희숙·황현숙 공저

동문사

머리말

교육은 바람직한 인간을 형성하는데 필요한 모든 행위를 가르치고 배우는 과정이자 수단을 의미한다. 이러한 상호작용에 의해 인간은 인간다워지게 된다. 많은 학자들은 인간이 되기 위한 조건으로 교육의 시기가 매우 중요함을 강조한다. 즉, 생의 초기에 어떠한 교육이 행해지는가에 따라 인간의 모습이 형성된다는 것이다. 여기에 유아교육의 필요성과 중요성을 살펴볼 수 있다.

우리나라 유아교육은 1909년에 최초의 유아학교가 설립된 이래 다양한 형태와 내용의 변화를 거치면서 발전을 해왔다. 유아교육에 종사하는 유아교사는 전문대학교나 일반 대학교에서 유아교육을 전공하여 유치원 2급 정교사 자격을 취득해야 한다. 자격 요건을 갖춘 유아교사는 유아기 성장의 철학적, 심리적, 사회적 기초에 관한 교육 이론을 바탕으로 교수학습에 실제 필요한 교육과정, 교육방법, 교사교육 영역에 관한 다양한 이론과 지도능력을 습득해야 한다.

최근, 국가 및 사회에서는 현장의 직무와 대학 교육과의 미스매치를 해소하기 위해 산업체 직무분석을 통해 국가수준의 국가직무능력표준(NCS)을 수립하였다. 이에 따라 유아교육과에서는 현장중심의 직무를 분석하여 수행준거, 지식, 기술, 태도 등을 교육내용과 방법으로 포함하는 교육과정을 개발하고 있다.

이러한 시대적 요구와 유아교육관련 법령 및 제도 등의 변화에 따라 현장의 유치원 교사가 갖추어야 할 전통적 직무능력이 변화되고 있으며, 법정 교과목 또한 개편되고 있다. 유아교육은 다른 전공과는 달리 한 분야의 이론만이 아니라 유아를 가르치는 일인 교실의 수업을 기본으로 하면서 유아를 둘러싼 환경의 준비와 학부모 관리와 함께 전반적인 인간의 발달을 돕는 아주 복잡하고 다양한 직무들로 구성되어 있다. 이러한 측면을 볼 때 유아교육현장에서 요구되는 직무에 해당하는 내용을 가르쳐야 하는 것은 그 무엇보다도 중요하다.

이에 따라 본 교재는 유아교육의 기초가 되는 철학적, 심리학적 이론 및 교육과정의 기초, 유아교육기관의 종류와 기능, 사회변화 추세에 따른 유아교육과정 등을 일목요연하게 고찰할 수 있도록 구성하였다.

이 책을 구성하기 위해 집필진들이 뜻을 모았지만, 책의 완성도에 있어서 유아교육현장의 변화를 모두 충족하지 못한 점이 있다면 차후에 보완하는 기회를 갖고자 한다. 끝으로 어려운 출판 여건 속에서도 이 책이 출판될 수 있도록 도움을 주신 동문사 사장님과 직원 여러분들께 감사드린다.

2017년 2월

저자 일동

차 례

Contents

CHAPTER 01

유아교육의 개념과 중요성

유아를 교육하고자 하는 이들은 유아에 대한 개념을 이해하고 유아교육이 왜 필요한지, 유아를 어떻게 교육해야 하는지, 유아교육이 언제부터 시작되었는지 어떤 방식으로 교육하는지 등에 대한 이해를 필요로 한다. 이 장에서는 유아와 유아교육에 대한 개념, 유아교육의 중요성, 유아교육의 변천과 유형을 살펴보고 개괄적인 이해를 돕고자 한다.

1 유아교육의 개념

유아교육이라 함은 유아를 대상으로 하여 이루어지는 교육을 일컫는다. 유아교육이란 단어를 더 잘 이해하기 위해서는 '유아'의 의미가 무엇이며 어떤 대상까지를 포함하는지 이해할 필요가 있다. 그리고 '교육'의 의미를 생각해 보고 교육이 포함하는 범위를 생각해보아야 할 것이다. 아울러 유아를 대상으로 하는 교육은 다른 성인을 대상으로 하는 교육과 어떤 차이점이 있는지 이해하는 것이 유아교육의 개념을 이해하는 데 도움이 될 것이다.

유아교육에 대한 개념은 시대적 철학적 신념이나 사회 변화에 따라 유아를 교육하는 방법이나 전개가 달라져왔다. 그리고 현재도 정부의 시책이나 세계적 흐름에 따라 유아교육의 의미나 필요성은 다양하게 해석할 수 있다. 이러한 변화에 따라 유아를 교육하는 담당자인 유아 교사의 기준이 무엇이며 어느 범위까지의 역할을 포함할 수 있는지 그리고 유아를 교육하는 교육기관의 범위도 살펴볼 필요도 있다.

여기서는 유아의 개념, 유아교육의 개념을 살펴보자.

1) 유아의 개념

유아의 개념은 시대적으로 사용하던 용어가 조금 다르다. 어린이, 아동, 어린 유아라는 용어들로 혼용되어 왔으나 엄밀히 구분하면 용어에 따라 적용하는 연령의 범위가 달라질 수 있다. 이런 혼용된 용어들은 유아교육을 시작하는 예비교사들로서는 유아라는 기준을 이해하는 데 모호함을 가질 수 있다. 특히 오랫동안 유치원과 어린이집이 이원화되어 있고, 그 외에도 유아들이 다니는 학원 등의 시설이 확산되어 있는 현실에서는 유아라는 대상을 설명하기가 간단하지만은 않을 것이다. 학부모들의 경우에는 유아 교육기관에 대한 명확한 기준을 가진 것도 아니고 유아교육에 대하여 정확한 정보가 부족한 상태에서 유아의 개념을 정의하기란 어려울 것이다. 이러한 학부모를 대상으로 유아교육을 실시해야 하는 유아 교육자들은 교육자 자신과 학부모를 대상으로 유아와 유아교육에 대한 의미를 파악하고 있는 것이 필요하다.

유아의 의미는 시대적인 흐름에 따라 아동관의 변화에 따라 달라지기도 하는데 중세 이전에는 어린이를 어른과의 다른 특성을 가진 독립된 인간으로 보지 않았다. 유아는 축소된 어른으로 성인의 기준에 맞는 생활양식을 갖추어야 하고 사회에 필요한 인재가 되도록 양육되었다고 보아야 할 것이다. 그리하여 건강하지 않은 유아나 양육의 가치가 없다고 생각되면 영아살해가 공공연히 이루어지거나 또는 암묵적으로 이루어지던 시대였다.

중세 이후에도 유아살해에 대한 생각이 달라지기는 하였지만, 아동에 대한 본질적 인식을 가지지 못했고 근대에 와서야 아동기의 중요성이나 양육에 대한 인식이 생기기 시작했다. 코메니우스(Comenius)는 출생부터 6세까지를 유아기로, 12세까지를 아동기로 구분했으며 유아의 시기를 고려하여 적절한 교육을 하도록 한 것을 보면 유아에 대한 특성을 인식한 것으로 보인다. 이후 루소, 페스탈로치, 프뢰벨 같은 학자들이 등장하면서 유아기 교육이 강조되고 다양한 방법으로 유아에 관한 관심이 나타나면서 점점 유아에 대한 인식의 변화가 나타났다. 그러나 유아에 대한 전문적인 연구가 이루어지고 유아기에 대한 관심이 집중하기 시작한 것은 현대에 이르러서라고 할 수 있다.

우리나라의 전통 육아에서는 태내부터 중요하다고 생각하여 태내기도 유아기의 개념으로 포함한다고 볼 수 있다. 유안진(1990)은 태교단계(잉태 전~출생), 감각적 동작 분석 단계(출생~3세), 무릎 학교 단계(3~5세), 자발적 학습 단계(5~7세), 성역할 교육 단계(7~13세)의 다섯 단계로 명명하였다.

루소(Rousseau)도 저서 『에밀(Emile)』에서 유아기를 0세에서 5세까지로 구분하고 아동기는 6세에서부터 12세로 나누었다. 프뢰벨은 출생에서 2~3세를 영아기로 3~5세를 유아기로, 6~8세를 연계기, 8세 이후를 학령기로 구분하였다.

유아에 대한 개념은 보통 연령을 기준으로 분류하는 경우가 일반적이다. 유아교육기관에 들어갈 수 있는 기준도 연령으로 정하고 발달상의 단계를 나눌 때도 연령을 기준으로 하는 경우가 대부분이다. 유아기도 세분화하면 신생아기, 영아기, 걸음마기, 유아기로 나눠 분류할 수 있다. 일반적으로 유아 교육기관에 다니는 0세에서 만 6세까지의 취학 전 연령을 일컫는 경우가 많다.

한국유아교육학회(2003)에서는 '출생에서 만 6세까지의 유아를 대상으로 유치원이나 보육시설에서 이루어지고 있는 교육'으로 밝히고 있다. 우리나라의 유치원 입학기준은 만 3세에서 만 5세까지이며, 어린이집에 다닐 수 있는 기준은 출생에서 만 5세까지로 규정하고 있다.

발달심리학에서 보는 경우는 0세에서 8세까지의 발달상 연속성을 볼 때 초등학교 저학년까지를 유아교육의 대상으로 본다면 유아는 8세까지를 포함하는 경우라 할 수 있다.

위의 정의들을 정리해보면 유아는 의미는 '0세에서 만 5세까지의 취학 전 연령에 있는 대상'으로 볼 수 있다. 그러나 유아라는 진정한 의미는 연령에 따른 구분보다는 성인과는 어떤 다른 발달적 특성을 가지고 있으며, 그 발달 시기에 적절한 교육적 지원을 할 수 있는가에 초점을 맞춘 의미가 더욱 중요하다 하겠다. 유아시기의 발달이 그 이후의 전반적인 인생에 어떤 중요한 영향을 미치는 가치를 가지고 있는가를 보는 관점이 있을 때 더 중요한 의미를 가진다고 할 수 있겠다.

2) 유아교육의 개념

유아교육(Early Childhood Education)은 가정에서 어머니나 보모에 의해 이루어지던 교육 또는 보육형태에서 유아를 담당하는 교육 또는 보육 기관으로 옮겨져 보다 전문적인 형태로 변화되어온 것이라 할 수 있다. 교육 전개방법도 가정의 개별 유아를 대상으로 하던 교육이 기관에서 유아들이 그룹으로 모여 함께 교육받는 형태로 다양하게 전환되었다. 유아교육의 내용적인 측면에서도 성인 중심의 지식 전수라는 인식에서 유아의 발달을 스스로 하는 유아 중심의 교육이라는 인식으로 변화되어 왔다. 교육의 목적이라는 측면에서도 유아에게 학교 가기 전에 미리 익혀야 될 것을 준비시킨다는 의미부터 우수한 영재로 키우기 위하여 미리 교육하는 것의 의미까지 다양하게 강조되어 왔다. 유아 교육기관 명칭도 유아원, 유치원, 어린이집 등으로 분리되어오던 기관들이 유치원과 어린이집으로 이원화되어 있다. 그리고 최근에는 오랫동안 사용하여 왔던 '유치원'이라는 명칭을 '유아학교'로 개정하자는 유아교육법 개정안이 발의되면서 유치원장과 원감은 각각 교장과 부교장으로 명칭을 교체하자는 안이 나왔다. 이렇듯 유아교육의 의미나 범위 또는 명칭은 시대적인 변화에 따라 달라진다.

지금까지 다양하게 해석되어온 유아교육의 관점을 정리해보면 다음과 같다.

첫째, 보육으로서의 유아교육이다.

전통적으로 유아를 양육하고 보호하는 개념으로 교육과는 조금 다르게 구분되는 의미이다. 가정에서 맡아하던 양육을 기관에서 맡아서 돌보고, 발달을 도와주는 의미가 강하다. 유아 교육기관에서 양육자의 역할과 함께 보다 전문적인 교육으로 유아의 발달에 성장을 돕는 것이다.

일제시대 때 유치원 교육이 한국으로 들어오면서 이러한 보육의 의미가 생성되었으며, 1970년대까지 지속되어져 왔다고 할 수 있다. 과거뿐만 아니라 최근의 사회적인 변화에서는 가족 구성원의 변화와 여성 인구의 사회적 진출 등으로 가정에서 육아를 담당할 사람이 없어지면서 보육의 요구는 더욱 필요하게 되었다. 저출산에 따른 육아에 대한 정부의 지원과 관심은 공교육이 강조되고, 유치원 종일반의 적용과 확산, 유치원과 어린이집의 교육과정 통합, 교육비 지원 등으로 이루어지면서 보육의 의미는 교육이라는 기능과 함께 더욱 더 밀접하게 공존한다고 할 수 있다.

둘째, 초등학교 준비로서의 유아교육이다.

초등학교 전 단계로서 입학 전에 필요한 기본 기술이나 사회적 기능 등을 익히게 하는 것을 유아교육으로 보는 입장이다. 기본 학습의 기초인 읽기, 쓰기, 셈하기와 단체 생활에 필요한 지시에 따르기, 손 씻기와 같은 기능을 배워 학교에 적응할 수 있도록 돕는 것이다. 교육을 함에 있어 상급 학교로 진학하기 위해서는 교육의 연계성이 필요한 것은 당연한 일이다. 그러나 상급학교로 진학하기 위한 기초 지식의 전달이 전 단계 교육의 중요 내용으로 이루어지게 될 경우, 적절한 교육이 이루어지기에는 어려움이나 문제를 일으키는 요소가 되기도 한다. 유아시기에 이루어져야 할 적절한 교육이 되기 어렵고, 유아가 배우는 과정에 대한 즐거움을 알기보다는 초등학교 단계에서 잘하기 위한 유아에게 무리한 학습 위주의 교육이 될 우려도 있기 때문이다. 마치 중학교에서 고등학교 과정의 학습을 미리 하는 경우와 같은 예를 들면 이해가 잘 될 것이다. 특히 유아 시기는 이전부터 여러 학자들이 구분해 왔듯이 유아기와 아동기의 어린이는 신체적인 발달이나 여러 가지 면에서 발달적으로 차이가 나타난다. 발달적 차이를 고려한 적절한 교육이 이루어져야 할 필요가 있다.

셋째, 조기교육으로서의 유아교육이다.

유아의 특별한 재능을 조기에 발견하여 교육하는 것이 효과적이라는 관점이다.

유아기는 물론 아주 급속한 발달을 이룬다는 특성을 가지고 있지만 조화로운 발달과 함께 이루어져야 한다. 게다가 심각한 문제점은 조기교육의 관점으로 무조건 빨리 시작하는 것이 효과적인 것처럼 생각되어 영재교육이나 특기교육을 하는 것이 좋은 것처럼 인식하는 것이다. 유아기에 필요한 사회적 관계를 충분히 갖고 마음껏 놀고 풍부한 감정적 경험을 한 유아가 그 다음에 자신에게 맞는 좋은 재능을 발견하는 것이 필요하다. 그래야 그 재능은 행복을 위한 도구가 될 수 있는 것이지 억지로 빨리 개발된 특기는 불행으로 이끄는 도구가 될 수도 있기 때문이다.

최근 학교 교육만으로는 다면적인 인간상 추구가 어렵다하여 7차 교육과정에서는 특별활동 편성과 운영, 내용이 강조되었다. 이 정책과 함께 유아 교육기관 내 특별활동도 이루어지고 있는데, '정규 보육과정 및 교육과정 이외에 별도로 운영되는 프로그램'으로 통칭하여 개념화하고 있으나 사실상 관련 법령에 개념 및 범위에 대한 공식적인 언급이 없다. 이로 인하여 기관에 따라 특별활동은 각양각색으로 이루어지고 있으며 최근에는 조기사교육의 열풍 속에서 정규 보육·교육과정이 오히려 특별활동을 보조하는 형식으로 운영되는 폐해를 낳기도 한다(송정, 2011)는 보고가 있었다. 과다한 특별활동으로 인한 조기교육은 기본을 흔들어 유아교육의 본질적 정체성에 부정적 영향을 미치게 된다. 이러한 보고는 아직도 조기교육의 관점이 유아교육에 적용되고 있음을 보여주는 한 실태이다.

넷째, 보상교육으로서의 유아교육이다.

보상교육(Compensatory Education)은 미국의 'Head Start 프로젝트'에서 유래를 찾을 수 있는데, 저소득층 가정의 부모와 유아를 위해 교육, 영양, 건강, 사회서비스 등을 제공하였다. 가정에서 결손된 보상교육을 유아시기에 적용함으로 인해서 장기적인 효과를 본 것이었다. 우리나라는 국가차원에서 제공하여 실시한 것으로 예를 보면 새마을 유아원을 들 수 있는데, 저소득층 유아를 위한 교육을 한 것이다. 또한 최근의 예는 2004년 50여개의 민간단체들이 함께 시작한 '위 스타트(We Start) 운동'은 빈곤 아동들을 위하여 가난의 대물림을 끊고 새로운 삶의 출발을 돕자는 뜻으로 시작되었다. 지역사회를 중심으로 복지, 교육, 건강 공동체 실현을 통한 아동사업이다. 현재 유치원의 공교육화, 돌보미 교육, 방과후 교육, 종일제, 무상교육의 확대, 건강가정지원센터 운영 등도 국가적 보상교육의 형태로 이루어지고 있는 것이라고 볼 수 있다. 특히 다문화 가정을 위한 지원이나 다양한 가족 형태가 확산되고 있는 현재 실정으로 볼 때 앞으로의 교육에서 보상교육의 관점은 더 필요할 것이라 예상된다.

다섯째, 유아교육과 보육의 통합으로서의 유아교육이다.

유아교육과 보육은 오랫동안 다른 체제적 배경, 법적 근거, 기관 형태를 가지고 이루어져 왔다. 그러나 국가적 사회적 책임으로서의 역할을 해야 한다는 것에는 같은 의미를 가지고 있다고 볼 수 있다. 저출산은 국가적으로 중요한 요소가 되어 왔고, 저출산과 유아교육의 부족으로 인한 결과는 전반적인 경제와 사회에 영향을 미치고 있다. 양쪽 부모 모두가 경제적 활동을 하는 동안 양육을 책임지던 보육의 역할이 어려움을 갖게 되고, 점점 보육과 교육이 통합적 구조로 변화되는 양상이다. 유치원에서도 정규 교육시간 외에도 보육 또는 돌봄의 의미를 가지는 종일반 구성이 만들어지고 점차 확대되고 있는 실정이다.

오랫동안 이원화된 유치원과 어린이집은 「3~5세 연령별 누리과정」이 2013년 첫 시행되면서 본격적으로 통합되기 시작하였다. 만 3~5세 유아에게 국가가 교육비와 보육비를 지원하고 유치원과 어린이집의 공통과정으로의 교육·보육과정 자체가 포괄되었다. 드디어 '누리과정'으로 교육과정을 통일하여 교육의 형태가 이루어지고 있는 이 시점에서는 보육과 교육의 통합으로서의 유아교육 관점이 강조된다고 할 수 있다.

이와 같이 유아교육의 관점을 다양한 측면에서 살펴보았다. 유아교육은 어느 하나의 관점으로 보아서는 안 될 것이며, 시대적인 변화와 상황을 고려하지 않을 수도 없다. 유아교육의 개념을 생각할 때 우선적으로 교육의 주체인 유아의 입장에서 어떤 교육이 되어야 할지 고려해야 할 것이다. 교육은 근본적인 목적이 행복한 인간으로 살아갈 수 있도록 하는 것이다. 유아교육은 행복한 유아가 될 수 있도록 교육하는 것이어야 할 것이다. 이러한 의미에서 본다면 교육이 이루어지는 장소나 규모나 형식보다는 어떤 의미로 유아에게 다가가는지를 보아야 할 것이다. 유아가 필요로 하고, 유아가 즐거워하고, 유아가 하고 싶어 하고, 성장과 발달에 긍정적인 영향을 주는 과정이어야 할 것이다. 특히 유아교육에서는 부모의 관점이나 의사결정이 더 큰 역할을 하기도 하고 미치는 영향이 클 수 있으니, 교육에서 유아의 관점에서 무엇이 중요한 것인지 생각해 보아야 한다.

유아교육의 개념을 정의하는 데도 여러 가지 관점에 따라 다르고, 시대에 따라 다르게 정의할 수 있다. 발달심리학적 관점, 사회적 관점, 교육적 관점 등을 고려해야 할 것이다.

임재택(1992)은 유아교육의 개념을 교육대상, 교육장소, 교육 형식, 교육방향의 네 가지 측면에서 고찰하면서, 유아교육은 0세에서 8세까지의 유아와 부모를 대상으로 가정과 유치원, 보육시설 및 초등학교 저학년에서 유아들의 전인적 성장, 발달을 위한 형식적, 비형식적 교육이라고 정의한다. 유아교육사전(1996)에서는 유아교육의 개념을 "유아교육은 일반적으로 초등학교에 들어가기 전 2~3년간의 교육으로 인식되어 때때로 취학전 교육, 학령전 교육 등의 용어와 동의어로 사용되기도 하였다. 그러나 현대에 와서는 취학 전, 또는 학령전이라는 용어를 포함하여 초등학교 취학 전 유아를 대상으로 하는 교육으로 정의되고 있는 것이 일반적이다. 이것은 유아교육을 학교에 들어가기 이전의 교육, 즉 학령전 교육으로 칭할 경우, 유아교육을 학교 체제 안에 포함시키지 않는다는 것을 의미하기 때문이다. 유아교육은 또한 보육, 조기교육, 재능교육, 초등교육을 위한 준비교육 등으로 해석되기도 하는데, 이것은 유아교육의 극히 부분적인 성격일 뿐이다. 유아교육의 본질은 유아의 전인적 발달을 통합적이고 조화롭게 이루기 위해 유아기가 아니고서는 발달시킬 수 없는 독특한 교육적 경험을 제공하는 데 있기 때문이다. 어떤 행동을 하는 최적의 시기 또는 결정적 시기 이전에 학습을 시키는 것이다. 그러나 실제로는 어떤 행동을 학습하기 위한 결정적 시기가 명확하게 알려져 있지 않은 경우가 많기 때문에 교육의 실제에서 이러한 결정적 시기를 복구할 수 없는 학습 결함을 초래하는 경우가 생기게 된다. 그러므로 학습을 시키는 데 결정적 시기를 놓치지 않도록 일찍부터 적기에 알맞은 교육을 시켜야 된다는 의미로 사용한다."로 정의하고 있다.

한국유아교육학회(2003)에서는 「21세기 바람직한 유아교육에 대한 한국유아교육학회의 입장」을 통해 유아교육을 '출생에서 만 5세까지의 유아를 대상으로 유치원이나 보육시설에서 이루어지고 있는 교육'으로 규정하였다. 유아교육의 개념을 생각할 때는 전반적인 측면의 교육에 대하여 고려해야 할 것이며, 그것은 교육의 목적, 대상, 내용, 전개 방향 등의 모두가 포함하는 것이 이해를 도울 수 있을 것이다. 한국유아교육학회(2003)의 유아교육의 목적과 내용, 방법을 예로 들면 다음과 같다.

〈표 1-1〉 유아교육의 목적, 내용, 방법

준거	내용
유아교육의 목적	1. 유아 개개인이 가지고 있는 잠재 능력을 최대한으로 계발하여 전인으로 성장하도록 돕는다. 전인 교육은 유아의 신체적 발달, 정서적 발달, 사회성 발달, 언어 발달, 인지 발달이 균형을 이룰 때에 이루어진다. 2. 부모가 가정에서 유아를 전인으로 기를 수 있도록 다양한 방법으로 가족을 지원한다. 3. 유아들이 민주 시민으로서의 소양을 갖출 수 있도록 다양한 사회적 경험을 제공한다. 4. 국가적 인적 자원이 될 수 있도록 유아의 잠재 능력을 최대한 계발한다.
유아교육의 내용	1. 유아의 감각 기능과 기본적인 운동 능력 및 기초 체력을 기르며, 건강한 생활습관과 안전에 필요한 지식과 기술, 태도를 기르는 교육 경험을 포함한다. 2. 유아의 기본 생활 습관, 긍정적 자아 개념, 자기조절능력, 공동체 의식 등을 배양해 줄 수 있는 내용을 선정한다. 3. 유아가 음악, 미술, 몸 움직임, 극 놀이 등의 예술을 감상하고, 자신의 생각과 느낌을 창의적으로 표현해 보는 내용을 선정한다. 4. 말하기, 듣기, 읽기, 쓰기에 관심가지기 등의 기초적인 언어 능력을 기르도록 도와주며 동화, 동시 등을 사용하여 자신의 경험과 생각을 잘 표현하고, 주변의 문자 환경에 관심을 가질 수 있는 내용을 선정한다. 5. 유아가 자연 현상과 주위의 사물을 관심과 호기심을 가지고 탐구할 수 있는 내용을 선택한다. 6. 다양한 문화와 사회 현상을 반영할 수 있는 교육 내용을 포함한다. 7. 유아가 현재 가지고 있는 지식과 경험에 기초하여 새로운 개념과 기술을 획득하고 다양한 경험을 통합할 수 있도록 내용을 선정한다. 8. 교육 내용은 탐구할 가치가 있는 것으로서 관련 학문의 합의된 내용으로 선정, 계획한다. 9. 유아의 일상생활 속에서 유아에게 가장 적절하게 관련이 있으며, 의미가 있는 내용을 폭넓게 다룬다. 10. 주제를 중심으로 여러 교과 영역이 상호연관성을 가질 수 있는 내용으로 선정한다.
유아교육의 방법	1. 유아교육에서의 학습 경험과 활동은 생활주제를 중심으로 통합적으로 계획하여 운영한다. 2. 유아 교육기관에서의 하루 일과는 일관성 있게 계획하여 운영하되, 날씨와 지역 사회 여건에 따라 융통성이 있어야 한다. 3. 동적 활동과 정적 활동, 실내 활동과 실외 활동이 균형 있게 이루어지도록 한다. 4. 하루의 생활은 개별, 소집단, 대집단 활동이 균형을 이루도록 한다. 5. 유아교육은 놀이를 중심으로 이루어지도록 한다. 6. 유아가 놀이 활동을 선택할 수 있는 자유 선택의 기회를 충분히 제공한다. 7. 감각 활동이나 직접 경험을 가능하게 하는 구체적인 자료를 제공하여, 유아가 실물이나 구체적인 놀잇감을 직접 조작해보고 탐구하여 활동하게 한다. 8. 교사는 다양한 교수-학습 방법을 활용하여 유아와 상호 작용한다. 9. 교사는 유아의 놀이 행동을 계속 관찰하여 교육 활동의 계획, 실행, 평가가 통합되어 이루어지도록 한다. 10. 평가는 유아의 가능성을 파악하고 발달을 도와주는 자료로 활용하기 위한 것이며, 다른 유아와 상대적으로 비교, 서열화, 점수화하는 것이어서는 안 된다.

유아교육은 다양한 가치, 철학, 목적, 기준, 방법을 고려하여 여러 가지 측면에서 정의될 수 있을 것이다. 유아교육은 유아 개인적인 측면에서 유아가 타고난 자질, 소질, 개성, 적성 등의 잠재력을 극대화시키는 교육이어야 할 것이다. 자신에 대한 긍정적인 존중을 갖게 하고, 타인의 입장도 고려할 수 있는 타인 이해력도 필요하다. 기본적으로 갖추어야 할 사회적인 측면에서도 인성교육의 강화, 창의성 교육의 강화, 효 교육의 강화, 친사회적 행동의 발달이 포함되어야 할 것이다. 미래 사회에 필수적으로 요구되는 다문화적 의식, 정보기술력, 편견을 없애는 개방적 사고 등이 함께 고려되어야 할 것이다. 무엇보다 일관성 있는 유아교육이 되기 위해서는 단기간이 아닌 장기적인 계획과 개인적 차원, 사회적, 국가적 차원의 지원이 함께 체계적으로 이루어져야 할 것이다.

2 유아교육의 중요성

유아교육의 중요성은 시대적 가치 기준이나 의식이 변함에 따라 다르게 나타나고 그 중요성은 점차 강조되어왔다. 유아기에 대한 관심의 증가는 생애 초기 경험이 한 인간의 인생 전반에 미치는 영향을 강조하게 되었고, 무엇보다 중요한 시기임을 밝히는 연구들이 나오면서 그 중요성은 더욱 강조되었다. 아동관, 발달심리적 측면, 가정·사회문화적 측면에서 유아교육의 중요성을 살펴보면 다음과 같다.

1) 아동관에 따른 유아교육의 중요성

시대에 따라 유아를 보는 관점이 달라졌고, 그에 따라 유아교육의 중요성은 달라져왔다. 고대와 중세에서는 아동 자체에 대한 인식이나 이해가 부족하여 아동을 성인의 축소판으로 생각하였다. 아동과 성인의 다른 특성을 고려하지 않고 성인처럼 사회나 국가에 필요한 역할을 해낼 수 있는가를 가치 기준으로 하여 아동을 보았다. 중세에 와서도 고대처럼 유아를 필요에 따라 살해하는 것은 인간의 존엄성에 위배된다고 생각하였다. 그러나 현대처럼 유아를 인간의 기본적 존엄성을 가지고 본다든가 성인기와 다르게 유아기가 가지는 독특한 특성을 인정하지는 않았다.

근대에 오면서 계몽주의 사상이 도래하고 아동의 본성이나 양육의 중요성 등이 나타나기 시작하였다. 코메니우스(Comenius)는 단계적 발달에 따라 성장이 이루어지고 지식을 개발할 수 있는 아동의 잠재능력을 가지고 태어난다고 보았다. 감각적 지각을 통해서 외부의 인상을 배우며 어릴 때부터 인간으로 교육받아야 함을 설명하고 있다. 루소의 아동관은 『에밀』에서 나타난 것처럼 어린이의 관심 분야는 성인과 다르다고 하면서 사람들이 어린이에 대하여 잘 알지 못한다고 하였다. 유아 그 자체로서 보아야 하며 유아 중심적 사상을 주장한 점에서 이전의 사상가들과 다르다. 루소는 새로운 유아관을 주장하면서 유아는 성인과 '질적'으로 구분된 독특한 사고방식을 가지고 있으며, 학습 과정에서 능동적이고, '생득적' 성장 기제를 가지고 있어서 유아교육은 인간의 자연적 발달에 따라야 한다는 것이다(김동일, 2004).

20세기 이후 사회는 아동에 관한 연구들이 다양하게 진행되었다. 그 결과 아동에 대한 권리가 강조되었고, '아동의 세기'라고 불리게 되었다. 1989년에는 UN에서 아동권리협약(United Nations Convention on the Rights of the Child)을 채택하고, 1990년 9월 2일 발효하여 현재 194개국이 비준하였다. 이것은 전 세계 아동의 경제, 사회, 문화에 대한 권리를 규정하는 국제 협약이다.

이처럼 아동의 대한 인식이나 권리를 생각하고 교육 또는 양육하는 것은 시대적인 배경과 상황에 따라 변화해 왔다. 유아교육의 중요성도 이러한 아동관에 따라 달라질 수밖에 없다. 이런 아동관의 변화에 따라 유아교육을 전개하는 방법 또한 달라지고, 양육자나 교사의 역할도 달라진다.

2) 발달적 측면에 따른 유아교육의 중요성

유아기의 중요성은 무엇보다 교육을 실시함에 있어 최적의 효율성에 대하여 이야기 할 수 있다. '세살버릇 여든 간다'는 속담처럼 이 시기에 습득되고 발달된 것이 남은 생애에 지속적인 영향을 준다는 면에서도 중요하다. 이런 부분을 표현할 때 결정적 시기(Critical Period)란 용어를 사용하는 데 어느 특정한 시기에 어떤 기능의 발달이 급격히 이루어지는 것을 말한다. 로렌츠(Lorentz)의 각인(Imprinting) 연구는 '결정적 시기'의 대표적인 예로 알려져 있는데, 태어난 지 얼마 되지 않은 오리들이 갖는 특성을 알아보았다. 갓 태어난 새끼 오리 앞에 연구자 자신이 보고 있으면, 새끼들은 어미 거위를 무시하고 앞에 있던 연구자 로렌츠를 어미라고 쫓아다녔다. 그러나 이 시기가 지나면 이런 현상이 나타나지 않아, 이 시기를 '결정적 시기'라고 부르고, 이런 생의 초기에 특정한 시기 동안 어떤 대상에 노출되면 그 대상에 애착을 가지는 결정적 시기의 중요성을 주장하였다. 이 특성이 마치 유아기와 같다고 보는 것이다.

볼비(Bowlby)나 에인즈워스(Ainsworth)는 유아기 애착연구로 유아기의 중요성을 밝힌 경우인데, 생애 초기에 어머니와 형성한 애착의 질이 그 이후의 사회적 관계뿐만 아니라 인지, 정서발달에도 영향을 끼치는 것으로 결정적 시기의 중요성은 더욱 부각되었다. 브레더튼(Bretherton, 1985)은 애착의 초기 경험에 의해 결정된 것으로 전 생애적으로 언어발달, 표현능력, 문제해결능력, 호기심, 자기통제능력 등과 같은 영역에서 직·간접으로 영향을 미친다고 한다. 더구나 어머니의 영유아기 경험이 이후에 자신의 자녀 양육 행동에도 영향을 미치게 하는 주요 요인이 된다고 한다(이선영, 2009; 최인혜, 2012).

프로이드(Freud)와 에릭슨(Erikson) 등도 유아의 생애 초기의 부모와의 관계가 성격 형성의 기초를 이룬다고 하였다. 긍정적이거나 부정적인 영향은 성격에 결정적 영향을 미친다.

결정적 시기에 대하여 특히 언어발달의 시기를 지적한 레넨버그(Lenneberg, 1967: 180)는 어린시기에 언어에 대한 결정적 시기가 있어 이 시기가 지난 뒤 나이가 든 후에 언어를 자연스럽게 습득하는 것은 어렵다고 하였다. 몬테소리(Montessori, 1964)도 유아기의 민감기를 지적하면서 유아시기에 언어, 감각, 사회성, 질서 등이 민감하게 발달하며 이 시기에 적절한 발달이 일어나도록 도와주어야 한다고 하였다.

블룸(Bloom, 1994)은 지능의 발달과정과 성장에 대한 종단적 연구를 하였는데, 18세의 지능을 100으로 본다면, 0~4세까지가 지능발달의 약 50%, 4~8세까지가

30%, 8~17세 사이가 나머지 20%의 발달이 이루어진다고 하였다. 유아기에 지능 발달의 대부분인 80%가 이루어지는 것을 보고 유아시기의 발달의 중요성을 강조하게 되었다.

뇌 발달 연구는 발달심리학의 다른 분야들보다 뒤늦은 시기에 발전하고 있는 분야이다. 두뇌 발달은 유아기에 급속한 발달을 이루고, 뇌의 구조와 크기는 태내기에 가장 많이 발달하기 시작하여 만 2세 까지 급속히 발달한다(Tompson, 2008; 양옥승 외, 2012). 그리고 3세 이전의 양육 경험이나 교육 경험은 뇌 발달에 중요한 영향을 미친다. 시냅스 형성은 성장함에 따라 수가 많아지며 밀도는 높아져 4세에 절정을 이루는데 10세까지는 지속된다(Begley, 1997). 생애주기별 교육비 투자대비 효율성에 대한 연구에서도, 영유아기 교육기회비용 효과가 가장 높은 것으로 밝혀졌다(Committee for Economic Development, 2006). 이는 유아기에 적절한 환경과 질 높은 경험을 제공하는 것이 효율적인 교육비를 가져온다고 할 수 있겠다.

이와 같은 연구들의 결과는 결정적 시기는 유아기에 집중되어 있고 이 시기에 적절한 발달이 일어나지 않으면 그 다음 시기에 연계되어 긍정적 부정적 영향을 미친다. 이 시기에 발달이 적절히 되지 않으면 그 이후의 발달이 되더라도 정상적인 발달이 일어나기는 어렵다는 점에서 유아기의 중요성을 더욱 강조하고 있다.

그러나 유아기에 가지는 결정적 시기의 특성과 같은 중요성으로 인해 조기교육의 효과를 기대하게 되고, 강조하게 되는 것은 부정적인 결과를 가져올 수 있다. 유아교육사전(1996)에서 밝힌 것처럼 '초기 경험의 중요성에 관한 인식은 조기교육의 필요성을 불러 일으켰고, 조기교육의 많은 성공 사례들은 초기 경험의 중요성을 확인하는 것이 되었다. 그러나 조기교육의 효과에 대해서는 관점에 따라 찬, 반이 엇갈리고 있다. 즉 조기교육이 유아의 지적, 정서적 발달을 뚜렷하게 촉진시킨다는 입장과 지나치게 빠른 조기교육은 오히려 후속적인 발달을 저해하는 악영향을 끼친다는 입장이 대립하고 있다. 또한 조기교육의 개념을 선행학습으로 잘못 이해하여 일찍부터 유아를 훈련시키는 것으로 이해하는 경우가 많아 학자들의 우려를 불러일으키고 있다.'고 할 수 있다.

유아기가 가지는 결정적 시기와 함께 적절한 발달에 맞는 환경과 경험을 제공하는 것이 무엇보다 유아의 행복한 삶을 위한 기회와 바탕을 마련하는 것이라 할 수 있다.

3) 가정 및 사회문화적 측면에서의 유아교육의 중요성

사회는 변화하고 그 시대에 따라 사회적 가치, 가족의 구조나 교육의 형태도 변화한다. 그에 따라 유아교육 또한 의미가 달라지고, 범위가 달라지고, 형태가 달라지고 있다. 변화된 사회문화적인 측면에서 요구하는 유아교육의 중요성을 살펴보면 다음과 같다.

핵가족으로의 확산으로 가족 구조에 의한 기능 및 필요의 변화이다. 대가족 제도에서는 가족 구성원들 간에 유아교육이 이루어지고 전승되었다. 여러 가족 구성원이 양육 시간 외에도 기본예절이나 사회규범 등을 가르치고 육아의 부분을 담당하였다. 그러나 부부와 자녀들만으로 구성된 핵가족화는 유아 교육기관에서 자녀 양육과 교육을 도움 받을 수밖에 없는 실정이 되었다. 그리고 가족의 형태도 이혼가족, 한 부모 가족, 재혼가족, 공동체가족, 조부모가족, 다문화 가족 등 다양해지고 있으며, 가정 차원이 아닌 국가차원에서 교육과 지원이 필요한 때가 되었다.

이와 함께 여성 사회활동 참여 증가와 의식구조 변화가 일어남에 따라 유아교육은 더욱 중요하게 되었다. 여성의 사회 참여는 점점 더 늘어가고 있고, 핵가족 구조에서는 자녀 양육을 전담하기가 어려운 실정이다. 이에 따라 전문적인 유아 교육기관이 필요해지고 양질의 교사가 요구되게 되었다. 유아교육의 중요성에 대한 인식은 일반화되어 가고 부모의 역할은 제한적이므로 유아 교육기관의 역할이 가중해지고 있다. 특이 육아의 역할에서 어머니의 비중은 크고, 교육기관의 결정, 양육자의 선택, 양육비 부담 비중 등을 결정하는 역할을 주로 하고 있다. 직장 일과 함께 양육을 담당해야 하는 어머니의 역할이 충분하기 위해서는 정부적, 국가적 지원 및 정보의 제공이 요구된다.

3 유아교육의 변천과 유형

유아 교육기관의 시작은 1816년 영국의 오웬(Owen)이 방직공장 자녀를 위한 교육과 보호 기능 함께 한 '성격 형성학원(New Institute of the Foundation of Character)'을 들 수 있다. 그 이후에 1911년 맥밀란(McMillan)이 빈민가 유아를 1세부터 6세 아동을 대상으로 개설한 유아원이 오늘날 영국의 '유아학교(Nursery School)'의 시초가 되었다. 독일의 경우는 1840년에 유치원의 아버지라고 불리는 프뢰벨(Froebel)이 '유치원(Kindergarten)'을 설립하였다. 이탈리아의 몬테소리는 1907년 로마의 빈민가에 있는 아파트 주민들을 위한 1세에서 6세의 어린이들을 대상으로 보호와 교육을 겸비한 '어린이집(Casa dei Bambini)'을 개설하였다. 우리나라의 경우 최초로 설립된 1913년 경성유치원과 1914년 이화유치원을 들 수 있다.

각 나라마다 교육제도 체제가 조금씩 다른데, 우리나라처럼 교육과 보육을 분리하여 이루어지는 경우는 일본, 영국, 미국, 캐나다 등을 들 수 있다. 스웨덴이나 핀란드 등은 교육시설과 보육시설을 일원화하고 있으며, 프랑스, 독일, 중국은 대상 연령을 기준으로 기관을 구분하고 있다(양옥승 외, 2003).

우리나라의 유아 교육기관은 교육과학기술부 산하의 유치원과 보건복지부 산하의 어린이집으로 이원화되어있다. 유치원의 설치 및 운영은 「유아교육법」에 의해 운영되고, 어린이집의 설치 및 운영은 「영유아보육법」에 의해 운영된다. 그러나 시대적 변화와 요구에 따라 두 기관 모두 종일반이나 누리공통과정의 운영 등으로 교육과 보호의 양기능이 강조되고 있다.

유치원과 어린이집의 기관 유형을 정리하여보면 다음과 같다.

1) 유치원

유치원은 「유아교육법」(2004.1.29.제정)에 의거하여 만 3세에서 초등학교 취학 전 유아의 교육을 위하여 설립·운영되는 학교로서, 동법 제7조에서는 유치원의 설립주체에 따라 국립유치원, 공립유치원, 사립유치원으로 구분하고 있다. 국립유치원은 국가가 관장하는 유치원이다. 공립유치원은 국가와 지방자치 단체에서 설립 운영하는 유아 교육기관으로 초등학교 내의 병설유치원 원장은 초등학교의 교장이 겸임으로 한다. 초등학교에 속하지 않고 독립된 기관으로 운영되는 단설유치원이 있다. 사립유치원은 개인이나 종교단체, 법인에서 설립하여 운영되는 것으로 공립유치원과 기능은 동일하다.

① 국립유치원: 국가가 설립·경영하는 유치원

② 공립유치원: 국가와 지방자치단체가 설립·경영하는 유치원

③ 사립유치원: 법인 또는 개인이 설립·경영하는 유치원

〈표 1-2〉 **유치원 수와 교원 수**

구분	계	국립	공립			사립		
유치원수(개소)	8,826	3	소계	단설	병설	소계	법인	민간
			4,616	228	4,388	4,207	493	3,655
교원 수(명)	48,530	20	11,911			36,599		

출처: 한국교육개발원, 2014

2014년 기준으로 전국적으로 8,826개의 유치원이 있으며, 48,530명의 교원이 재직하고 있다. 시설 수는 국립 및 공립 유치원 수가 많으나, 교원이나 원아 수는 사립 유치원이 훨씬 더 많다. 최근 1970년대 이후의 유치원 수의 증가율은 점점 확대되고 있으나, 국공립 유치원의 수는 52.3%이고, 사립 유치원 수는 47.6%이며, 교원수는 국공립이 24.6%, 사립이 75.4%로 사립 교원의 비율이 훨씬 높다. 경력 5년 미만의 유치원 교사가 24,832명으로 전체의 51.2%이다. 국공립은 5년 미만이 2,567명이고, 5~10년 미만은 2,452명을 비슷하나, 사립의 경우는 5년 미만이 22,264명과 5~10년 미만이 7,678명으로 5년 미만의 교사가 훨씬 더 많다. 유치원의 교원으로는 원장·원감 및 교사가 있으며 그 외 촉탁의사, 영양사, 간호사 또는 간호조무사, 행정직원 등을 둘 수 있도록 규정되어 있다.

유치원 국가수준의 교육과정이 과거 7차의 개정에 의한 '유치원 교육과정'을 적

용하여 왔는데, 어린이집과 공통으로 적용하는 '누리과정'의 실시로 2013년부터는 만 3세부터 5세 유아를 대상으로 하는 「3~5세 연령별 누리과정」을 공통으로 하고, 어린이집 0~2세는 「표준보육과정」을 실시하고 있다.

2) 어린이집

어린이집은 「영유아보육법」(2011.6.7.개정)에 의거하여 만 6세 미만의 취학 전 아동을 보육하는 기관을 말한다. 동법 제10조에서 보육시설의 종류를 국·공립보육시설, 법인 보육시설, 직장 보육시설, 가정 보육시설, 부모협동 보육시설, 민간 보육시설 등으로 규정하고 있다. 또한 국·공립 보육시설이나 시장·군수·구청장의 인가를 받아 설치되는 보육시설만이 보육시설의 명칭을 "○○어린이집"으로 사용할 수 있도록 영유아보육법 시행규칙에서 규정하고 있다. 일반적으로 어린이집으로 불린다.

① 국공립 어린이집: 국가나 지방자치단체가 설치·운영하는 어린이집
② 사회복지법인 어린이집: 「사회복지사업법」에 따른 사회복지법인이 설치·운영하는 어린이집
③ 법인·단체 어린이집: 각종 법인·사회복지법인을 제외한 비영리법인이나 단체 등이 설치·운영하는 어린이집으로서 대통령령으로 정하는 어린이집
④ 직장어린이집: 사업주가 사업장의 근로자를 위하여 설치·운영하는 어린이집
⑤ 가정어린이집: 개인이 가정이나 그에 준하는 곳에 설치·운영하는 어린이집
⑥ 부모협동어린이집: 보호자들이 조합을 결성하여 설치·운영하는 어린이집
⑦ 민간어린이집: 제1호부터 제6호까지의 규정에 해당하지 아니하는 어린이집

보육시간은 주 6일, 평일 12시간 이상 운영함을 원칙으로 하되, 보호자의 근로시간 등을 고려하여 조정 운영할 수 있다. 보육의 운영주체에 따른 구분 외의 보육시간에 따라서 반일제 보육(6시간 이내), 종일제 보육(오전 7시 30분에서 오후 7시 30분까지 하루 12시간 이내), 시간제 보육, 방과후 보육, 야간 및 24시간 보육, 계절제 보육, 휴일 보육 등 보육 수요자의 요구에 따라 다양한 보육의 형태가 생겨

나게 되었다. 운영 특징에 따라서 영아전담 보육시설, 장애아전담 보육시설도 있다.

또한 보육시설은 다음과 같은 취약보육을 우선적으로 실시하도록 하고 있다. 이에는 영아보육, 장애아보육, 다문화아동보육, 시간연장형 보육이 있다.

방과후 보육시설은 맞벌이 부부의 자녀 등 보호가 필요한 초등학교 저학년 아동을 방과후에 보육하는 시설을 말한다. 이러한 방과후 보육시설은 대상이 초등학교 저학년이며 이를 위한 다양한 프로그램을 실시하게 된다. 이러한 시설은 보육교사 1인당 아동 30명까지 보육할 수 있다.

영아전담 보육시설은 상시 영아 20명 이상을 보육하고 있는 시설로서 시·도별로 배정된 영아전담 보육시설 수량범위 내에서만 전담시설을 지정하도록 하고 있다. 영아전담 보육시설은 1층에 설치된 시설에 한해 지정하는 것을 원칙으로 하고, 건물 전체를 보육시설로 사용하는 경우 예외적으로 전담시설을 지정할 수 있다.

민간 영아전담시설은 시설장과 대표자가 겸임인 시설을 우선 지정하는데 보육시설은 대표자 소유의 부동산이어야 하며, 시·도지사가 해당 지역의 영아보육 수요를 충족시키기 위하여 특별히 필요하다고 판단되는 경우에는 예외적으로 임대된 시설을 전담시설로 지정할 수 있도록 하고 있다. 특히 신청한 시설의 부채비율 등을 고려하여 제정상태가 건전한 시설을 영아전담시설로 지정해야 한다. 영아전담시설은 「영유아보육법 시행규칙」에 의한 시설기준 외에 바닥 난방시설, 냉·온수 샤워시설, 우유병 소독기(반당 1개), 비상약품, 영아용, 보육용품, 기타 영아보육에 필요한 시설을 갖추어야 한다.

장애아전담 보육시설은 상시 장애아 20명 이상 보육하고 있는 시설로 지정하는데 시·도별로 배정된 장애아 전담 보육시설 수량 범위 내에서만 전담시설을 지정하여야 한다.

〈표 1-3〉 **어린이집 현황(2013. 12. 기준)**

구분	계	국·공립 어린이집	사회복지법인 어린이집	법인·단체등 어린이집	민간 어린이집	가정 어린이집	부모협동 어린이집	직장 어린이집
2013	43,770	2,332	1,439	868	14,751	23,632	129	619
2012	42,527	2,203	1,444	869	14,440	22,935	113	523
2011	39,842	2,116	1,462	870	14,134	20,722	89	449
2010	38,021	2,034	1,468	888	13,789	19,367	74	401
2009	35,550	1,917	1,470	935	13,433	17,359	66	370
2008	33,499	1,826	1,458	969	13,306	15,525	65	350
2007	30,856	1,748	1,460	1,002	13,081	13,184	61	320
2006	29,233	1,643	1,475	1,066	12,864	11,828	59	298
2005	28,367	1,473	1,495	979	12,769	11,346	42	263
2004	26,903	1,349	1,537	966	12,225	10,583		243
2003	24,142	1,329	1,632	787	11,225	8,933		236
2002	22,147	1,330	1,633	575	10,471	7,939		199
2001	20,097	1,306	1,991	313	9,490	6,801		196
2000	19,276	1,295	2,010	324	8,970	6,473		204
1999	18,768	1,300	1,965	266	8,327	6,703		207
1998	17,605	1,258	1,927	227	7,468	6,541		184
1997	15,375	1,158	1,634	150	6,388	5,887		158
1996	12,098	1,079	1,280	69	4,688	4,865		117
1995	9,085	1,029	928	22	3,175	3,844		87
1994	6,975	983	807	17	2,267	2,864		37
1993	5,490	837	624	19	1,776	2,205		29

출처: 중앙육아종합지원센터(http://central.childcare.go.kr)

2013년 기준으로 어린이집 현황은 전체 43,770개이고, 국공립은 2,332개, 민간 어린이집은 14,751개, 가정어린이집은 23,632개로 민간시설이 훨씬 더 많다. 해가 갈수록 전반적으로 숫자는 증가하고 있는 추세이지만 국공립의 경우는 전체의 5.3%를 차지하여 적은 편이다.

〈표 1-4〉 어린이집 정원 현황(2013. 12. 기준)

구분	계	국·공립 어린이집	사회복지법인 어린이집	법인·단체등 어린이집	민간 어린이집	가정 어린이집	부모협동 어린이집	직장 어린이집
계	1,782,459	170,050	139,669	62,820	937,632	423,533	3,972	44,783

출처: 중앙육아종합지원센터(http://central.childcare.go.kr)

어린이집 원아수의 경우에는 국공립 원아수가 170,050명으로 전체의 9.5%이다. 민간 어린이집 937,632명(52.6%)과 가정어린이집 423,533명(23.8%)로 전체의 76.4%를 차지한다. 부모협동 어린이집이나 직장어린이집을 합하면 국공립과 법인을 제외한 개인이 운영하는 어린이집이 전체의 79%를 차지한다.

CHAPTER 02

유아 교육사상사

이장에서는 고대에서부터 현대까지 교육사상의 내용을 이해하면서 시대적·역사적 흐름을 살펴보고자 한다. 예비유아 교사들이 유아교육을 공부하고자 하는 데 있어서 교육철학적 관점은 교육의 기초를 형성하는 데에 영향을 미친다. 그러므로 교육사상은 현대사회에서 요구되는 철학적·가치관을 형성할 수 미치기 때문에 중요하다. 이장에서는 역사적·시대적 상황에서 태동한 여러 사상을 이해하는 데에 길라잡이를 제공하고자 한다.

유럽사에서 서양의 정신적 고향으로 서양문화 및 정치의 바탕을 이루었던 고대와 중세는 철학, 과학, 예술, 문학, 정치의 토대를 제공하였다. 현재의 유럽을 중심으로 발달한 서양문화의 근원 속에서 유아교육 사상의 흐름을 고대에서부터 현대까지 살펴보고, 철학적 기초를 마련한 사상가들을 중심으로 설명하고자 한다. 그리고 한국 사상에서 시대적·역사적으로 큰 영향을 끼친 무속, 불교 그리고 유교 교육 사상을 간략하게 설명하기로 한다.

1 서양의 유아 교육사상

1) 플라톤(Platon, 기원전 427～348)의 교육사상

플라톤은 아테네에서 태어났으며, 그가 18세 되던 해에 소크라테스를 만나 소크라테스가 사형될 때까지 그의 가르침을 받았다. 그의 인간관은 소년기와 청소년기의 역동적인 시기와 지속적인 정치적인 정쟁과 전쟁에 따른 사회적 혼란과 도덕적인 타락이 난무한 시대에 형성되었다. 이러한 사회적 풍토는 그의 대표작인 국가편에 잘 나타나 있다.

플라톤은 인간정신의 발달을 위한 사회적 여건개선을 위한 이상적 국가관을 제시하였다. 따라서 인간의 삶에서 영속적인 것과 소멸하지 않은 것 그리고 신성한 것에 대한 탐구를 위한 노력을 하였다. 그는 이성을 통하여 인간의 감각과 신념을 초월한 현재에 접근하고자 하였으며, 이성의 계발을 중요시하였다.

플라톤은 유아기의 중요성을 다음과 같이 언급하였다. 시작은 어떤 일이든지 가장 중요한 것이며, 특히 어리고 부드러운 사물일 경우에 그 사물의 특성이 형성됨을 강조하였다. 그리고 유아기의 교육은 충동적 정서들을 정화해서 성장하면서 이성적 사고를 통하여 통제할 수 있도록 해야 한다. 인간의 성격 형성을 위해서 일찍부터 훈련하는 실제적인 것을 중요시하였는데, 이를 이데아 세계에 도달할 수 있는 기본이라고 전제하였다.

그는 인간이 갖고 태어난 본성에 대한 존중을 바탕으로 교육방법이 적용이 되어야 한다고 한다. 교육방법은 외부로부터 지식을 넣어주는 주입식이 아니라, 인간에게 내재한 능력을 바탕으로 교육적 방향을 갖고 적용되어야 한다고 강조하였다. 따라서 유아기에 맞는 교육방법은 놀이를 통하여 지도하는 것이라고 보았다. 이는 놀이의 특성에 따른 유아의 자발성을 원리로 유아의 욕구가 자연스럽게 표현되는 것을 말하는 것이다. 또한, 플라톤은 어떤 상황에서도 유아를 강제로 학습시켜서는 안 된다고 강조하였다. 그러므로 성인은 유아의 발달을 자연스럽게 놀이를 통하여 할 것을 제안하였다. 그리고 유아기는 정신과 성격이 형성되는 시기로서 그들이 듣는 이야기와 동화는 정신형성에 도움이 된다. 그리고 플라톤은 음악교육이 중요하다고 강조하였다. 따라서 교육의 순서로는 우선 음악교육을 하고 난 후에 체육교육을 해야 한다고 하였다. 특히 리듬과 조화는 유아의 영혼발달에 긍정적인 영향을 미친다고 보았다. 이와 함께 건전한 육체의 단련과 절도 있는 습관과 용기 있는 인간의 양성을 위한 체육교육의 중요성을 주장하였다.

플라톤은 영원불변한 것에 대한 가치를 발견하고 탐구하는 가운데에 인간의 경험과 감각 세계를 초월한 인간의 본질적인 것에 대한 것을 '이데아(Idea)' 라고 표현하였다. 이데아는 이성을 통해 파악될 수 있으며 영원불멸하다. 따라서 현상의 세계에서 끊임없이 변화하는 사물과는 구별된다. 세계는 변화하는 현상계와 불변의 이데아로 나눌 수 있으며, 이를 이분법적 사고로 구분한다. 생성, 변화하는 물질세계에서 사물은 이데아를 통하여 형성되지만, 이는 진리가 아니며 진실한 존재는 이데아이다. 영원하고 진리인 이데아를 발견하기 위하여 사물의 이면에 내재한 것을 발견할 수 있는 안목을 형성시켜줄 수 있는 것이 교육이라고 플라톤은 주장하였다. 그리고 만물의 근원인 선의 이데아를 교육의 목적으로 설정한 관념론을 따르고 한 개인의 성장 속에서 덕성을 발달시키고자 하였다. 그리고 이러한 덕성의 발달을 위한 기초로서 유아기의 교육에 대한 중요성을 강조하였다. 위에서 설명한 플라톤의 유아교육에 관한 내용을 간략히 정리하자면 다음과 같다. 플라톤은 인간의 발달에 있어서 유아기의 교육을 중요시하면서 각 시기에 적절한 교육방법 및 내용을 제시하였다. 특히 유아기에 신체와 정서 발달을 위한 놀이를 통한 접근을 강조하였으며, 이는 후에 이성발달을 위한 토대로서 인간 교육을 강조한 것이다.

2) 아리스토텔레스(Aristoteles, 기원전 384～322)의 교육사상

아리스토텔레스는 트레이스의 스타기라에서 태어났다. 아리스토텔레스는 플라톤으로부터 약 20여 년간 아카데미에서 지도를 받은 후에 철학과 자연과학에 관한 공부를 하였다. 플라톤에게 영향을 받았음에도 불구하고 그는 플라톤의 이상주의를 벗어나 실재의 세계에서 존재의 본질을 찾고자 노력하였다. 그는 현실의 세계에서 존재의 본질을 찾고자 하였으며, 실재하는 것은 현실의 세계라고 주장하였다. 아리스토텔레스는 '인간 삶에서 필요한 능력'에 관한 질문을 하면서, 이러한 문제의식을 사회적 가치관과 연결하고자 하였다. 그러면서 그는 교육적인 문제를 정치학과 연결하여 제시하였다. 즉 교육의 최종적인 목적은 인간의 행복한 삶이라고 규정하였으며, 행복은 교육을 통하여 습득될 수 있다고 보았다. 여기서 행복이란 훌륭한 행위를 추구하는 도덕적·정치적·관조적 활동과 깊은 의미가 있다. 특히 아리스토텔레스는 유아기의 신체적 단련과 놀이의 중요성 등 유아교육에 관하여 구체적으로 제시하였다. 그러면서 그는 유아기에 이루어지는 교육적 활동의 적절성은 성인의 안내와 지도가 뒤따라야 한다고 보았다.

아리스토텔레스에 의하면 사람은 다양한 가능성을 가지고 태어난다고 보았으며, 이러한 가능성은 교육을 통해 실현할 수 있다고 하였다. 인간의 능력은 습관에 의해 변할 수 있기 때문에, 인간이 선한 인간이 되기 위해서 이성에 의한 습관형성이 중요하다고 하였다.

아리스토텔레스는 인간 발달을 3단계로 구분하여 설명하였다.

(1) 제1단계(0~7세)

이 시기에는 유아의 신체발달을 우선시해야 한다. 성인은 자녀가 어린 나이부터 지나친 신체적, 정신적 무리를 하지 않고 신체적 발달을 방해해서는 안 된다고 한다. 그러므로 유아에게 충분한 영향섭취와 휴식을 제공하는 것이 무엇보다도 중요하다. 이 시기에 지나친 신체 훈련보다는 놀이를 통한 신체단련이 중요하다. 그리고 이 시기의 유아는 이야기나 동화를 들려주는 교육을 통해서 도덕교육을 해야 한다고 한다. 또한, 유아가 성장하면서 올바른 언어 사용을 배우는 것 역시 중요하다고 강조하였다.

(2) 제2단계(7~14세)

이 단계의 교육에서는 읽기와 쓰기, 체육, 음악, 미술 등으로 구성된다. 읽기, 쓰기, 미술은 일상생활과 연관 있는 유효한 내용을 선정해야 한다. 그리고 체육은 용기를 북돋워 주며, 음악은 지적인 즐거움을 제공하기 때문에 중요하다고 하였다. 이 시기의 아동은 여가선용을 위한 음악교육을 통해서 조화로운 영혼의 발달을 강조하였다.

(3) 제3단계(14~21세)

이 시기는 고등교육에 해당하며, 이 연령에서는 수학, 과학, 논리학, 철학, 수사학을 배운다.

청소년은 이러한 다양한 과목의 습득과 함께 지식을 통하여 이성적 훈련과 시민적 자질을 습득한다.

위에서 살펴본 바와 같이 아리스토텔레스의 교육사상은 이성의 훈련을 통해 행복의 획득에 목표를 두었으며, 다수를 위한 공교육을 강조하기도 하였다. 특히 인간의 전인 발달을 위해 유아기교육을 강조하였으며, 유아기에 필요한 덕목과 방법을 구체적으로 제시하였다.

3) 코메니우스(John Amos Comenius, 1592~1670)의 교육사상

코메니우스는 북유럽인 지금의 체코에 있는 한 촌락인 모라비아에서 태어나서, 일찍이 부모 형제들을 모두 잃고 10세 때에 고아가 되어 친척 집에서 자랐다. 그 후 그는 16세 때 대학에서 학업을 마친 후 고향에 돌아와 교사로서 재직하다가 1616년에 목사가 되었으며, 교육과 종교 분야에서 활동하였다. 교육개혁가로서 코메니우스는 실학주의 교육자와 자연주의 개혁가 사이의 중간적 위치에 있다고 간주할 수 있다. 코메니우스의 본격적인 학문적 연구는 유럽에서 발생한 30년 전쟁(1618~1648)으로 인해 망명생활을 할 수 밖에 없었던 폴란드에서 시작되었다. 그는 전쟁으로 가족과 조국을 잃은 슬픔을 이겨내고, 인간 개개인의 행복과 민족의 해방을 위해 노력하였을 뿐만 아니라, 세계평화를 위한 일념으로 활동하면서 제도적 구축을 이루었다. 그래서 그의 실천적 의지는 사회적 개혁을 위한 철학적 동기를 갖고 적극적으로 사회적 활동으로 이어졌다. 따라서 코메니우스의 평화교육사상은 인간생활 전반을 학문적·정치적·종교적 차원을 포괄하는 범 개혁적 차원에서 인식하고 실행했다는 데 기인한다.

코메니우스는 기독교의 교육관을 바탕으로 신분적인 차별을 넘어선 만민평등의 교육을 강조하였다. 그의 평등교육 이념에 따르면, 남녀 모든 젊은이를 학교에 맡겨야 한다. 돈이 많고 지체 높은 집의 어린이들뿐 아니라, 모든 어린이는 그들이 귀족이거나 비천하거나 할 것 없이, 돈이 많거나 가난하거나 사내아이이든 여자아이든, 또는 도시 출신이든 시골 출신이든 할 것 없이 평등하게 교육을 받아야 한다고 강조하였다. 그의 평등이념은 기독교 정신에 입각한 것으로 신 앞에서 인간의 평등함을 내세우며, 여성과 아동도 교육의 대상이 되어야 한다고 주장하였다. 그는 평등 차원에서 인간의 교육문제에 특별한 관심을 두고 유아의 전인격적 발달을 위한 조건을 학문적으로 정리한 그의 교육 저서에서 제시하였다. 예를 든다면 그의 저서인 『어머니 학교의 지침서(Informationize Mutterschule, 1628)』에서 유아교육을 강조하였다. 유아기에는 성인들의 세심한 배려와 함께 조심스레 다루어져야 한다. 그러므로 여기에는 무엇보다도 어머니의 손길이 요청되는 것이다. 이때 유아의 두뇌는 안정성이 요구되는데, 이것은 5, 6세 아동의 두뇌형성이 이 시기에 이루어지기 때문이다.

또한, 이 시기의 연령에서 아동의 자발적 놀이와 가정교육의 중요성을 제시하였다. 코메니우스는 아동의 정신적 능력은 '아무것도 쓰여 있지 않은 백지(Tabula Rasa)'라고 보았다. 또한 아동의 자연적인 본성은 없으나, 아동의 정신은 『대교수학(Great Didactics, 1632)』을 통해서 활성화되어야 한다고 하였다. 그러나 아동의 잠재적 능력은 무한하다고 강조하면서 범지학(Pansophie)에서 유아교육을 위한 교수법을 다음과 같이 제시했다. 인간은 교육을 통해 지식으로 인도되어야 한다. 인간은 자기 삶의 단계에서 항상 자신의 삶을 수용하면서 학문과 성실성을 연마하고, 종교에 익숙해져야 한다. 학문은 관습(도덕적 규범과 습관)과 경건(종교), 포괄적인 지식을 연결해 주는 역할을 한다. 이러한 것은 인간의 일생을 걸쳐 이루어지는 것이며, 인간은 평생 배우며 노력하면서 신앙 속에서 자기의 삶을 터득하는 존재이다. 따라서 유아기의 교육은 인간 생애의 전반에 걸쳐 이루어지는 교육의 기초로써 그 중요성을 갖는다.

코메니우스는 인간의 구원을 위한 교육의 단계에서 유아기의 교육을 중요시하였다. 유아기의 발달은 인간발달을 위한 기초적 단계로서, 즉 기초교육으로서 매우 중요하다. 유아기는 봄에 씨 뿌리는 시기와 마찬가지이다. 그 후의 인생의 여러 시기는 수확하는 시기이다. 생의 영원한 축복은 좋은 죽음에 놓여 있다. 좋은 죽음은 삶에 의존하고, 좋은 삶은 좋은 훈련과 좋은 행위에 의존하고 있으며, 그것은 다시 시기의 올바른 기초 교육에 의존한다고 보았다. 코메니우스는 유아의 교육에 대한 가능성뿐만 아니라 교육의 필요성을 강조하였다. 특히 교육의 결정적 시기는 중요하며, 이는 유아교육 시기를 의미하므로 이를 간과하지 말 것을 강조하였다. 그는 유아에 대한 긍정적인 이해 속에서 유아에 대한 표현을 다음과 같이 하였다. 유아는 신의 자녀이며, 천국의 후계자로 보면서, 자연성을 통한 아동의 경험을 강조하였다.

그는 자기의 저서 대교수학에서 학교 교육의 단계를 구상하여 제시하였다.

① 어머니의 무릎 학교(0~6세): 신체건강, 일상 언어, 도덕과 신앙의 기초, 자연계에 대한 지식전달하는 시기

② 모국어 학교(13~18세): 모국어, 종교, 산수, 역사, 지리, 미술, 물리 등을 전달하는 시기

③ 라틴어 학교(13~18세): 모국어, 라틴어, 그리스어, 히브리어, 칠자유학과, 물리, 지리, 역사, 도덕, 종교 등 전달하는 시기

④ 아카데미(19~24세): 신학, 철학, 법학, 의학 등 다양한 학문전달, 그리고 여행과 고전을 중시하는 시기

코메니우스의 사상은 개관적인 교수 방법, 직관적 교수법, 시청각을 이용한 교육방법, 인간의 내적발달을 강조하는 교육원리 등을 통해 사상적인 측면에서 큰 영향을 끼쳤다.

4) 루소(Jean Jacques Rousseau, 1712~1778)의 교육사상

근대교육의 선구자로 불리는 루소는 스위스의 제네바에서 태어났다. 작가이며 생물학자이었던 그는 교육소설인 『에밀』이라는 저서를 1762년에 출간하였다. 루

소는 교육소설인 『에밀』을 통해 전통적인 교육관이나 교육방법을 비판하고 새로운 근대 시민사회에 적합한 인간 형성을 위한 교육론을 주장하였다. 18세기 후반에서 19세기 전반 동안 유럽은 자연주의 교육사조가 지배했다. 루소는 "자연으로 돌아가라"는 구호처럼 인간에게 자연을 통한 교육을 강조했다.

그는 자연의 원리에서 교육의 목적, 내용, 방법을 찾아냈으며, 자연의 원리에 맞는 교육을 함으로써 인간은 자유롭고, 행복하게 살 방법을 배울 수 있다. 그가 말하는 자연은 외부적 자연이 아니라, 이는 인간 내면에 잠재된 심리적·정신적 자연을 뜻한다. 이러한 내면에 잠재되어 있는 정신적 자연은 오염된 외부의 환경으로부터 왜곡되고 변질하기 이전의 순수한 인간 본성을 의미한다. 루소의 주장은 결국 교육을 통해 잠재된 인간의 순수한 본성으로 돌아가자는 뜻이다.

루소는 아동이 성인으로부터 인위적이고 강제적인 교육에서 벗어나서, 아동의 의지와 자유를 통해 아동 스스로 자기 환경에서 직접 경험할 기회를 가질 수 있어야 할 뿐만 아니라, 자기의 의지 속에서 진정한 자유를 깨달을 수 있다고 보았다. 결국 진정한 교육은 아동이 스스로 자기의 의지 속에서 진정한 자유를 깨달을 수 있도록 이루어져야 한다고 보았다. 그리고 교육의 진정성은 아동이 주체가 되어야 이루어질 수 있다고 강조했다. 루소는 그의 교육소설 『에밀』을 통해 아동은 자연을 통해, 아동의 욕구와 능력의 균형을 도모하기 위하여 알맞은 교육으로 이끌어 나아가야 한다고 주장했다. 이러한 아동 중심의 교육을 강조한 그는 인간은 다섯 발달단계에 따라 교육하여야 한다고 주장하면서, 그는 제 1단계 유아기에서 유아에게 잠재된 전인 발달의 가능성을 제시하고, 이를 위해 어머니의 책임을 강조했다. 유아의 신체적, 정신적 그리고 정서적인 발달에 대해 어머니의 책임을 강조하면서도, 양육방법은 아동의 내적인 자연의 질서에 따라야 한다고 강조했다. 이는 인격형성의 기초가 유아기에 형성되기 때문이다. 이때 형성되는 인간의 생활습관은 자연적으로 형성되어야 하지만, 단순히 주어진 것이 아니라 자연적인 교육을 통해 형성되어야 하는 '좋은 습관'이라고 하였다. 아동은 인위적인 관습에 의해 좋은 생활습관이 형성되는 것이 아니라, 아동들이 스스로 보고, 듣고, 느낌으로써 직접 판단할 수 있는 능력을 기를 수 있다. 그는 이러한 좋은 습관을 교육과 동일시하였고 인간 내면에 잠재된 본성 속에 있는 습관을 '자연에 맞는 습관'으로 구분하였다.

루소는 교사의 자질로서 아동을 위한 교육관과 함께 아동을 지적, 신체적과 정서적으로 조화롭게 발달시킬 수 있는 자세를 강조한 것이다. 그는 아동의 시기에 예민한 이성이 형성되고 성숙의 시기에 통찰적인 이성이 형성된다고 보고, 그래서 교육의 과제는 아동의 발달과정을 포함해야 한다고 하였다. 자연은 아동의 발달시기에서 신체적·감각적인 현실체험을 할 수 있는 장소로써 간주되고, 이 시기에 자연은 아동에게 맞는 힘이 자유스럽게 발달될 수 있는 조건을 제공할 수 있음을 간주하였다.

루소의 교육목표는 사회적인, 비판적인 그리고 자율적인 인간에 초점이 맞추어졌고, 이는 인간의 도덕적, 통찰적인 측면에서 결정되어진다고 생각할 수 있다. 물론 아동이 이 시기에 자기의 아동적인 자연을 감각적 이성으로 발달시킬 수 있을 때 가능한 것이다. 루소의 자연주의 교육사상과 더불어 중요한 교육사상은 소극적 교육론이다. 그는 성인이 자칫 교육이라는 명목 하에 인위적이고 관례적인 사회의 관습과 이념을 주입하려는 것이 아닌 다른 교육적 입장을 내세웠다. 그의 소극적 교육이란 학생들에게 직접 간섭하는 것을 삼가고 스스로 알아서 할 수 있는 교육적 환경 속에서 아동 스스로 경험하고 판단할 수 있음으로써 진정한 교육이 가능하다고 보았다. 예를 들면 다음과 같다.

교사: 사람은 그것을 하면 안 된다.
아동: 왜 사람이 그것을 하면 안 되나요?
교사: 그것은 나쁜 것이기 때문이란다.
아동: 나쁜 것, 나쁜 게 무엇인가요?
교사: 네가 하지 말아야 할 일이란다.
아동: 어른들이 금지한 것을 만약 내가 하면 무슨 일이 일어나나요?
교사: 네가 말을 듣지 않았다고 너는 혼이 날 것이다.
아동: 어른들이 모르게 나는 그것을 할 텐데요.
교사: 어른들이 너를 감시할 텐데.
아동: 나는 숨을 텐데요.
교사: 어른들이 너를 찾아낼 텐데.

아동: 나는 거짓말을 할 텐데요.

교사: 사람은 거짓말을 하면 안 된다.

아동: 왜 거짓말을 하면 안 되나요?

교사: 왜냐하면 그것은 나쁘기 때문이란다.

위의 예문에서 알 수 있듯이 도덕교육을 인위적이나 강제로 가르침은 무의미하며, 이는 오히려 아동에게 거짓이나 자신을 속이는 기만을 조장하는 결과만 초래할 것이다. 그래서 도덕은 가르치는 것이 아니라 악으로부터 보호하고 진리를 주입하거나 인위적으로 가르치려고 하지 말고 진리를 스스로 깨달을 수 있는 교육의 환경을 만들어 주어야 한다. 성인이나 교사는 아동에게 스스로 하고 싶은 일을 할 수 있도록 도와준다는 것이 소극적 교육이라고 한다. 루소는 인간의 내면에 잠재되어 있는 자연적 재능을 위해 아동에게 알맞은 환경을 조성해서 돕는 것이 소극적 교육이라고 했다. 이는 아동이 마음대로 한다는 자유방임적 태도가 아니라 스스로 할 수 있는 교육적 환경을 조성해주고 아동 스스로 할 수 있게 한다는 아동 중심의 교육을 의미한다.

5) 페스탈로치(Johan Heinrich Pestalozzi, 1746~1827)의 교육사상

(1) 페스탈로치의 교육관

전인교육을 국민 교육적 차원에서 발전시킨 사람은 교육학의 대부인 페스탈로치이다. 그는 스위스의 취리히에서 태어났으며, 페스탈로치는 일찍이 조목사인 조부로부터 기독교 신앙의 영향을 받아 사랑과 겸손을 배웠다. 이러한 신앙심을 바탕으로 후에 그는 교육자로서 그리고 실천가로서 훌륭한 업적을 남겼다. 그의 교육사상은 자연주의, 범애주의, 신인문주의에서 사상적 바탕을 두고 있다. 페스탈로치는 루소의 영향을 크게 받았지만, 루소의 교육 사상을 비판적으로 받아들이면서 독자적인 교육론을 주장하였다. 그는 루소의 자연이라는 이상형을 완전히 따르지는 않았지만, 교육이란 아동의 자연성에 조화되어야 하며 인간의 발달은 자연법칙에 의존해야 한다고 주장했다. 루소의 자연주의 교육사상은 페스탈로치에 의해 완성되었다. 즉 페스탈로치는 루소의 소극적이고 다소 모순적인 자연주의를 적절한 교육과 새로운 교수 방법에 의해 부패한 사회를 개혁하는 방향으로 더욱 적극적으로 시도한 최초의 교육자가 되었다.

페스탈로치는 아동에게 독립심과 성인의 사랑을 확대할 것을 주장하였다. 그의 유아관은 모성애를 통해서 설명되고 있다. 페스탈로치에 있어서 어머니의 사랑이 표현되는데, "모성은 모든 자연의 질서 중에서 가장 아늑하면서도 가장 매서운 힘입니다. 모성은 이에 대한 자격을 갖추고 있습니다. 왜냐하면, 신의 섭리가 이 과업을 수행할 능력을 선사하였기 때문입니다." 페스탈로치는 "어머니는 하늘에서 주신 선물이다"라고 표현했다. 어머니의 사랑이 아동에게 교육의 뿌리를 내릴 수 있다고 주장했는데, 즉 모성애는 교사에게서 가장 중요한 조건이며 원동력이라고 할 수 있다.

(2) 전인교육론

그는 인간의 내면에 잠재되어 있는 능력을 세 가지로 구별하였다.

① 머리-Kopf(지적능력): 인지적 사고의 발달로서 사고력과 판단력의 발달과 관계됨.

② 심장-Herz(관습적·종교적 자세): 인간의 심성을 뜻하며 도덕과 종교적 교육과 연결됨.

③ 손-Hand(신체적·기술적 능력): 신체적 연마와 기능적 습득을 의미함.

페스탈로치는 머리, 심장과 손의 조화로운 발달을 통해 교육이 실천될 것을 강조하면서, 이 세 가지 요소 중에 특히 심장(마음)의 발달을 가장 중요히 여겼다. 이는 어린 아동일수록 풍부한 감정과 인간적인 인성을 육성함이 중요하다고 보았기 때문이다. 그는 성인이 아동의 인성교육을 위해서 아동을 우선으로 대하여야 하며 아동과 함께 애정, 생각 그리고 신뢰 등의 감정에 관해서 대화할 것을 언급했다. 이러한 성인의 애정을 바탕으로 아동이 자기의 감정을 여러 방법으로 스스로 배우고 느끼게 할 것을 주장하였다. 페스탈로치의 아동관은 유아를 선천적으로 선하지도 않고 악하지도 아닌 '중간적 존재'로서 바라보았으며, 아동이 처한 환경의 중요성을 언급했다.

교육은 유아들에게 잠재해 있는 여러 가지 능력의 조화와 발달을 이룰 수 있도록 하는 것이며, 이 때 교육은 '자연의 법칙'에 의해 아동의 발달 가능성을 충분히 인정하면서 사물에 대한 직관에 따라 하여야 한다. 교육은 아동의 자연적 발달과정에 따라 이루어져야 하며, 교육의 궁극적 목적은 사회적 인간변화에 있다. 또한, 교육은 잠재된 아동의 능력을 개발할 수 있는 기회를 제공해 주는 것이다. 그래서 아동의 전인 발달을 위해 교육적인 환경을 만들어 주어야 하는 것이 중요한 이유이다.

6) 프리드리히 프뢰벨(Friedrich Wilhelm August Fröebel, 1782~1852)의 교육사상

(1) 프뢰벨의 교육사상

유치원의 창시자인 프뢰벨은 일찍 어머니를 잃고 불우한 유년 시기를 보냈다. 그는 1799년 예나 대학에 입학한 다음 다시 괴팅겐 대학과 베를린 대학에서 자연과학과 철학을 중심으로 공부하였으며, 가정교사와 비서생활도 했다. 그는 정신적으로는 낭만주의 사상의 영향을 받아 자연에 대한 신비성을 알게 되었다. 이러한 그의 신비주의 사상이 그의 인생관과 세계관에 깊은 영향을 끼쳤다. 그러기에 그의 교육관은 이에 깊은 연관성이 있음을 알 수 있다. 잘 알려진 그의 저서인 『인간교육』(Menschenerziehung, 1826)에 그의 교육사상이 잘 반영되어 있다. 프뢰벨의 인간관은 인류학적 관점을 함축하고 있으며, 그는 기독교 사상에 근거하여 인간을 신의 창조물이라고 했다. 인간이 갖는 내면적 자세는 그의 교육론에 잘 반영되어 있으며, 그의 종교적 자세는 은물이론(Spieltheorie)에서 기술한 교수 방법에서 엿볼 수 있다.

유아기의 교육을 위한 중요한 사상은 그의 저서인 『인간교육』에서 발전되었다. 그의 교육적 사상은 셀링과 피히테의 철학에서 영향을 받았으며, 그의 저서에서 독자적인 세계관을 정립하였다. 그의 세계관을 설명하자면, 인간은 신의 창조물로 이해되며, 신은 창조자로서 동시에 이 세상의 피안세계면서 역시 창조의 한 부분이다. 모든 사물과 존재물은 신의 창조물인데 신적인 힘을 통해 영혼이 불어 넣어졌고, 이것이 인간에게 미치는 신적인 힘으로써 인간의 노력과 내적인 법칙으로 표상하는 것이다. 이렇듯 그의 인간관은 신성을 강조하면서 중요한 저서 『인간교육』의 첫머리에서 만물은 신한테서 나오고 신에 의해서 규정된다고 하였다. 만물의 유일한 원천은 신 안에 있다. 신은 모든 만물 안에 머물고 생활하며 존속한다. 자연과 인간과 사물은 신에 의해 통일되고 신의 법칙에 의해 활동한다. 프뢰벨에 의하면 인간의 이상적인 삶의 방법은 삼위 일체적으로 산다는 것인데, 이는 신과 합일하고 자연과 합일하고 인류와 합일한다는 것이다. 프뢰벨은 그의 저서에서 교육에 대한 여러 가지 기본적인 생각을 정리했다. 아동교육을 위한 이론은 인류학적인 차원에서 방향이 설정되었으며, 아동교육론에서 아동의 고유성을 주장했다. 아동 발달의 중요한 시기는 아동의 자발적 발달에 달려 있다. 특히 자유놀이에서 아동은 자기의 힘과 가능성을 알아낼 수 있다. 아동의 고유성과 아동의 자발적 발달이 가능하며, 여기에서의 핵심은 내부에서 외부로 향하는 매개체의 법칙 혹은 삶의 조화를 배우는 것이다.

프뢰벨의 중요한 공헌은 최초의 유치원(Kindergarten) 창립과 함께 유아교육론을 체계화시킨 점이다. 따라서 그의 교육론은 아동에게 가능성을 주고 정신적·정서적·지적 그리고 사회적 욕구들을 놀이를 통해서 활동하면서 스스로 발견하도록 하는 것이다. 즉 아동은 유희와 노작을 통해 유아의 내적인 힘을 외부로 표현하고 자기 활동의 힘을 발전시킨다는 것이다. 따라서 여기에서는 유아에게 어떤 것을 어떻게 가르치기보다는 유아 자신이 어떤 것을 통해서 배우는가가 중요하다. 그래서 프뢰벨은 유아가 스스로 창조적으로 학습할 수 있는 교구를 창안했다. 이것이 '은물(Gabe)'이다.

(2) 은물론

프뢰벨의 '은물놀이(Spielgabe)'에 나오는 여러 가지 기본 형태에 대한 특징을 정리해 보면 다음과 같다.

① 공(Ball): 자체 내에 포함되어 있고 독자적으로 가볍게 움직이며 다양하게 둥근 형태
② 구상(Kugel): 같은 비중으로 단단하고 강하며 경사진 둥근 면이 없고 직선이 없다.
③ 직육면체(Wuerfel): 구상에서 볼 수 없는 방향이 다른 직선이 보이고 머물러 있으며 길이가 같은 것이 있다. 분리되는 나무토막(벽돌 형태): 선, 면, 꼭짓점으로 이루어져 있으며 분리된 면이 다시 하나의 형체를 완전히 지니고 있다.

프뢰벨은 아동을 위한 은물놀이를 교구와 함께 구체적으로 이론화했으며, 그의 교구는 '가베'라는 이름으로 전 세계적으로 보급되었다. 가베는 아동에게 유치원에서 사회적·정서적 그리고 인지적 능력을 발달할 수 있도록 고안되었다. 또한, 유아교육을 위한 그의 놀이론은 공놀이, 동작 놀이 그리고 정원 가꾸기 등이 있다. 프뢰벨은 공을 아동기의 기본적 장난감으로 삼고, 그의 저서에서 자세히 설명하였다. 그의 교육이념은 내적인 법칙성이 외부적 세계를 위한 통로로써 아동을 위한 은물놀이를 통해 외부로 표현하는 방법의 형태로서 나타내는 것이다.

은물이란 신에게서 하사받은 것을 뜻한다. 프뢰벨은 신을 쉽게 이해하기 위해서 복잡하고 다양한 과학 세계를 단순화하고 은물 속에 그가 이해하는 신의 세계를 표현했다. 그에 의하면 기하학적 법칙은 매개체의 법칙으로서 내면에서 외면으로 향한 삶의 일치로서 나타내진다. 은물놀이에 있는 기하학적인 형태에서 주사위나 실린더 등과 같은 형태들이 아동에게 놀이를 통해 기본개념들(통일, 다양성, 형태, 원소와 현실의 범주 등)을 전달하는 것을 은물과제로 삼고 있다.

프뢰벨의 은물이 뜻하는 것을 세 가지로 구별해서 제시할 수 있다.

첫째로는, 아동에게 신의 역할을 알리고, 아동의 창조성을 계발하는 것이다.

둘째는, 놀이를 통해 아동이 연속적으로 발달할 수 있게 하기 위하여, 다음에 오는 놀이의 시작이 이미 앞의 놀이 속에 포함한다.

셋째는, 놀이를 통해 아동의 신체적·정서적·지적능력 등이 신장한다.

이러한 기하학적으로 기초된 은물놀이는 내면의 추상적인 사고와 외면에서 표현되는 구체적인 생각 사이를 연결해 준다. 이것은 아동의 지적인 육성을 위해 큰 의미가 부여된다. 프뢰벨의 세계관은 아동의 선한 본성으로부터 출발한다. 그러므

로 이러한 의미에서 아동이 스스로 발전할 수 있다고 가정한다. 또한, 그는 유아를 어디까지나 내부에 자발성을 가진 존재로 파악했다. 그리고 이것이 유아의 내면 안에 고정된 것이 아니라 안에서부터 바깥으로 자기를 발전시키는 것이고, 자기 성장을 목표로 하는 것이었다.

그는 유아교육을 발전시켰으며, 프뢰벨은 교육철학적 이론에 나타난 종교적 세계관을 근거로 해서 은물 놀이를 위한 기본이론을 체계화하면서 유아교육론을 한 단계 더 높이 발전시켰다. 그의 은물론은 전 세계적으로 보급되었다. 프뢰벨로부터 발전된 은물놀이는 놀이를 통한 아동의 교육을 뜻하며, 또한 아동의 일반적인 교육의 목표로 삼은 것이다. 프뢰벨의 아동관은 유아 스스로 활동을 통해 자연적으로 발달하는 것이다. 즉 프뢰벨은 놀이와 노작 교육을 통해 유아의 전인적 발달을 강조하였다.

7) 마리아 몬테소리(Maria Montessori, 1870~1945)의 교육사상

(1) 몬테소리의 교육철학

마리아 몬테소리는 종교와 교육과의 관계에서 교육의 본질을 인간의 마음에 새겨진 우주의 법칙을 자각하는 것이라고 보았다(Montessori, 1984). 몬테소리의 교육 철학적 배경에는 그 당시 이탈리아의 국교인 가톨릭의 영향을 엿볼 수 있다. 즉 인간은 태어날 때부터 종교심을 갖고 태어난다고 하였다. 따라서 인간의 삶은 단지 영위하기 위한 것이 아니라 우주적 질서 속에서 자기 창조를 해야 한다고 보았다. 그녀는 이러한 신과 인간과의 절대적인 관계 속에서 인간의 생명에 대해 깊은 이해를 구하기 위해 많은 학자의 영향을 받아서 독자적인 교육 사상을 체계화시켰다. 그녀의 사상 가운데에서 가장 특징적인 것은 종교적인 관점에서 인간 생명의 진화와 창조에 많은 관심을 두고 있는 것이었다. 따라서 그녀는 유아의 내적 잠재력과 능력이 교육을 통해 가능함을 인식하게 되는 것을 강조하였다. '유아의 내부로부터의 발달'이라는 관점은 루소, 페스탈로치, 프뢰벨 등에 의한 영향을 받은 것이다. 유럽은 20세기 신교육운동의 목적으로 '아동 중심으로부터' 교육이라는 새로운 패러다임을 맞이했다. 신교육영향을 받은 몬테소리 유치원에서의 교육은 교사가 일방적으로 지도하는 것이 아니라 유아의 개별활동을 위한 교사의 안내와 '준비된 환경'을 마련하면서 아동 중심교육으로 펼쳐나갔다.

몬테소리의 유아를 보는 관점은 단순히 수동적이고 수용적인 존재가 아니라 자기 스스로 성장을 이루어낼 수 있는 내적 생명력을 가진 무한한 가능성을 갖고 있으며 능동적인 존재라고 보았다. 따라서 몬테소리의 교육사상은 유아의 잠재될 가능성을 존중하면서 교육을 해야 진정한 교육이 이루어 질 수 있다(고후순·김동일·조옥희, 1996).

(2) 환경론

몬테소리의 교육에서 준비된 환경은 순수한 물리적인 환경만 뜻하는 것이 아니라 교육환경 전체 즉 문화적인 요소로 간주하고 인간 스스로 문화적인 요소를 창조하는 능력을 계발하기 위해서 자연적인 요소뿐만 아니라 문화적 환경이 제공되어야 한다고 본다. 몬테소리는 환경을 중요시하면서 '준비된 환경'에 교육적 의미를 부여하였다. 즉, 새로 태어난 아기는 단순히 어머니의 주어진 환경 즉 자연조건에서 분리되는 것뿐만 아니라 동시에 인간 생활의 영역에 적응해 나가는 것인데 이것은 결국 인간이 문화적 환경에 들어가는 것과 같다고 볼 수 있다.

몬테소리의 준비된 환경은 교구의 수준과 복잡성에 따라 정리정돈이 되어 있어야 하며 이는 또한, 유아 스스로 정리할 수 있도록 질서감을 느끼도록 해주어야 한다. 심리적 자유라는 의미는 유아가 자유로이 교구를 선택할 수 있도록 여러 가지 교구가 준비되어 있으며 또한, 유아가 활동할 때 각자의 내적 요구와 흥미를 충족시켜 줄 수 있는 환경으로 유아의 개별성이 존중되어 시간적인 제약이 뒤따르지 않도록 유념해야 한다. 즉 '준비된 환경'은 유아의 발달을 최대로 도와줄 수 있는 과학적이고 미적인 교구를 제공한다. 유아들이 작업하는 동안에 창조적인 활동과 '준비된 환경'은 흥미와 지적 호기심을 자극할 수 있는 것이다. 그러므로 유아는 이러한 과정을 통하여 자발적인 자기완성을 할 수 있다.

그리고 이러한 준비된 환경은 유아들이 후에 성장해서 사회에서 사회구성원으로 자각할 수 있도록 고려한 것이다. 이것은 몬테소리 교육목표의 실천을 통해, 즉 개인의 자연에서부터 타고난 능력을 계발하여 나아가 사회의 구성원으로서 필요한 자질을 함양하도록 한 것이다.

몬테소리는 아동의 영적과 정서적인 발달 시기를 '민감기'(Sensitive Period)라 하고 표현했다. 그 후에 아동의 발달은 주어진 외부의 조건에 따라 종속되며, 아동 심리적 성향의 이상적인 발전은 세 가지 조건에 따라 달라진다.

첫째, 환경은 아동의 욕구에 맞게 갖추어져 있어야 한다.

둘째, 환경은 아동을 위한 활동의 동기가 있어야 한다.

셋째, 성인은 아동에게 필요한 자유공간을 주어야 하고, 이러한 활동이 스스로 현실화 할 수 있어야 한다.

이러한 세 가지 조건에 따른 교육의 실천은 사회와의 상호연관 속에서 끊임없는 과정을 거쳐 이루어지며, 궁극적으로 이는 사회의 존립과 깊은 상관관계가 있는 것이다. 사회에서 아동에게 알맞은 환경을 만들어 주고 아동을 위한 자유 공간을 자연스럽게 제공함으로써, 자기 고유의 내적인 욕구를 알게 도와주고, 나이에 맞게 자기만의 자유를 누릴 수 있게 해 주어야 한다.

(3) 교사론

몬테소리는 교사의 역할에 대해 그 중요성을 다양한 관점에서 설명하였다. 즉 교사란 무엇이냐는 질문 속에서 '새로운 교사' 이는 교사가 유아를 가르친다기보다는 유아가 자연적으로 갖고 태어난 것을 '이끌어 내는' 것이다. 교사는 직접적인 지시를 통해 교육이나 지도를 하는 것이 아니라 자발적 활동을 통해 유아 스스로 발달할 수 있도록 지원하는 것이다. 교사 및 역할은 유아 스스로 성장하도록 지원하는 것이다. 즉 교사의 역할은 아동의 내적 생명의 자극을 통하여 학습하도록 한다는 뜻을 함축하고 있다(조옥희·권영자, 1999).

몬테소리에 의하면 인간은 태어나 성장하면서 점차적으로 사고를 요구하는 인간생활 속으로 들어간다. 진정한 안내인은 명확함을 빠뜨리는 공허한 표현으로 헤매지 않으며, 여행자가 흥미를 품고 마음껏 관찰하도록 도와주는 것이다. 몬테소리

2

의 교사론에 의하면 교사의 임무와 역할에 대해서 유아를 엄밀히 검사하는 것 이상 잘 관찰해야 한다고 본다. 이는 보이는 현상만 관찰하는 것이 아니라 생명 자체에 대한 존중심을 갖고 아동의 내적 발달을 관찰하는 것이 교사의 사명이라고 하였기 때문이다(Montessori, 1965). 그리고 유아의 내적 관찰을 통해 유아를 충분히 이해하고 유아가 무엇을 요구하는지에 대하여 민감하게 대처할 수 있는 능력이 요구되는 것이다. 즉 관찰은 유아의 본성과 민감기와 같은 특정 시기의 정신적인 움직임의 파악을 통해서 유아를 어떻게 돕고 또 어떻게 개입해야 하는지 등을 식별하는 것을 말한다.

유아와 '새로운 교사'의 구성원은 단일한 교육환경 전체를 구성하고, 이러한 환경 자체가 서로에게 있어서 상호영향을 미치면서, 지속해서 발전관계에 놓여 있기 때문에 서로의 관계는 불가분의 상황에 있다고 본다. 이는 몬테소리 교사로서 유아를 독자적인 인격체로 인정하고 교사는 단지 안내자로 유아가 스스로 성장할 수 있도록 도와야 한다고 본다. 이러한 교사의 성장발달을 위한 교사의 자질에는 순수한 마음과 겸손, 애정, 인내와 노력, 통찰력과 감수성 등을 들 수 있다.

8) 슈타이너(Rudolf Steiner, 1864~1925)의 교육사상

(1) 인지학[1])에 의한 유아교육론

슈타이너는 20세기 초반에 교육개혁가로서 전인교육을 주장하면서 인간의 신체, 정신 그리고 영혼의 본질을 설명하고, 이러한 인식에 따른 교육을 통해 개인 마다 가진 발달 가능성을 경험할 것을 주문하였다. 슈타이너는 인간에 대한 의식과 인식을 통한 인간의 지혜를 깨닫게 함으로써 인간의 내면에 잠재된 본질을 알아내고자 노력하였다. 즉 다시 말해서 그는 인간에 대해 깊은 의식과 인식을 교육적으로 체계화한 것이다(Steiner, 1948).

발도르프 유아교육은 슈타이너의 인지학적 인간에 대한 이해를 토대로 유아 교

1) Anthroposophy는 그리스어에서 유래된 단어 'Anthropos(인류)'와 'Sophy(지혜)'가 합성된 것으로 '인간에 대한 지혜'를 의미한다.

육이론과 실제가 운영되고 있다. 인지학을 토대로 한 유아교육철학의 실천적 반영은 교육방법과 교육의 원리의 유기적 접목을 통하여 나타나고 있다. 즉 슈타이너의 인간학은 인간을 바라보는 관점에서 정립되어 각 교육과정에서 나타나는 교육현상을 해석하여 현장에서 적용하여 실천하고 있다. 또한, 교육의 기본원리와 교육과정의 상호유기적인 관계는 통합적이고 직접적인 경험중심의 교육방법을 통한 유아의 창의성과 개별성·사회성의 발달을 중요시한다. 슈타이너의 인지학적 인간학의 관점에서 본다면 유아의 성장·발달은 인간의 본성을 중심으로 일어나므로 이를 필수적으로 교육현장에서 반영해야 한다고 강조한다. 따라서 성인이나 교사는 인간에게 내재되어 있는 유아의 본성에 대하여 외적으로 관찰되는 요인뿐만 아니라, 유아의 내면세계를 관찰해서 교육에 적용해야 한다고 주장한다(Steiner, 1948).

슈타이너의 저서 『정신과학에서 바라본 아동교육』에서 교사는 인지학적 세계관에 근거하여 아동을 이해하고 이에 맞게 교육해야 함을 강조한다. 그는 인간의 성장·발달을 식물의 세계와 비유하여 설명하였으며, 특히 눈에 보이지 않지만, 성장의 원동력이 식물 안에 내재되어 있듯이 유아기 아동의 성장발달도 같은 원리를 통해 이루어진다고 보고 설명하였다.

(2) 3단계 발달론

슈타이너는 인간 발달을 7년 주기로 3단계로 구분하여 각 단계에서 중요하게 발달하는 영역을 설명하면서 교육 방법론을 제시하였다. 슈타이너에 따르면 7세 전후, 발달의 1주기인 7세경 유아는 대부분 젖니 갈이를 하게 된다. 이 시기 전후가 유아에게 지적 학습을 할 수 있는 시기라고 보았다. 또한, 이 시기는 유아에게 신체 발달과 함께 의지가 형성되는 시기임을 강조하였다.

발달의 2번째 주기인 초등학교에 다니는 7～14세는 감정이 발달하는 시기로서, 구체적 사물에 대한 경험과 함께 예술 교육을 통해 감정발달을 도모해야 한다고 강조하였다(정윤경, 2004). 그러므로 이 시기의 아동을 위해 학교수업에 직접적인 경험을 위한 교수 방법과 예술 과목이 교육 과정에 포함되어 있다. 슈타이너는 유아기에 건강한 신체 발달이 이루어지고 학령기 때에 감정 발달이 제대로 이루어진다면 제2의 탄생인 사춘기가 너무 이르거나 늦지 않은 나이, 즉 자연스럽게 신체와 정신적 힘의 균형이 형성되는 14세 전후에 나타난다고 보았다. 결국, 아동은 조화로운 신체 발달과 정신 발달을 통해 제2의 마음의 탄생을 맞이하는 것이다. 또한, 슈타이너는 이 시기의 사고가 주로 논리적·추상적 사고로 이루어진다고 생각했다. 슈타이너는 인간의 발달을 부분적으로 분리해서 보지 말고 인간의 출생에서부터 첫 번째 시기인 7세 그리고 두 번째 발달 시기인 7～14세 동안 또한 세 번째 시기인 21세까지 발달에서 강조되는 신체·감정·사고를 유기적으로 발달하도록 해야 한다고 주장하였다(정윤경, 2004).

세 번째 발달시기로는 14～21세가 되면 일반적으로 21세경이 되면 인간은 한 시민으로서, 독립적이고 자율적인 사회의 성원으로서 자기의 행동에 스스로 책임을 질 수 있다. 인간 발달에서 이 시기는 신체 영혼 그리고 자기를 인식하여 알아가는 자아체가 새롭게 탄생하는 시기이다. 슈타이너에 의하면 인간은 마지막으로 다시 한 번 태어난다고 보는데, 인간은 자아의 탄생과 더불어 자기교육을 통해 끊임없이 새로운 방법으로 자기 자신이 되는 것이다.

(3) 교사의 역할

발도르프 유아교육에서는 교사의 역할에 대해 '애정 어린 권위'를 통한 교육적 지도를 강조한다(김정임, 2006). 교사의 본보기의 역할은 유아들의 행동에 있어서 옳고 그른 것을 보여주고 알게 해주며, 유아가 공동체 속에서 자유로운 발달을 할 수 있도록 심리적 환경을 제공하는 것이다. 어린 시절에 자신의 교육을 이끌어주는 성인에게 보내는 신뢰의 평온함을 경험한 사람은 내적인 안정감을 마음속에서 쉽게 경험한다. 이러한 마음속의 안정감은 성장하는 가운데에 '정체감 형성'이나 긍정적인 '자아 형성'의 안정감을 통해 전인적 발달을 하도록 도와준다. 그리고 슈타이너는 교사들의 헌신을 통해 교사에 대한 존경심과 애정이 유아 안에서 자발적으로 자라도록 해야 한다고 강조하였다(Grunelius, 1994). 또한, 슈타이너는 발도르프 교육현장에서의 교사역할은 다양한 측면에서 중요함을 강조하면서 무엇보다도 교사는 먼저 자기 교육이 되어야 한다고 강조하였다.

수업은 교사가 이끌어 가지만 유아는 교사의 모방을 통해 스스로 예술 활동(그림 그리기, 빵 만들기, 인형극 하기, 손뜨개질, 밀랍으로 모형 만들기, 바느질, 원예, 목공 활동 등)을 통해 손을 움직이면서 사고 발달을 도와줄 수 있는 활동으로 구성되어 있다. 이러한 감각적 활동은 배움이 단지 두뇌에만 의지하는 지적인 훈련을 통해서 이루어지는 것이 아니라 사물을 보고, 듣고, 만져보고, 느끼는 등 유아 스스로 사물의 전체를 직접 경험함으로써 무의식적으로 자연스럽게 학습하도록 하는 것이다. 이러한 유아의 사물에 대한 직접 경험과 지식은 인간의 육체와 영혼, 정신의 조화로운 성장과 발달을 위하여 긍정적인 영향을 미친다.

교사의 역할은 유아와 교사가 내적으로 교류하는 가운데 개인과 개인의 인격체가 만나는 것이라고 강조하였다. 교사의 임무란 직접적으로 '무엇을 가르치는 것'이 아니라 유아가 갖고 태어난 능력을 즉 자연적인 힘을 '이끌어내는 것'이라는 뜻이다. 이것은 유아의 자발적인 활동을 지원함으로써 간접적으로 유아의 성장 발달을 도와야 한다는 의미이다. 또한, 교사가 일방적으로 유아를 가르치는 것보다 유아가 자발적으로 활동하면서 스스로 경험을 통해 배우는 것이 중요하며 교사는 이를 교육적으로 안내해 주는 것이다.

9) 듀이(John Dewey, 1859~1952)의 교육사상

듀이는 미국의 버몬트 주에서 태어나 미국의 남북전쟁 후에 미국의 자본주의가 강하게 발달하는 시기에 성장하였다. 듀이는 미국의 역사적인 역동기의 분위기 속에서 세계를 개조해보고자 하는 인간의 힘을 믿고 인간의 실제 생활에 필요한 교육을 위해 실용주의를 발달시켰다. 그러면서 듀이의 실용주의는 미국의 발전 형태에 적응한 철학적인 개념으로써 미국 철학의 흐름에 큰 영향을 미쳤다. 그는 실용주의자 학자이며 미국 철학자 중에서 교육에 큰 영향을 미친 학자였다. 그의 철학적·교육적 영향력은 인간의 정신적 창조성에 기반을 두고 정립되었으며, 그는 학문에 대한 폭넓은 관심과 사회에 교육이 실제로 실천되기 위해 노력을 한 결과 큰 성과를 거두게 되었다. 따라서 듀이 교육사상의 철학적 토대는 미국의 실용주의에서 찾아볼 수 있다. 실용주의는 인간과 자연과 과학에 의하여 확실성을 찾아내고

자 하는 과학적 방법론의 하나라고 볼 수 있다

(1) 교육사상

듀이의 교육사상은 '실험주의'와 '경험주의' 철학을 토대로 한 실용주의 교육학이다. 그는 실용주의를 기초로 하여 변화를 근본 사상으로 삼고 교육을 위한 경험을 강조하였다. 듀이의 교육사상의 중심은 아동의 실제적인 활동을 촉진하고자한 것이다. 따라서 교육목표를 설정하는 기준도 아동의 구체적인 경험으로부터 분리되지 않는 것을 우선시한다. 그리고 아동이 경험을 교육적으로 함으로써 교육의 목적을 교육의 과정 그 자체에서 발견하고자 하였으며 교육을 생활의 과정으로 여겼다. 그리고 생활은 고정된 것이 아니라 늘 상황에 따라 변하는 것이므로 그 속에서 인간은 교육을 통해 성장해 나가는 것이다.

미국의 시대적 흐름에서 보면 듀이가 실용주의와 진보적 교육사상을 펼칠 당시 미국은 프뢰벨의 교육방법을 통해 유치원에서도 '은물'을 중요시했다. 또한, 초등학교는 교사 및 교과서 중심의 주지주의와 훈육주의 관점에서 교육하고 있었기 때문에, 유치원과 초등학교 사이에 연계가 되지 않았으며 교사들은 상호 불신관계를 가졌다.

이러한 '보수주의적' 교육 흐름 속에서 듀이는 '진보주의적' 교육을 시작하였다. 진보적인 교육은 보수적인 교육의 지난 사상을 지양하고, 유아들의 경험과 생활중심의 새로운 유치원 교육운동으로 전개되어나갔다.

듀이의 교육 사상을 간략하게 정리하면 다음과 같다.

① 교육은 곧 생활이다. 교육은 인간 전 생애에 걸쳐 계속되는 과정이며 학교 안이나 밖에서나 어디든지 이루어진다.

② 교육은 성장이다. 성장 과정이 곧 교육의 과정이며, 교육의 과정을 통해 아동은 성장한다.

③ 교육은 끊임없는 경험의 재구성이다, 아동의 새로운 활동은 과거의 경험을 토대로 경험을 증가시키는 것이다.

④ 교육은 사회적 과정이다. 교육의 의의는 사회화 과정에서 찾아야 하고 인간

의 성숙도 사회적 과정 안에서 이루어져야 한다.

⑤ 교육은 개개인의 내적인 본성에 맞는 활동과 요구에 기초해야 한다.

⑥ 교육은 아동의 활동에 따라서 개선할 수 있는 가소성을 갖도록 해야 한다.

⑦ 교육은 포괄적이고 다각적인 관점을 포함해야 한다.

(2) 교사의 역할

듀이의 교육관에서 엿볼 수 있는 교사의 역할을 정리하면 다음과 같다.

첫째, 교사는 관찰자로서 역할을 수행할 수 있어야 한다. 교사는 현재의 아동 발달 단계와 수준을 반영하여 교육과정을 운영한다.

둘째, 교사는 아동과 아동이 처해있는 주변 세계를 연결해주는 매개체 역할을 수행할 수 있어야 한다.

셋째, 교사는 아동이 새로운 경험과 교육적인 경험을 할 수 있도록 조력자와 안내자 역할을 수행할 수 있어야 한다.

듀이가 강조한 교사의 태도는 아동의 발달 가능성을 파악하여 아동이 무한한 성장 가능성을 갖도록 하는 것이다.

듀이는 학교와 사회에서 아동이 중심이 되어야 하며 아동을 중심으로 교육이 이루어져야 한다고 강조하였다. 교육에서 발생하는 모든 문제는 즉 아동 중심으로 조직되고 교육되어야 하는 아동 중심교육을 의미하는 것이다. 다시 말하면 진정한 교육이란 아동이 중심이 되어야 함은 물론이고 아동 중심의 교육내용이 조직되어 실행될 것을 말한다. 특히 그는 아동의 본능과 능력이 교육할 자료를 제시해 준다고 강조하였다. 그런데 전통적인 방법에서는 아동의 본능이나 활동을 반영해서 교육하지 않고 주로 교사 및 교과 중심으로 해왔으며, 심지어는 교사가 설정한 교육목적과 교육과정에 의하여 아동을 일방적으로 가르쳐왔다. 따라서 듀이는 진보주의 교육을 통해서 아동 중심으로 교육할 것과 아동을 위한 교육으로서 생활 중심으로 교육할 것을 요구하였다.

듀이가 주장하는 아동 중심의 교육은 아동의 능력, 흥미 및 습관의 심리학적 통찰부터 시작해야 한다고 강조하였다. 따라서 교육은 모든 점에서 이러한 고찰을 통해 아동의 능력, 흥미, 습관은 꾸준히 분석되어야 하며, 교사는 이러한 반성하는 사고를 통해 교육의 의미를 이해해야 한다. 따라서 교육은 아동의 능력과 흥미 그리고 습관을 심리학적으로 통찰하고 분석하여 그것에 적절한 목적과 방법이 이루어져야 한다고 하였다. 듀이는 교육의 토대가 되는 아동의 흥미와 물건의 제작 또는 구성의 흥미 그리고 예술적 표현의 흥미를 고려하고 아동의 실제적인 활동을 촉진하는 것이 중요하다고 보았다.

2 한국전통의 유아 교육사상

1) 무속의 교육사상

무속은 한국에서 가장 오래된 민족 종교이다. 즉 한국 건국 이래 존속되어 온 가장 오래된 종교인 것이다(손인수, 1991). 사회의 많은 변화에도 불구하고 오랜 세월 속에서 무속은 오늘날에도 특히 한국인의 일상생활에 큰 영향을 미치고 있다.

무속에서의 인간상은 역시 자연과 밀접하게 연결되어 있으며 이는 인간이 자연과 일치되고 조화 속에서 존재하고 싶기 때문이다. 이렇듯이 인간은 자기의 관심과 욕구를 통제할 수 있어야 하며, 만약 그렇지 못할 경우 때로는 극단적으로 개인의 불행과 병과 죽음 등을 경험하게 되는 것이다. 예를 들어 인간의 비이성적인 행동이 자연과 인간관계에서 조화를 깨뜨린다.

무속의 자연주의는 자연과 함께 삶의 조화, 적응능력, 현실의식, 평등, 실용적 관점에서 주로 가족 삶에 집중되어 있다. 그리고 실용주의적 가치관은 살아남고자 하는 인간의 생존본능에 대한 힘을 나타낸다. 이러한 살아남는 힘은 무속의 본질적인 특징으로 간주한다. 특히 이것과 연관해서 언급할 가치가 있는 것은 이러한 긍정적인 힘은 우선으로 가족연대에 집중하며 그렇게 해서 사회의 일반적인 상위적인 관심은 가족과 협상할 수 있도록 한 것이다. 물론 여기에서 잠재적인 갈등영역이 문제가 되는 것이다. 이것은 거시·미시 사회적 영역을 움직일 수 있는 조정능력이 요구된다. 그리고 이러한 조정능력은 집단 측면에서 부족한 책임의식을 통해 참여의식, 자기 스스로에 대한 반성의식, 역사의식 그리고 저항적인 영향 등이다. 예를 들어 목적의식, 윤리적 태도와 스스로에 대한 합리화 현상이 일반적으로 나타난다.

무속 사상적 특징을 아래와 같이 요약해 볼 수 있다.

① 인간은 자연과 함께 일치하며 살아간다. 사람은 자기의 자연적 존재 속에서 자연에 대한 순응을 통하여 조화 속에서 살아간다(우주적 존재).

② 인간은 인간관계 속에서 사회적 존재이며, 개별 체는 자기의 사회적 현존을 가지고 있으며 주로 집단 안에서 자기의 존립을 가지고 있다.

③ 인간은 윤리적 존재이며, 개별 체는 윤리로부터 유지되고 자연적으로 주어진 여건에 대한 순응 하에서 그리고 운명에 대한 행동 여유가 보장된다. 이러한 것은 나라의 집단 가족공동체의 관심 속에서 이기심을 극복할 수 있게 한다. 그리고 개별적 책임도 가능하다고 생각하며, 예를 들어 개별적 행동을 위한 것 등이다.

④ 인간은 현존하는 존재이다. 사람은 여기와 지금은 살아가며 이것은 사람이 절대적이고 오늘날의 삶의 현실적 가치에 놓여 있으며 지금의 삶에 놓여 있는 것이다.

2) 불교 교육사상

불교의 근본 사상은 모든 인간의 마음속에는 불성이 있음을 전제로 한다. 단 인간은 깨달음을 통해 누구나 '붓다'에 도달할 수 있다고 본다. 따라서 나이나 신분의 귀함과 천함에 상관없이 누구나 다 깨달음에 도달할 수 있다고 본다. 인간은 인생을 살아가면서 정진과 수행을 통한 깨달음을 중요한 교육목표로 보고 있다. 불교의 최종적인 목표는 깨달음이며, 이는 지식이나 수많은 경험이 축적되어 형성되는 것이 아니라 '내가 누구인가'를 알아가면서 자기의 본질을 깨닫다 보면 '참 자아'를 알아간다는 것이다. 이러한 불교관은 아동관에도 나타난다. 즉 불교는 아동이 가지고 태어난 있는 그대로의 순수함을 어른은 잊지 말고 어린이를 본받을 것을 강조하고 있다. 그리고 연기설, 윤회설 그리고 업 등을 통해 불교의 교육관을 엿볼 수 있다.

(1) 불교 인간관의 특징

불교에서 교육사상은 네 가지 특징을 통해 요약할 수 있다.

첫째, 인간의 교육에 대한 근본적인 가능성을 본다면 다음과 같다. 불교는 일반적으로 근본에서부터 인간은 좋은 것도 나쁜 것도 아닌 것에서 출발한다. 그래서 정상적으로 모든 인간은 교육을 할 수 있다. 불교적인 이해에 의하면 모든 인간에게 '붓다'라는 자연이 내재한다고 본다. 그러나 인간은 고통으로부터 가려져있고 그래서 이러한 것을 직접적으로 인식할 수 없다.

두 번째로는 인간이 타인에게 자비(따뜻함) 내지는 관용을 가르치는 것이다. 이러한 자비 사상은 불교가 발생할 때부터 중요한 관점으로 여겼다. 불교의 목표는 확실한 개별적인 규칙에 따른 개인의 완벽한 발달을 통한 인간의 깨달음에 대해 설정되었다.

세 번째로는 교육내용을 언급할 수 있다. 불교의 목표는 인간에게서 숨겨진 온정의(심리적 힘) 발견에 초점을 세운다. 그러므로 인간적 온정과 삶의 진실은 단순한 앎을 통해 전달되는 것이 아니라, 오히려 정신적 능력과 통찰을 통해 전달된다. 불교는 인간의 삶을 통한 깨어있는 당당함을 통해 자기 스스로 인식의 통찰을 교육내용에 포함한다. 불교의 교육내용은 불교 서적 내지는 경에 의지하는 것이 아니라 본질적인 방법으로 인간의 지혜와 정신의 중요성을 강조한다.

네 번째로는 다음과 같이 교육 방법에 관해 설명한다. 불교에서의 교육방법은 기본적으로 자기 스스로가 배우는 것이다. 불교에서 교육을 통해 본보기로 여기는 것은 종속적인 인간상을 말하는 것이 아니라 오히려 독립적인 인간상과 연결되어 있다. 그러므로 인간은 독립적인 인간상을 위한 교육내용과 방법을 삶 속에서 스스로 실행할 것을 인식해야 한다. 즉 인간은 자기 스스로에 대한 자아의식과 독자적인 힘, 자기시험과 자신의 배움, 자신의 사고를 통해 연마하는 것이다.

(2) 불교의 교육방법

아래와 같이 불교적 교육방법은 6가지 다른 처리방법으로 분류된다.

첫 번째로는 변환의 방법이다. 여기 하나의 사물의 의미 다른 사물을 통해 설명된다. 보기와 반대 보기는 사물의 의미와 혹은 의미한 것 즉 마음 의미를 설명하며 통찰을 전달한다.

두 번째로는 대화 대상의 지식수준과 함께 소통하는 방법이다. 이러한 방법은 설명의 과정방식이 학생의 지식수준에 맞게 예를 들어 대화 상대에 따라 진행된다. 이러한 방법은 지식수준의 개별적 차이를 반영한다. 그러므로 이러한 방법은 학생 수준에 맞추게 되는 것이다.

세 번째로는 대화의 방법이다. 대화는 학습자의 학습 과정의 경과에서 진행된다. 이것은 주로 교사와 학생 사이에서 진행된다. 이러한 불교적 방법은 배우는 자에게 질문과 대답을 통해 스스로 통찰을 통해 도달하게 하는 것이다.

네 번째로는 모범의 방법이다. 이러한 방법은 인간이 하나의 좋은 개성 내지는 하나의 좋은 마음으로부터 긍정적인 영향을 받는 것이다. 이러한 좋은 영향은 스승으로부터 지도자로부터 혹은 정신으로부터 배우는 자에게 넘어간다. 그렇게 해서 학습자는 확신을 하고 제자가 되는 것이다. 다시 말하자면 배우는 자는 통찰을 통해 배우는 것에 대한 준비가 되는 것이다.

다섯 번째로는 자기 자신의 방법이다. 이러한 방법은 물론 체계적이고 불교적인 가르침과 배움의 일부분이다. 불교는 이미 인간에게 현존하는 통찰로부터 출발한다. 스스로 교육과정을 통해 의식의 확장을 경험하게 하는 것이다.

여섯 번째는 스승과 제자 사이에 공동작업의 방법이다. 스승은 제자에게 통찰하도록 해주는 것이 과제다. 그렇게 해서 제자가 새로운 인식으로 자신의 인격을 발달할 수 있게 함이다.

불교는 위에서 상세하게 설명했듯이 통찰에 기인하지 않는 단순한 지식습득은 거절한다. 불교적 의미에서의 교육의 목표는 개인의 자기실현이 하나의 방법으로써 인간을 위한 완벽함을 위한 길이다. 이러한 것은 하나의 인간적으로 조직된 사회의 존립을 위해 그리고 인간성을 위해 도움이 되는 것이다.

3) 유교 교육사상

유교는 이 조선의 건국이념으로 중심사상은 인(仁)으로서 한국인의 생활관습과 윤리 도덕에 지대한 영향을 주었다. 유교는 조선 조 500년 동안 한국사회의 기본적 사회적 윤리로서 성인중심의 사회실현에 큰 영향을 끼쳐왔다. 유교에서는 인간의 본성을 성(性) 이라고 보았으며, 성은 이미 주어진 것이고 성에 따라 행동하는 것을 인간의 도리라고 보았다. 그리고 인간의 길을 가기 위해 교육은 필수적인 것으로 바라보았다. 유교 사상에서는 개인적으로 개인의 인격도야에 두고, 개인의 수양은 가정과 사회에서 추구할 덕목으로 삼았다. 결국, 교육의 목적은 덕을 갖춘 도덕적인 인간을 기를 것으로, 인간은 이를 바탕으로 가정과 사회를 다스려 나가는 것이다.

(1) 교육내용

첫 번째로는 자연과학에 관한 현실적인 철학이다. 유교는 여기 그리고 이곳에서의 교육을 위해 노력한다. 그래서 논어, 맹자, 중용, 대학의 사서와 시경, 서경, 주역의 삼경 등 주요 도서를 통해 그 내용이 전해져 오고 있다.

두 번째로는 인간적인 존재의 발달이다. 인간의 존재적인 존립에 관한 유교는 목표를 세우고 인간의 근원적인 것에 대한 발달에 대한 목표를 세운다.

세 번째로는 지식과 정치에 관한 교육이다. 먼저 인간은 스스로 인도하고 그러면서 우선 다른 사람을 안내한다. 이 말은 사람은 사람이 사회를 위해서 과제를 맡기 전에 우선 자신을 스스로가 윤리적 자세를 갖도록 하여야 한다는 뜻이다.

네 번째로는 하늘과 땅 사이에서 조화이다. 인간의 지혜는 유교에서 자연의 통일을 위하여 인식하기를 강조한다.

다섯 번째로는 이성이다. 실질적인 이성은 인간적 본질과 함께 보고 인간 삶의 실현을 위해 실행하기 위한 것이다. 이러한 교육내용은 사람이 지식에서, 행동에서, 성실과 신뢰를 가르치는 것으로 주로 윤리와 연결되어 있다. 지식 외에 3가지 덕목은 직접 성격 형성과 연결되어 있다. 즉 다시 말해서 교육내용은 대부분이 인격발달을 위한 덕목과 요인에 관련되어 있다.

유교에서의 유아교육은 생활습관 형성을 위하여 체계적으로 지도할 것을 강조하였다. 즉 유아의 식사습관과 언어습관을 교육하게 하였으며, 남녀 구별은 의복에서 하게 하였다. 6세부터는 수 개념과 방위 개념을 지도하고, 7세가 되면 남녀가 유별하게 행동하도록 하는 등 지식이 아니라 행동으로 생활습관 교육을 강조하였다(김승환 외, 2012).

(2) 교육방법

유교 학습의 방법과 종류는 기억연습을 통해 이론적이고 실질적 것으로 목표가 설정된 활동과 함께 연결되어 있다. 교육방법은 여기서 체계적으로 6가지 다른 교수법적인 원리를 통해 알 수 있다.

첫 번째로는 질문과 대답의 토론을 통한 방법으로서 대화이다. 질문할 내용은 미리 질문으로서 정해놓고 가능한 대답을 토론하게 한다.

두 번째로는 단순한 암기에 대한 생기 있는 학습 과정의 순환이다. 학생이 질문을 던지면, 학생의 수준에 맞게 대답이 된다. 여기서 자기의 지식의 습득을 위한 학생의 적극적이고 자발적인 노력이 해당한다.

세 번째로는 전통적인 지식 전승의 중재와 습득이다. 새로운 지식을 위한 이해의 기본으로서 전해져 내려오는 지식이 유효하다.

네 번째 방법으로서 개별적인 차이의 교육적 반영이다. 이것은 개별적 능력과 소질과 개별적 지식수준에 따라 교육을 허용한다.

다섯 번째로는 통합적인 방법이다. 이것은 일반적인 지식과 특별한 지식(개별적 요인)으로 통합적인 방법이 형성되는 것을 말한다. 이 방법은 종합적이고 분석적인 사고에 관계되며 그렇게 함으로써 두 가지 처리 과정에서부터 사고의 연관성과 관계를 인식하게 된다.

여섯 번째로는 기본 지식을 습득하는 과정에서 일상적인 생활의 통합이다. 지식의 습득은 우선으로 일상적인 학습 환경을 통해 우선적으로 일어난다. 친구와의 교제나 형제 등 인간관계가 우선이지만 추상적인 지식을 습득하는 것 역시 중요하게 보았다. 예를 들어 자연법칙과 형이상학에 관한 것 등이다.

위의 6가지 원리들은 아동에게 전인적 발달과 자율적인 사고 방법에 긍정적인 영향을 미치게 한다. 즉 인간은 주변세상과 조화를 이루며 살 수 있는 능력을 갖추어 가는 것이다.

CHAPTER 03

유아교육 프로그램의 이해

유아 교육과정은 유아의 발달과 학습을 보는 관점에 따라 접근하는 방법이 차이가 난다. 왜냐하면, 유아의 발달을 위한 내적인 성숙요인과 외적인 환경요인에 따라 가정에서 지배하는 요인이 무엇이냐에 따라 유아 교육과정의 접근도 달라지기 때문이다. 교육과정 접근은 교육철학적 관점에서 도출된 교육목적에 따라 교육내용 및 방법에 있어서 다르게 나타난다. 이장에서는 21세기 유아 교육현장에서 실행되고 있는 교육론에 의한 유아교육내용을 중점으로 설명하고자 한다. 따라서 각각의 다양한 교육적 관점을 근거로 한 유아교육내용과 현장에서 실행되고 있는 유아 교육프로그램을 이해하면서 생각하도록 한다.

1 몬테소리 유아교육

1) 몬테소리 감각교구론

몬테소리의 교구는 유아의 발달과 성장을 근거로 하여 제작된 교육적 교수 매체로써 활용되고 있으며, 사물의 성질에 따라 교구가 고안되었다. 이러한 교구는 유아의 정신적 성장을 위한 것으로 교육적 의미가 함축된 것이다. 사물과 사물과의 본질을 알아가는 것은 인간의 자연적인 특징이다. 그러므로 몬테소리는 "나의 교구는 임의로 만들어진 것이 아니라 유아의 자연스러운 반응에 따라 만들어진 것이다. 어린이의 심리상태가 나에게 가르쳐 주었다"라고 하였다. 몬테소리는 유아가 교구를 통한 스스로 학습의 주체자로서 교수학습이 이루어진다고 강조하였다. 몬테소리의 감각교구는 유아가 외부를 통해 받아들인 인상이나 받아들일 인상을 체계적으로 정리하여 추상화하도록 고안되어 있다. 따라서 감각교구는 아름답고 정확해야 하며 자연스럽게 만들어져야 한다. 그리고 개별적으로 구성되거나 교구자체보다는 유아의 활동에 흥미를 제공할 수 있도록 제작해야 한다고 한다.

몬테소리는 유아가 독립적으로 지적 활동을 통한 자신의 인성을 스스로 발달시켜 나아가도록 감각교구를 개발하였다. 따라서 몬테소리 교구는 유아에게 일관성 있고 자유롭게 학습하도록 상징물과 도구로 이루어져 있다. 즉 유아가 교구를 통해 자기 구성을 하도록 하며 교구를 사용하면서 유아가 집중력과 즐거움을 느끼도록 주장한다(Montessori, 1976). 몬테소리교육은 주로 감각 교육을 위한 교구의 활용을 통해서 유아 스스로 작업할 수 있도록 교사가 안내한다.

2) 몬테소리 유아생활지도

몬테소리에 의하면 생활지도는 '실제 삶을 연습하기' 위한 것으로 간주한다. 따라서 이러한 일상생활의 연습을 위해서는 가정생활에서 쓰이는 모든 물건들(예를 들어 양동이, 빗자루, 걸레질 등) 유아의 신체 크기에 맞게 준비할 것을 권한다. 그리고 이러한 물건의 재료의 성질 즉 재료나 형태는 유아들이 좋아하는 색상이나 특성을 고려해서 제작하도록 하였다.

유아의 생활지도 연습은 세 가지 영역으로 나눌 수 있다(조옥희·권영자, 1999).

① 자신의 신체를 직접 관찰할 수 있는 것: 손 씻기, 구두 닦기, 옷 입고 벗기 등.
② 환경에 대한 관리: 꽃밭 가꾸기, 애완동물 키우기, 빨래하기, 설거지, 집안청소하기 등.
③ 공동생활하기: 손님맞이 하기, 음료수 제공하기 등.

유아는 일상생활에 필요한 물건을 교육기관에서 구성해보며, 훈련을 통한 작업 속에서 외부와 자신과의 관계를 배우게 한다. 이러한 일상생활의 정확한 연습을 통하여 유아는 동작과 감각의 경험을 하면서 집중력과 완벽성을 배우게 되는 것이다. 즉 실제 생활의 동작을 반복하면서 유아는 인내심과 집중력 그리고 동작의 조화와 자립성을 함께 배우게 된다. 연습의 정확한 행위는 유아가 동작과 감각 경험을 세심하게 연결하며 조화롭게 할 수 있다는 것에 교육의 의미가 부여된다. 특히 유아의 일상생활 지도는 특히 만 3세 전후의 유아에게 해당한다.

3) 몬테소리 유아수학교육

몬테소리 교구 중에 아마도 수학 교구가 매우 흥미롭다고 볼 수 있다. 즉 수 교구는 유아의 사고력을 확산시켜 주기 위한 훈련으로 물건 세기, 양과 숫자와의 관계 등을 익히기 위한 교수법을 통해 활용된다. 유아들은 수 교구를 통해 시각적으로 구체적인 것에서 추상적인 것을 끌어내는 것을 배운다. 수학 교구를 통해 유아들은 감각적으로 배우게 되고 이로 인한 감각적 경험은 다시 지적으로 연결되어가는 것이다. 수학이란 법칙에 따른 사고를 배워나가는 방법이다. 따라서 몬테소리 수학 교구를 통해 규칙과 법칙을 시각적으로 이해하면서 '수학적 정신'을 도모할 수 있는 것이다.

수 교구는 유아들의 수학적 사고를 돕기 위한 것으로 논리적으로 사물을 사고하고 배양하기 위한 교수 매체이다. 수교육의 직접적인 목적은 유아가 일상생활 속에서 수와 양을 체계적으로 배우면서 이는 나아가서 추상력, 이해력과 판단력을 기르고자 교육 목적으로 삼고 있다.

4) 몬테소리 유아 언어 교육

몬테소리의 언어 교육에 의하면 언어는 인간 전반을 걸쳐 배우는 것이며 모국어를 습득하는 것이 우선으로 이루어져야 함을 강조했다. 따라서 유아는 준비된 교육환경에서 듣기, 말하기, 쓰기, 읽기 등의 일상생활훈련과 감각 교육의 연관성을 통한 언어 교육을 받게 되는 것이다.

유아는 성장하면서 모국어 습득을 통해 사고력과 이해력을 키우며 논리적·과학적 사고의 훈련을 배양할 수 있다. 그러므로 몬테소리 교육자는 유아가 의식적으로 명확하고 풍부하며 세련된 언어를 구사하도록 노력해야 한다. 몬테소리 유아관에서는 언어 교구를 통하여 모국어의 어휘력과 외국어 습득을 위한 교육을 하고 있다. 즉 언어 교구를 통해 읽기와 쓰기의 준비가 될 수 있으며 간단한 문법까지도 연습할 수 있다. 몬테소리는 '근육 기억'을 통해 문자의 의미를 터득하기 전에 이미 쓰는 것을 배울 수 있다고 본다. 몬테소리 언어 교구는 읽기와 쓰기를 위한 종합적인 교구들로 이루어져 있다(조옥희·권영자, 1998).

5) 몬테소리 유아 과학교육

몬테소리는 전형적인 교구개발 외에도 특별히 우주적 교육을 위한 교구개발을 위하여 노력하였다. 즉 유아는 교구나 교재를 접하면서 자연환경을 배우고, 예를 들어 지질학적 기본 개념들을 습득하기 위한 '지질학 구도 상자'가 유아의 시각적 이해를 돕는다. 이러한 교구는 유아들의 세계관적 지식을 위한 것이며 단순한 지식적 축척이 아니라 시각적 지식을 통하여 지리학, 지질학, 화학, 생물학, 물리학, 천문학 그리고 역사학에 대한 상호연관성을 알려주기 위함이다. 유아는 앞으로의 문화사회의 형태를 익혀 나감으로써 실제를 경험하고 새로운 경험을 인식하여 폭넓은 지식 세계를 구축하도록 하기 위한 것이다.

이러한 과학교육은 세상과 우주의 밀접한 관계 속에서 유아들이 정원에서 꽃들을 가꾸며 배우거나 동시에 자연에 미치는 영향을 알게 되도록 하는 것에 그 교육 목적으로 삼는다.

6) 교사론

교사는 유아를 가르친다기보다는 유아가 태어날 때부터 가지고 태어난 것을 '이끌어 내는 것'을 중요하게 생각한다. 교사는 유아에게 직접적인 지시를 통해 교육이나 지도를 하는 것이 아니라 자발적인 활동을 통해 유아 스스로 발달할 수 있도록 지원하는 것이다. 이러한 역할 수행을 위해서 교사는 유아에 대한 존중심을 가지고 아동의 내적 발달을 관찰할 수 있어야 한다고 한다. 몬테소리 교사로서 유아를 독자적인 인격체로 인정하고 교사는 안내자 임무를 수행하면서 유아 스스로가 성장할 수 있도록 도와주는 것이다. 교사 자신의 성장, 발달을 위한 자질에는 순수한 마음과 겸손, 애정, 인내와 노력, 통찰력과 감수성 등을 들 수 있다.

2 발도르프 유아교육론

발도르프 교육에서는 예술을 통한 교육의 중요성을 강조하면서, 교육방법을 예술적으로 접근하고 있는 교육이다. 따라서 유치원에서의 예술적 접근은 유아를 치유하고 유아 스스로 성장하도록 하는 교육적 효과를 반영하여 각 영역에서 실행하고 있다. 그 밖에도 예술적 요소는 유치원 현장의 물리적 환경구성을 위해서도 필수적으로 반영한다. 실내의 물리적 환경은 유아의 심리적 안정감과 심미적 교육을 위해 중요한 요소이기 때문이다. 그러므로 예를 들어 색상이 인간에게 끼치는 영향을 생각해서 편안하고 안락한 분위기를 형성하도록 꾸민다. 즉 예술적인 느낌(유치원 내부의 색상, 교구 색상, 집 형태와 방, 벽면 구성, 소리, 놀이 기구 등)을 통해 실내분위기가 자연스럽고 편안하도록 한다.

1) 발도르프 유아 미술교육

발도르프 교육에서 미술 교육은 자기 내면과의 만남으로 즉 느낌을 자연스럽게 물감을 통해 표현하거나 유아의 발달에 따른 외부의 사물을 객관적으로 그리기다 보다는 유아의 정신적·신체적 발달에 따른 표현이며 무의식적으로 외부의 경험을 내면화시켜 그린다고 본다. 따라서 물감으로 그리기나 색연필을 갖고 그림을 그리는 미술 시간에 유아는 자신이 느끼거나 하고 싶은 대로 그 어떤 형태를 그린다기 보다 내적으로 원하는 자기 세계를 표현하는 데 중점을 둔다(Jaffke, 2004).

발도르프 유아 미술교육은 주 중에 한번 활동하는 '젖은 기법' 이라고 하는 수채화 물감으로 그림 그리기, 매일 하는 색연필로 자유롭게 그림 그리기, 밀랍 등으로 형태 만들기 등이 있다. 유아 교육현장에서 크레용이나 크레파스로 그림을 그리는 활동을 살펴보면 교사가 지정된 주제를 제시하는 것이 아니라 단지 유아가 그리고 싶은 것을 자연스럽게 그리도록 안내해준다. 한국에서는 일찍부터 정해진 주제로 그림을 그리는 것이 일방적인 상황이다. 그러다 보니 많은 유아가 이미 제시된 과제를 이행하는 것에 익숙하다 보니, 교사가 유아에게 주제나 목표를 정해 주어야 하는 경우가 종종 생긴다. 이런 상황에서는 교사가 인내심을 갖고 유아에게 자발적으로 그림을 그릴 수 있도록 배려한다면 점차 유아는 자기가 그리고 싶은 욕구를 표현할 수 있는 능동성이 나타날 것이다. 그렇게 되면 유아가 자신있게 스스로 내적으로 느끼는 그림을 그리게 되고, 때에 따라서는 자연적으로 어떤 사물에 대한 형상을 그릴 수도 있을 것이다(Jaffke, 2004).

다시 설명하자면 발도르프 미술교육은 유아의 자발성과 상상력의 표현을 통해 유아의 내면에 잠재된 것이 자연스럽게 발현되도록 주력한다. 교사는 유아가 내면의 세계를 자기 주변 환경에서 보고 인상 받은 것들을 개별적 발달에 맞게 서서히 표현되도록 배려하는 것이다. 유아 미술교육의 목표는 유아의 개별적인 발달 상태의 상태가 외부로 발현하는 것이기 때문에 유아의 그림을 객관적으로 평가하지 않는 것이 원칙이다. 따라서 교사는 단지 유아가 자기가 경험한 것을 그리거나 발달에 따라 주위에서 관찰한 사물이나 형태를 표현하도록 안내하고 주시한다. 이렇듯 교사의 역할은 유아가 자기 내면의 세계를 그림을 통해 표현하는 것을 기다리는 것이 중요하다. 그리고 또한 유아가 그린 그림은 유아의 인격 존중의 차원에서 그리고 유아간의 경쟁심을 유발시키지 않도록 하기 위해서이다. 이와 더불어 인지학적 교육철학 관점에서 본다면 유아들은 끊임없이 미래를 만들어가는 존재라고 본다. 그러므로 유아는 지속적으로 발달해 가는 존재로서 자기가 그린 그림은 이미 과거로써 더 이상 큰 관심을 갖지 않는 것이 일반적인 현상이라고 한다. 따라서 유치원에서는 유아들의 작품을 공개적으로 전시하지 않고 단지 유아를 이해하기 위한 자료로서 활용한다.

2) 발도르프 유아 음악교육

발도르프 유아 교육기관에서 활용하고 있는 악기에 대해 설명을 한다면 다음과 같다. 즉 유아에게는 추상적인 악기나 복잡한 음악 소리보다는 단순한 악기소리를 통해 음악적 리듬에 익숙해지도록 하는 것이 음악교육의 목표이다. 발도르프 유치원 음악교육은 주로 교사와 같이 호흡을 맞추면서 부르는 노래나 5음계 실로폰이나 라이어(현금)를 악기로 활용한다. 특히 이러한 악기를 기계음이나 소음에 익숙해져 있는 유아에게 들려주면 내적으로 안정되는 효과가 나타나기 때문에 교수 매체로 활용한다. 오음계로 된 악기의 치유 효과는 유아들의 심신을 안정하게 하면서 내적으로 차분해지는 효과가 있다. 그러므로 발도르프 유아 교육기관에서는 오음계로 된 악기 등을 활용해서 교수법으로 활용하기도 하는데, 이는 교사가 유아에게 따로 지시하거나 훈계하지 않아도 유아가 자연스럽게 교사의 지시나 안내를 자연스럽게 수용하는 효과가 있다.

위에서 언급하였듯이 발도르프 유치원에서는 기계음 예를 들어 카세트테이프나 마이크 등을 사용은 하지 않고, 가능한 교사의 육성을 사용하기를 권한다. 그러므로 유아 교육기관이나 현장에서는 교사가 반주 없이 먼저 직접 노래를 부르면 유아들은 같이 따라 하면서 자기 것으로 만들어 가는 과정을 스스로 경험한다. 이 교수법은 교사와 유아들과의 함께 호흡을 맞추다 보면 상호교감이 일어남으로써 상호 신뢰감을 형성할 수 있고 유아의 듣기교육에도 탁월한 효과가 있기 때문이다(김정임, 2006). 음악 활동 역시 유아의 심장박동에 적절한 오음계를 기본으로 한 노래, 손유희 그리고 라이겐 등을 활용하여 교육의 내적 효과를 통해 유아의 정서 발달에 중요한 목표로 삼는다.

3) 발도르프 유아 동작 교육(오이리트미)

발도르프 유아교육론 중에 유아의 신체와 정신의 조화로운 발달을 위한 교육으로 중요한 자리를 차지하고 있는 것이 동작 교육이다. 유아는 오이리트미를 통해 자신의 몸을 아름답게 쓸 수 있고 또 건강한 몸을 만들 수 있도록 배우는 것이다(한주미, 2008).

유아는 유치원에서 배우는 오이리트미의 동작을 통해 인간의 기본동작으로 구성된 원리를 배우게 된다. 예를 들어 유아 오이리트미는 천천히 걷기 또는 빨리 걷기 등 단순하며 반복적이며 리듬상 내용으로 구성되어 있다. 따라서 유아 오이리트미는 특별한 지적 발달을 위한 목적을 갖고 구성되지 않으며, 오직 유아의 신체와 정신의 조화롭고 전체적인 발달을 위한 내용으로 구성되어 있다. 오이리트미 동작은 기계적인 동작을 하는 것이 아니라 신체적인 균형 감각을 발달시키면서 안정감 있게 하는 것이며, 노래나 시의 내용에 따라 또는 음악의 리듬이나 박자에 따라 몸을 움직이는 동작이다. 즉 유아는 유아 오이리트미를 통해 신체적·정신적 그리고 영혼적인 발달을 위한 인간 동작의 기본을 의식화시키기 위하여 배우게 된다(김정임, 2004).

이러한 신체 동작 교육의 목표는 유아의 신체 발달을 도모하면서 신체에 대한 의식과 아울러 신체와 연결된 내적 세계를 발현하도록 하기 위한 것이다. 여기서 동작은 단순히 외형적인 표현으로 그치는 것이 아니라 인간의 내적인 것과 외적인 것이 함께 상호작용 되어 표현되는 점이 중요시된다. 이러한 동작 교육에는 음악성이 함께 동반됨으로써 심미적·표현적인 교육의 효과가 함축되어 있다.

4) 발도르프 문학교육(동화와 인형극)

발도르프 유아 교육기관에서는 한 달 리듬으로 주로 각 나라의 전래동화를 갖고 인형극으로 매주 한 번씩 시연을 해 주는 동화 활동이 이루어진다. 일주일에 한 번씩 3주 혹은 4주 반복되는 내용을 들으면서 유아들은 학습 원리인 반복과 모방을 통하여 자연스럽게 전래동화의 내용을 내면화한다. 또한 슈타이너(1948)에 의하면 이런 삶의 지혜가 함축된 있는 동화는 유아가 성장하면서 정신적인 힘으로 작용하기 때문에 동화내용 선정 역시 교육적으로 매우 중요한 자리를 차지하고 있다. 인형극을 위한 동화내용 선정의 기준은 주로 인간의 삶의 지혜를 담은 내용으로 삼는데, 주로 전래동화를 택하게 된다. 전래동화 내용과 구성은 역시 연령에 따라서 하고, 재료선택 역시 유아의 심미적인 감각을 위해 자연재료 한 인형극을 준비하여 시연한다. 인형극 내용은 권선징악이 뚜렷한 전래동화 중심으로 하고 한 달에 같은 요일 날 반복해서 교사가 자연스럽게 이야기하듯이 들려준다.

발도르프 인형극의 시연 후에는 교수법으로 발문법을 활용하지 않고 동화 전체의 이미지 형성과 내면화에 교육목표를 삼는 것이 특징이다. 이러한 교육적 목적은 주입식 지식보다는 유아 스스로 개별적으로 외부의 인상을 내면화하도록 한다. 다시 설명하자면 유아가 보고 들은 동화나 인형극의 전체적인 상을 스스로 느끼도록 시간적 여유와 개별적 차이를 인정하는 것이다. 특히 이야기를 통해 유아가 도덕적으로 내면화하도록 하는 방법은 도덕적 내용을 훈계하는 방법이 아니라, 유아가 교사의 이야기를 들은 이야기나 기억하는 장면들의 이야기를 통해 스스로 경험해 나가면서 내면화되도록 하고자 하는 것이 발도르프 교육의 특징이다.

슈타이너(1948)에 의하면 동화와 인형극은 유아의 상상력과 언어발달을 위한 중요한 영역이다. 즉 동화 읽어주기와 인형극은 인간의 내면 본성에 잠재된 있는 심미적·도덕적 감각 능력을 키우는 데 있어서 적절하며 이에 따른 통합적인 교육원리를 통해 교수·학습방법이 계발되었다.

유아는 동화나 인형극에 나오는 인물을 통하여 자신의 내면에 비치는 상을 통해 내적 자극을 받는다. 따라서 동화나 인형극은 유아의 내적 세계가 제대로 형성되도록 동화내용의 선정이나 시연방법이 교육적으로 중요하다. 슈타이너(1948)는 가능한 모든 이야기 들려주기는 청각적으로 아주 조용히 그리고 천천히 전달되어야 한다고 강조했다. 다시 표현하자면 교사나 성인이 이야기를 읽어 주거나 들려줄 경우 이야기 할 내용이나 읽을 내용에 대한 지나치게 과장을 하거나 개인의 감정은 삼가고 자연스럽게 편안하게 처음부터 이야기를 마지막 까지 같은 방법으로 차분하게 진행하여야 한다고 주장했다.

5) 교사론

교사는 유아가 발달과정에서 모방할 수 있는 행동을 의식해서 본보기를 제시해 줄 수 있어야 한다. 즉 유아가 자발적으로 교사의 행동을 보고 따라 하면서 내면화되도록 교사는 안내자가 되는 것이다. 즉 교사란 무엇을 가르치는 것이 아니라 유아가 가지고 태어난 능력을 스스로 경험하면서 표현과정을 통해 배움은 일어난다고 보는 것이다.

발도르프 유아교육에서는 교사의 역할에 대해 '애정 어린 권위'를 통한 지도를 강조한다. 교사와 유아의 관계는 상호 내적 신뢰감을 형상해 가는 동안 진정한 교감이 이루어진다고 여긴다. 교사의 다양한 역할의 수행이 연마되는 가운데에 무엇보다도 교사는 자기교육을 지속해서 해나가도록 노력해야 하는 것 역시 중요하다.

3 프로젝트 접근법

프로젝트 학습방법은 1920년대에 미국의 교육철학의 사조 중의 하나인 진보주의에 토대를 두고 발달한 프로그램이다. 프로젝트는 듀이와 킬패트릭에 의해 '프로젝트 방법'이란 용어로 사용되었다. 그 후에 캐츠와 차드에 의해 통합적인 교육과정의 측면에서 진보주의 철학에 바탕을 두고 아동 중심의 교육을 위해 재조직한 것이다. 프로젝트 접근법은 기존의 교육과정 속에서 상호보완적인 관점에서 하나의 주제를 정해서 심층적으로 모색하여 접근하는 방법이기 때문에 현장에서 다양한 상황에 따라 여러 방법으로 통합해서 활용할 수 있다(Katz & Chard, 1989).

프로젝트 수업의 전개방식은 개인 혹은 소집단, 상황에 따라 전체 유아들이 함께 하나의 주제에 관하여 여러 가지 관점을 조사하고 깊이 학습할 수 있는 확장된 학습활동 방법을 의미한다(Katz, 1993). 따라서 프로젝트 접근법은 하나의 교수학습 방법으로서 유아가 흥미를 갖고 하나의 주제를 통해서 주변 세계에 대한 이해를 도모하면서 사고력을 키울 수 있도록 하는 교수 방법이다.

1) 교육목표

프로젝트 접근법은 교사와 유아가 함께 학습할 가치가 있는 주제에 대해 심도 있게 연구하는 교수-학습방법으로서 유아들의 생활환경에 대한 이해를 증진하고자 한다. 그러므로 프로젝트 접근법의 목적은 유아의 지식, 기능. 정서적, 도덕적, 심미적 감각의 계발을 배양시키기 위한 것이다.

교육내용으로는 정보(사실, 문화적 관점, 이야기, 예술작품 등), 개념(개요, 속성 및 범주, 사전 기록 등), 관계성(인과성, 목적과 과정의 관련, 전체와 부분 등), 의미(개인적인 지식경험, 이해 등)로 이루어져 있다. 유아는 일상생활에서 필요한 사회적, 개인적 기술을 습득해야 한다. 예를 들어 기본적인 기초학습능력(말하기, 읽기, 쓰기, 세기 및 측정하기 등)과 과학적 기능적 기술(자료처리, 주변 사물 관찰하기, 과학기구 사용하기 등), 사회적 기술(협동, 토의, 협의, 지도력, 공동체 의식 등), 개인적 관계 맺기(주고받기, 존중, 자기주장 등)를 익혀야 한다.

2) 교수 내용 및 방법

프로젝트 접근법에서는 교육내용을 주제 중심으로 선정한다. 주제의 범위는 유아 자신, 지역사회, 지역행사와 유아를 중심으로 현재 일어나고 있는 사건, 장소, 시간, 자연현상, 일반지식 등을 고려해서 다루어진다. 즉, 교사가 선정한 주제를 갖고 유아는 경험과 흥미를 반영한 자료나 현장 경험의 가능성을 생각하면서 주제의 조직망 혹은 개념지도를 구성해 본다. 교사는 유아들의 능동적인 참여를 유도하여 다양한 의견과 사고를 수용해 발전된 프로젝트 주제 망을 짠다. 교사는 유아들이 일상생활에서 접하고 있는 관심과 흥미를 선정하여 주제를 선별한다. 주제가 정해지면 다음과 같은 단계를 걸쳐 진행된다.

3) 프로젝트 접근법의 3단계

① 1단계: 주제 선정을 위한 계획과 시작이다

첫 단계에서는 주제에 대해 유아들이 다 함께 공통적인 관심을 끌어낸다. 즉 주제에 관해 이야기를 나누고 주제에 대해 다양한 방법으로 표현하도록 한다. 2단계로는 프로젝트 진행이다.

② 2단계: 탐색과 표상 활동이다

유아가 특정 장소, 사물, 사건 등을 방문하여 관찰한 것을 그림, 글, 그래프, 도표, 모형, 극 등으로 표상한다. 유아가 표상 활동 후에 서로의 토의 시간을 통해 각자가 경험한 것을 나누는 시간을 갖게 된다.

③ 3단계: 반영과 결론과정이다

마지막으로 결과물을 정리하여 전시하고, 평가하는 단계를 갖게 된다. 때에 따라 다른 사람에게 프로젝트 진행 과정과 느낀 점, 배운 점 등에 대하여 발표하는 시간을 갖기도 한다.

4) 프로젝트 접근법의 특성

Katz와 Chard(1989)의 글을 중심으로 프로젝트 접근법의 특성을 요약하면 다음과 같다.

① 학습 내용과 선정 방법과 교수·학습방법을 같이 제시하고 있는 교육 방법론적 이론이다.

② 학습의 모든 영역의 지식, 기능, 성향, 느낌의 상호 보완적이고 유기적인 관계 속에서 인격의 통합을 강조한다.

③ 이 수업에서는 학습 과정, 내용, 결과를 차별하지 않고 모두 같이 중요하게 여긴다.

④ 학습 내용을 선정할 경우 유아의 발달 측면에서 사회·문화적 적절성을 중요하게 여긴다.

⑤ 교수 학습 과정 측면에서 프로젝트 접근법은 시작, 전개, 마무리의 3단계 과정을 구조적으로 체계화시킨다.

⑥ 가족과 지역 사람들과의 상호 협력적 관계를 강조하면서 바람직한 유아교육을 만들어 나간다.

5) 교사의 역할

프로젝트 접근법에서의 교사역할은 다음과 같이 간략하게 설명할 수 있다.

① 개방적인 자세로 정보교환을 할 수 있는 분위기를 만들 수 있는 능력이 필요하다.

② 유아들의 활동과 행동에 대한 목표를 명확하게 설정하여 유아들에게 알려주는 능력이 필요하다.

③ 프로젝트를 진행하는 과정에서 유아들이 해야 할 일 행동과 장소, 때 그리고 누구와 하는지에 대한 설명을 정확하게 해 줄 수 있는 능력이 필요하다.

④ 유아들과 프로젝트를 진행하는 과정에서 유아들에게 자료와 시설 등을 잘 활용할 수 있도록 배치능력이 필요하다.

⑤ 유아들을 격려하고 좋은 아이디어를 줄 수 있는 능력이 필요하다.

⑥ 유아들 간의 상호존중하고 배려할 수 있도록 만들어 줄 수 있는 능력이 필요하다.

⑦ 끝으로 교사는 활동결과, 수집과 전시 등 개인작품과 단체 작품을 전시할 계획능력이 필요하다.

4 레지오 에밀리아(Reggio Emilia) 접근법

이탈리아 북부지방의 도시에서 시작한 레지오 에밀리아는 당시 이탈리아의 사회적, 정치적 교육 개혁의 역사와도 깊은 관련을 맺고 있다. 레지오 에밀리아의 교육은 교사와 부모와의 강한 의지와 협력 끝에 지역공동체의 경험들을 총체적으로 재구성한 교육이다. 즉 레지오 에밀리아의 지역 사회문화 상황 속에서 피아제의 구성주의와 비고츠키의 사회적 구성주의 등을 통해 유아의 능동적 경험을 토대로 한 과정 중심의 교육학습프로그램이다.

1) 교육목표

레지오 에밀리아의 교육적 접근법은 예상하고 계획된 교육목표보다는 지역의 사회문화적 요소가 교육과 부합되는 범위에서 유아와 교사, 부모, 지역 공동체와의 관계 속에서 상호협력하면서 이루어지는 사회문화적 접근교육이다. 즉 계획된 학습활동을 실행하기보다는 유아가 사는 지역사회 환경 안에서 정서적, 인지적으로 관심을 가질 수 있는 다양한 상황을 제공하여 유아의 적극적인 사고를 기르도록 하는 것이다. 또한 유아들에게 교육적으로 의미 있는 것을 제공하여 유아들의 발전 가능한 잠재능력의 발달을 위한 경험을 제공하고자 한 것이다. 따라서 교사는 유아의 현재 수준보다는 잠재능력에 초점을 두고, 학습과 경험의 기초로서 지속해서 유아의 학습과 발달을 도와주도록 한다. 그러면서 교사는 유아 사고의 확장을 다양한 관점과 방향으로 연결하면서 유아의 근접발달영역 내에서 학습과 발달을 최대한 지원해 주는 것이다.

2) 교수 방법

레지오 에밀리아 접근법은 유아의 흥미와 능력을 고려해서 다양한 교수·학습방법을 적용한다. 교사는 유아의 개인차를 고려해서 수준에 따라 도와주면서 유아의 능동적인 참여를 유도하는 학습방법을 사용한다.

① 발현적 교수법이다. 유아가 스스로 떠오르는 생각을 통해 대인관계 향상, 협력하는 정신, 인지 활동을 폭넓게 해 줌으로써 유아의 능력을 효율적으로 배양하도록 하는 교수 방법이다.

② 다양한 상징 표상 능력을 육성하는 방법이다. 유아가 경험하거나 학습한 것을 떠오르는 작업을 통해 유아 스스로 탐색한 경험을 다시 기억하는 것이다. 그리고 이러한 것을 여러 가지 방법(예: 기호, 글자, 도표, 그림 등) 등으로 표현하도록 하는 것이다.

③ 유아의 학습을 위하여 다양한 매체의 활용의 능력을 키워주는 방법이다. 유아는 여러 가지 매체를 사용하여 탐색한 후에 방문했던 현장을 다시 방문하거나 재탐색과 재표상 작업을 통하여 경험했던 것을 다시 검토하여 주제에 대한 이해수준을 깊이 있게 다루어 나간다. 이러한 재순환과정은 유아가 처음으로 방문했거나 탐색했던 주변의 대상물에 대한 지식을 재구성하여 주변과 사물에 대한 유사점이나 차이점을 재발견하여 주제에 관한 지식 및 정보에 대한 사고를 심화시킬 수 있다.

④ 유아기관에서 교육과정 운영을 통합적으로 한다. 통합적이란 것은 유아가 학습할 때 인지, 상징적인 과정의 통합, 과학과 예술의 통합적인 접근, 문해 교육을 위한 모든 영역의 접근, 미술교육을 통한 사회문화적 접근 등을 다양하게 표현하며 학습해 나가도록 하는 것이다.

끝으로 교사, 부모와 가족, 지역사회가 다 함께 참여하는 공동교수 방법을 활용한다. 이러한 공동 교수 방법은 그 지역사회의 문화권 안에서 체계적으로 참여하여 해결함으로써 서로 의욕을 불러일으키는 특징을 갖고 있다.

3) 교육 내용

레지오 에밀리아의 교육내용은 일상생활에 관련된 활동, 상호관계 알기 활동, 다양한 사고와 표현존중 활동, 그리고 지역공동체의 공동체 의식 및 참여의 가치

알기 등이다. 즉 사회적 상호작용의 강조를 위한 교육내용은 유아-유아 간의 발달 수준에 따라 나타나는 차이와 그리고 유아-성인 간의 사회적 상호작용을 통해서 학습을 한다.

레지오 에밀리아의 접근법에서는 다양한 사고와 표현존중을 위하여 학습의 도구로써 다양한 상징 매체를 활용한다. 예를 들어 동물에 관해서 동물의 울음소리, 동작, 선 그림, 페인팅, 조각, 그림자놀이, 콜라주, 그리고 음악 등의 다양한 방법을 통해 자신의 표상 능력을 기르도록 하는 것이다.

지역 공동체와 참여의 가치를 알려주는 것이 중요하다. 따라서 이에 대한 홍보 또는 알리기는 부모-교사 간의 협의회나 협력관계를 통해 상황에 따라 참여를 유도한다. 이렇게 학부모와 시민들에게 교육에 적극적으로 참여하게 하는 것을 통하여 교사, 가족구성원, 지역사회가 다 같이 공동체 의식을 키워줄 뿐만 아니라 복지 차원에도 공헌을 하도록 하는 것이다.

4) 교육과정운영의 특성

레지오 프로그램의 교육과정은 구성주의적 유의미학습, 사회적 상호 작용주의 관점의 사회 인지적 갈등 요인 및 사회적 과제 여건, 사회·문화적 영향과 상징화된 심리과정의 통합적 발달 그리고 다 상징적 접근을 유아들의 교수·학습에 적절하고 효과적으로 적용하고 있다.

레지오 에밀리아의 교육과정 운영 특성을 간략히 소개하면 다음과 같다(방인옥 외, 2009).

① 유아의 일상생활 경험을 중심으로 발현적 교육과정을 중심으로 운영한다.

② 프로젝트가 전개됨에 따라 상징화 주기를 나선형으로 만들어 나간다.

③ 유아들은 한 가지 상징체계로만 표상할 경우 다양한 매체의 활용을 통해 다각도로 상징화해 간다.

④ 상징적 표상은 유아들에게 학습 과정에서 나타나는 인지적·상징적 표현으로 유아의 사고발달에 중요한 요소로서 교육과정 학습의 수단으로 간주한다.

⑤ 유아들이 상호 의사소통하는 맥락에서 나타나는 표상 활동을 강조한다.

⑥ 유아들과 교사 간의 사회적 상호작용 과정에서 나타나는 지식을 활성화한다.
⑦ 유아들의 활동 과정과 표상 물은 체계적으로 기록되고 학습에 중요한 자료로 활용을 한다.

5) 교사의 역할

레지오 에밀리아 교육프로그램에서의 교사의 역할을 소개하면 다음과 같다.
① 유아의 학습을 도와주는 촉진자로서 역할이다
② 학급을 운영하는 수행능력이 필요하다.
③ 교육기관의 환경구성을 할 수 있는 능력이 필요하다.
④ 유아의 양육과 생활지도를 수행할 수 있는 능력이 필요하다.
⑤ 부모, 동료, 행정가 그리고 대중과의 의사소통 능력이 필요하다.
⑥ 전문가로서의 자기계발을 통한 성장능력이 필요하다.
⑦ 지역의 현실적 정치활동에 참여할 수 있는 능력이 필요하다.
⑧ 교육과정 계획 및 수립, 전문가로서의 교육 그리고 교사의 능력함양을 위한 연구자가 지녀야 할 능력이 필요하다.

5 생태 유아 교육프로그램

1) 생태 유아 교육론

1990년 이후 한국의 유아교육에서 생태에 관련된 연구물이나 강연 자료가 나오기 시작하면서 생태 지향적, 생태 중심적, 생태학적, 자연 친화적, 생명 존중의 유아교육이라는 용어가 자주 사용되는 것을 살펴볼 수 있다. 이처럼 유아교육 영역에서 생태학적 접근이 1999년 부산대학교 부설 어린이집 중심으로 '산책가기' 프로젝트로 시작되었다. 이것을 계기로 유아교육에 생태 유아교육이라는 새로운 패러다임이 등장하기 시작했다.

생태 유아교육은 생명 사상 내지는 생명이라는 것에 철학적 가치를 두면서 유아교육을 생명의 세계관에서 접근하는 것이다. 다시 말하자면 생명에 대한 존중을 바탕으로 아동에 대한 세계관을 확립하여 이에 따른 유아교육을 하고자 한 것이다(임재택, 2008).

따라서 생태 유아교육의 교육적 의미를 살펴보면 다음과 같다(임재택, 2008).

첫째, 생태 유아교육은 생명 사상을 중심으로 유아가 생활하고 있는 생태적 환경을 교육장소로 활용하고자 하는 유아교육이다. 생태 유아교육은 인간의 생명을 존중하면서 유아의 일상생활에서 마음껏 자라날 수 있도록 생태환경을 배려하고자 노력하고 있다.

둘째, 생태 유아교육은 최근 현대사회의 급격한 물질적, 기계적 발달 속에서 영유아의 몸과 마음이 좀 더 건강하고 튼튼하게 성장할 수 있도록 하고자 노력하는 교육이다. 특히 현실의 유아교육이 지나치게 지식 위주인 교육에서 벗어나고자 시도된 유아교육이다. 즉, 생태 유아교육은 유아교육에서 새로운 패러다임으로 이해되고 있는 교육이다.

셋째, 생태 유아교육은 자연의 순리를 따르면서 자연 친화적으로 삶과 교육에서 실천하고자 하는 유아교육이다. 생태 유아교육은 자연의 본성을 지닌 유아들을 자연의 순리대로 사람의 도리대로 성장·발달 할 수 있도록 경험시키고자 하는 유아교육이다. 이를 위한 교육 사상을 천지인의 조화사상 내지는 천인합일 사상을 토대로 하고 있다.

넷째, 생태 유아교육은 한국인이 역사 속에서 가졌던 삶의 지혜를 통해 유아들의 교육을 시키고자 하는 유아교육이다. 즉, 조상들의 자녀 양육에 대한 지혜를 현대인의 유아교육에 다시 창조적으로 적용하고자 하는 유아교육이다. 따라서 생태 유아교육은 한국 민족 문화이며 우리 민족에 맞는 유아들을 교육하고자 하는 특성을 가지고 있다.

2) 생태 유아 교육과정의 교육활동

(1) 바깥활동

유아들이 실내에서 활동하기보다는 바깥에서 하늘, 바람, 땅의 기운을 느끼며 자유롭게 활동하는 것을 중요시 한다. 따라서 바깥활동은 매일 규칙적으로 날씨와 상관없이 규칙적으로 하는 것을 원칙으로 삼는다.

(2) 산책 활동

산책활동은 유아들이 오감을 경험하며 자연과 직접 교감할 수 있는 활동이다. 유아들은 산책하는 동안 여유, 자유, 자연에서 생명체들과 교감 등 즐거움을 느낄 수 있다.

(3) 텃밭 가꾸기 활동

텃밭 가꾸기 활동은 사계절 내내 유아들이 직접 흙냄새를 맡으면서 직접 텃밭을 가꾸면서 수확을 해볼 수 있는 활동이다. 이 활동은 채소를 심고 수확하면서 계절의 변화, 식물의 성장, 생명에 대한 기쁨과 경외감을 가질 수 있을 뿐만 아니라 생명에 대한 신비감을 느낄 수 있다.

(4) 세시풍속 활동

세시풍속 활동은 우리 민족의 전통적으로 내려오는 4계절과 24절기를 익히며 삶 속에서 생활의 지혜를 온몸으로 배우는 활동이다.

(5) 손끝 놀이 활동

이 활동은 유아들의 소근육을 활용해서 다양한 활동을 해보는 예를 들어 손가락 체조하기, 곡식 옮기기, 숟가락이나 젓가락을 가지고 다양한 사물 옮겨보기, 종이

접기, 구슬 끼우기, 실뜨기, 바느질, 자수, 털실 뜨개질 등이다.

(6) 몸짓 놀이 활동

유아들이 몸을 이용해서 할 수 있는 모든 움직임을 의미한다. 몸짓 놀이는 인간의 신체와 마음을 연결하여 우주의 힘과 연결할 수 있을 뿐만 아니라 타인과 신체 접촉을 통해 공동체 의식도 형성될 수 있는 활동이다.

몸짓활동에는 도리도리 짝짜꿍, 곤지곤지, 잼 잼, 따로따로, 불무불무, 목마 타기 등이 있다.

(7) 명상활동

유아들의 외부로 발산하는 활동의 균형을 맞추기 위해서 자기 자신의 안으로 몰입할 수 있는 시간을 가질 수 있다.

3) 교사의 역할

다음은 생태 유아교육을 실행하는데 있어서 교사의 역할을 간략하게 설명하면 다음과 같다.

① 교사가 유아를 가르치기 보다는 일생생활에서 돌보는 양육자 역할을 수행할 수 있도록 한다.

② 교사가 스스로 몸을 움직이면서 유아들과 함께 땀을 흘리며 생활하고, 놀고, 도와주는 자세를 가지고 있어야 한다.

③ 유아를 존중하며 생명에 대한 경외심을 갖고 유아를 섬길 수 있어야 한다.

④ 유아를 있는 그대로 바라보고 스스로 자랄 수 있도록 돌볼 수 있어야 한다.

⑤ 오늘 지금 행복한 유아들을 위해 준비하는 교사이어야 한다.

⑥ 열린 감성을 가지고 유아들에게 미적 체험을 할 수 있도록 한다.

출처: 푸른숲지기의 푸른숲유치원 생활

[그림 3-1] 텃밭 가꾸기

6 숲 유치원

1) 자연주의 사상에 따른 숲 교육

숲 교육은 현대사회가 급변하면서 너무 이른 나이부터 매체나 지식 위주의 수업에 심신이 지쳐가고 있는 현대유아들에게 새로운 대안으로 떠오르고 있는 교육이다. 유아들은 자연에서 마음껏 '자유롭게' 움직이면서 자연을 통해 탐구하고, 스스로 발견하고 생각하고 자연과 하나가 될 수 있도록 하는 교육목적을 갖고 출발한 교육이다(이명환, 2007).

자연주의 유아 교육실천연구회(2011: 91)에 의하면 자연주의 유아 교육목표를 아래와 같이 설정했다.

첫째, 자연주의 유아교육은 인간의 타고난 본성을 따른다.

둘째, 자연주의 유아교육은 자연으로부터 얻는 지혜를 인간 교육에 적용한다.

셋째, 자연주의 유아교육의 환경은 자연이다.

숲 교육은 그 특성상 인간과 자연이 아주 밀접한 연관관계 속에서 이루어져야 하기 때문에 가장 효과적인 것은 자연이나 숲을 교육의 장소로 삼는 것이다. 유아들은 자연에 대해 즐거움을 느끼고 생명체를 관찰하는 경험을 통해 자연을 알아가면서 자연을 사랑하고 존중하게 된다. 더욱이 이렇게 자연을 있는 그대로 자연을 경험하는 교육은 유아의 자연에 대한 감수성과 독립적인 사고과정을 통해 창의적인 사고를 육성해 줄 수 있다. 또한, 유아들이 자연에 대해 몸과 마음으로 많이 배우고 익힌다면 삶 속에서 올바른 가치관이 형성될 것이다.

숲 유치원은 자연에 있는 그대로의 숲에서 유아들이 자유롭게 뛰놀며 보고 만지고 느끼면서 오감을 통해 스스로 배워나갈 수 있는 자연체험 학습공간이다. 따라서 자연이 주는 돌, 식물 그리고 동물 세계를 자연스럽게 접하면서 유아 스스로 경험하며 배우는 것이다. 여기서 주의할 점은 가능한 자연체험 위주의 시설물을 조성하지만, 교육적인 형식이나 규칙, 통제와 제한은 최소화하도록 해야 한다.

유치원은 철학적 교육적 사상을 기반으로 해서 출발하기 보다는 산업사회 이후 급격히 도시화하여 가는 사회적 분위기 속에서 시작된 것이다. 그러나 숲 유치원은 자연과 밀접한 상관관계 속에서 '자연주의' 사상에서 철학적 기반을 살펴볼 수 있다. 서양교육에서 살펴본 바와 같이 '자연주의 유아 교육사상' 하면 코메니우스, 루소, 페스탈로치, 프뢰벨 등의 근대교육 사상가들의 교육 사상을 엿볼 수 있다. 그들이 주장한 자연주의 교육 사상에는 각각 다르지만 같은 것은 교육에서 '자연'을 강조하며 인간의 내재한 선한 본성을 자연의 원리에 따라 인간이 변화해서 인격을 형성시키려 했다는 것이다. 그들은 모두 자연 속에서 유아의 내적 본성의 원리에 따라 직접 이루어지는 경험, 감각을 통한 다양한 체험, 놀이의 중요성 들을 강조하였다. 따라서 위에서 언급한 서양의 사상가들이 정립한 유아 교육이론은 이러한 자연주의 사상을 함축하고 있다. 요즈음 21세기 들어와서 유럽에서 보급되고 있는 숲 유치원 교육은 자연주의 사상을 토대로 하여 자연스럽게 실현되고 있다고 볼 수 있다.

한국에서도 최근에 숲 유치원 교육이 화두가 되는 실정이다. 따라서 숲 유치원 교육의 내실화를 위해서는 자연주의 유아 교육사상에서 철학적 기초를 바탕으로 할 수 있다. 그러므로 교육을 담당하는 교사들부터 자연주의 유아 교육사상을 본질에서 이해하고 이에 기초하여 숲 유치원 교육을 실행할 필요가 있다.

2) 숲에 대한 교육적 이해

21세기에 필요한 교육이 무엇인가? 유아교육을 바라보는 새로운 관점이 필요하다. 아이들을 교육한다는 것이 무엇을 뜻하는지 교육의 본질을 찾아서 유아들에게 먼저 필요한 구체적이고 실질적인 유아교육을 제공해야 할 것이다. 즉 유아들에게는 새로운 교육의 공간을 통해 좀 더 살아 있는 자연스러운 교육이 있어야 한다. 살아 있는 교육을 위해서는 자연과 유기적으로 연결된 시간과 공간이 제공되어야 한다. 따라서 자연이 제공하는 숲이나 자연물 등은 교육적으로 새로운 가치를 창출하고 있다. 숲은 유아들에게 좀 더 생동감 있고 자연스럽고 자유를 줄 수 있는 것으로 인식되고 있다. 숲은 유아들에게 자유뿐만 아니라 유아들에게 삶의 기초를 능동적으로 배울 수 있는 무한한 가능성을 제공하는 곳이다.

3) 숲 유치원 교육 활동의 교육적 의미

자연과 숲은 유아에게 교육적으로 다양한 의미를 제공해 주는 장소이다.

① 숲은 유아에게 삶의 장으로서 제공된다.

② 숲은 유아들에게 놀이를 제공해 준다. 숲이 인간에게 제공해주는 수많은 자연물은 유아들의 자연 놀잇감이며 숲 자체가 놀이를 제공한다.

③ 숲은 유아들에게 다양한 체험을 할 수 있는 장소다.

④ 숲은 유아에게 새로운 즐거움을 제공해 주는 교육장소다.

⑤ 일상생활에서 벗어나 새로움을 알아가고 발견하고 경험하는 장소다.

⑥ 유아들은 자연에서 자신을 만나고 경험하며 자신의 능력을 발견한다.

⑦ 생명의 신비함을 식물과 동물 세계를 직접 만나면서 알아가는 곳이다. 또한, 신비한 가치와 존재들과 세상을 알아가는 것이다.

⑧ 생명존중을 통해 함께 살아가는 것을 배우는 장소이다.

⑨ 자연을 지배하는 것이 아니라 자연과 하나가 되는 교감을 경험하는 장소이다.

⑩ 자연을 존중하며 아끼고 사랑하는 마음을 배우는 장소이다.

⑪ 숲을 통해 유아들은 꿈과 희망을 배우는 장소이다.

4) 유아 교육현장에서의 유아들의 자연관찰을 통한 감각 교육

유아가 태어나서 약 6개월이 지나면서부터 즉 스스로 움직일 수 있을 때 가장 좋아하는 것이 주변에 움직이는 사물들이다. 이 시기의 유아는 특히 자기가 움직이거나 움직이는 사물에 대해 큰 관심을 보인다. 그래서 무엇보다도 이 시기의 영유아는 주위에서 흔히 만날 수 있는 강아지나 고양이를 보고도 무척 즐거워한다. 대부분 유아는 무엇인가 주변에서 움직임을 보고 아무 선입견이 없이 바라보고 만져보면서 호기심을 나타낸다. 특히 이 시기 유아의 감각은 모든 사물에 열려있는 상태이며 외부의 자극에 민감하게 반응하고자 한다. 그러므로 이 시기의 유아는 온몸으로 경험하고자 능동적으로 주변 환경에서 움직이며 탐색한다. 교육심리학자 피아제에 의하면 영·유아는 주변 세계에서 제공되는 것에 대해 능동적으로 상호작용하면서 인지발달이 일어난다고 그의 인지발달 연구에서 주장하였다. 이처럼 영·유아는 자기 몸을 통해 외부의 세상을 능동적으로 탐구하고 싶어한다.

자연 즉 숲에서 관찰되는 돌이나, 식물 그리고 동물 세계를 통해 유아는 감각경험(시각, 촉각, 미각, 후각, 청각)을 통해 그 밖에 온몸을 움직이며 느낄 수 있는 동작 감각과 균형감각 등을 직접 경험하며 익힐 수 있다.

유아가 사는 주변의 자연이나 숲에서 흔히 보이는 자연물 즉 돌, 식물 그리고 동물 등이 유아의 감각을 발달시킬 수 있는 훌륭한 교육재료로서 가치를 가지고 있음을 알 수 있다. 또한 이러한 자연이 제공하는 자연물이의 다양한 교수 방법은 유아의 창의성, 예술성 등 다양한 발달을 위한 학습을 위해 큰 효과를 함축하고 있다.

(1) 돌

주변의 공원이나 숲으로 가서 돌을 주워 모아 본다. 교사가 먼저 돌을 하나 집어서 관찰하면서 유아들에게 만지거나 돌을 가지고 놀 수 있도록 해준다. 예를 들어 다양한 크기의 돌을 가지고 모양을 나열하는 것도 가능하고 두 개의 돌을 가지고 소리를 내어 볼 수 있다. 유아는 이러한 놀이 과정을 통해 다양한 감각 경험을 할 수 있다. 구체적으로 어떠한 감각 경험이 일어나는지 살펴보면 다음과 같다. 우선 유아는 시각, 촉각 그리고 청각 경험을 직접 할 수 있다. 여러 개의 돌을 가지고 소리를 내어 본다거나 또는 의식적으로 돌을 만져보게 하는 경험을 제공할 수 있다. 그 밖에도 유아들에게 그림을 그려볼 기회를 제공한다. 즉 유아가 자연에서 관찰하거나 경험한 것을 예술적 경험을 제공해서 자연에서 경험하는 것을 통합적으로 접근해 보도록 하는 것도 교육적 의미가 충분히 부여되는 것이다.

(2) 식물

유아들이 주변을 산책하면서 또는 유치원 실내에서도 관찰 가능한 활동이다. 식물 세계의 관찰은 성장·번식하는 것을 관찰하면서 유아들은 자연의 경이로움을 경험할 수 있다. 이것은 유아의 내면에서 자발적으로 일어날 수 있는 자연에 대한 귀중한 경험이다. 유아는 스스로 성장·변화해가는 과정에 있으므로 자연에 대한 감정이입이 쉽게 일어날 수 있다. 또한, 계절별로 변화하는 자연 속에서 식물 세계는 봄이 되면 싹을 틔우고 여름이면 꽃과 열매를 맺어 가을이면 식물 세계가 인간에게 4계절의 다양한 변화를 준다. 이렇듯 식물의 성장변화 과정이야말로 자연이 인간에게 주는 선물이다.

이러한 식물을 계절마다 관찰하여 그 변화를 경험하고 그림으로도 표현하면 유아는 식물 세계에 대해 직접 경험한 것을 예술 경험으로도 전이시킬 수 있다. 또한 이러한 경험은 유아에게 시각, 촉각, 미각 그리고 후각의 경험을 제공할 수 있다.

(3) 동물

유치원 실내 또는 실외에서 흔히 사는 작은 곤충이나 작은 벌레들, 벌 또는 나비 등 자연에서 관찰되는, 살아 움직이는 모든 생물은 유아들에게 아주 좋은 탐구 대상이 될 수 있다. 이 시기 대부분 영·유아들은 큰 관심을 두고 움직이는 생물들을 직접 경험하고 싶어 한다. 따라서 교사는 이러한 환경을 만들어 주고 생물에 관한 특징을 잘 관찰해서 유아들에게 노랫말이나 손유희, 그리고 동작지도 등을 해줄 수 있다. 대부분의 동물은 고유의 특성이 있다. 예를 들어 동물들은 동물의 특징을 동작으로 또는 소리로 잘 나타내줄 수 있으므로 음악적인 요소나 리듬적인 요소를 반영해서 유아들과 자연 관찰 후 몸동작으로 표현할 수 있는 요소가 다양하다. 유아가 자연에서 생물들을 관찰한 후 교사와 같이 몸동작과 소리로 재현해본다면 유아에게 자연의 경험이 신체와 연결되어 유아의 내면에 자연스럽게 스며들 수 있다. 그리고 이러한 다양한 경험은 유아에게 시각적, 청각적 그리고 동작 감각까지도 연결해서 발달시킬 수 있어 역시 교육적 의미로서 중요하다.

위에서 제시한 교육활동은 숲이나 자연에서 직접 해볼 수 있으며 유치원이나 가정 실내에서도 아주 쉽게 접근할 수 있는 교육이다. 위와 같은 교육활동이 계속 지속할 경우 아이들이 선호하는 놀이를 중심으로 자유 선택영역이 자연스럽게 구성될 수 있다. 예를 들면 무생물영역(돌, 모래, 나무껍질, 도토리, 밤 등), 식물영역(나무와 꽃 등), 동물영역(곤충, 나비, 벌레 등)의 관찰영역이 이에 해당한다. 이렇게 실내에서 유아들은 일상에서 자연스럽게 무생물과 생물 등을 감각적으로 경험하다 보면 숲이나 자연에서 만나는 무생물이나 생물들에 아주 친숙하며 자연과 쉽게 그리고 깊이 교감을 나눌 수 있을 것이다.

5) 교사의 역할

아이들을 교육한다는 것이 무엇을 뜻하는지 교육의 정의를 되짚어보고 현실의 문제점을 해결할 수 있는 실마리를 찾아야 한다. 유아들에게 가장 필요한 교육은 살아있는 삶이다. 생명존중 사상과 인간도 자연 일부분임을 알아가는 삶이다. 기존의 도시의 삶은 전반적이고 총체적인 삶의 모습이 아닌 부분적인 삶을 이야기하는데 자연을 통해 삶의 총체적인 부분을 이해한다. 현대의 삶에서 자연은 인간에게 지혜를 경험시켜준다. 교사는 배움과 가르침에 대한 근본적인 질문을 하여 자기성찰을 하도록 해야 한다.

즉, 교사는 숲 교육을 위해 가져야 할 자세는 다음과 같다.

① 숲은 통해 삶을 제공하며 숲이나 자연에서 놀이를 마음껏 할 수 있도록 시간과 공간의 자유를 허용해야 한다.

② 교사는 유아들이 숲에서 즐거운 경험을 할 수 있도록 배려해야 한다.

③ 유아가 자연을 만끽하며 즐거움을 느낄 수 있도록 배려한다.

④ 교사는 유아가 자연이나 숲에서 새로운 것을 발견하며 자연을 새롭게 발견할 수 있도록 한다.

⑤ 교사는 유아와 함께 자연에서 같이 경험을 나누며 자연을 닮아갈 수 있도록 안내하는 역할을 한다.

⑥ 교사 자신도 자연과 숲을 가슴으로 이해하여 생명과 자연과의 본질적인 관계를 형성할 수 있도록 노력한다.

⑦ 끝으로 교사는 자연을 통해 유아에게 꿈과 희망을 심어주는 용기와 격려를 해주는 교사로서 노력한다.

출처: 내일신문

[그림 3-2] 아이들이 숲 유치원에서 놀고 있는 모습

CHAPTER 04

유아발달과 교육

1 발달에 관한 이론

1) 발달의 개념

발달(Development)은 인간의 생명이 시작되는 수정의 순간에서부터 죽음에 이르기까지의 전 생애를 통해 이루어지는 모든 변화의 양상과 과정을 의미한다(송명자, 1996). 그것은 연령증가에 따른 신체적 변화일 수도 있고 심리적 변화일 수도 있으며, 양적 변화일수도 질적 변화일 수도 있다. 발달적 변화의 과정에는 신체, 운동, 인지, 언어, 사회, 정서 등 인간의 모든 특성들이 포함된다.

종래에는 발달의 개념이 태아기, 신생아기, 영아기, 유아기, 아동기, 청소년기에 이르기까지 상승적 변화를 가리키는 국한된 의미로 많이 쓰여 왔으나, 최근에는 성인기, 노년기의 하강적 변화에도 관심을 증대하여 발달의 개념의 확대되었다고 볼 수 있다.

발달과 밀접하게 관련되는 개념으로는 성장(Growth)과 성숙(Maturation) 및 학습(Learning)을 들 수 있다. 성장은 신체의 크기나 근육의 세기 등 양적인 증가를 의미하는 신장, 체중, 신체기관의 무게 등의 변화를 말한다. 성숙은 유전인자가 발달과정을 방향 짓는 기제를 뜻한다(Crain, 1992). 성숙은 유전적 메커니즘에 의한 신체적, 심리적 변화로 유전적 특성에 의해 이루어지는 발달적 변화이다. 학습은 훈련이나 연습, 경험에 기인하는 발달적 변화를 의미한다.

2) 발달의 쟁점

(1) 유전과 환경

발달과정에 영향을 미치는 주요한 요인은 무엇인가? 유전인가, 환경인가? 유전과 환경의 상호작용인가? 라는 쟁점에 있어 유전적 요인과 환경적 요인 중 어느 것이 더 중요한가라는 문제보다 양자가 어떻게 상호작용하는가 하는 문제가 더 중요하다는 것으로 인간의 발달은 유전과 환경의 상호작용의 결과라고 본다.

(2) 성숙과 학습

발달의 주원인이 되는 중요한 과정은 무엇인가? 성숙인가, 학습인가? 앞서 본 유전과 환경의 영향에 대한 논쟁과 유사하다. 성숙은 유전적 요인에 의해 발달적 변화들이 통제되는 생물학적 과정이며, 학습은 직접 또는 간접경험의 산물, 훈련이나 연습에서 기인하는 발달적 변화이다.

(3) 연속성과 불연속성

발달은 연속성으로 점진적이고 계속적인가? 혹은 불연속성으로 비약적 단계로 이루어지는가? 학습과 경험을 강조하는 발달론 자들은 발달은 점진적이고 연속적인 과정이다, 변화는 여러 작은 점진적인 단계들로 일어나고, 발달의 결과들이 비슷해 앞선 결과들과 질적으로 다르지 않으며, 인간발달을 수태에서 죽음까지 연속적이고 점진적이며 축적된 변화로 본다. 단계 이론가들은 발달은 일련의 독립적이며 질적으로 다른 단계들로 구성된다. 인간발달이 양적인 것이 아니라 질적으로 서로 다른 단계를 통해서 진행된다고 본다.

(4) 결정적 시기

발달에는 결정적 시기가 있는가? 그리고 결정적 시기는 발달속도와 어떻게 관련되는가? 결정적 시기란 유기체를 둘러싼 내적, 외적 사건들이 발달에 최대의 영향을 미치는 기간을 말한다. 언어발달에 있어서 결정적 시기가 있다는 가설을 뒷받침하는 단적인 예는 늑대소년이야기 등이 있다.

(5) 초기경험과 후기경험

발달에 있어서 초기경험이 중요한가? 후기경험이 중요한가? 초기경험을 강조한 볼비는 생후 1년까지 유아가 따뜻하고 애정 어린 보살핌을 받지 못하면 이후의 발달이 최적의 상태에 이르지 못한다는 것으로 인생은 계속되는 여정이기 때문에 한 개인의 심리적 특성은 그 근원을 더듬어 올라가 조사해 보면 알 수 있다는 것이다. 후기경험의 강조는 인간의 발달은 불변하는 것이 아니라 끊임없이 변한다는 것으로 유아기의 발달 뿐 아니라 전 생애에 걸친 발달에 초점을 맞춘 전 생애 발달론자들은 지금까지 발달의 후기경험이 지나치게 간과되었다고 주장한다.

〈표 4-1〉 발달에 관한 논쟁

	논쟁점
발달의 본질	발달과정에 영향을 미치는 주요한 요인은 무엇인가? 유전인가? 환경인가?
발달을 유도하는 과정	발달의 주원인이 되는 중요한 과정은 무엇인가? 성숙인가? 학습인가?
발달의 결정적 시기	발달에는 결정적 시기가 있는가? 그리고 결정적 시기는 발달속도와 어떻게 관련되는가?
발달의 형태	발달은 점진적이고 계속적인가? 혹은 비약적 단계로 이루어지는가?
초기 경험과 후기 경험의 중요성	발달에 있어서 초기 경험이 중요한가? 아니면 후기 경험이 중요한가?

2 발달의 원리

인간발달의 과정에는 보편적인 순서와 방향성에 따라 진행되는 여러 개의 발달 원리가 있다. 이들을 살펴보면 다음과 같다.

1) 발달에는 일정한 순서와 방향성을 갖는다

모든 생명체는 특유의 일정한 양식(Pattern)에 따라 발달하며 그 양식은 그 종족에 속하는 모든 개체에서 공통된다. 그리고 각 발달단계는 그것이 선행하는 단계의 결과이며, 선행하는 단계는 후행하는 단계의 필요조건이 된다. 예를 들면, 어린이가 걸음걸이를 하려면 먼저 앉고 일어서는 것부터 배워야 한다.

발달의 과정은 일반적으로 다음과 같은 순서나 방향으로 발달해 간다. 상부에서 하부로 즉, 머리에서 꼬리(Head-to-tail)의 방향으로 발달한다. 중심에서 말초방향으로 즉, 가까운 곳에서 먼 곳(Near-to-far)으로 발달한다. 단순한 것에서 복잡한 것으로 즉, 전체 활동에서 특수 활동(Mass-to-specific)으로 나타난다.

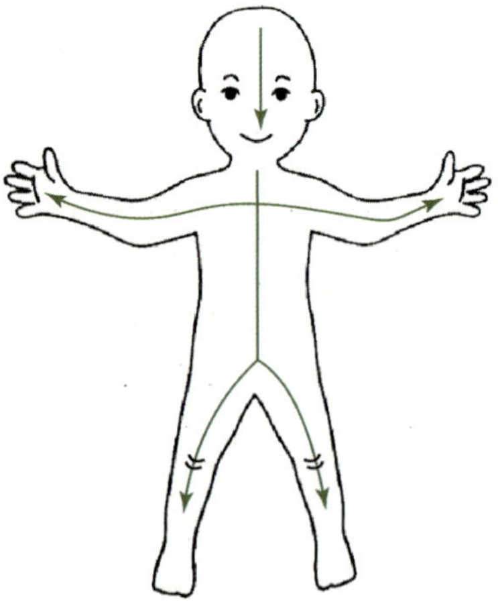

[그림 4-1] 신체발달의 방향성

2) 발달은 점진적이고 계속적인 과정이며, 발달의 속도는 일정하지 않다

발달은 미숙한 낮은 단계에서부터 점차 높은 단계로 이행되어 가는 점진적이고 연속적인 과정이며, 상승과 하강과정을 거치면서 끊임없이 변화하지만 발달해 가는 속도는 신체적 심리적 특성과 발달 영역에 따라 일정하지는 않다. 인간의 신체 발달곡선에서 보면 두뇌의 경우 6세경 약 80%정도 급격한 발달을 나타내고, 생식기는 12세까지 완만한 속도로 성장하다가 이후 빠른 속도로 성장한다. 키는 일반계의 성장곡선처럼 유아기와 사춘기에 가장 빨리 자란다.

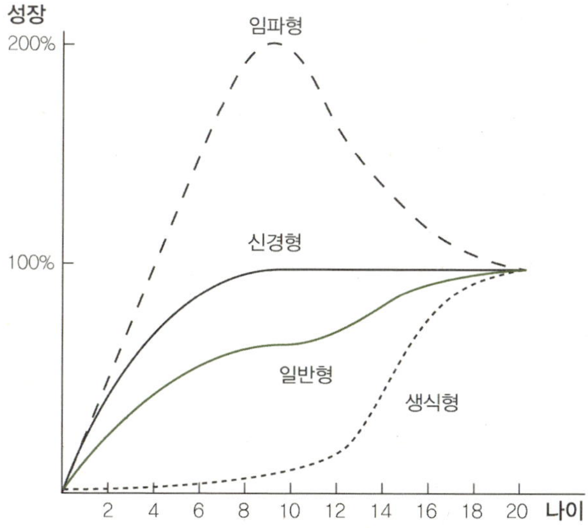

출처: Berk, 1999, p. 297

[그림 4-2] 인간의 신체발달곡선

3) 발달은 분화와 통합의 과정이다

발달은 전체적인 것에서 부분적인 것으로 분화해가며, 분화한 것은 다시 새로운 체제로 통합되어 보다 높은 단계로 재체제화 되어가는 과정이다. 처음에는 모든 행동이 미분화되어 전체적인 반응을 하던 것이 특수적, 부분적 반응으로 분화되며 동시에 몇 개의 반응이 통합되어 새로운 체제가 형성되어 간다.

4) 발달은 유전(성숙)과 환경(학습)의 상호작용이다

연령이 증가함에 따라 나타나는 발달적 변화는 성숙과 학습의 상호작용에 의해서이다. 발달에 영향을 미치는 요인 중에서 성숙요인의 생물학적, 유전적 요인의 영향이 큰 것인지, 학습요인의 환경적, 경험적 요인이 큰 것인지에 문제는 아직도 논란의 대상이 되고 있지만 공통된 주장은 이들이 상호 영향을 주고 있다는 것이다.

5) 발달은 양적, 질적인 변화의 과정이다

발달은 단순한 양적 증대만이 아니라 질적인 변화를 의미한다. 이를테면 자라면서 키가 크고 몸무게가 늘어나고 사용하는 어휘 수가 늘어나는 양적 변화와 걷지 못하고 말을 하지 못하던 상태에서 걸음마를 하게 되고 언어적 의사소통이 가능해지는 것과 같은 즉, 부모에게만 의존하던 태도가 줄고 자기 스스로 독립하려는 질적 변화로 나아간다.

6) 발달은 상호관련성을 지니고 있다

발달에 있어서 신체운동발달과 인지, 언어발달 및 사회·정서발달은 상호 밀접한 관련을 가지고 있다. 예를 들면 신체 운동적 성장은 인지적 과정이나 언어획득에 영향을 줄 수 있으며, 언어획득은 사회적 관계나 정서발달에 영향을 줄 수 있다. 이처럼 발달의 각 측면은 서로 상호 밀접한 관련성을 가지고 있다.

7) 발달에는 개인차가 있다

개개인 유아는 자신의 독특성을 가지고 있다. 신체적으로나 정신적으로 어떤 아이는 성장이 빠르고, 어떤 아이는 느리다. 개인차는 발달에 있어서 용모, 체격, 능력 등에서도 저마다 다른 사람과 차이가 있다. 이러한 발달의 차이는 성장함에 따라 더욱 현저하게 나타난다.

8) 발달에는 결정적 시기가 있다

인간발달에는 특정한 시기에 어떤 기관이나 기능의 발달이 급격히 진행되는데, 이러한 발달이 그 이후의 모든 발달단계에 중대한 영향을 미친다는 것이다. 이 시기에 적절한 환경적 자극이 주어지지 않으면 특정한 행동은 발달되지 않거나 결함이 생기게 되는데, 이 시기를 결정적 시기(Critical Period), 민감기(Sensitive Period) 혹은 최적기(Optimal Period)라고 한다.

3 발달이론

발달이론이란 인간의 발달과 관련된 심리적 기제를 설명하는 이론적 체계를 말한다. 유아를 이해하기 위하여 널리 받아들여지고 있는 주요한 발달이론을 살펴보고자한다.

1) 성숙이론

성숙이론의 대표학자 게젤(Gesel, 1880~1961)은 발달에 있어 학습보다 성숙을 더 우위에 두고 있는 성숙이란 용어를 사용하면서 유아의 성장과 발달을 유전적으로 프로그램화 된 내재적인 생물학적 스케줄에 따라 이루어지며, 생득적 요인에 의해 된다는 입장을 취한다.

신체발달이 계획된 방식으로 이루어지듯이 행동도 계획된 방식에 의해 발달하므로 상당 부분 예측이 가능하다. 유아의 행동발달은 출생 후부터 16세까지 3개의 주기 즉 출생에서 5세, 5세에서 10세, 10세에서 16세를 거치는데 있어 이 중 첫 주기는 행동 발달의 가장 기초로써 후기의 행동발달에 가장 많은 영향을 미친다고 하였다. 즉 초기에 기질적으로 까다로운 아이가 후에도 까다롭다는 것이고, 순한 아이는 커서도 순하다는 것이다.

2) 정신분석이론

(1) 프로이드(Freud, 1856~1939)의 심리성적이론

프로이드는 인간의 성격발달은 성격구조를 구성하는 원초아(Id), 자아(Ego), 초자아(Super Ego)의 세 요인의 구조와 기능의 변화과정이라 규정하고, 인간은 태어날 때 생존을 유지하고자 하는 강력한 정신 신체에너지인 리비도(Libido)를 갖고 있다고 하였다.

영아기 초기에는 원초아(Id)의 지배를 받고, 유아기부터는 자아(Ego)가 형성되어 현실원리에 지배를 받게 되며, 4~5세경에는 초자아(Super Ego)가 형성되면서 도덕, 가치, 질서, 양심에 따라 행동을 통제할 수 있다고 보았다. 또한 인간의 성격 발달단계를 리비도가 표출되는 발달양상의 변화에 따라 구강기, 항문기, 남근기, 잠복기, 생식기의 다섯 단계로 구분하고 있다.

(2) 프로이드의 기본가정

❶ 인간의 정신세계

프로이드는 인간의 정신세계에는 의식, 전의식, 무의식으로 구성되어 있고, 이런 정신세계에 원초아, 자아, 초자아가 각기 작동을 한다고 보았다. 의식은 내가 알고 있는 정신 활동이며, 전의식은 주의를 기울여 조금만 알고자 노력하면 금방 알 수 있는 정신 활동이며, 무의식은 알지 못하는 정신 활동이라 정의하고 있다. 인간의 행동과 사고는 의식적이고 합리적이기 보다는 오히려 무의식적이고 비합리적이라고 보았다.

❷ 성격구조

프로이드는 성격구조를 생물학적 구성요소가 지배하는 원초아와 심리학적 구성요소가 지배하는 자아, 사회적 구성요소가 지배하는 초자아의 세 가지 체계로 구성되어 있다고 주장한다. 이들 각 체계들은 각기 다른 독특한 기능을 하여, 원초아는 쾌락의 원리(Principle of Pleasure), 자아는 현실원리(Principle of Reality), 초자아(Superego) 는 이상의 원리(Principle of Ideal)에 입각하여 행동하게 된다고 하였다.

(3) 프로이드의 심리성적발달단계

❶ 구강기(口腔期, Oral Stage, 0~1세)

구강기 유아는 수유, 손가락 빨기 등 빠는 행위를 통해 쾌감을 얻으며, 나중에는 씹거나 깨무는 행동으로 성적 에너지인 리비도의 욕구가 충족된다. 이 행위는 성인이 되었을 때 껌 씹기, 섭식(Eating), 흡연 등으로 이어진다. 만일 이 시기 수유나 이유를 통해 과도하게 만족되어 넘치거나, 좌절되어 부족하면 고착(Fixation)이 일어나다. 구강고착(Oral Fixation)의 성격을 갖게 되면 지나치게 낙관적이거나 타인에게 의존하게 되고 다른 사람의 인정을 과도하게 추구하는 미성숙한 성격이 되기 쉽다.

❷ 항문기(肛門期, Anal Stage, 2~3세)

이 시기 유아는 배설에 의한 보유와 배출의 쾌감을 통해 만족을 구하고자 한다. 부모의 대소변 가리기 훈련은 유아의 성격발달에 중요한 영향을 미치게 된다. 배변훈련이 지나치게 강압적이어서 심각한 좌절을 일으키게 되면 항문 고착적 성격이 형성되기 쉽고, 이는 주변을 정돈하지 않고 지저분하며, 낭비하거나 어지럽히는 행동을 하거나 한편 고집이 세고 완고하며, 검소하고 인색하고, 지나치게 청결, 정돈, 질서에 신경을 쓰는 결벽적인 성격을 보이기도 한다.

❸ 남근기(男根期, Phallic Stage, 4~5세)

이 시기의 두드러진 특징은 오이디푸스 콤플렉스와 엘렉트라 콤플렉스가 나타난다. 오이디푸스 콤플렉스(Oedipus Complex)는 남아가 어머니에 대해 갖게 되는 애정에서 오는 갈등을 의미하며, 엘렉트라 콤플렉스(Electra Complex)는 여아가 아버지에 대해 갖게 되는 애정에서 오는 갈등을 느끼는 것이다. 이후 동성부모에 대한 동일시(Identification)과정을 통하여 초자아, 즉 도덕과 양심을 발달시킨다고 보았다.

❹ 잠복기(潛伏期, Latency Stage, 6~12세)

이 시기에는 리비도의 표출이 잠복하게 되며, 상대방의 성에 대해서 무관심하며 흥미를 보이지 않는 시기이기도 하다. 성적 에너지가 지적 관심이나 운동, 친구간의 우정으로 전환된다. 학령기의 이 시기에는 신체적으로 성숙한 성징을 경험하게 되며, 비교적 평온하고 침착하게 이 시기를 보내게 된다.

❺ 생식기(生殖期, Genital Stage, 13세 이후)

이 시기에는 제 2차 성징이 나타나는 시기로 여아의 경우 약 11세, 남아의 경우 약 13세경부터 강력한 성적 에너지가 분출되는 성기기에 접어들게 된다. 동성 친구에서 점차 이성으로 관심이 옮겨지기 시작하며, 오이디푸스적 감정에서 자유로워지기를 바라면서 부모로부터 도주하고 부모들에게 반항하는 비판적 특성을 갖기도 한다.

〈표 4-2〉 프로이드의 심리성적 발달단계

발달단계	연령	주요특징
구강기	출생~1세	• 입의 자극과 상호작용에 초점: 수유와 이유가 중심 • 원초아가 지배
항문기	2~3세	• 항문이 자극과 상호작용의 초점: 배설과 배변훈련 • 원초아, 자아가 지배
남근기	4~5세	• 역할과 도덕발달이 중심 • 오이디푸스 콤플렉스와 엘렉트라 콤플렉스 • 원초아, 자아, 초자아가 지배
잠복기	6~12세	• 성적활동잠복: 신체적·지적활동왕성 • 원초아, 자아, 초자아가 지배
생식기	13세 이후	• 사춘기: 성숙한 성적관계로 발전

3) 에릭슨(Erikson, 1902～1994)의 심리사회적 이론

에릭슨은 사회 문화적 환경의 중요성에 관심을 두고 사회적 맥락 관계에 초점을 두고 있다. 각 발달 단계에서 심리사회적 위기가 존재한다고 보고, 이를 잘 극복하면 긍정적인 성향의 성격이 형성되고, 위기가 순조롭게 극복되지 못하면 부정적 성향의 성격이 형성된다고 보았다.

(1) 에릭슨의 기본가정

❶ 위기

에릭슨은 인간의 발달을 일련의 위기(Crisis)의 극복과정으로 규정하고 있다. 여기에서 위기란 변화하는 내재적 욕구와 환경적 경험 간의 갈등에서 비롯된다고 하였다. 즉 욕구와 환경적 요인간의 관계에서 오는 긍정적 경험 대 부정적 경험이라는 양극의 위기를 자아가 어떻게 극복하고 통합하느냐에 따라 인간의 성격발달이 결정된다고 하였다.

❷ 건강한 성격

에릭슨은 사회적 위기를 이겨낼 수 있는 인간의 능력에 관심을 가지고 위기를 잘 극복하는 인간이 건강한 성격을 형성할 수 있다고 보았다. 일생을 통해 마주치게 되는 일련의 위기들을 그 때 그 때 잘 해결하고 극복하는 것이 건강한 성격의 기반이 된다고 보았다.

(2) 에릭슨의 발달단계

❶ 제1단계: 신뢰감 대 불신감(Trust vs. Mistrust, 0～1세)

이 시기는 유아와 그를 돌보아 주는 양육자 사이에서 사회적 관계가 형성되는 시기로써 어린이는 생리적, 심리적 요구를 적절히 일관성 있게 충족해 나아가면

최초의 사회관계의 대상에 대하여 신뢰감을 갖게 된다. 만일 그렇지 못하게 되면 불신감을 형성하게 된다. 생의 초기단계에 형성되는 신뢰감이 이후의 모든 사회적 관계에서의 적응에 여러 가지 중요한 영향을 미친다고 강조하고 있다.

❷ 제2단계: 자율성 대 수치심과 회의감(Autonomy vs. Shame and Doubt, 2~3세)

이 시기에 유아는 상반되는 충동에 의해 충족시키려는 의지가 나타나는바 이것이 자율성의 형성 증거라는 것이다. 이 시기 배변통제(Toilet Control)가 유아들 자신에 의하여 가능해질 뿐만 아니라 스스로 걸으면서 자기 신체에 대하여 활발한 탐색과 함께 최초의 자기주장도 나타나게 된다.

❸ 제3단계: 주도성 대 죄책감(Initiative vs. Guilt, 4~5세)

이 시기에 자기의 행동에 대하여 스스로 주도하려는 시도를 보이기도 한다. 그러한 노력은 사회적 금지에 봉착하거나 금기를 경험하기도 하는데 그러한 결과로 인하여 죄책감을 갖게 된다고 보았다.

❹ 제4단계: 근면성 대 열등감(Industry vs. Inferiority, 6~11세)

이 시기에 인지적인 측면이나 사회적인 측면에서 유용한 기술을 습득하게 되며, 친구나 학교생활을 통하여 여러 가지 기능과 기술을 배우고 익히려고 노력하는바 이것이 근면성의 기초가 되는 것이다. 이때 실패와 실수를 경험하게 되면 이로 인하여 열등감이나 부적절감이 형성되는 것으로 보았다.

❺ 제5단계: 자아정체성 대 역할혼미(Identity vs. Role Confusion, 12~19세)

이 시기 청소년기에 부모로부터 심리적 독립과 신체적 성숙으로 자기존재에 대한 관심이 고조되는 것이다. 자기 자신의 존재, 위치, 능력, 역할과 책임에 대하여 의식하게 되는바 자기 자신을 알게 되는 데 이를 자아정체감(Ego Identity)이라고 한다.

❻ 제6단계: 친밀감 대 고립감(Intimacy vs. Isolation, 성인기)

이 시기에 직업이나 배우자의 선택 등 자기 이외의 문제로 관심의 방향을 바꾸게 되어 친밀감을 갖게 된다. 이때 다른 사람과의 관계를 제대로 형성하지 못하면 고립감을 갖게 된다.

❼ 제7단계: 생산성 대 침체성(Generativity vs. Stagnation, 중년기)

이 시기 중년기에 이르러 사람과의 관계를 넘어서 그 범위를 더욱 확대해 나아가는 단계를 말한다.

❽ 제8단계: 자아 통합성 대 절망감(Ego Integrity vs. Despair, 노년기)

이 시기 인생의 마지막 단계인 노년기(Old Age)에 해당하는 것으로 성숙된 사람은 자기 자신의 현실과 외부 세계의 변화를 잘 수용할 수 있는 사람으로 신체적 노쇠, 사회적 은퇴, 배우자와의 사별 등을 어떻게 잘 수용하느냐에 따라 자아 통합성을 갖게 되기도 하고 그렇지 못할 경우 절망감을 갖게 된다는 것이다.

〈표 4-3〉 에릭슨의 심리사회적 발달단계

단계	연령	주요특징
신뢰감 대 불신감	0~1세 영아기	양육자 사이에서 사회적 관계 형성
자율성 대 수치감	2~3세 유아기	배변훈련을 통한 자율성/자기주장
주도성 대 죄책감	4~5세 유아기	목적지향/경쟁지향
근면성 대 열등감	6~11세 아동기	사회적 기술/자아형성
자아정체성 대 역할혼미	12~19세 청소년기	부모로부터 심리적 독립/통합된 자아감
친밀감 대 고립감	성인기	타인으로부터 공유된 정체성/사랑과 일
생산성 대 고립감	중년기	자녀 양육과 보호/창조와 생산적인 일
통합성 대 절망감	노년기	자아통합/가치 있는 삶

4) 행동주의 이론

(1) 왓슨(Watson, 1878~1958)의 행동주의

행동주의 심리학의 창시자인 왓슨은 인간의 모든 행동은 환경에 의존하여 학습된 것이며, 발달에 있어 환경은 강력한 힘이라고 믿었다. 이러한

극단적인 생각은 "나에게 12명의 아이와 특수한 공간을 제공해 준다면 아이들을 원하는 대로 길러내겠다"라는 주장에 잘 나타나 있다.

Watson은 Pavlov의 고전적 조건형성 절차가 인간의 다양한 학습 및 성격을 적절하게 설명할 수 있다고 생각했다. 그는 알버트(Albert)라는 생후 11개월 된 아이가 공포증을 습득하는 과정에서 처음 알버트는 흰 쥐에 대해 공포감을 전혀 나타내지 않았다. 그러나 흰 쥐를 보여주면서 큰소리를 들려주었더니 알버트는 놀라 울음을 터뜨렸다. 이러한 과정을 여러 차례 반복 후 알버트는 흰 쥐만 보아도 울음을 터뜨렸으며 그 후 토끼나 개 등 털이 있는 유사한 동물이나 물건에도 공포증을 나타냈다.

(2) 파블로프(Pavlov, 1849~1936)의 고전적 조건형성

파블로프는 개의 입속에서 침이 분비되는 현상을 발견하고, 개의 타액실험을 하였다. 처음 음식(무조건적 자극. Unconditioned Stimulus)을 제공하였더니 타액분비(무조건적 반응, Unconditioned Response)하였고, 두 번째 종소리(조건자극, Conditioned Stimulus)를 들려주고 음식(무조건적 반응, Unconditioned Response)을 제공하였더니 타액(무조건반응, Conditioned Response)이 분비되었다. 마지막 종소리(조건자극, Conditioned Stimulus)만 들려주어도 타액(조건반응, Conditioned Response)을 분비하는 것이다.

이러한 행동들은 자극과 반응 사이의 연합에 의해 만들어지기 때문에 행동결정의 중요한 요인을 환경으로 본 것이다.

〈표 4-4〉 조건형성의 과정

단계	과정
조건형성이전 (훈련 전)	UCS(음식, 무조건적 자극) → UCR(타액분비, 무조건적 반응)
조건형성과정 (훈련 중)	CS(종소리, 조건자극) + UCS(음식, 무조건적 자극) → UCR(타액분비, 무조건적 반응)
조건형성이후 (훈련 후)	CS(종소리, 조건자극) → CR(타액분비, 조건반응)

(3) 스키너(Skinner)의 조작적 조건형성

스키너는 파블로프의 고전적 조건형성에서는 유기체가 외적 자극(종소리나 음식)의 영향을 많이 받지만, 조작적 조건형성에서는 유기체의 행동의 결과 후에 보상이 있느냐 없느냐에 따라 행동은 강해지거나 약화된다고 보았다. 이러한 배경을 근거로 스키너는 자신의 이름을 딴 실험상자(Skinner Box)를 고안하였다

실험 상자는 동물(쥐 혹은 비둘기)이 지렛대를 누르거나 불빛이 켜진 단추를 쪼도록 하여 반응율(Response Rate)을 측정할 수 있도록 설계되었다.

쥐가 우연히 지렛대를 누르게 되고 그 대가로 먹을 것이 나오게 되면 쥐의 지렛대를 누르는 횟수가 증가하게 된다. 행동의 발생빈도를 높이기 위해서 강화를 준다는 것이다. 이는 유아들이 바람직한 행동을 했을 때 칭찬이나 보상을 통해서 그 행동을 촉진할 수 있다는 것과 같다.

(4) 반두라(Bandura, 1925~)의 관찰학습

반두라(Bandura, 1925~)는 인간의 행동은 타인의 행동을 관찰하고 모방함으로써 학습된다고 보았다.

여러 모델들의 행동을 관찰하고 대리경험을 할 때 그 모델이 힘이 있거나 모델의 행동이 긍정적인 강화를 받는 경우 그 행동을 더 잘 모방하게 된다는 것이다. 이는 대리강화에 의한 학습이라고 한다.

반두라의 관찰학습 네 가지 과정은 다음과 같다.

① 주의집중 과정(Attentional Process): 모델의 행동에 주의를 집중하는 단계이다.

② 파지 과정(Retentional Process): 관찰 내용을 조직하고 기억하는 단계이다.
③ 운동 재생산 과정(Motor Reproduction Rrocess): 모방하고자 하는 행동을 실제로 옮기는 단계이다.
④ 동기화 과정(Motivational Process): 관찰을 통해서 학습된 행동이 계속해서 강화를 받음으로써 지속되는 단계이다.

5) 인지주의 이론

(1) 피아제(Piaget, 1896~1980)의 인지발달이론

피아제는 인간의 지적 능력은 개인과 환경의 끊임없는 상호작용으로 환경에 대한 적응력이라고 말하고 있다. 인지발달을 이해하는 것은 곧 인간의 지적 능력이 환경과의 상호작용을 통하여 어떻게 변화되어 가는가의 과정과 그 변화의 양상을 아는 것이다(송명자, 1996).

인간은 주어진 환경내의 사태를 이해하고 이에 적절히 적응하기 위해 자신의 인지구조를 바꾸어 나간다고 하였다. 인간의 인지구조는 동화와 조절의 두 과정에 통하여 평형화의 단계로 나아간다.

❶ 피아제의 기본가정

- 도식(Schema): 인지구조(Cognitive Structures)의 기본단위로 유기체가 사물을 인지하고 대응하는데 사용하는 지각의 틀, 반응의 틀, 이해의 틀이라고 할 수 있다(유안진 외, 1998).
- 동화(Assimilation): 유기체가 이미 가지고 있는 도식, 또는 기존의 인지구조에 새로운 외부의 정보를 맞추는 과정이다. 따라서 동화란 특정 도식의 양적인 변화라고 볼 수 있다.
- 조절(Accommodation): 자신이 가진 기존의 도식이나 인지구조를 새로운 대상에 알맞게 이미 가지고 있는 도식이나 인지구조를 바꾸어 가는 과정을 말한다. 따라서 조절이란 도식의 질적인 변화라고 볼 수 있다.

- 평형화(Equilibration): 동화와 조절을 통하여 유기체가 환경과 균형 상태를 이루는 것을 말한다. 이는 두 과정의 통합과정이며, 개인이 스스로 자신의 인지구조를 형성하고 재구성하는 인지발달의 핵심기능이며, 이러한 평형화과정을 통해 인지적 발달이 이루어진다.

❷ 피아제의 인지발달단계

- 감각운동기(Sensorimotor Period, 출생~2세): 감각이나 운동기술을 통해 자신의 주위를 탐색한다. 인간의 생득적인 반사를 기초로 감각 운동적 행동이 발달하여 복잡하고 독특하며 개별화된 감각운동적 지능을 형성하게 된다.
- 전조작기(Pre-operational Period, 2~6세): 개념적인 조작능력이 미숙한 과도기로 전조작기라 칭한다. 자기중심적 사고를 하면서 자기의 관점에서 사물을 바라보게 되며, 물활론(Animism)적 사고로 모든 움직이는 것에는 생명이 있다고 본다. 꿈의 실재론(Dream Realism)으로 꿈꾸고 있는동안꿈이자기주위에그대로 남아있다고생각한다. 미숙한 보존개념 형성으로 수, 양, 길이, 면적, 부피 등이 그 형태나 위치를 변화시키더라도 동일하다는 개념을 획득하지 못한다.
- 구체적 조작기(Concreteoperational Period, 6~12세): 구체적인 대상에 대해서 논리적인 사고도 가능하다. 보존개념이 형성되어지며, 자기중심적인 사고에서 벗어나 타인의 입장에서 이해할 수 있게 되어 간다. 이 시기 사고는 상당한 발달을 이루고 있으나 논리적 추리는 아직 미숙한 것이어서현실적이고구체적 사실에국한되는것이특징이다.
- 형식적 조작기(Formal Operational Period, 12세 이후): 논리적 사고와 추상적 추론이 가능해진다. 문제해결을 위해 다양한 인지적 조직과 전략을 사용하며 과학적 추리도 행할 수 있게 된다. 이 시기에는 체계적으로 사고하거나 가설을 검증하고 복잡한 문제도 합리적으로 사고하게 되는 것으로 보아 성인 수준의 사고에 이르게 됨을 알 수 있다.

〈표 4-5〉 피아제의 인지발달단계

발달단계	연령	주요 특징
감각운동기	0~2세	감각운동을 통하여 세상을 이해
전조작기	2~6세	직관적 사고, 자기중심성, 물활론적 사고, 타율적 도덕성
구체적 조작기	6~12세	보존개념 형성, 유목화, 탈 중심화, 자율적 도덕성
형식적 조작기	12세~성인	추상적 사고, 가설사용

(2) 콜버그(Kohlberg, 1927~1987)의 도덕성 발달이론

콜버그는 피아제의 도덕성발달이론을 더욱 정교화한 학자로, 옳고 그름에 대한 도덕적인 판단능력의 발달과정을 연구하였다. 그는 '하인즈의 딜레마' 상황을 제시하여 도덕발달을 3수준 6단계로 구분하였다.

하인즈의 딜레마

하인즈의 부인이 암으로 죽어가고 있었다. 의사가 생각하기에 이 부인을 살릴 수 있는 약은 한 가지였다. 그것은 한 약사가 최근에 발견한 라듐의 한 형태였다. 약사는 약을 만든 값의 열배인 2,000달러로 그 약을 팔고 있었다. 암에 걸린 부인의 남편인 하인즈는 여기저기 돈을 구해 보았으나 그 약값의 절반만 마련할 수 있었다. 하인즈는 약사에게 부인이 죽어가고 있으니 약을 싸게 팔거나 후에 지불 할 수 있도록 해달라고 요청하였다. 그러나 약사는 "안 됩니다. 내가 그 약을 발견하였고 그 약으로 나는 돈을 벌어야 합니다"라고 말하였다. 따라서 하인즈는 실의에 빠졌지만 결국 부인을 위해서 약국의 유리창을 부수고 들어가 그 약을 훔쳐가지고 나왔다. 하인즈는 그 약을 훔쳐야만 했을까?

❶ 전인습적 수준(Preconventional Morality, 4~10세)

이 수준의 도덕성은 도덕적 규칙을 강요하는 사람의 권위나 힘에 의해 이루어지고 도덕적 규범이나 선악의 개념을 알고 있으면서도 단순히 보상이나 처벌을 일으키는 행위의 결과에 비추어 판단된다.

- 단계 1-벌과 복종 지향: 단순한 신체적인 벌이나 외적 규제를 회피하기 위한 행위와 권위나 힘에 무조건 복종하는 도덕성을 보인다.

- 단계 2-수단적 쾌락 지향: 자신의 욕구를 만족시켜주는 것은 옳은 것이며 그렇지 않은 것은 그른 것이라고 판단한다. 자신이 원하는 것을 얻기 위해 규범을 준수한다.

❷ 인습적 수준(Conventional Morality, 10~13세)

이 수준의 도덕성은 가족·사회·국가 혹은 자기를 둘러싼 집단의 기대에 따르는 것이 가치 있는 일로 생각하며, 사회질서 유지를 위해서 규칙과 사회적 규범을 따르려고 노력한다.

- 단계 3-착한아이 지향: 대인관계의 조화를 위한 도덕성을 발달시키는 단계로 주위 사람들을 기쁘게 하고 도와주는 것이 도덕적으로 올바른 행위라 본다.
- 단계 4-법과 질서 지향: 법과 질서를 준수하여 도덕성을 발달시키는 단계로 법과 질서의 권위 및 책임을 존중하며 자신의 의무를 다하며, 권위자를 존중하며, 사회적 질서를 유지하는 것은 옳은 행동이라고 본다.

❸ 후인습적 수준(Postconventional Morality, 13세 이후)

이 수준의 도덕성은 법이나 관습보다는 개인의 가치 기준을 우선시하며, 옳고 그름을 정의의 원리에 의해서 판단한다.

- 단계 5-사회계약 지향: 법의 절대성과 고정성에서 벗어나 사회적 유용성을 고려하여 바꿀 수도 있음을 파악하고, 개인의 기본 권리와 사회전체가 합의한 도덕기준에 규정된 가치를 판단기준으로 삼는다.
- 단계 6-보편적 도덕원리 지향: 인간의 존엄성을 가장 우선시하는 보편적 도덕원리는 스스로 선택한 양심의 결정을 도덕적 판단의 기준으로 삼는다. 이 원리는 구체적인 규율이 아닌 인간의 존엄성, 정의, 사랑, 공정성에 근거를 둔 추상적이며 보편적인 행동지침이다.

〈표 4-6〉 발달이론들 간의 비교

단계	연령범위	특징 및 발달과업	Piaget	Freud	Erikson	Kohlberg
출생전기	임신~출생	신체발달				
신생아기 영아기	출생~2세	이동 및 주변 환경의 탐색과 만져보기, 기본언어획득, 사회적 애착	감각 운동기	구강기 항문기	신뢰감대 불신감	전도덕기
유아기	2~6세	운동, 언어, 인지적 기술숙달, 집단유희, 취학준비	전조작기	항문기 남근기	자율성대 수치심 주도성 대 죄책감	복종과 처벌(1단계) 상호성(2단계)
아동기	6~12세	인지발달이 성인수준으로 발달, 협동놀이	구체적 조작기	잠복기	근면성 대 열등감	착한아이 지향 (3단계)
청소년기	12~20세	사춘기시작, 높은 인지수준획득, 부모로부터 독립, 이성관계 형성	형식적 조작기	생식기	자아정체성 대 역할 혼미	법과 질서 (4단계)
성인기	20~45세	직업선택과 가족형성			친밀감 대 고립감	사회계약 (5단계)
장년기	45~65세	자기평가, 자녀출가로 인한 공허감, 위기, 은퇴			생산성 대 침체성	도덕률 (6단계)
노년기	65세 이후	자신의 삶을 회고			자아통합 대 절망감	

출처: 유효순·김혜선, 2000

(3) 비고츠키(Vygotsky, 1896~1934)의 인지발달이론

비고츠키는 아동이 타인과의 관계에서 영향을 받으며 성장하는 사회적 존재임을 강조하면서 인간이해에 있어서 사회·문화적 측면을 제시하였으며, 근접발달영역과 비계설정을 설명하면서 교육에 있어서 교사의 적극적인 참여가 아동 발달에 중요한 역할을 한다고 주장하였다.

❶ 비고츠키의 기본가정

- 근접발달영역(ZPD: Zone of Proximal Development)

아동의 지적 능력을 근접발달영역의 개념으로 설명하며, 근접발달영역은 아동이 현재 스스로 과제를 해결할 수 있는 실제적 발달 수준(Level of Actual Development)과 자신보다 인지적으로 유능한 성인이나 또래의 도움을 받아 과제를 해결할 수 있을 것으로 보는 잠재적 발달 수준(Level of Potential Development) 간의 거리를 의미한다. 비고츠키는 근접발달영역을 발달과 학습을 위한 전략으로 간주하였다.

• 비계설정(Scaffolding)

아동에게 많은 조력을 제공하고 스스로의 힘으로 문제를 해결할 수 있도록 하는 것으로, 아동이 스스로 문제를 해결할 수 있는 수준에 도달하기까지 매 단계마다 아동의 수행수준에 맞추어 도움을 주는 수준과 양을 적절히 조절하는 방안을 비계설정(Scaffolding)이라 한다. 비계란 원래 건축학에서 빌려온 용어로 건물을 지을 때 발판으로 사용하다가 건물이 완성되면 제거해 버리는 장치, 임시구조물을 말한다. 이를 교육에 적용하면 비계는 아동이 스스로의 힘으로 문제를 해결 할 수 있도록 성인이나 또래가 도움을 제공하는 것을 의미하며, 인지발달은 아동과 성인 혹은 능력 있는 또래들과의 상호작용을 통하여 발생한다고 믿었다.

• 사고와 언어

인간의 지적 기능은 도구에 의해 매개되며 인간이 사용하는 여러 도구들 중에서 가장 특유한 도구가 바로 언어이며, 이는 문화적 전수를 배우는 도구라는 것이다.

6) 생태학적 이론

(1) 브론펜브레너(Bronfenbrenner, 1917~2005)의 이론

브론펜브레너는 가족, 지역사회, 문화 등 인간이 몸담고 있는 생태환경을 보다 체계적으로 구조화하고 이들 환경체계와 개인 간의 관계를 이해하는 것을 인간발달의 주요 과제로 삼고 있다. 유아의 발달은 진공상태에서 이루어지는 것이 아니라 가족, 이웃, 교육기관, 지역사회, 국가 등 여러 가지 환경 속에서 인간과 환경간의 상호작용을 통해 이루어지는 것으로 보고, 유아의 성장 발달에 영향을 주는 근접한 순서로 미시체계, 중간체계, 외체계, 거시체계, 시간체계로 보고 있다.

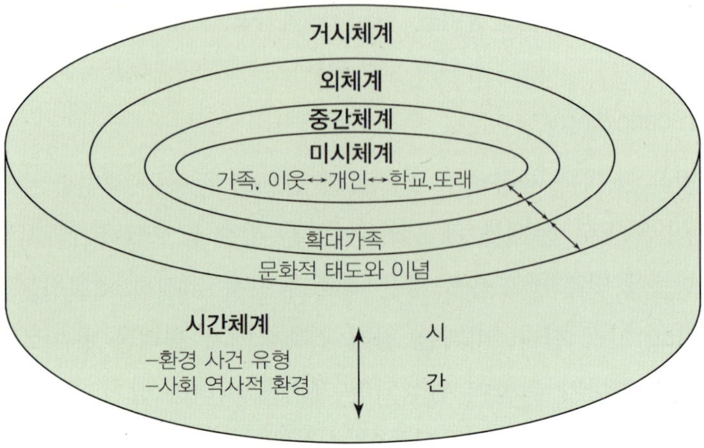

[그림 4-3] 브론펜브레너의 생태체계 환경

① 미시체계(Microsystem): 유아를 둘러싸고 있는 환경 중에서 가장 내부에 있고 중요한 곳으로 가족, 또래 등 유아에게 직접적인 영향을 주는 환경 속에서의 활동과 상호작용 관계를 말한다.

② 중간체계(Mesosystem): 2개 이상의 미시체계들 간의 상호관계를 의미하는 것으로 중간체계는 상호작용하는 미시체계들로 구성되어 있다.

③ 외체계(Exosystem): 유아에게 직접적인 상호작용은 하지 않지만 간접적으로 영향을 주는 사회적 환경을 의미한다.

④ 거시체계(Macrosystem): 유아가 속한 사회의 가치관, 신념, 태도, 전통, 관습, 법 등이 여기에 해당된다. 미시체계, 중간체계, 외체계를 포괄하는 문화적 맥락이다.

⑤ 시간체계(Chronossystem): 시간체계는 생태학적 관점에서 최근에 포함된 관점으로 인간의 전 생애에 걸쳐 일어나는 변화와 사회·역사적인 환경까지 포함하고 있으므로 어떤 시대에 출생하여 어떻게 성장하였는가를 유아발달 측면에서 조명해 보는 것이다.

4 유아기 발달적 특성

영유아기의 발달적 특성을 이해하고 판단하는 능력은 영유아의 성장발달을 돕고 경험을 재구성하며 사회를 더욱 발전시키려는 작용이다. 여기서 경험은 자신이 스스로 하는 것도 있지만, 좋은 경험은 그것이 이루어질 수 있도록 성인이 기회를 제공 할 때 가능해진다. 이때 성인이 일방적으로 어떤 경험을 시키려 할 때는 어려움이 있기에 영유아 스스로가 할 수 있도록 흥미와 관심을 불러 일으켜야만 한다. 영유아의 흥미와 관심은 과거의 지식이나 경험, 현재 처해있는 가정적, 사회적 환경 등이 어떻게 조성되어 있는가에 따라 다르며, 영유아 발달을 총체적으로 아는 것은 무엇보다 중요한 일이다.

1) 신체운동발달

신체운동발달이 급속하게 이루어지는 영유아기에는 감각을 활용하는 능력, 대근육 운동 능력, 소근육 협응 능력 등의 기본 운동 능력이 발달된다.

영유아기는 촉각, 미각, 후각, 청각, 시각의 오감각 기능을 토대로 자신의 주변 환경의 상태나 변화를 이해하면서 신체발달이 급속하게 이루어지는 시기이다. 즉 신체적 발달영역에 관한 것으로 감각기관의 발달, 신장과 체중, 근육, 골격, 뇌신경의 발달과 신체의 변화와 운동능력의 발달과 관련된 것으로 유전, 영양, 질병, 건강 등을 들 수 있다.

2) 인지, 언어발달

인지, 언어발달은 지식을 얻고 환경에 대처해 가기 위해 사고하고 배우는 인지적 발달영역으로 지능, 창의성, 문제해결력, 언어발달 등의 지적능력이다.

피아제는 유아를 환경의 요구에 적응하려는 성향을 가지고 태어난다고 보고, 태어나면서부터 반사적, 감각적 또는 운동적 능력을 기초로 주변 환경에 대한 지식을 능동적으로 형성해 간다고 보고 있다.

3) 사회·정서발달

사회·정서발달은 선천적 요인과 부모의 양육 태도, 형제, 또래, 교사, 학교, 지역사회, 대중매체, 문화 등의 사회적 관계에서 많은 영향을 받으며, 부모-자녀 관계, 형제관계, 또래관계, 교사와의 관계 등을 통한 자기이해. 성격, 도덕성 등 정의적 발달영역으로 사회적 기술능력의 발달 등을 다룬다.

이상의 영유아기 발달적 특성으로 신체운동발달, 언어, 인지발달, 사회·정서발달은 서로 독립적으로 이루어지는 것이 아니라 각 측면의 발달이 서로 밀접히 관련되어 있음이 밝혀지고 있다. 신체발달이 우수한 아이는 보다 긍정적이며 적극적인 성격을 발달시키는 경향이 있다. 그리고 일상생활에서 경험하는 대인접촉의 결핍은 사회성의 발달을 저해함은 물론, 언어발달과 사고발달 등의 광범위한 인지적 발달장애를 수반한다는 보고 들이 있다. 따라서 한 영역의 발달은 다른 영역의 발달에 직접적인 영향을 미치므로 이들 발달적 특성들은 상호작용적이며 역동적 관계를 형성하고 있다. 발달영역간의 상호작용을 그림으로 나타내면 다음과 같다.

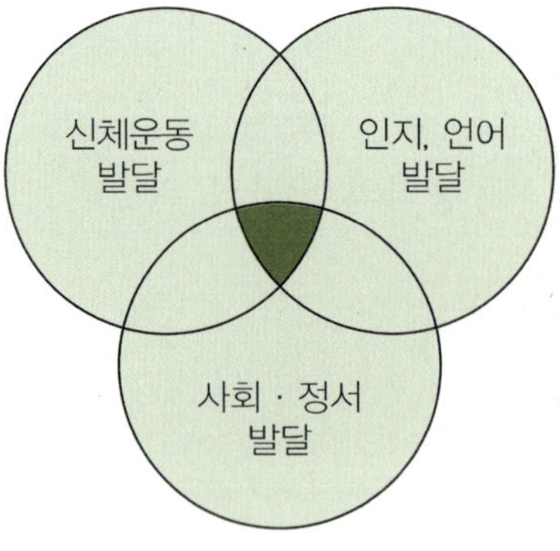

[그림 4-4] 발달영역간의 상호작용

CHAPTER 05

유아와 놀이

1 유아의 놀이

1) 놀이와 교육

아이들은 놀면서 자란다. 유아기 아이들의 일상생활은 놀이로 연속된다. 자고나서 깨면 낮 동안 내내 놀이를 찾고 놀이에 몰두한다. 놀이에 열중하다보면 먹는 것까지 잊기도 한다. 아이들의 생활은 곧 놀이라고 해도 과언이 아니다. 놀이를 통하여 세상을 경험하고 자신을 표현하며 또래와 인간관계가 놀이에서 시작된다. 유아들이 자발적으로 선택하여 참여하는 놀이의 활동은 그들에게 있어서 가장 가치 있는 학습의 경험인 것이다. 아이들은 놀이를 통해 감정을 표현하고, 관계를 탐색하고, 경험들을 묘사하고, 소망을 드러내며, 자신의 만족감을 성취시킬 수 있다(구본용, 2000). 따라서 놀이는 최선의 자기표현의 수단이며 자기구성 매체이다.

피아제(Piaget)는 놀이를 외부 자극을 받아들여서 기존의 논리(Schema) 즉, 인지구조를 견고화해 가는 과정으로 보고 있다. 놀이는 능동적이고 자발적인 활동 특성을 갖고 유아들의 발달과 밀접한 관련을 갖는다고 보고 있다(최미숙, 1992).

프뢰벨(Fröbel)은 놀이는 가장 순수한 정신적 활동이며 인간의 내면에 감추어진 자연스러운 생활전체이며, 루빈(Rubin)은 놀이는 문제해결력, 협동, 창조성, 언어발달, 통찰력, 성역할, 문화의 전승 등 사회, 도덕, 인지발달에 공헌하는 마술 상자라고 말한다.

듀이(Dewey)는 놀이란 유아들이 즐겁게 참여하는 활동이며 자기 스스로 추구하는 활동이며 마음속에 어떤 목적을 두지 않는 활동이라고 했다. 놀이란 즐거운 활동이므로 유아들은 놀면서 참여하는 활동에는 비교적 오래 참여한다. 그러므로 교사는 유아들이 새로운 생각과 학습을 하도록 동기를 주기위해서 놀이에 참여하도록 한다. 유아의 자발적 활동으로써 놀이는 주변 세계와 관련된 지식, 기능 태도를 학습하게 되며 신체발달, 인지발달, 사회·정서발달에 큰 영향을 미친다.

루소(Rousseau)는 어린이의 놀이는 자연스런 작업(Occupation)이며 그 어떤 다른 것도 아니다 라고 강조하였다. 그는 아이들의 학습은 자유스러운 가운데서 자발적으로 나타나는 놀이를 통해서 이루어진다고 보았다. 프뢰벨은 유아들이 가지고 놀 수 있는 은물(Gift)을 신이내린 은총의 선물이라고 하였으며, 몬테소리(Montessori)는 다양한 교구(Materials)를 개발함으로써 유아의 놀이를 강조하였다. 듀이(Dewey)나 힐(Hall)은 유아들이 자유놀이를 통해 학습할 기회를 가져야 한다고 강조하였다. 듀이는 놀이가 가장 교육적 가치가 크며 유아들은 놀이를 통하여 처음으로 세상을 배운다고 하였다.

유아는 놀면서 배운다는 말이 있듯이 놀이는 유아의 생활일 뿐만 아니라 학습의 효과적인 수단이다. 그만큼 놀이는 유아가 인간답게 성장하고 발달하는데 꼭 필요하며 가치 있는 활동이다(이기숙 외, 2001).

따라서 놀이 그 자체가 교육이다. 유아의 놀이 속에 교육적 의미가 담겨있는 것을 찾아 볼 수 있다.

2) 놀이와 발달

발달은 성장(Growth)만을 의미하지 않는다. 인간은 성장하면서 기술(Skills)의 습득으로 능력을 발휘하면서 발달해 나간다. 이런 의미에서 놀이는 유아들의 전반적 발달에 기여한다(Sheridan, 1999).

(1) 신체발달

유아에 있어서 놀이는 신체적으로 즐거움이다. 놀이를 통하여 신체적 발달이 촉진되고, 혈액순환을 도우며, 내장 기관의 활발한 활동을 돕는다. 특히 활동적인 바깥놀이는 과잉 에너지의 돌파구가 되어 긴장감을 해소하나 만일 유아가 활발하게 뛰어놀지 못하게 되면, 신체적으로 건강하지 못하다는 것을 내포한다.

놀이와 신체발달에 대하여 허록(Hurlock, 1978)은 유아기는 신체가 유연하여 새로운 기술을 잘 받아들일 수 있을 뿐만이 아니라 모험심이 많아서 새로운 동작을 사도해 보려는 열의가 대단하기 때문에 기본적인 운동 기술을 학습하는 가장 이상적인 시기라고 하였다. 유아들의 여러 종류의 블록을 이용한 쌓기 놀이를 하거나 퍼즐의 조각을 맞추며 눈과 손의 협응력을 기르고 소근육 운동 능력이 발달한다. 실외에서 달리고, 매달리고, 기어오르기, 던지는 등의 운동놀이나 쫓고 쫓기는 거친 신체놀이, 규칙 있는 게임놀이 등을 함으로써 체력이 증진되고 대근육 운동 능력이 증진된다고 하였다(이숙재, 2004).

유아는 놀이를 통해 대소근육을 움직이게 되므로 신장, 체중 등의 신체성장이 촉진되고 혈액 순환, 배설 등의 생리 기능도 증진된다. 다양한 놀이를 하면서 뛰기, 던지기 등의 기본 운동능력이 향상된다. 놀잇감을 보고, 만지고, 두드리는 등의 탐색활동을 통해 감각 및 지각 능력이 발달된다. 놀이경험을 통해 유아가 일상생활에서 접하는 사고를 예방하고 위험 상황에 적절히 대처하는 능력을 증진시킬 수 있다.

(2) 인지발달

유아들은 여러 가지 다양한 놀이의 경험과 놀잇감을 통하여 환경과 사물에 대한 지식과 창의적 사고의 폭을 넓혀 나간다. 가상놀이를 통하여 상상력이 풍부해지고 언어능력이 길러지며, 수용, 비수용 놀이를 통하여 추리력과 판단력이 길러지고, 조작놀이에 의하여 창의력과 의지력이 길러진다. 피아제(Piaget)에 의하면 유아의 인지적 행동은 시행착오가 아니라 그들이 가지고 있는 인지구조는 동화와 조절이라는 과정을 통해 평형화로 발달하게 된다. 동화는 기존의 능력이나 인지구조에 관한 정보를 얻거나 환경을 다루는 과정을 말하며, 조절은 유아가 새롭고 더 복잡한 정보에 동화할 수 있도록 하기 위해 환경에 맞추어 기존 능력이나 인지구조를 변형 또는 수정하는 과정을 말하는 것으로 동화가 조절보다 우세할 경우에 놀이가 나타난다(황순자, 1984). 따라서 놀이는 유아의 인지발달에 필요한 본질적인 활동으로 현재 인지구조를 연습하고 확장하여 주는 기능을 제공한다(김순란, 1985). 이처럼 놀이는 풍부한 경험과 가장 적절한 학습 내용 및 방법을 제공해 주기 때문에 유아에게는 매우 중요한 부분이다.

(3) 사회·정서 발달

유아는 놀이 속에서 자신을 인정하고 수용하면서 보다 긍정적이고 적극적인 타인접촉의 기회를 갖게 되며, 나아가서 규칙과 질서, 약속의 개념 등 사회성의 기초 개념을 획득한다. 존슨, 크리스티, 요키(Johnson, Christie, & Yawkey, 1987)는 유아기는 유아가 또래 유아들과 함께 함으로써 협동심, 공유하기, 돕기와 같은 기술을 습득하는 시기로 이때의 놀이 행동은 사회적 기술과 사회적 지식의 근원이 된다고 하였다. 유아들의 사회성 발달은 또래 유아와 어떻게 지내는가에 나타난다. 사람들은 사회적 행동을 태도와 예의로 생각하지만, 유아의 사회적 행동은 유아가 그들 또래와 어울리는 방법을 배우는 것과 관련이 있다(채금숙, 2003).

코널리, 도일(Connolly, & Doyle, 1984)은 사회극놀이(Sociodramatic Play) 경험이 유아의 사회적 기술을 향상시킨다고 보았다. 김희숙(1989)은 역할놀이 경험을 한 유아가 친사회적 행동인 나눠주기와 돕기 행동을 증진시켰다고 밝혔다. 룻(Ruth, 1951)는 유아의 놀이만큼 그들의 사회적 성숙과 사람됨의 방향을 명확하게 밝혀 주는 것이 없다고 하였다. 김미애 외(1997)는 사회성이 발달되지 않으면 고립적이고 항상 방관적인 태도로 놀이한다. 놀이그룹에 참여해서도 적응이 안 되며, 겉돌기도 한다. 그러나 보통 건강한 유아들은 사이좋게 잘 지낸다. 유아들은 놀이를 통하여 사회성이 많이 길러지기도 한다는 것이다.

놀이는 즐겁다. 어린이들은 활동 속에서 기쁨을 얻으며, 기쁨의 외적 표현은 매우 다양하게 나타난다. 김희연(2001)은 유아의 놀이 행동에서 정서표현을 관찰한 결과 분노와 슬픔과 같은 정서는 놀이보다 비놀이 행동에서 표현되며, 기쁨과 즐거움과 같은 정서는 비놀이 행동에서보다 놀이에서 빈번하게 표현된다.

놀이는 외적인 동기보다 유아 내부의 자발적인 동기에 의해 추구되는 활동으로 놀이 그 자체가 목적이며 놀이에 참여하는 자체가 유아에게 만족을 준다는 것이다.

따라서 놀이는 유아의 기쁨 및 즐거움과 같은 긍정적인 정서를 수반한다.

이처럼 유아의 사회·정서 발달을 도와주는 놀이들은 유아로 하여금 자신과 주변과의 관계를 알도록 하는 활동적인 경험과 가치 판단을 통해 지식에 도달하도록 한다.

(4) 인성발달

유아는 놀이를 통해 인성적 발달을 한다. 모든 것을 자기중심적으로 생각하고 행동하는 유아기에 다른 유아들과 함께 할 수 있는 놀이를 통해 나와 다른 또래의 존재를 인정하게 된다. 게임을 같이 한다든지, 역할이 정해지는 소꿉놀이, 공을 서로 주고받으며 노는 놀이 등 여러 가지 상황 속에서 어떻게 행동하는 것이 좋은 것인지를 인식함으로써 생활 속 주체로서 인격 구성의 바탕을 형성해 나간다.

놀이는 기쁨을 창조하고, 정신적인 즐거움을 느끼게 해준다. 어른들이 일이나 예술 활동을 통해서 스스로 자기 자신을 인정하고 수용하듯이, 어린이들은 놀이를 통해서 자기 자신을 인정하고 받아들이게 되며 인격의 기초를 형성하게 된다. 놀이 속에서 자신에 대한 확신을 갖지 못하는 어린이는 자연히 위축되며, 놀이의 결핍은 성격 결함의 원인이 되기도 한다. 놀이는 자연스런 자기표현의 매개체로 이것을 통해 그의 축적된 긴장감, 좌절감, 불안감, 공격심, 두려움, 당혹함, 혼란 등을 발산시킬 수 있는 기회를 가지게 된다. 또한 이러한 감정들을 놀이를 통해 발산시킴으로써 그것들을 조절하거나 버리는 것을 배우게 된다(이병일, 1999).

놀이를 통해서 서로 경쟁하고 다른 사람과 함께 살아가는 지혜를 배우게 되고 도덕적 기준이나 규칙을 학습하게 된다.

2 놀이 이론

놀이에 관한 이론으로 고전적 놀이이론과 현대적 놀이이론을 들 수 있다. 이는 유아의 발달과 행동을 이해하는 이론적 틀을 제공하여 준다.

1) 고전적 놀이이론

고전적 놀이이론은 19세기 말부터 20세기 초에 이르기까지 형성된 잉여 에너지 이론, 휴식이론, 연습이론, 반복이론 등이 있다.

(1) 잉여에너지 이론(Surplus Energy Theory)

잉여에너지 이론의 대표자는 쉴러(Schiller)는 놀이를 잉여 에너지가 뚜렷한 목적 없이 소비되는 것이라고 하였다. 놀이는 기본적 생존에 더 필요하지 않은 잉여에너지 때문에 일어난다는 것이다. 스펜서(Spencer)는 놀이를 물이 끓으면서 발생되는 증기에 비유하면서 성인들에 비해 과잉에너지를 갖는 유아들이 놀이를 많이 한다고 하였다. 그러나 유아들이 끊임없이 놀이 한다는 것은 에너지 과잉상태뿐만 아니라 많은 활동 후 지친 상태에서도 재미있는 놀잇감 등을 접하게 되면 다시 놀이를 즐긴다는 점은 이 이론을 설명하는데 한계가 있다. 고문숙 외(2005)는 유아가 하고자 하는 행동의 기회를 제약받을 때 스트레스와 긴장을 경감시키기 위해 놀이를 통해 에너지를 발산하고 다시 안정을 찾게 된다. 유아는 자신의 생존을 위해 노동을 할 책임이 없으므로 놀이터에서 과잉 에너지를 발산 하고 그 에너지를 쓰기 위해 성인보다 더 많은 놀이를 하는 것은 잉여에너지 이론을 뒷받침하고 있다.

(2) 휴식이론(Recreation Theory)

휴식이론의 창시자 나사로(Lazarus)는 현실에서 고갈된 에너지를 재충전하는 것이 놀이의 목적이라고 하였다. 패트릭(Patrick)은 인간이 활동을 함으로써 느끼는 피로감을 풀고 휴식을 하고 싶을 때 놀이를 한다고 주장하였다. 그러나 휴식이론이 일로 인한 피로감 회복을 위해 놀이를 한다고 본다면 일을 거의 하지 않는 유아들이 하는 놀이를 설명하기에는 부족한 면이 많으며, 유아에 비해 더 많은 일을 하는 성인들은 유아들보다 더 많이 놀이를 할 것이라는 예측은 설명하기 어려움이 있다.

(3) 연습이론(Practice Theory)

연습이론은 그루스(Groos)에 의하여 제안되었으며, 성인이 되었을 때 필요한 기술을 연습하고 정교화 시키는데 놀이의 목적이 있다고 설명한다(Frost, Wortham, & Refel, 2005). 생존에 필요한 기술을 연습하는 도구로써의 놀이에 관한 것은 사회적 역할놀이에서 부모나 가족에 관한 주제와 연관된 놀이형태로 성인생활에 필요한 기술을 연습하는 것이라는 것이다.

(4) 반복이론(Recapitulation Theory)

반복이론은 다윈(Darwin)의 진화론에 기초하고 있으며, 홀(Hall)은 유아의 놀이과정에 인류의 진화과정이 재현된다고 보았으며 놀이를 문화의 반복으로 나타난다고 설명하였다. 유아들이 놀이기구를 타고 기어오르는 놀이는 조상들이 나무에 올라가 열매를 따는 행위의 재현이라고 설명한다. 그러나 자전거 타기, 컴퓨터 게임 등이 문화의 반복으로는 설명할 수 없는 놀이가 많이 나타나며, 놀이의 다양하고 복잡한 특성은 진화과정의 직선적 발달로 설명하기 어려운 점이 많다. 그러나 프로스트와 크레인(Frost, & Klein, 1979)은 반복이론으로는 현대의 다양한 놀잇감이나 게임을 통한 놀이의 사회적 학습 측면이 설명될 수 없음을 지적하였다.

이처럼 고전적 놀이이론은 놀이에 대한 중요성을 오래전부터 인식한 것을 보여주므로 역사적인 측면에서 의의를 갖는다. 이러한 고전적 놀이이론들의 놀이목적을 살펴보면 다음과 같다

〈표 5-1〉 **고전적 놀이이론**

이론	주요학자	놀이의 목적
잉여에너지 이론	Schiller/Spencer	잉여에너지 발산
휴식이론	Patrick/Lazarus	일할 때 소모된 에너지 재충전
연습이론	Gross	성인생활에 필요한 준비
반복이론	Hall	원시적 본능 발산

출처: Jonson, Chritie, & Yawkey, 1987, p. 4

2) 현대적 놀이이론

(1) 인지이론(Cognitive Theory)

피아제(Piaget)에 의하면 유아는 놀이를 통하여 새로운 정보를 받아들이고 적응하는 일을 반복적으로 수행하면서 인지발달을 촉진시킨다. 그는 놀이를 새롭고 복잡한 대상 및 사건에 관해 학습하는 통로, 개념 및 기능을 강화하고 확대하는 통로, 사고를 행동과 통합하는 통로라고 보며 놀이란 실세계를 자신의 현재 인지 속에 동화시키려는 행위라고 하였다(권세경 외, 2008).

〈표 5-2〉 **피아제의 놀이 이론**

연령(세)	인지 발달 단계	놀이형태
출생~2세	감각 운동기	연습놀이
2~7세	전조작기	상징놀이
7~11세	구체적 조작기	규칙 있는 게임

출처: Johnson, Christie, & Yawkey, 1999, p. 10

피아제는 인간의 지적능력은 환경에 적응하는 것이며 유아가 다음 단계를 학습하기 위해서는 적응이 되어야만 한다고 강조했다. 그것은 동화와 조절 사이의 평형을 유지하는 것이다.

(2) 정신분석 이론(Psychoanalytic Theory)

프로이드(Freud)에 의하면 인간의 성격은 원초아, 자아, 초자아로 구성되는데 인간의 발달과정에서 본능적인 충동인 원초아에서 점차 성장하면서 자아와 초자아로 발달하는 데 있어 놀이 경험이 중요한 작용을 한다는 것이다.

유아는 놀이를 하면서 실생활에서 인상 깊게 느낀 사건을 표현하고 평상시에 이루기 힘든 희망을 성취하는 경험을 함으로써 유아의 자아가 원초아와 초자아를 중재하고, 그 결과로 자아가 성숙된다고 주장하였다. 또한 프로이드는 놀이의 동기를 기쁨과 만족감을 추구하는 쾌락의 원리로 설명하였으며 놀이의 치료적 가치도 강조하였다(이숙재, 2001). 에릭슨은 정신분석 이론을 확대 적용하여 놀이가 인성 발달에 공헌한다고 하였다. 그에 의하면, 놀이는 유아의 심리 사회적 발달을 반영하는 단계를 거쳐 발달한다고 보고, 유아는 놀이를 통해 현실적 요구를 능숙하게 다루게 된다고 한다(Johnson 외, 1999).

(3) 사회문화적 이론(Sociocultural Theory)

비고츠키(Vygotsky)는 유아는 사물과 의미를 분리하여 사고할 수 없기 때문에 추상적 사고가 불가능하지만, 놀이를 통하여 기존의 사물을 다른 것으로 대체하여 사용하는 가상놀이 또는 상징놀이를 통해 추상적인 사고를 발달시킨다고 주장한다.

놀이는 창의적 사고 발달을 촉진하며, 자기 조절의 발달을 촉진한다. 놀이는 특별한 주제의 역할과 규칙에 따라 자신의 행동을 금지하고 구속할 것을 요구하기 때문에 유아들로 하여금 자기 조절을 연습하도록 돕는다. 또한 놀이는 발달의 원천이고 유아를 위해 근접발달지대(ZPD)를 만든다고 하였다.

(4) 각성조절이론(Arousal Theory)

각성조절 이론은 버린(Berlyne, 1960)이 제안하고 엘리스(Ellis, 1973)가 수정한 이론으로, 놀이는 각성 수준을 적정하게 유지시키려는 중추신경계의 욕구를 충족시키려는 행동으로 본다. 유아는 낯선 사물과 접하면 각성이 증가하게 된다. 그러나 그 사물을 탐색함으로써 각성은 줄어들게 되고 점점 사물과 친숙하게 된다. 반면 각성을 일으키는 자극이 충분하지 않으면 각성이 줄어들게 되고, 각성이 낮은 수준으로 떨어지면 활동이 지루해지므로 원하는 각성수준을 유지하기 위해 자극을 추구한다. 유아는 자극을 만들기 위해서 놀이를 하게 된다는 것이다(Berlyne, 1969).

(5) 상위 의사소통 이론

베이트슨(Bateson, 1971)은 놀이와 상위 의사소통의 관계에 초점을 맞추어 상위 의사소통이란 놀이의 여러 가지 상황, 행동, 사물 등을 놀이친구에게 이해시키고 설명해주기 위한 의사소통이다(이숙재, 1999). 그에 의하면 실제상황과 놀이상황을 구분하여 이에 알맞게 행동하도록 하고 상위의사소통경험을 하도록 하는 것이다.

〈표 5-3〉 현대 놀이 이론

이 론	이론가	놀이의 목적
정신분석이론	Freud, Erikson	• 불쾌한 경험의 극복 • 자아존중감을 강화시키기 위한 신체적 사회적 기술의 습득
인지발달이론	Piaget	• 인지 발달 단계에 따른 놀이 형태를 통해서 알고 있는 정보와 기술을 연습하고 통합: 기능놀이, 상징놀이, 규칙 있는 게임
	Bruner, Sutton-Smith	• 상징 전환을 통한 유통성이 있고 창의적인 문제 해결력을 촉진
사회문화적 이론	Vygotsky	• 상징놀이를 통해 자기 조정과 추상적 사고의 발달. 잠재적 발달(근접발달지대)에 기여
각성 조절 이론	Berlyne, Ellis	• 최적의 각성 수준을 유지
상위 의사소통 이론	Bateson	• 동시에 두 수준의 조작 • 놀이에 집중하는 것과 동시에 실제 정체성을 인식하는 것

출처: Isenberg, & Jalongo, 2001

3 놀이의 종류

1) 역할놀이

지성애(2005)에 의하면 역할놀이는 유아들이 경험하고 보았던 자신의 세계와 욕구를 표현할 수 있는 매체가 되며, 다양한 역할을 이행함으로써 또래들과 상호작용을 통한 사회성 발달을 고무시키며, 타인의 존재와 생각을 인정하게 되며 점차 자기중심성에서 벗어나 탈 중심화가 되어가는 데 도움을 준다고 하였다.

역할놀이 활동을 통해 주변 세계를 모방하고 새로 배운 기술과 지식을 표현하고 문제해결 능력 및 창의력을 증진시킨다는 것이다.

2) 쌓기놀이

쌓기놀이는 다양한 크기, 색, 모양과 형태의 블록과 소품을 이용하여 입체적인 구조물을 제작 구성해 나가는 놀이이다. 주로 실내에서 많이 이루어지지만 산책길의 돌, 나뭇가지 등 자연물을 활용하여 이루어지기도 한다. 쌓기놀이를 통하여 다양한 사물의 형태와 크기, 공간구성력이나 분류능력 등을 형성해 나가며, 유아들이 가장 즐기는 놀이 중의 하나이자 유아 교육기관에서 가장 활발하게 이루어지는 놀이이다. 김수영 외(2007)는 쌓기놀이는 유아의 정서, 사회성, 인지 및 신체발달의 측면에서 교육적 가치가 크다고 말하고 있다.

첫째, 유아의 정서적 안정에 도움이 된다.

구조물을 쌓고 무너뜨리는 과정을 자유롭게 반복하는 것은 유아가 억압된 감정을 해소하는 데 도움이 된다. 또한 쌓기 놀잇감의 구조적 특성상 성취감을 쉽게 느낄 수 있어 유아가 자신감과 긍정적 자아개념을 형성하는 데 도움이 된다.

둘째, 유아의 인지발달에 도움이 된다.

유아의 구조물을 만들기 위해 대상을 정확하게 관찰하고 측정하는 방법을 익히게 되며 형태, 크기, 길이, 높이, 위치 등의 개념과 부분과 전체의 관계, 수의 많고 적음 등을 이해하는 데도 효과가 있다. 또한 유아의 보존개념의 형성과 분류, 유목화, 성열 등의 수학적 개념 형성에도 도움을 준다.

셋째, 유아의 사회성 및 의사소통 능력의 발달에 도움이 된다.

쌓기놀이는 혼자뿐만 아니라 여러 명의 유아들이 함께 놀이하기에 적합하다. 놀이 자료만 충분히 제공된다면 유아들은 여럿이 어울려 놀이하면서 공유하기, 협동하기, 나누어 갖기 등의 사회적 기술을 발달시키게 된다. 또한 유아의 언어적 상호작용을 촉진시켜 자신의 생각을 말하고, 함께 놀이 활동을 계획하고, 다른 사람의 생각을 들어주는 등의 의사소통의 기회를 많이 제공하게 된다.

넷째, 유아의 신체발달에 도움이 된다.

어린 유아에게 있어 쌓기놀이는 훌륭한 대근육 운동의 기회를 제공한다. 블록을 집기 위해 기고, 블록을 나르고, 자신의 키보다 높은 구조물을 만들기 위해 팔을 뻗거나 발돋움을 하면서 어깨, 허리, 팔 등의 대근육이 발달하게 된다. 또한 보다 나이 든 유아들이 사용하는 크기가 작은 블록의 경우, 집거나 끼우기 위해 섬세한 손동작을 필요로 한다. 이것은 유아의 섬세한 소근육 발달과 여러 가지 모양을 구별하는 시각적 변별력 및 눈과 손의 협응력을 발달시키게 된다.

3) 신체동작놀이

스포덱과 사라초(Spodek, & Saracho, 1994)는 신체의 움직임을 통한 동작놀이가 삶을 의미하며, 유아는 자신의 동작 속에서 모든 움직이는 것을 일상의 삶으로 생각한다.

동작은 환경의 발견을 의미하며, 동작은 유아들이 그들의 방향을 획득하고 유지하는데 도움이 되는데 이것은 시간, 공간, 방향, 개념을 개발하는데 중요한 요인이다. 동작은 자유 즉, 신체적 억압으로부터의 자유와 독창적인 신체표현을 통해서 자신을 확대시키는 자유를 의미한다. 유아들에게 동작은 접촉과 의사소통을 확립시킬 수 있는 방법이다. 유아들에게 있어서 동작의 의미는 완전한 즐거움과 감각적 기쁨이다.

4) 모래·물놀이

모래와 물을 통한 놀이는 가변성과 불투명하고 감촉으로 느낄 수 있는 다양한 놀이형태를 갖는다.

모래, 물놀이는 유아에게 호기심과 흥미를 끌 수 있는 독특한 특성을 지닌다.

첫째, 유아의 인지발달을 돕는다. 물리적 지식과 논리, 수학적 지식을 획득하는데 도움이 되며, 상상력과 주의집중 하는 습관을 키우게 한다(안승순, 1982).

모래·물놀이 활동은 유아가 성숙해 갈수록 좀 더 복잡하고 세밀하게 조직화되어 가며 놀이 경험이 증가함으로써 모래와 물의 특성과 이를 다루는 방법을 알게 된다. 모래와 물을 가지고 노는 여러 가지 활동 즉 쏟아 붓기, 용기를 채워보기, 옮겨 담아 보기 등에 몰두함으로써 주의집중력과 창의력과 문제 해결력을 촉진시킨다.

둘째, 유아의 정서 발달을 돕는다.

피아제와 코헨(Cohen) 등의 학자에 의하면 모래·물놀이는 자연세계를 이해하고 건강한 정서 발달에 중요한 가치가 있다(지성애, 1985). 또한 모래·물놀이는 마음을 진정시킨다(Winn & Mary, 1967). 공격적인 아동들은 모래와 물을 마음대로 가지고 노는 개방적인 활동을 통해서 부정적인 정서 상태에서 벗어 날 수 있게 된다. 또한 모래와 물의 비정형적인 성질 때문에 모래·물놀이는 신축성이 있고 저항이 거의 없으며, 요구사항도 거의 없기 때문에 자신감이 없는 유아나 미숙한 유아에게는 성공감과 만족감을 맛 볼 수 있는 기회가 되고 욕구불만의 감정들을 해소, 발산 시킬 수 있는 기회가 된다.

셋째, 유아의 사회성 발달을 돕는다.

모래·물놀이를 하는 도중에 유아는 점점 그 활동에 익숙해지고 동작이 자유스러워져 간다. 모래·물놀이는 소극적인 유아라도 병행놀이 형태로 친구들과 함께 놀 수 있게 한다. 모래·물놀이장은 유아들에게 사회적 관계를 위한 좋은 장소가 될 수 있게 한다(Baker, 1966). 물을 길어오고 버리고 여러 유아들이 힘을 합하여 모래 산을 만들고 도시나 마을, 우주 기지 등을 만들며 함께 노는 협동적인 놀이가 가능하므로, 자연스럽게 사회성 발달의 기회가 제공된다.

넷째, 유아의 신체 발달을 돕는다.

유아는 모래·물놀이를 통해서 촉감적인 자극을 감지할 수 있는 능력을 키우게 한다. 유아는 모래·물놀이를 통해 손, 발, 그리고 온몸으로 젖는 모래와 마른 모래·물을 접할 수 있는 기회를 얻어 촉감적인 자극을 느낄 수 있다. 또 모래나 물을 여러 용기에 넣고 흔들거나 두드려 봄으로써 청각적인 변별력을 기르는 데 도움이 된다(지성애, 1986). 모래·물놀이는 다른 소재나 물질에서 얻을 수 없는 물질세계에 대한 감각적인 조사 활동을 고무하여 준다(정갑순, 1986).

다섯째, 유아의 언어 발달을 돕는다.

여러 놀잇감을 사용하면서 납작한, 둥근, 네모난, 좁은, 길쭉한, 넓은, 두꺼운, 얇은 등의 어휘들을 익히게 되고 뜨다, 붓다, 흐르다, 쏟아지다, 엎지르다, 담다, 녹이다 등의 동작과 상태에 관한 어휘들도 익히게 된다. 뿐만 아니라 자신의 생각과 느낌을 말로 표현해 보고, 다른 유아와 의사소통을 하고 교사와 직접적인 대화를 통해서도 말하기가 발달하기도 한다(덕성여자대학 유아교육 연구소, 1985). 그리고 자신이 구성한 물체에 이름을 붙여보고 이 놀이과정을 극화 형태로 이끌 수 있으므로 언어 발달의 자연스러운 학습장이 될 수 있다.

여섯째, 유아의 창의성 발달을 돕는다.

유아들은 모래, 물의 정해져 있지 않은 특성 때문에 다양한 유형의 놀이 기회를 더 많이 갖게 되며, 각자의 놀이 요구 및 흥미에 적합한 창의적인 놀이 유형을 쉽게 찾아낼 수 있게 된다.

5) 목공놀이

목공놀이는 천연 소재인 나무를 주재료로 사용하므로 자연스러운 나무의 질감과 느낌을 유아가 경험하며, 만지고 두드리면서 스트레스를 해소할 수 있다. 유아들이 자연 그대로인 숨 쉬는 나무를 통해 감각을 발달시키며 눈과 손의 협응력을 통해 대근육 발달을 이룬다. 유아들이 스스로 여러 가지 사물을 만들어보고 조작해보는 가운데 사물의 부분과 전체의 개념을 이해하고, 원인과 결과의 개념을 이해하며, 공간개념의 발달, 문제 해결력을 증진시킬 수 있다. 또한 사물을 조작하고 실행해보는 과정에서 성공과 실패를 경험하며 친구들의 의견을 수용해 보는 경험을 갖게 된다(임현숙, 1998).

나무를 자르고, 못질하고, 모래종이로 나무의 거친 면을 다듬는 활동에서 아이들은 쉽게 협동하며 서로 도움을 주고받을 수 있다. 목공놀이 영역은 사물의 부분과 전체, 원인과 결과, 공간적 유대관계를 이해하며, 문제 해결력을 증진하는 데 도움을 준다. 유아들의 근육 조정 능력이나 눈과 손의 협응력을 통해 부드러운 나무에 망치질 하거나 톱으로 잘라보기 등을 시도해 볼 수도 있다. 목공놀이를 할 때에는 안전문제를 잘 고려하고, 유아가 못 박기나 톱질을 해 볼 수 있는 충분한 시간적 여유를 주어 완성하여 볼 수 있게 함으로써 자신이 시작한 일을 마무리하는 습관을 기르고, 성취감과 자신감을 느낄 수 있게 한다(이경주, 2002).

6) 전통놀이

전통놀이란 고대로부터 일반적으로 행해지면서 민간에 의해 전승되어 오는 여러 가지 놀이로 전통성, 역사성, 고유성, 지속성을 지니는 놀이이다(이은화, 1989). 전통놀이는 그 사회가 표현하고자 하였던 신념과 가치를 담고 면면히 이어져 발전하는 풍속의 하나로써 우리 고유의 민속놀이라고도 한다(정진, 2004).

유안진(1981)은 우리나라 전통놀이의 특징을 다음과 같이 말하고 있다.

첫째, 유아의 발달 단계에 따라 각기 다른 놀이가 존재한다.

둘째, 유아의 발달 수준에 적합할 뿐 아니라 신체적, 지적, 정서적 발달을 촉진한다.

셋째, 놀이의 명칭이 발달 정도에 따라 단순하고 재미있는 어휘에서 복잡하고 어려운 어휘로 변화한다.

넷째, 놀이를 위한 성인 보조자, 흥을 돋워 주는 노래가 수반되는 경우가 있다.

다섯째, 단독놀이나 집단놀이로 이루어지며, 유아의 성별에 따라 각기 다른 전통놀이가 있다고 한다.

전통놀이는 오랜 세월동안 우리 조상들이 창조해낸 생활의 지혜와 교육의 지혜가 담겨 있으므로, 신체적 건강과 운동능력을 증진한다. 언어발달, 인지발달을 촉진한다. 공동체 의식과 사회성 발달이 촉진된다. 유아의 정서를 풍요롭게 하고 자아존중감을 발달시킨다.

〈표 5-4〉 유아가 즐길 수 있는 전통놀이활동

놀이명칭	강조하는 활동	놀이공간	놀이집단구성
윷놀이	문학적활동/수학적활동	실내/마당	2인 이상
연놀이	대근육활동/문학적활동/과학적활동/조형활동	마당	혼자/대집단
제기차기	운동기능협응/과학적 활동/조형활동	실내/마당	혼자
팽이놀이	운동기능협응/문학적활동/과학적활동/조형활동	실내/마당	혼자
비석치기	운동기능협응/문학적활동/과학적활동	마당	소집단(5, 6명)
풀각시놀이	문학적활동/극화활동/조형활동	실내	혼자/2인
고누놀이	수학적활동	실내	2인
투호놀이	운동기능협응	마당	혼자
돌차기 놀이	운동기능협응/수학적활동	마당	혼자/소집단
구슬치기	운동기능협응/수학적활동	실내/마당	2인/소집단

출처: 서울시 교육청, 1993

4 놀이에 영향을 미치는 요인

1) 인적 요인

(1) 유아

유아를 둘러싸고 있는 환경적 요인뿐만 아니라 심리적 요인에 의해 영향을 받는다. 유아의 연령과 성, 성격에 따라 참여하는 놀이형태나 놀잇감의 선택에 차이가 있을 뿐만 아니라 놀이의 수준, 놀이에 사용하는 시간, 상호작용의 형태 등이 달라진다. 남아는 로봇, 자동차 종류의 동적인 놀잇감을 선호하며, 여아는 대체로 인형, 소꿉놀이, 상상놀이 형태의 정적인 놀이가 많은 경향이 있다. 성격에 따른 차이에서 장독립적인 유아는 사물과의 상호작용을 더 선호하고, 장의존적인 유아는 사람지향적인 경향의 놀이형태를 띠고 있다.

지능이 높은 유아가 낮은 유아보다 활동적으로 노는 것을 좋아하며, 다양하고 정교하며 분석적이고 상상놀이를 많이 하거나 복잡한 게임을 하는 경향이 있으며, 지적 능력이 낮은 유아는 단순한 놀이를 좋아하는 경향이 있다(Jeffree, & McConkey, 1976; Tizard, Phelps, & Plewis, 1976).

전통적으로 남녀 어린이의 놀이는 질적으로 다른 것으로 묘사해 왔다. 남아는 구성 놀이에서 집짓기하고 놀잇감을 가지고 환상 놀이에서 공격적 주제를 발달시키고 탈것을 사용하며 야성적인 놀이를 즐겨 찾는다. 반면에 여아는 미술활동과 기술적 과제를 통해 구성하는 놀이에 참여한다. 그러나 이러한 주장에 대해 많은 논의가 있다(Schlank, & Metzger, 1997). 오늘날 양성적 개념으로 성역할을 접근하고 있으며, 남성과 여성을 단적으로 역할구분을 하는 것은 의미가 없다. 놀잇감 선정뿐만 아니라 직업적 전문성에서도 역할을 더 이상 규정지울 필요가 없다는 것이다.

여성도 물리학자가 될 수 있고 남성도 성공적인 간호사가 될 수 있다. 그러므로 성 고정 관념 갖고 아이들이 놀이 형태에 관여하는 것은 바람직하지 않다는 것이다. 따라서 놀이의 차이를 생물학적으로 기인하는 것인지 환경적인 요인에 기인하는 것인지를 규명하고자 노력하고 있다(고문숙, 2005).

(2) 부모

가정환경 중 가장 중요한 요인은 유아와 가장 친숙한 부모이다. 부모의 양육 태도가 유아의 놀이에 미치는 영향은 매우 밀접한 관련성이 있다. 부모가 유아에게 체벌은 가하거나 비난하면서 행동을 통제하는 경우, 그 유아는 공격적인 행동성향이 강해지고 상상놀이에 참여하는 빈도가 적어진다. 또한 부모와 유아 간의 과잉 접촉은 유아의 독립적인 놀이나 탐색의 기회를 박탈하여 유아의 놀이 발달이 제대로 이루어지기 어렵다(신옥순, 1998).

현대 사회에서 부모의 바쁜 일상생활로 인해 자녀들과 충분한 놀이시간을 확보하지 못하는 경향이 있다. 유아에게 있어서 놀잇감이나 구조화된 놀이 프로그램보다는 오히려 부모가 가장 좋은 장난감이라는 것이다(김수영 외, 2007).

최근 증가하고 있는 이혼문제도 유아의 놀이에 영향을 미친다. 헤더링턴, 콕스

(Hetherington, & Cox, 1979)의 부모의 이혼이 유아의 놀이에 미치는 영향이 여아의 경우 이혼 후 2개월과 1년 사이에 정상가정의 아이보다는 상징놀이를 적게 하였으나 2년 후에 관찰한 놀이행동에서는 이러한 차이가 상당히 줄어든 것으로 나타났다. 남아의 경우 놀이행동을 관찰한 결과 이혼가정의 남아들은 상징놀이에서 대체로 더 엄격하고 덜 상징적인 역할을 주로 하며 혼자놀이, 병행놀이, 기능놀이 등을 더 자주 하는 것으로 나타났다(하정연 외, 2005).

한편, 부모의 사회 경제적 배경에 따른 놀이행동을 볼 때 아버지의 직업이 무직 혹은 단순직인 경우는 전문직이거나 관리직인 경우보다 유아는 상상놀이에 덜 참여한다(이숙재, 1997). 중류계층의 유아는 하류 계층의 유아보다 상상놀이를 더 많이 할 뿐 아니라 연합놀이, 협동놀이, 구성놀이를 더 많이 한다. 다만 여기서 아버지의 직업이나 경제적 수준이 직접적인 영향력을 행사한다기보다는 이러한 것으로 인해 야기되는 상황적인 요인들, 즉, 부모의 놀이의 중요성에 대한 인식, 놀이에 대한 관심 및 이해, 지지 정도, 놀이 환경의 풍부성 등이 유아의 놀이행동에 직접적인 영향을 주는 것으로 해석되어야 한다(권세경 외, 2008).

놀이는 자발적인 특성을 지니고 있어서 대체로 부모의 개입이 없이 이루어진다. 그러나 놀이를 통한 학습의 효과를 보다 높이기 위해서는 부모의 놀이이해의 지도가 요구되어지며, 적절한 놀이 환경을 갖추기 위한 부모의 세심한 관찰과 배려가 뒤 따라야 한다(이명조, 2005).

첫째, 놀이의 중요성이나 놀이의 가치를 인정하고 유아의 놀이를 격려해 준다.

둘째, 놀이의 성격을 이해하고 적절하게 지도한다.

셋째, 상황에 따라 놀이 집단의 일원으로 참여하여 유아와 상호작용한다.

넷째, 충분한 놀이시간을 제공하여 다양한 방법으로 탐색하고 문제해결을 시도하도록 한다.

다섯째, 편안한 놀이 공간을 마련하고, 아이의 발달수준에 맞는 다양한 놀잇감을 제공한다.

(3) 교사

유아의 놀이에 있어 교사의 역할은 상당히 중요하다. 교사가 유아의 놀이에 적절히 개입하면 사회 극놀이가 양적, 질적으로 향상되거나 창의성, 문제해결력이 증진된다(Smilansky, 1968; Dansky, 1980; 박경애, 1992). 교사의 적절한 준비와 개입 전략은 궁극적으로 학습을 증진시키는 놀이에 유아들의 참여를 격려하고 확장시켜 준다. 따라서 교사는 유아들이 놀이하는 것을 관찰할 필요가 있으며, 그들 세계에 대한 유아들의 지각력을 통찰할 수 있어야 하고, 유아들의 학습을 촉진시킬 수 있는 전략을 개발해야 한다(권세경 외, 2008).

시펠트(Seefeldt, 1987)는 놀이에 대한 교사의 역할제시를 통해 즐거운 태도로 임하며, 유머와 인내심을 가지고 예기치 못한 상황을 받아들일 준비태세가 되어야 한다. 협동적인 놀이와 가치 있는 경험을 제공하며, 상황에 따라 적절하게 개입하며 새로운 자료와 상황들을 제시할 때 균형 있게 제공될 수 있도록 계획해야 한다.

놀이에 관하여 교사는 유아의 현재 발달수준이나 능력을 확인하고 유아에게 바람직한 교육목표를 찾아내고, 목표와 연결될 수 있는 활동을 선택하도록 한다.

놀이의 관찰은 유아의 놀이를 발전시키고 확장시키기 위해 무엇이 필요한가를 알 수 있게 해준다. 놀이 환경의 제공이 놀이의 질을 결정하며, 교사의 개입은 다양한 놀이 형태에서 놀이의 방향을 제시한다. 놀이를 평가해 주는 일은 유아의 사고를 확장시켜 주고 놀이에 필요한 사회적 기술과 태도를 익히며 유아발달에 도움을 줄 수 있는 향후 놀이 활동으로 유도할 수 있다는 것이다(정진 외, 1994).

2) 물리적 요인

(1) 놀이공간

놀이공간은 유아교육 프로그램의 질을 결정하는 중요한 요인이며, 놀이공간의 면적 및 배치가 유아의 놀이행동에 영향을 미칠 수 있다. 놀이공간의 장소가 실내인가, 실외인가에 따라 놀이 활동의 유형도 달라진다. 실내놀이 공간에서는 구성놀이 활동이 주로 발생하고, 실외놀이 공간에서는 대근육을 활용한 기능놀이와 다양한 놀잇감을 통한 창의적 상상놀이 활동이 많이 발생한다(신동주, 1997).

프레스콧(Prescott, 1984)는 바람직한 놀이 환경 조건을 제시하고 있다.

첫째, 개방성과 폐쇄성이 모두 포함되어야 한다.

둘째, 단순성과 복합성이 있어야 하므로 단순설비, 복합설비 세 가지 이상의 놀이가 활용되는 슈퍼설비가 포함되도록 배려해야 한다.

셋째, 높은 기동성과 낮은 기동성을 고루 갖춘다.

넷째, 집단놀이와 단독놀이의 경험이 다 이루어지도록 준비한다.

다섯째, 감각적으로 부드럽고 딱딱한 경험을 줄 수 있는 환경 배려를 한다.

여섯째, 간섭과 은둔의 경험을 고루 주도록 공개된 공간, 은밀한 공간이 준비되어야 한다.

일곱째, 유아의 의욕이 상실되지 않는 범위 내에서 안전보장이 이루어져야 한다.

(2) 놀잇감

놀잇감의 종류, 수량, 구조화 정도 및 활용도가 유아의 놀이형태나 놀이행동에 영향을 미친다. 유아들은 권총과 같은 놀잇감을 가지고 놀 때에는 싸우거나 협박하는 등의 반사회적인 놀이 행동을 많이 한다. 놀잇감의 수량이 많으면 놀잇감과의 접촉이 많고, 수량이 적으면 친구와의 상호작용이 빈번한 경향을 보인다. 퍼즐처럼 용도가 정해진 놀잇감을 가지고는 고정된 사용방법으로 놀이를 했으나 블록과 같이 용도가 정해져 있지 않은 놀잇감으로는 다양한 방법으로 놀이를 한다(이숙재, 1997).

어린이 놀잇감이나 놀이 중에는 계절적으로 영향 받는 것도 적지 않다. 여름놀이에는 수영이나 해수욕을 할 수 있고, 겨울놀이로는 스케이트와 스키가 있다. 놀이의 종류에서 언급한 여러 가지 놀이들은 놀잇감이 다르고 언제나 즐기는 놀이지만, 윷놀이와 연날리기처럼 명절에 관계되는 놀이도 있고, 세시풍속과 관련된 전통놀이의 놀잇감 등은 놀이에 영향을 미치는 요인이다.

CHAPTER 06

유아 교사

1 유아교직의 특성

유아 교사직은 정신적인 활동, 신체적인 활동, 감정적인 활동 등을 하는 복합적인 특성을 가진 직업이다. 특히 최근 현대사회에서 가족의 기능이 점차 약화하는 추세에서 유아 교사의 역할과 자질은 좀 더 전문화되고 세분되는 가운데 사회적으로도 점점 중요하게 인식되고 있다. 이에 따라 사회에서 요구되는 교사상은 어린 유아를 교육하는 것뿐만 아니라 보호도 담당하면서 가족 및 부모와 상호교류하고, 교육적으로 긍정적인 영향을 제공해주는 것으로 인식되고 있다.

일반적으로 교직의 성격은 다른 직업과 달리 교직만이 고유하게 지니고 있는 특성이 있다. 이러한 일반적인 특성은 우선 인간을 교육하는 직업에서 요구하는 교직이라는 전문성이 있기 때문이다. 그리고 다른 직업보다는 교사 혼자 책임지고 결정하고 수행해야 할 업무가 현장에서 요구되고 있는 직업이다. 이처럼 교직의 특성상 수행 업무의 다양성과 복잡성은 교사로서의 다면적인 능력과 자질을 고루 갖춘 교사의 능력을 요구하게 된다. 그러므로 무엇보다도 교사들의 전문성이 중요한 까닭에 교직의 전문적 성격에 대한 고민과 해답을 구할 필요가 제기된다. 그리고 이에 따른 교사의 자질에 대한 생각을 심도 있게 할 필요성이 있다.

현대의 유아교육에 종사하는 유치원 교사들은 유아들을 단순한 보호 양육과 같은 수동적인 양육자로서 해야 할 역할을 하는 것이 아니라, 유아의 전반적인 발달을 도모하고, 관찰하고, 평가하는 등 유아의 미래를 준비하는 데에 중요한 교육적 역할을 하고 있다. 결국, 유치원 교사는 유아의 학습과 발달에 큰 영향을 끼치고 있다. 또한, 교육의 질을 주도하는 것 역시 교사의 역할이라고 해도 지나친 표현이 아니다. 따라서 유아 교사에게는 전문적인 다양한 지식과 적절한 자질이 요구되며, 전문직의 역할을 가정뿐만 아니라 사회에서도 기대하고 있다. 이에 따라 전문직으로서의 유아 교사는 실질적으로 업무에 수행할 수 있는 전문성을 갖추고 있어야 한다. 이러한 전문성은 유아 교사 양성과정에서 일정 수준에 도달하여 갖추어져야 하며, 또한 부족한 점은 현장에서의 교사로서 지속적인 노력과 연수 등을 통해 전문성을 향상해야 할 것이다.

따라서 유치원교사에 대한 전문인으로서의 확립을 위한 조건을 몇 가지 살펴보면 다음과 같다.

① 고도의 지적 능력이 요구된다. 유아 교사는 유아교육의 정확한 목적을 제대로 습득해야 할 뿐만 아니라, 유아기 전반의 발달 상황에 적절한 교육내용을 선정할 수 있는 능력과 조직할 수 있는 능력이 요구된다. 이는 유아의 성장을 조장하고 행동의 변화를 능동적으로 조력할 수 있는 능력이 유아 교사에게 요구되기 때문이다.

② 유아교육의 사회기여도에 대한 요구를 인식해야 한다. 현대사회의 가족구조는 다양하게 변화하면서 가족의 기능이 점점 약화하고 있다. 또한 여성의 사회진출로 인하여 맞벌이 부부가 늘어나고 현상이다. 이는 유아들이 교육기관에 머무는 시간이 길어지고 그리고 가정의 보호 기능이 유아 교육기관으로 전이되고 있는 요인을 제공하고 있다. 그러다 보니 유아의 보호 기능에 대한 욕구가 증가하는 추세이다. 그러므로 유아 교사는 교육뿐만 아니라 유아를 보호해주는 역할을 수용해서 지역복지 및 가정의 발전에 기여해야 하는 역할이 기다리고 있다. 즉 현대사회의 유아교육은 점점 유아의 교육뿐만 아니

라 지역의 성인교육과 지역사회의 복지를 위한 다양한 서비스를 제공해야 하는 과제가 가중되고 있다. 이러한 사회의 전반적인 변화 속에서 유아교육의 중요성이 사회적으로 강조됨에 따라 교사의 처우 개선 역시 조금씩이나마 실행되고 있다. 궁극적으로 유아들에게는 교육기회가 확대되고 유아 교사의 전문적인 역할도 증대되고 있다.

③ 사전교육과 지속적인 현장교육이 필요하다. 유치원 교사가 되기 위해서는 대학에서 3년 이상 전문적 지식, 기술, 태도 등을 위한 사전교육과 교육실습 및 교육 봉사활동 등을 통해 현장교육을 받는다.

④ 자율성이 요구된다. 자율성이란 교사 스스로 교육관에 의해 유아를 이해하고 가르치며 평가할 수 있도록 전문성이 주어져야 한다는 뜻이다. 이러한 자율성은 임의로 실행되기보다는 전문적인 결단에 따른 책임이 동반되는 것이다.

⑤ 전문직을 갖추고 있다는 의식 속에 직업의식이 투철해야 한다. 유아 교사는 교사라는 특수성과 부모와 직·간접 교류를 통해 교육이 이루어지는 전문직이다. 그러므로 교사가 부모를 상대하는 경우가 빈번할수록 전문인으로서의 직업의식을 갖추고 그에 맞는 적절한 전문적 행동이 요구된다.

⑥ 유아 교사가 지켜야 할 윤리강령이 제정되어야 한다. 교직자를 위한 윤리강령은 제정되었지만 유아 교사를 위한 윤리강령이 제정되어 교사로서의 윤리적 책임의식이 고취되어야 한다.

⑦ 유아 교사의 사회경제적 지위가 상승하여야 한다. 교직이란 사회경제적으로 안정되어야 교사가 전문직으로서 맡은 바 임무를 수행할 때 각자의 확실한 자격을 전문화하고자 하는 책임이 수반될 수 있으며, 이는 전문성을 확보할 수 있는 필요요건이라고 보인다.

다음은 유아 교사가 전문인으로서 사회에서 요구하는 역할을 요약해서 살펴보면 다음과 같다.

① 유아 교사는 부모, 지역사회 기관이나 및 대표의 의견을 수렴할 수 있는 프로그램을 개발하여 대화의 장을 마련한다.

② 유아 교사는 비전문가(지역행정가, 정치가, 일반시민)를 대상으로 현장의 전문성을 함께 나눈다.

③ 유아 교사는 다양한 경험과 배경을 가진 부모의 유아 교육기관에 참여할 수 있는 여러 가지 역할을 제공한다.

④ 유아 교사는 아버지 참여 수업과 다문화 가정의 참여를 할 수 있는 프로그램을 개발한다.

⑤ 유아 교사는 유아를 위한 교육활동을 하기 위한 가족의 지역사회 네트워크 활동과 연계하도록 한다.

⑥ 유아 교사는 부모가 스스로 자모 활동 등을 할 수 있도록 지원하도록 한다.

⑦ 유아 교사는 규칙적으로 다른 전문기관(교육, 의료, 치료 서비스 등)과 협력하도록 한다.

⑧ 유아 교사는 기관의 질을 향상하기 위한 다양한 접근법과 평가방법(자기측정, 동료평가, 외부평가)에 관한 연구를 하도록 한다.

2 유아 교사의 태도 및 자질과 역할

1) 교사의 태도

교사의 역할은 어떤 행위나 태도에 관하여 전반적으로 폭넓게 이해할 수 있다. 특히 자주 접하는 상황을 어떻게 해석하고, 처리할 것인가에 대한 보편적인 전략을 수립해서 사회적으로 인정하는 범위에서 처리되는 교육적 행위이다. 이러한 교육적 행위는 물론 책임의식이 반드시 따라야 하며, 교사에게서도 의식적으로 수행되는 과정이며, 따라서 이는 개인의 사회적 지위에 따른 결정과 확인하는 중요한 근거로 작용한다.

유아 교육기관에서 가장 중요한 인적 자원은 유치원 교사이다. 교육환경 및 시설이 잘 갖춰져 있는 교육기관도 중요하지만 주어진 환경을 어떻게 잘 이용하여 유아의 전인적 발달을 잘 도와주느냐 하는 것은 교사의 태도에 달려 있다고 볼 수 있다. 교사는 먼저 자신의 능력을 객관적으로 파악하여 어떠한 상황에도 대처할 수 있는 자세가 요구된다. 그러므로 교사의 중립적인 자세 역시 중요하다, 예를 들어 자신의 감정에 따라 유아를 편견으로 대하거나 또는 선입견을 품고 유아를 대하는 것은 금해야 할 사항이다. 교사라는 권위의식을 갖고 유아를 대하지 않고 유아를 한 인격체로서 존중하고 사랑하는 마음으로 합리적이고 논리적으로 상황을 처리하되, 유아에게는 평정한 마음으로 인정과 사랑으로 대하는 것이 교사가 선택할 수 있는 자유로운 태도이다. 이러한 맥락에서 발도르프 유치원에서는 교사가 '애정 어린 권위'를 가지고 있어야 한다고 설명한다(김정임, 2006).

유아가 활기차지 못하거나 마음이 안정되지 않을 때 교사는 유아의 감정을 수용하고 가능한 놀이에 참여하도록 안내하는 것이 바람직하다. 또한, 교사는 유아의 말에 진솔하게 경청하는 태도를 보이는 것이 아주 중요하다.

다음은 교사로서 해야 할 역할을 성공적으로 수행하기 위한 태도를 요약해서 설명해보고자 한다.

첫째, 유아 중심적 사고와 자세를 가져야 한다.

유아의 입장에서, 유아의 관점에서, 유아 중심으로 유아를 존중하며 잠재력을 충분히 발달할 수 있도록 기회를 제공하는 교사의 태도가 중요하다.

둘째, 유아의 특성 개인차를 배려한다.

유아는 전인적 발달을 위한 과정에서 개별적 차이가 유아들 간에 차이를 나타낸다. 그러므로 계속 발달, 변화하고 있는 유아의 발달단계를 파악하고 개인차를 고려해서 학습이나 놀이 활동을 하도록 해야 교육적 효과가 나타난다. 그 외에도 유아의 사회성, 언어, 정서, 신체적 측면의 발달 차이를 이해하고 교육과정에 반영해야 한다.

셋째, 유아의 호기심과 흥미를 고려해야 한다.

교사는 유아가 자발적으로 주변의 세계에 대한 탐구심을 기르도록 안내해야 한다. 외부에서 주입식으로 개념을 알게 한다거나 또는 암기를 하도록 하는 것은 교육적으로 효과가 없을 뿐만 아니라 유아의 흥미를 간과하기 쉽다. 따라서 유아가 스스로 찾아서 또는 자발적으로 하는 학습이나 놀이는 많은 긍정적인 교육 효과를 내포하고 있으므로, 교사는 이를 통해 무한한 가능성을 개발하도록 조력자 역할을 해야 한다.

넷째, 유아는 놀이를 통해서 학습하는 존재이다.

유치원에서 유아의 놀이는 중요한 학습방법이다. 특히 상호 간의 놀이, 사회적 역할놀이 등의 형태를 통해서 다양한 놀이를 접해보는 것이 중요한 교육적 요소이다. 이는 유아에게는 놀이 자체가 삶의 형태이며 교육내용이다.

다섯째, 유아는 하나의 독립된 인격체이다.

교사는 유아를 하나의 독립된 인격체로 바라보아야 하며 유아와 동등한 존재로서 상호 협동적 관계를 맺도록 해야 한다. 교사는 유아를 통제하지 않으면서, 유아의 자율성과 인격을 존중하며 유아의 전인적 발달을 도모하도록 한다. 그리고 민주사회에서 바람직한 인격으로 성장하도록 도와주어야 한다.

여섯째, 교사는 통합 활동 목표를 지도한다.

유아의 전인 발달을 위한 지도가 요구된다. 이는 유아의 신체 간의 통합적 활동뿐만 아니라 유아의 인지, 언어, 사회, 정서 등의 발달이 통합적으로 달성될 수 있도록 교육과정을 이해하고, 지도해야 한다.

일곱째, 교사는 상황에 유연하게 대처할 수 있는 융통성이 필요하다.

교실에서 유아의 학습 활동 시에 교사가 계획한 활동만을 반드시 실행한다는 것보다, 중요한 것은 학급 상황, 유아의 발달수준, 유아의 관심 등 모든 변인에 따라 즉각적으로 처리하고 유아가 편안하게 활동을 유지할 수 있도록 하는 교사의 지혜가 필요하다.

교사는 학급 운영 및 관리하는 사람으로 유아의 유치원 생활을 전반적으로 책임지고 지도하는 역할을 담당하게 된다. 따라서 교사가 학급운영을 효과적으로 하기 위해서는 교실 내의 일어날 수 있는 문제를 예방하는 것이 문제가 발생한 후에 수습하는 것보다 더 효과적이다. 예를 들면 유아가 놀이를 시작하기 전에 교실 내에 비치된 교구를 모두 제 위치에 정리정돈 해두거나 혹은 유아가 좋아하는 교구나 놀잇감 수를 유아 수에 적절하게 비율을 고려해서 제공하는 것이다. 즉 이러한 사전의 준비는 유아 스스로 질서를 지킬 수 있도록 사전에 점검하는 태도가 요구되는 것이다.

2) 유아 교사의 자질

흔히 유아 교사가 된다는 것은 유아를 사랑하기 때문이라는 표현을 자주 하기도 한다. 물론 유아 교사가 유아를 사랑한다는 것은 하나의 긍정적인 태도임이 틀림없다. 그러나 유아 교사가 되기 위한 자질은 그것만으로 충분한 조건이 되는 못한다. 유아 교사로서의 자질에는 유아를 이해하고 다룰 수 있는 지적인 지식뿐만 아니라 본인 스스로가 정서적으로 성숙하고 안정되어야 한다. 그리고 자신의 업무에 대한 직업의식과 소명의식 등을 통해 교육적 행위를 올바르게 할 수 있다.

이연섭·이영자(1986)는 유아 교사의 자질을 개인적 자질과 전문적 자질로 나누어서 아래와 같이 설명하고자 하였다.

유치원 교사의 자질을 두 가지 유형으로 나누어서 설명할 수 있다.

첫 번째 자질은 개인적 자질로 유아를 좋아하고 사랑하는 사람, 교육과 연수를 받아 자격이 있으며 아동을 다룬 경험이 풍부한 사람, 심신이 건강한 사람, 교재나 교구개발에 보람과 즐거움을 느끼는 사람 등으로 설명된다.

두 번째 전문적 자질로는 교육 프로그램을 계획하고 실천하는 능력, 부모, 전문가 및 여러 관계자를 참여시키는 능력, 아동의 성장 발달을 촉진하는 능력, 고도의 지적 전문성, 직업윤리, 지속적인 전문적 성장 등의 필요성을 예로 들어 설명할 수 있다.

대부분의 학생이 유아교육을 시작하는 동기가 막연하게 '아이를 좋아서'라고 생각하며 시작한다. 그러나 그것만으로는 유아 교사가 되기에는 충분한 조건이 될 수는 없다. 물론 유아 교사는 유아를 좋아하는 것이 무엇보다도 먼저 확인되어야 하지만 전문적으로 교육기관에서 임무를 수행하기에는 수행능력과 함께 정서적 안정감 속에서 자신의 직업에 대한 책임의식이 있어야 한다. 그 밖에 이은화 등(1995)에 의하면 개인적 자질은 교사가 그동안 성장하면서 발달해 온 특성을 의미하며 다음과 같은 것이 유아 교사의 개인적 자질로 설명할 수 있다. 그러므로 유아 교사의 자질에 관한 이은화 등(1995)의 관점을 토대로 살펴보면 다음과 같다.

개인적 자질에는 인성과 신체적·정신적 건강으로 나누어 볼 수 있다.

① 인성: 유아에 대한 사랑, 인간에 대한 사랑, 성실성, 봉사성, 사려성, 자발성, 도덕성, 원만한 인간관계 등을 말할 수 있다.

② 신체적 건강: 전염병이나 질병이 없으며 건강 관리를 할 수 있음을 의미 한다.

③ 정신적 건강: 긍정적인 자아관과 타인에 대한 긍정적인 사고, 건전한 인생관, 정서적 안정 등을 의미 한다.

전문적 자질에는 지식, 교수 기술 그리고 교육관으로 나누어 설명할 수 있다.

전문적 자질이란 것은 유치원 교사로서 요구되는 전문적 지식과 기능 및 기술을 뜻한다. 따라서 일반적으로 직전 교육을 통해 다양한 지식과 기술이 습득되며, 이러한 지식과 기술은 현직 교육을 통해 점차 향상되는 것을 의미한다.

① 지식: 일반교양 지식, 유치원 교육과정에 대한 지식, 교수 방법 및 평가에 대한 지식, 유아에 대한 지식 등이다.

② 교수 기술: 교육과정 구성기술, 프로그램 실천 및 평가기술, 의사소통 기술, 부모 및 전문가 참여기술, 창의성, 융통성, 교재 교구의 제작 및 활용기술 등이다.

③ 교육관: 교육에 대한 소명감, 직업윤리, 전문성 함양의 노력 등이다.

결론적으로 교사는 유아의 학급운영 및 유아의 발달수준에 맞는 일과를 구성해서 지도해 나갈 뿐만 아니라, 유아의 자립적 발달을 돕기 위한 교육계획과 교수학습방법을 유아의 발달수준에 맞춰 지도해야 한다. 또한, 유아가 스스로 탐색할 수 있도록 그리고 상호유아 간의 존중과 유아의 잠재력을 충분히 발휘하도록 교사는 끊임없는 자기반성의 사고를 통해 지속해서 자기 계발을 통한 노력을 할 수 있어야 한다.

3) 유아 교사의 역할

유아는 유치원에 다니기 시작한다고 모든 것을 스스로 하기에는 아직은 많은 점이 부족한 어린 존재로서 성인의 보호와 돌봄이 늘 필요한 존재이다. 따라서 가정에서는 부모 그리고 유아 교육기관에서는 교사의 세심한 배려, 따뜻한 보호와 안내 그리고 교육이 필요한 것이다. 유치원 교육의 특성상 교사의 역할은 초기에는 '보호'에 초점을 두면서, 유아가 적응하도록 배려하면서, 점차 다양한 역할을 해 나가야 하는 것이 중요하다. 그러므로 유아교육 현장에서 요구되는 교사의 역할은 매우 다양하다. 우선 교육자의 역할로서 유아들의 세상에 대한 호기심을 채워줄 수 있는 다양한 방면에 전문적 지식이 있어야 한다. 그러므로 유아가 미처 생각하지 못한 관심을 끌어내기 위해서 많은 질문을 해야 할 경우가 종종 생긴다. 교사의 질문에 따라 유아가 다 이해를 하고 교사가 원하는 답이 나오지 못하는 경우가 대부분이다. 이때 교사의 입장에서 유아에게 이해할 수 있도록 설명한다. 그러나 만약 유아가 다시 질문할 경우 주의를 기울여서 세심하게 답변한다. 유아가 질문을 충분히 이해하지 못하는 경우나 때로는 엉뚱한 대답을 하는 경우에라도 교사는 당황하지 말고 관심을 두고 긍정적으로 대답을 해주는 것이 바람직하다. 그러므로 교사는 유아의 어떠한 대답도 긍정적으로 수용하도록 노력해야 한다.

이은화 외(1995)에 의하면 교사의 역할을 다음과 같이 설명해 볼 수 있다.

① 환경 제공자: 유아가 교육적으로 풍부한 환경 안에서 자신이 스스로 경험을 쌓아갈 수 있도록 물리적 환경을 제공하고 더불어 심리적 안정도 함께 제공해 주어야 한다.

② 관찰자: 유아의 흥미와 욕구를 관찰하고 유아의 발달 상태를 파악한다. 무엇보다도 유아 교사는 유아들의 놀이 상황을 세심하게 관찰하고 유아의 성장 및 발달에 필요한 것이 무엇인지를 파악한다.

③ 유아 교육과정의 계획과 운영: 유아의 발달에 맞는 유아 프로그램을 계획하고 조직하는 역할을 한다.

④ 연구자: 유아의 전인 발달을 돕기 위해 지속해서 관찰하고 계획해서 실행하고 평가를 할 수 있도록 연구하는 자세가 필요하다.

⑤ 부모교육 담당자: 유아의 안전과 생활지도 등을 통해 유아가 올바르게 성장·발달할 수 있도록 도와줄 뿐만 아니라 부모와의 상호협력관계를 강화하여 부모와 유아 그리고 교사와의 긴밀한 협조가 필요하다. 따라서 유아 교육기관에서는 정기적으로 부모교육을 실행하며, 부모와 면담 및 상담, 가정통신문 등 다양한 방법을 통해 부모교육을 할 수 있도록 한다.

⑥ 평가자: 유아의 전반적인 발달을 객관적으로 평가하는 역할을 한다.

⑦ 유아의 요구에 반응하는 역할: 현대사회의 가족기능이 점점 약화하는 현실에서 무엇보다도 중요한 것은 유아에 대한 애정 어린 관심을 갖고 교육적으로 지원하는 일이다. 유아가 가족 외에 접하는 최초의 성인은 교사이다. 그러므로 교사는 늘 친절하고, 유아의 행동이나 태도에 민감하게 대처해야 하며, 그 밖에도 유아와의 따뜻한 신체적 접촉을 통해 상호 친밀감을 형성해야 한다. 즉 교사는 유아와 눈높이를 맞추고, 서로 다정히 쳐다보며 따뜻한 대화를 통해 서로 신뢰를 쌓아가는 관계를 만들어야 한다.

일반적으로 유아가 만 3세가 되면 유치원에 들어가게 된다. 물론 요즈음 많은 유아가 이미 영·유아 교육기관이나 즉 어린이집에서 생활을 하고 있는 것이 일반적인 추세이다. 대부분 유아는 처음으로 가정을 떠나 집단생활을 하게 되는 곳이 유아 교육기관이다. 따라서 교사는 유아에게 생활에 필요한 기본 습관을 지도할 뿐만 아니라 인성교육도 지도해야 한다.

3 유아 교사 양성 제도 및 자격증 취득

1) 유치원 교사의 양성 및 자격기준

현재 유아교육 및 보육을 담당하는 유아 교사는 일반적으로 2년제, 3년제, 4년제 대학의 유아교육학과에서 주로 양성되고 있다. 그리고 유치원 교사는 교육과학기술부 소관으로 2급 정교사 자격증이 필요하다.

〈표 6-1〉 교직과정의 이수 과목과 학점

구 분		교과목(학점)	이수과목(학점)
전공 (50학점)	일반전공 (42학점)	유아교육론, 유아교육과정, 영유아발달과 교육, 유아언어교육, 유아사회교육, 유아과학교육, 유아수학교육, 유아미술교육, 유아음악교육, 유아교사론, 유아동작교육, 유아놀이지도, 유아교육기관운영관리, 아동복지, 유아건강교육, 유아관찰 및 실습	기본 이수과목 21학점 이상 취득
	교과교육 (8학점)	교과교육론, 교과교재연구 및 지도법, 논리 및 논술에 관한 교육, 기타 교과교육영역	3과목(8학점) 이상 취득
교직	교직이론	교육학개론, 교육철학 및 교육사, 교육과정, 교육평가, 교육방법 및 교육공학, 교육심리, 교육사회, 교육행정 및 교육경영, 생활지도, 그 밖의 교직이론에 관한 과목	7과목(14학점) 이상 취득
	교직소양	특수 교육학개론(2학점 이상)-영재교육영역 포함 교직실무(2학점 이상)	2과목(4학점) 이상 취득
	교육실습	학교현장실습(2학점 이상) 교육봉사활동(2학점 이내 포함가능)	2과목(4학점) 이상 취득

2) 유치원 교사의 자격 기준

유아 교사의 경우 대학양성기관에서 유치원 정교사 2급과 보육교사 2급 정교사 자격증을 각각 자격증에서 요구하는 교과목과 그에 따른 학점을 이수하면 졸업과 동시 자격증을 취득 할 수 있다.

유치원교사의 자격기준은 유아교육법 제22조와 별표 1, 2에 제시되어 있다. 교원자격 검정 시행규칙(1993.6.17) 교육부령 제 634호에 자격검증에 대한 세부사항이 명시되어 있다.

유치원 교사자격증은 유아교육과가 있는 대학(전문대학의 2, 3년제와 4년제 대학)에서 소정의 기본 이수과목과 교직과목을 이수한 자를 대상으로 유치원 2급 정교사를 대학졸업하면서 취득하게 된다. 일반적으로 현장 즉 유치원에서 3년 이상 경력을 쌓은 후 교육청에서 실시하는 연수과정을 마치게 되면 유치원 1급 정교사를 받게 되며, 그 이후 1급 정교사 자격증을 가지고 현장에서 3년 이상의 교육경력과 소정의 연수과정을 거치게 되면 원감자격증을 수여받게 된다. 그리고 원감자격증 취득 후 다시 3년 이상의 교육경력과 소정의 재교육을 받으면 원장자격증을 얻게 된다.

〈표 6-2〉 유치원 교사의 법적 자격기준 「유아교육법」(법률 제11382호, '12.03.21 제22조 제1항 관련[별표 1]

자격 급별	자격 기준
정교사 (1급)	1. 유치원 정교사(2급) 자격증을 가진 자로서 3년 이상의 교육경력을 가지고 소정의 재교육을 받은 자 2. 유치원 정교사(2급) 자격증을 가지고 교육대학원 또는 교육기술부장관이 지정하는 대학의 교육과에서 유치원 교육과정을 전공하여 석사학위를 받은 자로서 1년 이상의 교육경력이 있는 자
정교사 (2급)	1. 대학에 설치하는 유아교육과 졸업자 2. 대학*(전문대학 및 이와 동등 이상의 각종학교와 「평생교육법」 제31조제3항에 따른 전문대학학력인정 평생교육시설을 포함한다) 졸업자로서 재학 중 소정의 보육과 교직학점을 취득한 자 *산업대학 포함 3. 교육대학원 또는 교육과학기술부장관이 지정하는 대학원의 교육과에서 유치원교육과정을 전공하고 석사학위를 받은 자 4. 유치원 준교사자격증을 가진 자로서
준교사	1. 유치원 준교사 자격검정에 합격한 자
비고: 1. 원장·원감 초·중등교육법의 규정에 의한 교장·교감, 교육장·장학관·장학사·교육연구관·교육연구사의 경력연수는 교육경력 연수로 볼 수 있다. 2. 이 표 중 전문대학에는 종전의 초급대학·전문학교 및 실업고등전문학교를 포함한다.	

*정교사(1급) 자격의 경우 현직교원만 취득 가능(기간제 불가)

〈표 6-3〉 유아교육법(법률 제11382호, '12.03.21 제22조제1항 관련 [별표2]

자격 종별	자격 기준
원장	1. 유치원의 원감자격증을 가지고 3년 이상의 교육경력과 소정의 재교육을 받은 자 2. 학식·덕망이 높은 자로서 대통령령이 정하는 기준에 해당한다고 교육과학기술부장관의 인정을 받은 자
원감	1. 유치원 정교사(1급) 자격증을 가지고 3년 이상의 교육경력과 소정의 재교육을 받은 자 2. 유치원 정교사(2급) 자격증을 가지고 6년 이상의 교육경력과 소정의 재교육을 받은 자
비고: 1. 원장·원감 초·중등교육법의 규정에 의한 교장·교감, 교육장·장학관·장학사·교육연구관·교육연구사의 경력연수는 교육경력 연수로 볼 수 있다.	

출처: 2013 교원자격검정 실무편람

3) 보육교사 양성 교육과정

보육교사는 영유아의 보육, 건강관리, 생활지도 및 보호자와의 상담 등 보육시설의 관리 운영 등의 업무를 담당하는 전문직이다. 보육교사에 대한 자격기준은 영유아보육법령집에 제시되어 있다(2007.7.).

보육교사 1급은 보육교사 2급 자격을 취득한 이후 3년이 경과되어 보육업무 경력과 여성부장관이 정하는 승급교육을 받은 자에 한하고, 보육교사 2급 자격과 보육관련 대학원에서 석사학위를 받은 자로서 1년 이상 보육업무 경력과 여성가족부장관이 정하는 승급교육을 받은 자에 한하고 있다. 보육교사 2급은 전문대학 또는 이와 동등 이상의 학교에서 여성가족부령이 정하는 보육관련 교과목 및 학점을 이수하고 졸업한 자로 규정되어 있으며, 보육교사 3급 자격을 취득한 후 1년 이상의 보육업무 경력과 여성가족부 장관이 정하는 승급교육을 받은 자로 규정하고 있다. 그리고 보육교사 3급은 고등학교 또는 이와 동등 이상의 학교를 졸업한 자로서 여성가족부령이 정하는 교육훈련 시설에서 소정의 교육과정을 이수한 자로 한하고 있다.

〈표 6-4〉 **보육교사의 법적 자격기준**

구분	자 격
보육교사 1급	1. 보육교사 2급 자격을 취득한 이후 3년 이상의 보육업무 경력이 있는 사람으로서 보건복지부장관이 정하는 승급교육을 받은 사람 2. 보육교사 2급 자격을 취득한 후 보육관련 대학원에서 석사학위를 취득하고 1년 이상 보육업무 경력이 있는 사람으로서 보건복지부장관이 정하는 승급교육을 받은 사람
보육교사 2급	1. 전문대학 또는 이와 같은 수준 이상의 학교에서 보건복지부령으로 ㅈ어하는 보육관련 교과목 및 학점을 이수하고 졸업한 사람 2. 보육교사 3급 자격을 취득한 후 1년 이상의 보육업무 경력이 있는 사람으로서 보건복지부장관이 정하는 승급교육을 받은 사람
보육교사 3급	고등학교 또는 이와 같은 수준 이상의 학교를 졸업한 사람으로서 보건복지부령으로 정하는 교육훈련시설에서 정해진 교육과정을 수료한 사람

출처: 영유아보육법 시행령 제21조 관련 [별표 1](개정 2012.6.29.)

〈표 6-5〉 보육교사 자격 취득을 위한 이수 교과목

영역	교과목	이수과목(학점)
보육필수	아동복지(론), 보육학개론, 영아발달, 유아발달, 보육과정, 보육교사론	6과목(18학점) 필수
발달 및 지도	인간행동과 사회환경, 아동관찰 및 행동연구, 아동생활지도, 아동상담(론), 특수아동이해, 장애아동지도	1과목(3학점) 이상 선택
영유아 교육	놀이지도, 언어지도, 아동문학, 아동음악, 아동동작, 아동미술, 아동수학지도, 아동과학지도, 영유아프로그램 개발과 평가, 영유아교수방법(론)	6과목(18학점) 이상 선택
건강, 영양 및 안전	아동건강교육, 아동간호학, 아동안전관리, 아동영양학, 정신건강(론)	2과목(6학점) 이상 선택
가족 및 지역사회 협력 등	부모교육(론), 가족복지(론), 가족관계(론), 지역사회복지(론),보육정책(론), 어린이집 운영과 관리	1과목(3학점) 이상 선택
보육실습	보육실습	1과목(3학점) 필수
전체	17과목(51학점) 이상	

출처: 영유아보육법 시행규칙 제12조제1항 관련. 2014년 개정안.

- 어린이집 원장 자격기준

일반 어린이집, 가정 어린이집, 영아전담 어린이집, 장애아전담 어린이집 원장자격 기준 중 어느 하나에 해당하는 사람은 보건복지부령으로 정하는 사전직무교육을 받아야 함.

일반기준(300인 이하 어린이집)
· 보육교사 1급 자격을 취득한 후 3년 이상의 보육 등 아동복지업무 경력이 있는 사람 · 「유아교육법」에 따른 유치원 정교사 1급 자격을 취득한 후 3년 이상의 보육 등 아동복지업무 경력이 있는 사람 · 「초·중등교육법」에 따른 초등학교 정교사 자격을 취득한 후 5년 이상의 보육 등 아동복지업무 경력이 있는 사람 · 「사회복지사업법」에 따른 사회복지사 1급 자격을 취득한 후 5년 이상의 보육 등 아동복지업무 경력이 있는 사람 · 「의료법」에 따른 간호사 면허를 취득한 후 7년 이상의 보육 등 아동복지업무 경력이 있는 사람 · 국가 또는 지방자치단체에서 7급 이상의 공무원으로 보육 등 아동복지업무에 5년 이상 근무한 경력이 있는 사람

4 유아 교사의 교직윤리

유아 교사로서 일을 시작하기 전에 확인해야 해야 할 것은 교직에 대한 윤리의식이 확실하게 있어야 하고 교직자로서 일을 수행할 수 있어야 한다.

우리나라에서 최초의 공식적인 교원에 대한 윤리강령은 대한 교육연합회에서 1958년 '교원윤리강령'을 제정, 공포하였다. 그리고 1982년 스승의 날을 맞아 '교원윤리강령'을 수정하여 '사도헌장'과 '사도강령'을 선포하였다.

교원윤리강령은 전문성을 토대로 교사들의 사명감을 키워 주고 그들의 권익을 보호하는 데도 큰 역할을 하고 있다. 스스로 윤리강령을 지키고 책임감 있는 행동으로 교원으로서 일을 수행하게 되면 전문직으로서 당당하게 대우받을 수 있다.

유아 교사에게 윤리강령이 중요한 이유는 다음과 같다(이은화 외, 1995).

첫째, 유아교육은 유아의 전인적 성장과 발달을 목적으로 하기 때문이다.

둘째, 유아교육의 대상인 유아의 특성 때문이다.

셋째, 유아교육의 학문적 성격 때문이다.

다음은 우리나라 사도헌장과 사도강령이다.

1) 사도 현장

오늘의 교육은 개인의 성장과 사회의 발전과 내일의 국운을 좌우한다. 우리는 국민 교육의 수임자로서 존경받는 스승이요, 신뢰받는 선도자임을 자각한다.

이에 긍지와 사명을 새로이 명심하고 스승의 길을 밝힌다.

- 우리는 제자를 사랑하고 개성을 존중하며 한마음 한뜻으로 명랑한 학풍을 조성한다.
- 우리는 폭넓은 교양과 부단한 연찬으로 교직의 전문성을 높여 국민의 사표가 된다.
- 우리는 원대하고 치밀한 교육계획의 수립과 성실한 실천으로 맡은 바 책임을 완수한다.

- 우리는 서로 협동하여 교육의 자주 혁신과 교육자의 지위 향상에 적극적으로 노력한다.
- 우리는 가정교육, 사회교육과의 유대를 강화하여 복지국가 건설에 공헌한다.

2) 사도강령

민주국가의 주인은 국민이므로 나라의 주인답게 길러내는 교육은 가장 중대한 국가적 과업이다. 우리 겨레가 오랜 역사와 찬란한 문화를 계승·발전시키며, 선진 제국과 어깨를 나란히 하여 인류 복지증진에 주도적으로 기여하려면, 무엇보다도 문화 국민으로서의 의식개혁과 미래사회에 대비한 창의적이고 자주적인 인간 육성에 온 힘을 기울여야 한다.

그러기 위하여 우리 교육자는 국가 발전과 민족중흥의 선도자로서의 사명과 긍지를 지니고, 교육을 통하여 국민 각자의 능력을 최대한으로 계발하여 개인의 자아실현과 국력의 신장, 그리고 민족의 번영에 열과 성을 다하여야 한다.

또한, 교육자의 품성과 언행이 학생의 성장 발달을 좌우할 뿐만 아니라 국민윤리 재건의 관건이 된다는 사실을 명심하고 사랑과 봉사, 정직과 성실, 청렴과 품위, 준법과 질서에 바탕을 둔 사도 확립에 우리 스스로 헌신하여야 한다.

이러한 우리의 뜻은 교직에 종사하는 모든 교육자가 공동체 의식을 가지고 노력하여야만 이루어질 수 있다는 것을 인식하고 사도헌장 제정에 때맞추어 우리의 행동지표인 현행 교원윤리강령으로 개정하여 이를 실천함으로써 국민의 사표가 될 것을 다짐한다.

- 제1장 스승과 제자

스승의 주된 임무는 제자로 하여금 고매한 인격과 자주정신을 가지고 국가사회에 봉사할 수 있는 유능한 국민을 육성하는데 있다.

첫째, 우리는 제자를 사랑하고 그 인격을 존중한다.

둘째, 우리는 제자의 심신발달이나 가정환경에 따라 차별을 두지 아니하고 공정하게 지도한다.

셋째, 우리는 제자의 개성을 존중하여 그들의 개인차와 욕구에 맞도록 지도한다.

넷째, 우리는 제자에게 직업의 존귀함을 깨닫게 하고 그들의 능력에 알맞은 직업을 선택하도록 한다.

다섯째, 우리는 제자 스스로가 원대한 이상을 세우고, 그 실현을 위하여 정진하도록 사제동행 한다.

제2장 스승의 자질

스승은 스승다워야 하며, 제자의 거울이 되고 국민의 사표가 되어야 한다. 그러므로

첫째, 우리는 확고한 교직관과 긍지를 가지고 교직에 종사한다.

둘째, 우리는 언행이 건전하고 생활이 청렴하여 제자와 사회의 존경을 받도록 한다.

셋째, 우리는 단란한 가정을 이룩하고 국법을 준수하여 사회의 모범이 된다.

넷째. 우리는 학부모의 경제적, 사회적 지위를 이용하지 아니하며 또 이에 좌우되지 아니한다.

다섯째, 유리는 자기향상을 위하여 전문적인 지식과 전문화된 기술을 연마하는데 주력한다.

제3장 스승의 책임

첫째, 스승은 제자교육에 열과 성을 다하여 모든 책임과 의무를 다한다.

둘째, 우리는 교재연구와 교육자료 개발에 만전을 기하여 수업에 최선을 다한다. 우리는 생활지도의 중요성을 인식하여 제자들이 올바른 사람이 될 수 있도록 지도의 철저함을 기한다.

셋째, 우리는 교직단체 활동을 통하여 교직자의 자질향상과 교권의 확립에 박차를 가한다.

넷째, 교직단체는 교육의 혁신과 국가의 발전을 위하여 다른 직능단체나 사회단체와 연대 협동한다.

- 제4장 스승과 학부모의 협력

스승과 제자의 성장 발달을 돕기 위하여 학부모와 협력하며, 학교와 사회와의 상호작용의 원동력이 되고 국가발전의 선도자가 된다.

첫째, 우리는 학교의 방침과 제자의 발달 상황을 가정에 알리고, 학부모의 적당한 의견을 학교 교육에 반영시킨다.

둘째, 우리는 사회의 실정을 정확하게 반영하며 학교의 교육활동을 사회에 널리 알린다.

셋째, 우리 사회의 요구를 교육계획에 반영하며 학교의 교육활동을 사회에 널리 알린다.

넷째, 우리는 국민의 평생교육을 위하여 광범위하게 협조하여 그 핵심이 된다.

다섯째, 우리는 확고한 국가관과 가치관을 가지고 국민의식 개혁에 솔선수범하며, 국가발전의 선도자가 된다.

5 교사의 길

교사의 길을 적응, 확인, 재발견 그리고 성숙의 4단계로 나누어서 설명할 수 있다. 신임교사는 대학을 졸업하고 교사로서 그리고 사회인으로서 첫 출발을 시작한다. 대부분의 유치원 교사의 특성상 시작에서 5년까지가 중요한 시기이라고 본다. 따라서 여기서는 초임에서 5년까지의 교사생활을 설명하기로 한다.

1) 초임교사로서의 유아 교사 활동: 적응단계

유아 교육기관에서 교사로 처음 시작하는 것은 학생에서 교사로의 신분상의 변화가 일어나는 것뿐만 아니라 교직 생활에서 다른 문화를 경험하게 됨으로써 문화의 충격을 경험할 수 있는 시기이다.

일반적으로 대학 시절에는 훌륭한 교사가 된다는 막연한 기대 속에 열심히 학업에 매진해 오면서 교육 봉사활동, 교육실습 등을 통해 예비교사로서의 다양한 경험을 통해 기량을 쌓는다. 예비교사 시기의 막연한 기대는 실제 교사생활이 시작되어 바쁜 나날을 보내게 되면서 현실적으로 바뀌어 가는 것이 일반적인 현상이다. 3월이 시작되면서 교사생활은 담임으로서 교육계획에 따른 일과 속에서 유아지도 및 학부모와의 만남, 면담, 행정업무 처리 등 나날을 바쁘고 힘겹게 보내는 것이 일반적이다. 초임교사는 그동안 학교에서 배웠던 이론대로 실제 적용하기에는 많은 어려움에 직면하게 되고 이로 인한 갈등이나 좌절을 겪게 된다. 그러나 이러한 경험을 통해 교사는 하루하루 성장해 나갈 수 있으며, 극복해 나가는 방법 또한 현장에서 습득하게 된다. 초임교사들의 어려움에 대한 유아 교육기관에서의 배려나 대화, 교사 스스로 하는 자기 반성하는 사고, 유아 교육기관의 동료나 선배교사 등의 협력이 이루어진다면 좀 더 쉽게 문제해결이 되리라 본다.

초임교사들이 대학에서 교사양성 시기에 배운 점을 토대로 현장에서 노력하는 것은 값진 것이다. 초임교사들의 전문성을 향상하고 자신의 교육적 관점에 대한 반성의 실천이 지속해서 이루어지기 위해서 다음과 같은 노력이 요구된다. 교사로서의 자리매김을 탄탄히 할 수 있는 방안을 제안해 본다면 다음과 같다.

① 초임교사로서 대학에서 배운 이론과 현장에서 일어나는 교육적 요소를 정확하게 파악하기 위해 지속적인 분석과 원인을 파악하고 이해하는 것이 요구된다. 이러한 현장 경험의 구체화 및 통찰을 위해 교육적 신념과 실천에 대한 검토를 위해 저널 쓰기를 시작하는 것이다. 저널 쓰기는 교사가 스스로 목적을 가지고 자신의 실천행위에 대한 다양한 형태로 쓰는 글이다. 교사 자신의 교육활동 주요 장면에 대한 기술과 반성을 기록하고 수집해서 정기적으로 분석해서 자신의 교육활동에 대한 과제를 개선할 수 있도록 한다. 이러한 작업을 혼자 하는 것은 쉽지 않은 일이다. 따라서 교육기관에서 같이 일하는 동료들과 같이 상의하거나 협력을 통해서 이루어진다면 바람직할 것이다.

② 자신의 교육적 신념에 대한 반성의 재검토를 위한 자서전 쓰기이다. 교사의 사회화 과정을 통해 즉 교사가 되기 전의 삶의 경험도 현재의 자기 모습에 영향을 미치기 때문에 이를 같이 반영하는 것이 바람직하다. 즉 현재 교사가

되기까지 어떠한 가치관과 신념이 형성되었는지 자서전을 통해 자신의 교육적 관점을 반성하며 재검토하는 것이 많은 도움이 될 것이다.

③ 교사는 쉬지 않고 계속해서 연구하는 자세가 필요하다. 교사는 실제 수업상황, 교실에서의 유아들의 삶 등에 직접 상호작용을 통해 관계를 맺으며 교사생활을 한다. 따라서 교육현장 안에서 일어나는 다양한 현상에 대한 자료 수집, 분석, 발표 등을 통해 유아 교육기관에 대한 올바른 이해가 되도록 노력해야 한다.

④ 교사는 수업준비를 철저하게 하는 습관이 필요하다. 생활주제와 관련된 하루 일일 교육계획안 및 교수 학습 과정 조직과 실행, 영역별 자료의 제공, 교재교구의 훼손 또는 분실된 자료의 철저한 점검, 유아 행동관찰 및 기록, 자가 수업평가를 일상적으로 처리하도록 생활화해야 한다.

2) 유치원 교사의 길에 대한 확인: 확인단계

유치원 교사의 길을 택하고 나름대로 경험을 쌓은 후 대략 2년 내지는 3년 정도 되면 그동안의 경험을 한번 되돌아볼 필요가 있다. 대학생 생활을 마치고 사회인으로서의 첫 출발이 쉽지만은 않았기에 나름대로 그동안의 직장인으로서 그리고 교사로서의 생활에 대한 점검을 통하여 미래의 교사상을 좀 더 새로운 시각으로 확인한다면 좀 더 발전된 교사로서의 태도가 인식될 것이다. 이는 유치원 교사의 길을 택하여 교사 생활을 시작하면서 교사로서의 다양한 경험을 접하면서 직업인으로서 또는 한 개인으로서 성숙할 기회로 삼을 수 있기 때문이다.

3) 교사로서 재발견단계: 3~5년

교사로서 약 3년 정도 지나면 많은 일들이 숙련되어 개인차가 있겠지만 여유를 갖고 교사로서 역량을 발휘할 것이다. 만약 교사가 이러한 여유를 교사로서 자신의 길을 재다짐하고 새롭게 출발하는 계기로 삼는다면, 숙련된 일에 대한 새로운 가치를 부여하여 교사로서 해야 할 역할을 재발견 할 수 있다. 따라서 숙련된 교사의 역할은 정체되는 것이 아니라 좀 더 교사로서 새로운 다짐과 자신의 길에 보람과 만족이 느껴질 수 있다. 즉 초임교사로서의 부족한 점이 보완되어 이제는 교사로서 행복한 자신을 재발견하여 도약할 수 있는 발판이 마련된 것이라고 평가할 수 있다.

4) 교사로서 성숙단계: 5년 이후

교사로서 3, 4년을 지나고 5년 정도 경험이 쌓이면 개인적으로도 개인의 삶에 변화와 여유 속에서 자기계발이나 연수 등 교사생활을 풍요롭게 할 수 있는 기반이 마련되어 있을 것이다. 따라서 교사의 역할이 이제 성숙단계에 접어들었기 때문에 행정업무나 후배교사를 지도하는 일 등 다양한 역할을 하며 교사의 경험을 체계적으로 공유하고 나눌 수 있을 것이다.

CHAPTER 07

부모교육

이장에서는 현대사회에서 요구하는 부모교육에 관하여 개괄적으로 알아보고자 한다. 현대사회의 급격한 변화에 따라 가족의 기능이 점점 더 약화하는 가운데에 부모 역할은 심리적·정신적으로 가중되고 있다. 부모의 역할과 양육 태도는 유아의 발달에 직접적인 영향을 미친다. 그러므로 부모와 자녀 간의 관계 개선을 위한 부모교육은 중요하다. 따라서 현대사회의 부모의 역할에 대해 알아보고, 부모교육 이론의 이해를 통해 부모교육의 효율성에 관하여 알아본다. 20세기에 발달한 부모교육이론은 다양한 부모교육을 체계화시켰다.

현대사회의 급격한 변화는 유아교육에서의 부모교육의 중요성과 필요성을 강조하고 있다. 특히, 유아교육과 부모교육은 교육적 효율성의 측면에서 매우 밀접하게 이루어져야 한다. 부모와 유아 그리고 교사와의 관계는 아주 밀접하므로 그 중요성에 관해 생각해 보도록 한다.

1 현대사회와 부모

1) 부모와 유아

부모는 유아가 태어나서 생애 처음 만나는 성인이며, 유아의 신체적·정서적·사회적 환경을 제공하고 양육을 책임질 뿐만 아니라, 유아를 교육하는 최초의 교사 역할도 하게 된다. 대체로 유아는 유아 교육기관에 오기 전까지 이미 부모를 통해 삶에 필요한 기본적인 것을 배운다. 따라서 부모는 유아의 삶에 출생에서부터 전반적으로 영향을 미치며, 유아의 행복한 삶을 위해 가장 많은 관심과 노력을 기울이므로 유아의 발달에 가장 중요한 존재이다. 이렇게 부모는 유아에게 영향을 미치며, 성장을 위해 가능한 한 모든 것을 지원한다. 그렇지만 부모와 유아의 관계는 일방적으로 형성되는 것이 아니라, 서로 영향을 미치며 형성된다. 가족 밖에서도 유아는 태어나서 성장하게 되는 주변 세계의 요인에 직접 또는 간접적으로 영향을 받으며 성장·발달한다.

2) 현대 사회와 부모

현대 사회는 과학과 기술의 발달로 점점 더 다양하고 복잡해지는 가운데 가족의 기능은 점점 더 약화하여 가는 추세다. 현대사회의 변화는 부모 역할에 긍정적 영향과 부정적 영향을 주면서 오늘날 부모 역할과 가족의 역할에 새로운 현상을 일으키고 있다. 아래에서 현대사회의 변해가는 부모 및 가족현상에 대하여 설명하고자 한다(Gestwicki, 1999).

첫째, 결혼생활이 안정적이지 못하고 다양한 형태로 나타난다.

사회가 급격한 변화를 겪으면서 이혼율이 꾸준히 증가하는 추세 속에서 한 부모가족과 혼합가족 등 다양한 가족의 형태가 증가하고 있다. 이혼은 부모-자녀 관계와 역할에 변화를 가져오며, 한 부모들은 부모 역할 수행에 있어서 여러 가지 어려움을 겪는다.

둘째, 가족의 구성원에 있어서 남성과 여성의 역할에 변화가 나타난다.

산업화는 여성에게 경제적·사회적 활동 참여의 기회를 제공함에 따라 가족 내에서 여성의 역할과 지위에 많은 변화를 가져다주고 있다. 이러한 여성의 사회 참여는 지속해서 증가할 것이며, 이로 인한 가족 구성원의 역할과 변화는 역시 남녀 모두에게 새로운 가치관을 요구할 것이다.

셋째, 가족은 도시화의 가속화와 잦은 이동으로 인한 긴장과 갈등을 갖는다.

부모의 직업과 교육으로 인한 잦은 이동과 함께 부부 중심의 핵가족 또는 주말부부 등 새로운 주거 형태가 나타난다. 결과적으로 부모들은 자녀 양육에 함께 참여했던 전통적인 확대 가족으로부터 더는 지원을 받지 못하게 되었다. 이로 인해 부모들은 과거 확대 가족에게서 받았던 지원을 가족 밖에서 받을 수밖에 없는 상황에 부닥치게 된다. 이렇게 외부에서 받는 수많은 정보와 지원은 부모에게 새로운 혼란과 긴장을 야기시킬 수 있다.

넷째, 가족 수가 점점 감소하고 있다.

최근 추세를 보면 가구당 평균 가족 수가 지속해서 감소하고 있는 가운데, 자녀 수마저 감소하고 있다. 사회의 다양한 요인으로 인하여 핵가족뿐만 아니라 가족의 형태가 변화면서 가족의 수가 감소하고 있기 때문이다. 사회의 다양한 요인으로는 자녀 양육에 대한 육아에 대한 부담 및 가정과 사회에서의 역할에 대한 여성들의 가치관 변화, 가족들의 생활 수준이 높아짐에 따른 물질적 요구의 상승, 도시화 등을 꼽을 수 있다.

다섯째, 기술과 과학의 발달로 인하여 사회변화의 속도가 급격하다.

사회변화에 따른 부모 역할은 점점 가중되어 가고 있으며, 지난 전통사회에의 가치관과 신념은 급변하는 사회의 현실을 제대로 파악할 수 있도록 제 기능을 발휘하지 못하고 있다. 따라서 현대 많은 부모는 새로운 가치관과 신념 속에서 복잡한 역할을 수행해야 함으로써 정신적·심리적 부담을 갖게 되어 부모 역할에 두려움을 갖기도 한다.

여섯째, 핵가족 및 맞벌이 부부의 증가에 따라 사회에서 아동에 대한 관심이 증가하고 있다.

많은 학자의 연구결과물이 부모들에게 너무 많은 정보를 제공하다 보니, 부모들은 자신에게 가장 적절하고 자신의 자녀에게 가장 효과적인 정보를 알아내는 데에 어려움을 겪기도 한다.

일곱째, 사회구성원들 모두 삶에서 점점 긴장과 갈등을 경험하며 살아간다.

산업사회의 과학과 기술발달은 인간에게 편리성을 제공하면서, 육체적 노동은 줄어들었지만, 부모들은 고용불안과 직업에서 업무 부담으로 인해 훌륭한 부모 역할 수행에 있어서 많은 어려움에 직면하고 있다.

위에서 설명한 바와 같이 현대사회의 부모는 가족 기능의 약화에 따른 역할 수행에 어려움을 경험하면서, 유아들의 건강한 발달을 위해 여러모로 지속적인 노력을 해야 한다.

2 부모 역할 및 양육 태도

1) 영유아기의 부모 역할

현대사회의 사회경제적 변화와 과학기술의 발달은 부모의 역할을 이전 세대보다 더 많은 결정과 선택을 요구한다. 그리고 현대사회의 부모 역할은 자녀의 연령과 자녀의 특성 그리고 가족관계에 따라 다르다. 일반적으로 자녀가 출생하여 약 2세가 될 때까지는 부모가 전적으로 자녀의 양육에 필요한 모든 것을 해주어야 하는 시기이다. 그러므로 이 시기의 부모와 자녀 관계는 부모 자신이 경험한 것과 부부관계, 건강, 직업, 자녀의 특성 등 여러 가지 요인에 따라 양과 질적으로 다양하게 나타난다. 이 시기의 부모 역할은 우선으로 자녀를 신체적, 정서적으로 건강하게 발달하도록 양육하는 것이 무엇보다도 중요하다.

최근 현대사회는 가족기능의 약화와 맞벌이 부부가 늘어남에 따라 출생 후 이른 시기부터 유아를 보육이나 교육기관에 보내는 것이 보편화되고 있다. 그러면서 부모의 양육과 교육에 대한 부담과 역할은 다소나마 감소하였다. 그러나 유아에게 지속적인 관심과 애정을 갖고 보호하고, 더 나은 발달을 하도록 가정에서 지원하는 것이 중요하다.

특히 유아기의 자녀를 둔 부모들에게는 자녀의 양육뿐만 아니라, 교육적 관점에서 유아의 자율성이나 주도성을 잊지 않도록 배려해야 한다. 그리고 이 시기의 유아는 건강한 자아개념을 갖도록 부모가 직접 도와주어야 한다. 또한 부모는 자녀에게 일관성 있는 사랑과 애정을 주면서 자녀에게 일정한 한계 속에서 자유를 허용하도록 유념하는 것이 필요하다.

유아의 발달단계를 반영한 지도와 함께 부모들의 심리적·사회적 발달을 위한 부모교육을 하도록 하는 것이 중요하다.

(1) 부모 역할의 일반적 특성

부모 역할은 우리 사회에서 주어지는 다른 역할과는 여러 관점에서 다른 특성이 있다. 그 특성을 다음과 같이 설명해 볼 수 있다(이재연·김경희, 1989).

첫째, 부모의 역할은 명확하게 정의되어 있지 않다.

현대사회에서 부모 역할이 점점 더 다양해 지다보니 명확하게 설명하기가 어렵다. 부모가 되어 자녀를 낳아 키우는 부모 역할을 수행하기 위해서 어떤 지침이나 명확한 정의가 부여되어야 하나 그렇지 못한 것이 현실이다. 부모들은 부모로서 해야 할 책임에 대한 부담과 함께 자녀 양육에 대한 기대수준도 너무 높다고 느낀다.

둘째, 실수의 여지가 없다.

인생을 살다 보면 실수는 늘 있을 수밖에 없다. 그러나 현대사회에서 대부분의 부모들은 한 두 명의 자녀만을 양육해서 교육하다보니 실수의 여지가 거의 없다고 생각한다. 따라서 대부분의 부모들은 제자녀를 모두 성공적으로 키워야 한다는 기대감이 너무 커 늘 많은 걱정과 죄책감을 느끼고 자녀를 대하게 된다.

셋째, 부모는 도중에 부모가 되는 것을 포기할 수 없다.

부모 역할이 아무리 어렵고 힘들어도 도중에 그만둘 수는 없는 일이다. 가령 부모 자신이 자신의 아이들을 책임질 수 없다고 느껴도 일단 부모가 되면, 부모 역할을 제대로 수행하지 못한다고 해도 계속해서 할 수 밖에 없다. 이 점이 부모 역할 중 가장 어려운 점이라고 할 수 있다. 그러다 보니 부모 역할에 대한 부담을 느껴 자칫 출산조차 두려워하는 것이 현실일 수 있다.

넷째, 부모의 권위는 적고 의무만 가중되고 있다.

일반적으로 어떤 역할에 따른 의무가 주어지면 그 의무를 수행하도록 권위 역시 부여되기 마련이다. 그런데 현대사회의 부모들에게는 반드시 그렇지만은 않은 추세이다. 현대 민주사회에서는 부모와 자녀 간의 동등한 입장에서 부모가 부모 역할을 수행할 것을 지향한다. 그러다 보면 부모로서 권위는 소멸하고 있으면서, 자녀들이 외부교육기관에서부터 받는 영향은 점점 더 커지고 있다. 그렇지만 자녀의 삶에 대한 최종적인 책임은 부모가 맡는 것이다.

다섯째, 부모들이 따를 전통적인 가치와 자녀 양육 모델이 없다.

사회 변화가 적었던 농경사회에서는 대가족 속에서 자녀 양육을 위해 가족 구성원이 함께 참여하면서, 그들의 부모나 친척들이 키우던 방식대로 자녀를 키워왔다. 그러나 현대사회의 급격한 변화는 자녀들의 양육 방식에서 다른 것을 요구하고 있는 추세이다. 현대사회의 부모는 자신의 자녀를 대부분 핵가족에서 부모 두 사람 중 한 사람이 양육과 교육을 하는 현실에 처해 있으나, 자신의 자녀 양육 방식에 맞는 본보기를 가까운 곳에서 찾기 어려울 뿐만 아니라 옛날 전통 양육 방식은 현대사회에 더 이상 적용할 수 없는 것들이 많다.

여섯째, 부모는 자신의 자녀를 부모 자신보다 더 나은 존재로 키우고 싶어 한다.

현대의 부모는 사회의 발전과 변화에 훌륭하게 적응해 나갈 수 있도록 부모들보다 더 나은 존재로 키우고 싶어 한다. 그러나 부모는 자신들이 경험해 보지 못한 사회에 자신의 자녀들이 적응하도록 육성해야 하는 부담을 가진다.

일곱째, 부모는 자녀에 대한 모든 책임을 진다.

부모는 자신의 자녀 삶에 대한 전반적인 책임을 져야 한다고 생각하고 행동한다. 즉 자신의 자녀에게 어떤 일이 생기든지 어머니 그리고 아버지로서 궁극적인 책임을 진다.

여덟째, 부모 두 사람이 함께 자녀를 양육한다.

자녀는 아버지와 어머니가 함께 상호 협조하며 양육한다. 따라서 두 사람이 같이 의견을 나누면 서로의 의견 차이를 존중하지 않고 다른 의견을 가지고 행동한다면 갈등의 소지가 된다.

아홉째, 모든 자녀는 자녀마다 개성이 있다.

부모가 아이를 두 명이상 낳고 키우다 보면 각각 아이마다 제각기 특성이 있으므로 첫째 아이를 키우고 둘째 아이를 키우기가 쉽다고 생각한다. 그러나 막상 현실에서 보면 아이마다 다른 것에 대부분의 부모는 당황하거나 부모 역할을 더 어렵게 생각하고 있다. 예를 들어 형제나 자매간이라 해도 유전적으로 매우 다르게 태어난다. 따라서 자녀마다 양육하는 방식을 다르게 하는 것이 부모 역할을 더 어렵게 만든다.

열째, 일반적으로 부모들은 부모 역할에 대한 준비나 교육을 받지 않고 부모가 된다.

사회에서 요구되는 직업이나 역할에는 사전에 소정의 교육을 미리 받거나 자격증 등을 통해 지식이나 기술을 검증받는 것이 일반적이다. 예를 들어 미용실을 운영하려면 그에 맞는 직업훈련을 받아야 한다. 자동차를 운전 하려 해도 운전면허를 갖고 적정 시간 동안 시험운전을 해야 한다. 그러나 부모 역할이 점점 더 어려워지고 복잡해지고 있는데도 불구하고, 대부분 부모는 사전에 특별한 교육이나 준비 없이 부모가 되어 역할 수행을 해야 한다.

열한째, 부모 역할이 끝나는 시기에 대해서는 모른다.

부모의 역할과 책임은 자식이 성인이 되면 어느 정도 끝났다고 생각되는 것이 일반적이다. 그러나 부모 역할이 어느 정도가 적당하고 바람직한지 그 한계가 정해져 있지 않다. 부모와 자식 간의 관계는 생물학적, 유전적 그리고 사회적으로 시작과 끝이 없기 때문이다.

2) 부모의 양육 태도

부모의 자녀에 대한 양육 방식과 태도는 부모들의 사회적 경제적 지위, 가정환경, 가족구조 등의 다양한 요인에 의해 영향을 받는다. 다양한 요인들 가운데에 부모의 성격과 직접 관계가 있는 것은 아동과 자녀 양육 전반에 관한 태도라고 볼 수 있다. 이러한 신념과 태도는 부모 자신의 성장 과정 속에서 나타난 과거의 경험 때문에 나타난 결과이다. 이러한 결과는 부모와 아동이 상호작용하는 행동방식의 토대가 되는 것이다.

바움린드(Baumrind, 1966)는 자녀 양육에 대한 기본형을 다음의 세 가지로 제시하고 있다.

(1) 권위적인 태도

부모가 자녀의 행동양식을 엄격하게 통제하거나 사랑의 표현을 절제하는 태도를 의미한다. 독재적 양육 태도는 자녀에게 많은 규칙이나 절제를 요구하면서 자녀가 이것을 준수하도록 강력하게 지시한다. 또한 자녀의 욕구표현을 제한하고 규칙이나 약속을 정해놓고 의사결정을 할 경우 자녀와 상의하지 않고 독단적으로 결정한다. 즉, 부모가 마음대로 정하고 자녀는 부모의 뜻에 무조건 복종해야 한다.

이러한 독재적 양육 태도에서 자란 자녀들은 허용적 또는 민주적 양육 태도로 키워진 자녀보다도 사회생활에 수동적으로 적응하며 가족이나 주위 사람들에게 역시 순종하는 편이며 소극적인 태도를 가지고 있다. 그리고 부정적인 자아개념을 가지고 있으며 때로는 열등감을 가지고 있다보니 자신감이 모자라는 경우가 종종 있다. 아울러 공격적인 면을 쉽게 보이기도 한다.

(2) 허용적인 태도

부모가 자녀에게 애정을 보이면서 자녀가 하고 싶은 대로 내버려 두는 것이 허용적인 양육 태도의 특징이다. 즉 이러한 양육 태도의 부모는 자녀의 행동을 거의 통제하지 않고 자녀가 원하는 대로 수용한다. 따라서 대부분의 아이는 자신들이 하고 싶은 대로 하므로 이러한 자녀는 욕구충족이 되지 않으면 타인을 무시하거나 공격적, 적대적이 되며 극단적인 정서적 감정에서 불안감을 느끼는 경우가 종종 있다.

(3) 민주적 양육 태도

부모가 자녀와 정서적으로 밀착된 관계를 유지하며 따뜻하고 인자한 태도로 자녀를 대한다. 부모는 자녀를 하나의 인격체로 대하며 자녀에게 성숙한 태도를 요구하며, 가능한 자녀를 있는 그대로 수용하려는 태도를 가지고 있다. 그러나 부모는 확고한 가치 기준과 규칙을 만들어서 지키도록 요구한다. 이러한 양육 태도에서 성장한 자녀는 자신을 존중할 줄 알고 자신과 타인을 긍정적으로 대하기 때문에 사회성이 잘 발달할 수 있다. 또한, 매사에 책임감을 느끼고 대하며 사교적이며 남과 잘 어울려 성실하게 일을 한다. 이러한 부모 밑에서 성장한 자녀들의 대부분은 정서적으로 안정적이며 명랑한 성격을 형성하게 된다.

(4) 방임적 양육 태도

부모가 의식적, 무의식적으로 자녀의 성장 과정에 관심이 없거나 애정이 없이 많은 것을 자녀가 하도록 내버려 두는 양육 태도이다. 그리고 이러한 부모는 대부분이 자녀에 대한 역할의 수행력이 없거나 자녀의 요구를 무시하거나 거부하는 양육 방식을 가지고 있다. 이러한 부모는 때에 따라서 본인 결혼생활에 불만족했을 경우 자기갈등을 자녀에게 투사하는 것으로 여겨지기도 한다. 때로는 부모가 의식적으로 자녀를 방임해서 양육하는 것이 옳다고 생각하여 무관심한 태도를 보이는 경우도 있다. 이렇게 일관성이 모자라게 자녀를 지도하거나 제대로 훈육하지 않는 양육 방법에 의해 자란 자녀는 무기력하거나 사회생활에 제대로 적응하지 못하는 경우가 종종 발생하기도 한다.

3 부모교육의 개념과 필요성

1) 부모교육의 개념

현대에 와서 부모교육은 유아교육에서뿐만 아니라 모든 발달연령에서 성인이 되기까지 그 중요성을 사회적으로 인식하고 있다. 부모교육 용어는 미국에서 발달하여 1945년 해방 전후로 우리나라에서도 사용되어 오고 있다. 부모교육은 유아교육과 아주 밀접한 관계 속에서 시작되고 발달하여 온 영역이다.

부모교육은 부모로서 해야 할 역할과 태도 그리고 기능을 더욱 원활히 수행할 수 있도록 부모에게 지식과 기술 그리고 정보 등을 전달하거나 세미나, 워크숍 등을 통해 훈련 또는 가르치는 것을 의미한다. 또한 이러한 부모교육은 유아 교육기관과 가정과의 원활한 의사소통 및 정보 등을 제공함으로써 상호 연계교육을 통해 교육의 효율성을 높이고자 하는 목적도 함축되어 있다.

2) 현대사회에서 부모교육의 필요성

부모는 자녀가 출생하여 처음으로 맺는 인간관계의 첫 대상이다. 따라서 부모가 자녀에게 사회적, 경제적 그리고 물리적으로 제공하는 환경은 자녀발달 전반에 결정적인 영향을 미치게 되므로 부모의 역할은 매우 중요하다. 또한 부모 교육의 필요성은 자녀를 출산하고, 자녀를 양육하고 교육하고자 하는 데에 있어서 지식, 정보, 조언 등이 요구되는 시대적 상황에 비추어 사회적으로도 주목받고 있다. 따라서 현대사회의 부모를 위한 교육의 필요성을 간략하게 다음과 같이 설명할 수 있다.

첫째, 부모들은 자녀발달에 아주 큰 영향을 미칠 수 있다. 특히 유아기의 부모는 자녀의 사회, 신체, 정서, 언어, 인지발달 등 발달의 모든 영역에 직·간접영향을 미치고 있으며, 부모의 역할은 자녀의 출생 이후 지속해서 미치기 때문에 중요하다 (Kagan, 1995). 따라서 현대 부모들은 자녀 양육을 위한 다양한 기술과 방법을 부모교육을 통해 배워야 한다.

둘째, 부모에게 현대사회에 필요한 정보를 주는 것이 중요하다. 이는 정보화 시대에 수많은 정보가 존재하므로 부모가 자신에게 가정 적합하고 자신의 자녀에게 해당하는 정보나 기술을 습득하는 것을 도와주기 위한 것이다.

셋째, 현대사회는 사회, 정치, 경제, 문화, 교육 등의 많은 분야의 급속한 변화가 이루어지고 있다. 따라서 현대사회에서는 자녀 양육에 필요한 적절한 모델이 적기 때문에 부모 교육의 필요성이 대두한다.

넷째, 현대 사회에서는 자녀가 일찍 가정을 떠나 교육기관에서 보육 및 교육을 받는 시간이 점점 늘어나는 추세다. 따라서 가정과 교육기관과의 연계성이 요구되며, 상호 유기적인 관계를 통한 일관성 있는 교육을 위하여 부모 교육이 필요하다.

다섯째, 현대사회의 부모들은 부모 자신이 한 인간으로서의 자기실현을 하고자 한다. 즉 부모는 부모 역할 뿐만 아니라 한 인간으로서 성장할 기회를 가지고 부모로서 해야 할 다양한 역할 수행을 원활하게 하려고 부모교육이 필요하다(Kagan, 1995; Cochran, 1988). 특히 유아기 자녀의 성장과 발달을 위해서는 부모의 꾸준한 노력과 지원이 필수적이다. 부모에게 받은 유아기의 경험은 유아의 기본적인 성격 형성에 많은 영향을 미치며, 때에 따라서 성장 이후에도 영향을 미친다는 연구결과들을 통하여 부모 역할의 중요성이 점점 더 강조되고 있다.

3) 부모교육의 목적

부모교육의 목적은 가족 안에서 발생할 수 있는 문제를 사전에 미리 예측하여 가족의 기능을 극대화시키기 위한 것이다. 부모교육의 다양한 프로그램이 제공이 되면서 공통적으로 추구하는 것은 아래와 같이 요약해 볼 수 있다.

첫째, 부모에게 새로운 정보와 지식을 제공하고 이해시키는 교육적 경험을 제공하기 위함이다.

둘째, 현대사회에서 요구되는 다양한 부모 역할을 지원하기 위함이다.

셋째, 부모가 스스로 자신을 인식하고 한 인간으로서 성장할 수 있도록 지원하기 위함이다.

넷째, 부모가 살고 있는 사회에서 성인으로의 역할과 타인과의 인간관계를 원활히 유지하기 위함이다.

다섯째, 부모가 되기 이전의 사고와 생활습관에 대한 반성적인 사고를 통하여 자신을 되돌아 볼 수 있도록 하기 위함이다.

여섯째, 자녀와의 건강한 인간관계를 형성하도록 다양한 방법을 통한 도움을 제공하기 위함이다.

다음은 한국 행동과학연구소(1983)에 의하면 부모교육 목적을 다음과 같이 설명하고 있다.

첫째, 자녀의 발달을 촉진하기 위한 부모의 역할을 인식하도록 부모를 돕는다.

둘째, 자녀의 사회적, 정서적, 인지적, 언어적 그리고 신체발달과 이러한 발달을 촉진하는 환경조성에 관한 지식을 갖도록 돕는다.

셋째, 유아를 교육할 때 부모로서 직면하는 문제들을 해결하는 데에 필요한 정보와 기법을 습득하도록 부모를 돕는다.

넷째, 유아교육에 적극적으로 참여하도록 부모를 돕는다.

다섯째, 일상생활에 필요한 일반 상식을 갖도록 돕는다.

4 부모교육 프로그램의 이론과 유형

부모란 전통적으로 성인 남녀가 결혼이라는 사회적 제도를 통해 자녀를 낳으며 기르는 법적으로 인정된 성인의 역할 중 하나이다. 따라서 이 역할은 부모가 되면 누구나 쉽게 그리고 본능적으로 잘할 수 있다고 생각되어 왔다.

그러나 현대 사회의 복잡하고 다양한 변화는 과거와는 달리 부모에게 다양한 역할을 할 수 있는 능력을 요구하고 있다. 특히 21세기에 들어와서는 복잡하고 다양한 정보 속에서 부모의 역할은 매우 모호해지거나 아니면 다양한 역할을 해야 하는 강박관념에서 부모들은 많은 스트레스를 받고 있다.

부모교육의 용어를 살펴보면, 보편적으로 부모 교육(Parent Education), 부모훈련(Parent Training), 부모참여(Parent Participation), 부모개입(Parent Involvement), 부모 역할하기(Parenting) 등의 여러 가지 용어로 사용되기도 한다. 물론 개념마다 약간씩 다른 개념으로 이해되고 있다.

부모 교육이란 부모로서의 다양한 역할과 기능을 원활하게 수행할 수 있도록 하여 부모에게 지식과 정보 그리고 기술을 알려주는 것을 의미한다. 부모교육은 부모가 자녀에 대한 올바른 이해와 지식을 습득하여 가족 간의 관계에서 사고와 감정 그리고 행동에 대한 방법을 검토하도록 하는 것을 통하여 부모 역할을 효율적으로 할 수 있도록 하기 위한 것이다. 그리고 자녀의 올바른 양육방법은 부모가 자녀를 올바르게 이해함에 따라 부모와 자녀 간의 바람직한 관계 형성과 부모 역할에 따른 갈등과 긴장을 해소하는 의사소통 기술 등을 배우도록 도와주며 다양한 교육적 경험을 하도록 하는 것이다.

1) 드라이커스(Dreikurs)의 민주적 부모교육론

민주적 부모교육이론은 아들러의 개인심리학을 토대로 하여 부모교육을 구체적이고 실용적으로 발전시켰다. 민주적인 가정생활을 중요시하며 인간과의 관계에서 상호존중감, 민주적인 의사결정 및 표현 등을 통해 사회화 발달을 강조한 이론이다.

드라이커스(Dreikurs)는 인간이 태어나서 성장하는 과정에서 직접 영향을 미치는 가정교육을 먼저 중요시한다. 유아는 부모를 통해 문화적·사회적 환경에 노출되면서 자신만의 경험을 쌓게 된다. 특히 부모의 민주적인 양육 태도는 유아의 사회성 발달에 기본적인 토대를 제공한다. 이는 부모·자녀 간의 대화 형태에도 적용되므로 부모의 일방적인 훈계나 훈육은 교육적으로 커다란 효과를 가지지 못함을 부모는 깨달아야 한다. 민주적인 양육 태도란 상호존중과 동등한 태도를 바탕으로 이루어지는 양육 태도이다.

(1) 부모–자녀 관계론

부모는 민주적 양육 태도를 갖기 위해서는 무엇보다도 유아를 이해하고 격려하며 동기유발을 할 방법을 습득해야 한다. 가정에서 유아는 동등한 인간관계를 형성할 수 있는 기본을 배우기 때문이다. 그리고 부모는 자녀를 하나의 독립된 인격체로 보고 상호존중해야 한다. 부모는 유아가 성장하면서 가정에서 민주적인 방법을 습득하고 적용할 수 있도록 배려하고 교육해야 한다.

(2) 양육의 원리

유아는 출생하면서부터 부모 혹은 성인과 상호작용을 하며 성장·발달한다. 유아가 성장하는 과정에서 자신이 가치 있다고 인정받고, 소속감을 느끼면서 가상적 안정성을 추구하기 위해 목표설정을 한다. 부모는 가족에서 자녀가 느끼고 생각하고 있는 일들에 대해 파악하고 이해를 하여야 한다. 만약 유아가 가족 안에서 소홀히 되고 있음을 느끼면 가상적 목표를 설정하여 보상을 받으려고 하기 때문이다. 따라서 드라이커스에 의하면 아동이 자신의 위치를 확인하기 위한 잘못된 가상적 목표로 4가지를 설명하고 있다. 부모는 유아의 처지를 이해하고 도와줄 수 있도록 해야 한다.

① 관심 끌기: 아동이 가족 안에서 자신의 무능력함을 느끼게 되는 경우 심리적 열등감이 형성되어 가족구성원의 사랑을 지원받기 위해 바람직하지 않은 부정적인 방법으로 관심을 얻으려고 한다.

② 권력행사: 유아가 스스로 무엇인가를 해낼 수 있는 자신감이 없으면 또는 부모가 제지할 경우에 수치심을 경험하게 된다. 따라서 유아 스스로 할 수 있는데도 불구하고 부모가 허용하지 않는다면, 하고 싶은 것을 함으로써 가족 안에서 자신의 위치를 확인하려고 시험해 보려고 시도한다.

③ 보복: 유아가 부모로부터 상처를 받았다고 느꼈을 때 가정에서 자신이 상처받은 만큼 다른 사람도 상처받아야 한다고 느끼는 경우에 부정적으로 세우는 심리적 목표이다. 예를 들어 유아는 일부러 부모가 보는 앞에서 장난감을 망

가트리거나, 동생을 괴롭히는 행동을 보인다. 드라이커스는 유아의 보복 행동에 관해 부모의 벌보다는 유아의 행동에 있어서 자연적 귀결을 결정해서 스스로가 잘못된 행동을 인식해서 배울 기회를 제공하는 것이 중요하다고 보았다.

④ 부적절성 나타내기: 유아가 자신의 잘못된 행동에 대해 변명하고 효과적으로 목표달성을 하지 못했다고 느끼면 스스로 대해 실망하면서 성공하려는 생각을 포기하고 만다. 자녀를 효율적으로 지도하기 위해서 직접적인 목표 또는 행동원리를 정확히 파악해야 한다. 유아는 부모와의 상호관계에서 자기 행동의 반응결과를 예측하게 된다. 그뿐만 아니라 부모가 즉각적으로 아무런 반응을 하지 않아도 지속해서 행동을 하여 자신이 세워놓은 가상적인 목표달성을 위하여 자신의 행동을 강화한다. 그러나 만약 부모가 즉각적이거나 아무런 반응을 하지 않을 경우 유아는 자기 행동이 아무런 효험이 없음을 알고 행동하지 않게 된다.

유아의 행동은 부모와의 상호의 관계를 통하여 적절하게 또는 부적절하게 나타난다. 따라서 부모의 적절한 통제 방법에 따라 유아의 행동은 변화하게 된다. 이러한 통제 방법은 자연적 귀결과 논리적 귀결이 있다. 자연적 귀결은 유아의 행동에 따라 자연적으로 나타나는 현상이다. 예를 들어 유아가 놀다가 귀가를 늦게 하는 경우에 반찬 투정을 하게 되는 경우가 있다. 이 때에 유아는 식사시간에 같이 식사를 하지 않았기 때문인 것을 스스로 배우도록 한다. 유아가 놀다가 어질러 놓은 방을 스스로 정리하도록 하는 방법이 있다. 이러한 논리적 귀결은 유아의 행동 결과에 따라 부모와 함께 정한 규칙을 지키도록 하는 방법이다.

2) 기노트(Ginott)의 인본주의 부모교육론

기노트는 메슬로(Maslow), 로저스(Rogers) 등의 인본주의 심리학을 바탕으로 부모 교육에 적용한 사람이다. 기노트(Ginott)는 부모-자녀 간의 의사소통을 향상하고자 심리 치료나 상담보다는 유아를 중심으로 하는 교육을 하면서 부모와 자녀

사이에 긍정적인 유대 관계를 주고자 하였다. 이러한 유대 관계 형성을 위해서 부모는 유아를 있는 그대로 수용하여 유아가 스스로 느낌을 표현하고 싶은 마음이 일어나도록 해야 한다. 부모는 자녀가 자신의 감정을 부정적이든 그리고 긍정적이든 있는 그대로 솔직하게 표현할 수 있도록 수용하는 자세를 가지고 있어야 한다. 부모는 자녀를 훈육하고자 할 때 분명하고 간결한 언어로 표현하도록 한다. 또한, 부모는 유아의 처지에서 생각하고 객관적인 양육 태도를 가지고 임해야 한다.

인본주의적 양육 방식에서 적용하는 자녀 양육의 원리를 설명하면 다음과 같다.

(1) 자녀의 이해

부모와 자녀가 대화를 나눌 때 자녀가 가진 문제에 관해 잘 경청해 주면 자녀는 정서적으로 안정이 되며 문제의 원인을 알고 해결할 수 있다.

(2) 부모와 자녀 간의 의사소통 원리

부모와 자녀가 의사소통할 때 가장 중요한 것은 진솔하게 유아를 대하는 태도와 유아와 의사소통하는 기술이다. 유아는 부모가 자신을 있는 그대로 인정하고 수용하는 것을 느끼게 되면 부모를 신뢰하면서 진정한 대화가 가능하게 된다. 따라서 기노트(1965)는 부모-자녀 간의 의사소통의 기본 원리를 제시한다.

(3) 부모가 유아의 행동지도에서 주의해야 할 태도

기노트는 칭찬과 효율적인 대화 기법으로 유아의 행동을 모호하고 포괄적인 칭찬의 사용보다는 구체적인 노력과 성취에 관해서 칭찬할 것을 권장하였다. 부모가 자칫 유아의 성격으로까지 확대해서 칭찬하거나 꾸중을 하는 것을 삼가도록 제안하였다. 유아의 행동에 대해 칭찬과 강화가 남용되지 않도록 한다. 대부분 성인은 유아를 칭찬할 때 “너 참 착하구나” 하는 등의 아주 단순하게 유아가 노력하거나 행한 자체를 칭찬하기보다는 유아의 인성을 판단해서 좋은지 나쁜지에 대해 쉽게 말해버리는 경우가 종종 있다. 이러면 오히려 부정적인 효과를 일으킬 수 있으므로 유아의 노력과 성취에 대해 칭찬을 해 주도록 유의해야 한다.

3) 고든(Gordon)의 부모 효율성 훈련(PET: Parent Effectiveness Training)

고든의 부모교육이론은 정신분석, 아동심리, 아동발달에 관한 여러 이론을 체계적으로 종합한 것이다. 고든은 부모 효율성 훈련을 통해서 부모와 자녀만의 관계뿐만 아니라 모든 삶 전반에 있어서 인간관계에 중점을 두고 있다. 또한, 부모-자녀 간의 문제가 발생하면 심리치료가 필요한 것은 자녀라기보다는 오히려 부모가 도움이 필요하다고 생각하게 되었다. 즉 부모가 가족관계에서 행복하지 못하다고 느끼게 되면 만족스럽지 못한 부모라고 여기게 된다고 보았다. 따라서 부모와 자녀 관계를 효과적으로 연결해 주는 것은 효과적인 대화 방법이라고 여긴다.

(1) 부모-자녀 관계론

고든에 의하면 부모-자녀 관계는 애정과 존경을 토대로 따뜻하고 친밀한 관계가 중요하다. 부모는 자녀의 양육에서 효율적인 의사소통을 이루어지도록 노력해야 한다. 부모-자녀 관계에서의 문제는 정신의학적인 관점에서 다루기보다는 부모-자녀 개선에 초점을 두고 다루는 것이 효과적이라고 생각해 부모-자녀 관계 개선에 관심을 두고 있다. 부모-자녀 관계에서 야기되는 문제의 소유자가 누구인지를 파악하는 것이 필요하다. 대부분 부모는 모든 문제가 자녀 때문에 발생한다고 여긴다. 이에 대해 고든은 문제의 소유자가 때로는 자녀, 때로는 부모가 될 수 있음을 제기하면서 상황에 맞게 부모가 해야 할 대화법은 다르다고 본다.

PET 프로그램에서는 문제의 소유자에 따라 효율적인 의사소통을 세 가지 기술을 사용할 것을 제시하고 있다. 즉 상담기술, 직면 기술, 문제해결기술 등이다. 이 기술의 기본은 문제 수용을 하는 언어를 사용하는 것이다.

(2) 자녀 양육 원리

부모-자녀 관계에서 부모가 문제가 있으면 나-전달법을 사용하여 자녀가 문제를 가지고 있으면 적극적 경청을 하도록 하고, 민주주의적인 방법으로 문제를 해결하려고 할 때 누구도 이기고 지는 것이 아닌 무승부 방법을 사용한다.

고든이 개발한 부모 효율성 훈련이론에서 적극적인 경청 태도란 말하는 사람의 이야기를 비판 없이 그대로 수용하고 그 사람의 감정을 이해하고 노력해서 적극적으로 의사소통에 관여하는 것을 뜻한다. 그리고 이 프로그램에서 강조하는 의사소통 방법인 나-전달법은 부모가 문제의식을 느끼고 자녀에게 자기의 생각과 감정을 효과적으로 자녀에게 전달하는 기술이므로 부모들의 훈련이 필요하다. 또한, 나-전달법에서 중요한 의미를 담고 있다.

첫째, 부모의 감정이 진솔하게 담겨 있어야 한다.

둘째, 자녀의 행위를 판단하지 않고 사실적으로 기술해야 한다.

셋째, 자녀의 행동이 부모에게 미치는 효과를 정확하게 담고 있어야 한다.

4) 번(Berne)의 상호교류분석이론(TA: Transactional Analysis)

상호 교류 분석이론에서는 번의 상호 교류 분석 심리학을 부모-자녀 관계 개선을 위해 적용하였다. 의사소통을 할 때 한 사람은 일종의 자극제 역할을 하게 되고 다른 한 사람은 상대방의 반응을 수반한다. 이러한 자극과 반응은 의사교류가 이루어지는 동안 지속해서 일어나게 된다. 유아 자신과 외부 세계에 대한 생활 자세는 이러한 사회적 교류를 통해 형성되는 것이다. 유아의 생활 자세는 주로 태어나면서부터 부모의 양육 태도에 의하여 형성되며 주로 네 가지 형태로 나타난다. 즉 자기 긍정과 타인 긍정, 자기 부정과 타인 긍정, 자기 긍정과 타인 부정, 자기 부정과 타인 부정으로 나타난다.

상호교류관계에서 상호교류는 인간의 사이에서 일어나는 마찰교환을 뜻한다. 즉 이것을 번은 '쓰다듬기'라고 표현하였다. 그리고 쓰다듬기가 어떻게 이루어지는가에 따라 4가지 형태로 나타난다.

① 나는 옳다-너도 옳다: 정신 건강상 가장 양호한 상태이다. 자신과 타인과의 관계에서 편안하고 만족을 느낄 수 있다.

② 나는 옳지 않다-너는 옳다: 자신을 타인과 비교하여 열등하게 또는 부적절하게

느끼는 사람이다.

③ 나는 옳다-너는 옳지 않다: 다른 사람을 가치 없고 부적절한 사람으로 보며, 무시, 경멸하는 태도를 나타낸다.

④ 나는 옳지 않다-너도 옳지 않다: 인간관계에 대한 태도가 부정적이어서 자신뿐만 아니라 아무도 믿지 못하고 좌절할 것으로 여기며 삶을 가치 없고 냉혹한 것으로 수용한다.

상호교류분석이론에서는 개인의 자아 구조를 부모 자아, 성인 자아, 아동 자아로 구분하고 유아나 성인의 행동을 관찰함으로써 세 가지 형태 중에서 어떤 자아가 작용하는지를 구별한다. 개인이 첫 번째로 발달하는 것은 유아 자아다. 유아 자아 상태는 인성에서 가장 중요한 요소로서 매력 있고 유쾌하며 창의적인 자아 상태를 일컫는다.

두 번째 자아 상태를 부모 성이라고 하는데, 유아성과 동시에 발달하며 많은 규칙과 규율, 그리고 행위를 판단하고 자제하는 행동양식이 심리적으로 작용하는 것이다.

부모 자아 상태는 인생의 초기에서 일어난 부모와의 관계에서 경험한 격려, 명령, 훈계, 벌 등의 영향을 받아서 형성된다. 이러한 부모 자아에는 양육적인 부모 자아와 비판적 부모 자아가 있는데 양육적인 부모 자아는 친절하게 도와주고 보살펴 주는 특징을 가진 인성을 뜻한다. 건강하게 자란 부모 자아는 건전한 인성을 지닌 사람이다. 반면에 비판적 부모 자아는 다른 사람에 대하여 비판하고 통제하고 처벌하는 경향을 나타내며 남에 대하여 관용을 베풀지 못하고 지나치게 간섭하거나 지배하고자 하는 성향을 가진 부모이다.

세 번째 자아 상태는 성인이며, 이 상태는 어떤 상황을 다루는 데 있어 그 자체로부터 뿐만 아니라 부모 자아와 유아자아로부터의 정보를 처리한다. 즉 성인 자아 상태는 부모 자아와 유아 자아의 활동을 조절하고 객관적으로 중재하며 생존에 필요한 전략을 짤 수 있는 자아이다. 성인 자아 상태가 부모 자아 상태에 오염되거나 차단된 경우에는 자신뿐만 아니라 타인을 심하게 통제하고 엄하게 대하게 된다. 때로는 유아 자아 상태에 오염된 경우에는 충동적이고 부적절한 결정을 하거나 유아와 같이 이기적인 행동이나 태도를 보이게 된다.

5) 행동 수정이론(Behavior Modification Theory)

행동수정이론은 행동주의 심리학에 바탕을 둔 행동원리 및 학습원리라고 볼 수 있다. 행동수정이론은 왓슨(Watson), 스키너(Skinner) 등의 행동주의 심리학적 토대를 가진 부모교육이론으로 알려졌다. 행동 수정 이론은 유아 발달, 부모-자녀 관계의 발달, 부모의 역할을 훈련하고자 개발된 프로그램이다. 행동주의에 기초로 한 행동 수정이론에서는 부모 역할을 자녀에게 좋은 모델역할을 하는 것으로 간주한다. 행동주의에 의하면 인간의 모든 행동은 학습되는 것으로 관찰과 측정이 가능한 행동을 구별한 후에 행동을 수정 또는 강화를 통하여 인간의 행동을 변화시킬 수 있다고 본다.

(1) 부모-자녀에 대한 이해

행동주의 이론에서는 유아나 자녀가 부적절한 행동을 할 때는 벌을 주거나, 반응을 보이지 않는 무관심 등을 통해 자녀의 부적절한 행동을 제거하거나 감소시키는 것에 주력한다. 자녀의 새로운 행동의 학습은 조성을 통하여 점차 배워나가도록 한다. 행동주의에 입각한 부모와 자녀 관계는 자극과 반응을 교류하면서 자녀의 행동을 형성하도록 하는 것이다. 따라서 행동주의에 의한 부모의 역할은 좋은 모델이 되어야 자녀가 부모의 좋은 모습을 모방하면서 좋은 습관이 형성되는 것이다. 행동주의 이론에서는 부모-자녀 관계에서 부모는 매우 중요한 환경적 요인으로 작용한다고 본다.

(2) 자녀 양육의 원리

행동주의 원리를 적용하고자 할 때 먼저 자녀 행동을 정확히 관찰하고 기록해야 한다. 즉 부모는 자녀의 행동을 객관적으로 관찰하고, 과학적인 관찰과 목표 행동 설정, 기록 그리고 그 방법의 원리를 적절하게 적용할 수 있어야 한다.

① **새로운 행동을 증가시키는 방법-정적 강화와 부적 강화원리**: 정적 강화는 올바른 행동을 한 후에 자녀가 좋아하는 보상을 제공하는 강화물을 제공하여 바람직한 행동을 유도하는 것이다. 부적 강화는 올바른 행동을 하고 나서, 자녀가 싫어하는 벌이나 불쾌한 반응을 제거함으로써 올바른 행동의 빈도를 증가시키는 것이다.

② **새로운 행동을 발달시키기 위한 원리-점진적 원리와 모방원리**: 점진적 원리는 예전에는 하지 않았던 행동을 새롭게 지도하려면 자녀의 행동이 완전하게 되기까지 쉬운 단계의 행동을 지속해서 강화해 나가면서 점진적으로 접근해 나가는 것이다. 모방원리는 자녀에게 새로운 행동을 지도하기 위해서 올바른 행동을 보여주는 영향을 미치는 사람을 관찰하여 모방할 기회를 제공함으로써 새로운 행동을 지도하는 것이다.

③ **행동을 감소시키는 방법-소멸과 벌의 원리**: 소멸은 그동안 했던 어떤 행동을 계속해서 하도록 강화해 준 자극을 제거함으로써 그동안 했던 행동을 감소시키는 것을 소멸이라고 한다. 그리고 벌은 자녀의 행동을 감소시키기 위한 자극을 일반적으로 '벌'이라고 한다.

5 유아 교육기관에서의 부모교육의 실제

대부분의 유아 교육기관에서는 유아교육과 관련된 주제로 3월 초 유아들이 입학하고 난 후 부모들을 대상으로 부목교육으로 실시한다. 부모교육의 내용은 주로 유아교육의 중요성, 유아의 발달, 자녀 양육, 생활지도, 부모-자녀 관계 등 다양하다. 그리고 상황에 따라 유아 교육기관에서는 교육 내용을 주제로 선정하여 강연회와 워크숍 등을 개최함에 따라, 각 유치원에서의 부모교육의 참여 형태는 다양할 수 있다.

현대사회에서는 부모교육의 중요성과 필요성이 인식되면서부터 효율적이고 바람직한 부모로서 역할을 충실히 하기 위해 다양한 방법으로 부모교육을 하고 있다. 부모교육의 실제에는 여러 가지 방법이 있다. 유아 교육기관에서 일반적으로 하고 있는 부모교육 설명회, 강연회, 부모면담 및 상담, 가정통신, 워크숍, 수업 참여 및 참관, 문자 메시지와 홈페이지 그리고 전화 상담이다.

1) 부모교육 설명회

자녀가 유치원에 입학하기 전에 일반적으로 이루어지는 형태이다. 부모가 자녀를 보내고 싶어 하는 유아 교육기관에 사전에 연락해서 기관장이나 담임교사와 상담 형식으로 이루어지거나 유아 교육기관에서 학부모들에게 유아교육에 관한 전반적인 교육설명회를 한다. 유아들이 유치원에 입학하기 전에 대부분의 부모는 유치원에서 추구하는 교육철학, 교육과정, 행사 그리고 운영 등에 관한 정보를 부모교육 설명회를 통해서 수집하게 된다. 따라서 유아 교육기관에서는 유치원의 홍보 및 설명회 등을 통해 입학설명회를 하게 된다. 그러면 부모들은 설명회를 통해 유아 교육기관에 관한 전반적인 정보를 가지고 자녀의 입학을 결정하는 데에 기본 자료를 얻는 것이다.

[그림 7-1] 입학설명회

2) 강연회

부모교육 형태로 가장 일반적으로 활용된다. 외부에서 특별한 주제로 강사가 하는 경우나 주기적으로 교육기관에서 유아의 발달 및 생활습관 지도, 부모와 자녀 의사소통기법, 부모와 자녀 관계 개선 등에 관한 주제로 학기 초나 말에 실시하는 경우이다.

3) 부모 면담

부모면담은 부모와 교사가 직접 대면하여 유아의 유아 교육기관 생활과 가정생활에서 나타나는 행동이나 생활 전반에 대해 서로 정보나 의견을 나눔으로써 유아 교육기관과 가정이 긍정적으로 상호연계를 하고 유아의 전인 발달을 돕고자 하는 활동이다. 면담은 개인면담이나 집단면담으로 나누어 정기적 또는 비정기적으로 시행될 수 있다. 이때 활용될 수 있는 자료는 유아발달기록, 일화 기록, 유아발달 체크리스트, 창의성 검사, 학습준비도 검사, 유아작품 등이 있다.

4) 워크숍

워크숍은 부모가 적극적으로 참여함으로써 자녀교육을 위해 그리고 부모 자신의 효과적인 역할 수행을 위해 부모가 직접 활동을 통해 경험해 보는 형태로 이루어진다. 예를 들어, 유아를 위한 간식 만들기, 동화 구연하기, 그림책 만들기, 인형 만들기, 다양한 노래 및 손유희 등의 여러 가지 활동을 경험해 볼 수 있다.

5) 가정통신

부모교육의 형태로 일반적으로 가장 널리 알려진 것이 가정통신문이다. 가정통신문은 유아 교육기관에서 부모에게 다양한 정보, 유치원 행사 등 유아 교육기관에서 가정과의 연락을 위한 서신 형태로 전달된다.

가정통신문은 교사와 부모가 직접 만나지 않고서도 일종의 서면형식으로 의사소통하는 방법이다. 이러한 방법은 서신을 통해 또는 유치원 카페나 홈페이지 등을 통해 가정에 알려줄 내용을 주기적으로 또는 특별한 행사나 부모교육이 필요할 경우 서신을 보내서 부모에게 알리는 형식이다. 그리고 가정통신문의 형식과 보내는 횟수 그리고 내용 등은 유치원마다 여러 가지 양식과 특성으로 나타난다.

6) 수업 참관 및 참여

수업 참관은 유아가 유아 교육기관에서 자율적으로 부모들을 초대하여 유아들의 생활하는 모습을 관찰할 수 있도록 하는 방법이다. 이는 부모들이 수업 참관이나 수업 참여를 통해 자신들의 자녀를 좀 더 잘 이해하며 교사와 상호정보 교류를 통해 유아의 전인 발달을 도울 수 있는 활동이다.

수업 참여는 부모가 유아 교육기관에서 실행하고 있는 여러 활동에 직접 참여하는 것이다. 이를 통해 부모는 자신들의 자녀를 제대로 이해할 뿐만 아니라 유아 교육기관에 대해 전반적으로 좀 더 잘 이해하게 되며, 나아가서는 교사의 역할과 지도에 관해 이해를 할 수 있는 기회가 되기도 한다.

[그림 7-2] 부모의 수업 참여

7) 문자 메시지와 홈페이지

현대사회의 기술발달로 휴대폰의 사용이 일반화되면서 부모에게 보낼 수 있는 통신의 형태로 문자 메시지를 예로 들 수 있다. 문자 보내기는 휴대폰을 통해 간략한 알림이나 확인 등을 위해 신속하고 정확하게 전달되는 장점이 있다. 유아 교육기관에서 제작한 홈페이지는 부모와 인터넷 통신망을 통해 대화하거나 정보 및 서신을 교환하는 방법이다. 유아 교육기관의 홈페이지를 통해 유용하게 활용되고 있는 난은 부모와 교사와의 대화 난, 원장의 부모상담 난, 실시간 화상전송을 통한 부모의 유아관찰 난 등이다. 대부분 가정에서 인터넷을 활용하고 있으므로 이러한 유형의 부모참여 형태는 점점 더 보편화 되고 있다.

8) 전화 상담

전화 대화를 통해 부모와 대화하는 형식은 수시로 부모와 소통할 수 있는 장점이 있는 부모참여 형태이다. 전화 대화는 교사와 부모가 서로 상시 전화 대화를 통해 유아의 일상생활과 교육에서 일어나는 것에 서로 정보 및 의견을 교환하는 것이다. 따라서 전화 대화는 상황에 따라 수시로 교사와 부모가 대화할 수 있으므로 가장 흔히 이루어지는 부모참여 형태이다. 따라서 초임교사는 부모와 전화 대화 방법을 습득하는 것이 바람직하다.

CHAPTER 08

유아 교육과정

유아 교육과정은 교육을 실시할 때 전반적으로 고려해야 할 것들로 유아에게 무엇을 어떻게 왜 실시하는가에 관한 기본 틀이라 할 수 있다. 유치원이 생긴 이래로 유치원에서 가르칠 내용의 근거와 방향, 목표를 설정해 놓은 것으로 교사의 역할과 교수학습이 일어나는 전반적인 상황에 관련된 것들이다. 유아 교육과정은 시대적인 변화와 교육의 흐름에 따라 변화되어가기도 한다. 유아 교육과정의 개념, 유형, 특성과 원리를 살펴보고 유치원 교육과정이 제정되고 개정되어온 과정을 살펴보자.

1 유아 교육과정의 개념 및 특성

1) 유아 교육과정의 개념

유아 교육과정의 개념은 교육과정의 개념과 마찬가지로 학자들에 따라 다양하게 표현되고 있다. 유아 교육과정은 교육과정으로 때로는 프로그램이라는 용어로 사용되기도 한다. 유아 교육과정을 보는 대상에 따라서 다르게 정의될 수 있으며, 목적이나 방향을 어떻게 선정하느냐에 따라서도 달라질 수 있다.

알미(Almy, 1975)는 유아교육에서는 교육과정이 프로그램이라는 용어로 자주 대체되어 사용되며, 프로그램이란 "학교 안에서 일어날 수 있는 모든 계획적인 경험뿐만 아니라 그것을 넘어서서 흔히 가정과 지역사회에까지 연장될 수 있는 교육적 경험"이라고 하였다. 교육의 현장에서만이 아닌 포괄적인 개념이라 할 수 있다.

스포텍(Spodek, 1991)은 유아 교육과정을 프로그램의 교육목적에 따라 계획되고 조직된 학습 경험들의 목록이라고 하였다. 유아교육이 갖는 학문적 특성이나 대상 연령 및 기관 유형의 다양성 때문에 다른 교육과정과는 구별된다고 한다. 윌리암스(Williams, 1997)도 교사, 행정가, 부모들처럼 교육을 하는 입장에 따라 교육과정은 각각 다른 의미를 갖지만, 유아가 가지는 특수성으로 인하여 유아의 흥미와 욕구, 교사의 흥미, 환경 속의 사람과 사물, 기대하지 않던 사건으로부터 나올 수 있는 것으로 이들의 통합 속에서 이루어져야 한다고 보았다. 이처럼 유아교육은 학교라는 환경에서 수업계획이라는 제한 속에서 일어나는 것이 아닌 여러 가지 상황에 영향을 받는다고 할 수 있다.

미국유아교육협회(NAEYC, 1992)에서는 발달에 적합한 교육과정을 언급하면서 유아 교육과정을 '유아가 학습할 내용, 교육과정 목표를 성취해 나가는 과정, 유아의 이러한 목표 성취를 돕기 위한 교사의 역할, 교수와 학습이 발생하는 상황을 보여주는 조직화된 틀'이라고 정의하였다.

한편, 우리나라 교육과학기술부(2008)에서는 유아 교육과정의 성격을 다음과 같이 제시하였다. "유치원의 교육내용에 관한 전국 공통의 일반적인 기준으로 교육법규에 의거하여 고시한 국가수준의 기준"임을 명시하고 ① 국가 수준의 공통성과 개인 수준의 다양성을 추구하는 교육과정 ② 유아의 전인적 성장 발달과 행복을 추구하는 교육과정 ③ 자율성과 창의성 신장을 위한 유아 중심 교육과정 ④ 일상생활과 놀이 속에서 통합적으로 실현해가는 교육과정 ⑤ 교육청, 지역사회, 유치원, 교원, 유아, 학부모가 함께 실현해 가는 교육과정 ⑥ 유치원 교육의 질적 수준의 유지·관리를 위한 교육과정이다.

2) 유아 교육과정의 개념 유형

다양한 유아 교육과정의 개념 유형을 슈바르츠와 로빈슨(Schwarts, & Robinson, 1982)은 다음과 같이 다섯 가지로 분류하여 설명하고 있다.

(1) 우연히 일어난 것으로서의 유아 교육과정

우연히 일어나는 것으로서의 유아 교육과정은 유아의 흥미와 요구에 의해 결정되는 교육경험으로 미리 계획되어질 수 없는 것이다. 학습의 주체는 유아이고, 교사는 유아의 다양한 흥미와 욕구를 일으키고 충족시킬 수 있는 풍부한 교육환경을 마련해 주는 것이다.

유아는 스스로 학습할 수 있고 선택한 활동에 능동적으로 참여해 나갈 수 있는 능동적 존재로 본다. 학습을 활동의 경험 속에 포함된 유아의 흥미 그 자체에 가치를 두는 것이다. 따라서 유아들이 활동 선정의 주도권을 가지고 있으며, 교사는 그것을 지원해주는 형태의 교육과정을 의미한다. 즉, 유아들의 요구와 흥미에 바탕을 둔 유아 중심의 개별화 교육과정을 지향한다. 이를 성공적으로 이루기위해서는 유아의 요구와 흥미가 무엇인가에 대한 교사의 분석이 내용 선정의 요인이 되므로 교사는 유아를 민감하게 관찰하고 반응하여 그때그때 필요한 것을 지원하는 융통성과 유능성이 요구된다. 적절하고 필요한 지원을 위하여 전반적인 일과와 활동, 교구교재, 환경구성과 같은 교육환경을 체계적으로 준비해 주어야 한다. 학습의 구체적인 내용보다는 학습 과정에 그 가치를 두는 것이므로 자연스럽게 활동할 수 있는 분위기를 마련해주고 끊임없는 관찰과 배려로 그들을 안내해 주어야 한다. 이 교육과정은 유아 중심적이고 개별화된 교육이라는 좋은 점은 있으나 교육과정의 범위가 너무 모호하여 교육의 목표나 방향이 흐트러질 가능성이 높다.

(2) 유아가 학교에서 갖게 되는 모든 경험으로서의 유아 교육과정

유아가 학교에서 경험하게 되는 모든 것을 교육과정으로 보는 것으로, 교사가 의도한 경험뿐만 아니라 의도하지 않았으나 유아에게 영향을 줄 수 있는 것으로 잠재된 교육과정의 성격까지도 포함한다. 교사가 계획하지 않은 경험이라도 유아에게 개인적으로 가치를 가진 중요한 것을 포함한다는 의미이다. 이는 유아들에게 경험을 제공해줄 수 있는 교실의 분위기, 유아 교육기관의 시설, 설비, 교재, 유아와 교사 간의 상호작용, 유아와 유아 간의 상호작용 등이 유아들의 생활과 경험에 영향을 미친다. 또한 유아들은 가정이나 지역사회의 구성원이나 분위기의 영향도 받는다. 교사는 유아들의 성장 발달에 영향을 주는 가정적, 사회적 요소나 변화 등에 세심하게 주의를 기울일 필요가 있고 민감해야 한다.

교사에게 광범위한 책임이 요구되며 학습결과를 예측하기 어려우므로 교사가 통제하기 어려운 요소까지 포함된다는 면에서 어려움이 있다.

(3) 교수계획으로서의 유아 교육과정

교수계획으로서의 입장은 일반적으로 이해되어온 교육과정의 개념으로 보편적인 정의라 할 수 있다. 이것은 유아들이 교육장면에서 접하게 될 교육목표, 교육내용, 교육방법이나 절차 등의 계획을 교육과정으로 규정하고 있다. 미리 짜인 교수계획은 융통성 있는 교육의 장애 요소가 된다고 생각해 왔으나 최근에는 유아교육에서 교수를 위한 계획이 강조되고 있다.

장기적이거나 단기적인 교수학습 계획으로 활동에 대한 계획이 주제를 중심으로 일련의 활동들로 진술되기도 한다. 유아가 학습해야 할 지식, 정보, 기능 등을 중심으로 교육내용이 조직화되어 계획된다.

이러한 교육과정에서는 교사가 유아들이 무엇을 어떻게 해야할 것이냐에 대한 방향을 예측하고 제시해 주므로 교사는 미리 계획된 교수계획에 따라 유아들의 요구, 흥미, 발달수준을 고려하고 교재 교구를 준비하는 교육환경을 풍부하게 구성하는 등의 역할을 수행해야 한다. 미리 계획된 교수계획은 초보 교사들에게도 적용하기에 큰 어려움을 주지 않는다. 그러나 미리 계획된 교육과정은 유아들의 개성, 독창성, 자율성 등을 무시하거나 감소시킬 수 있는 가능성이 높다는 단점이 있다.

(4) 교수요목으로서의 유아 교육과정

유아들에게 가르치고자 하는 목표와 내용, 순서 등의 교육내용을 교과나 영역으로 계열성 있게 일련의 문서화된 교수요목으로 규정한 매우 좁은 의미의 교육과정이다.

교수요목으로 문서화된 교육과정은 일정 시기에 교과별로 학습할 내용이나 교수요목으로 짜여 있어 장기적 지침으로 사용한다. 국가나 사회 수준에서의 설정한 목표나 내용을 가르치는데 용이한 교육과정이다. 이와 같은 교수요목으로서의 교육과정은 유아교육의 특성을 고려하여 지역사회와 유아 교육기관의 특성, 유아의 흥미, 요구 등을 무시한 획일화된 교육과정으로 실제적인 적용에 어려움이 생길 수 있다.

(5) 프로그램으로서의 유아 교육과정

교육과정이라는 용어가 프로그램 이란 말로 쓰이곤 하는데, 한 가지 접근 방법으로 만들어진 교육방법이나 특수한 목적을 가지고 만들어진 경우의 모델 유형에 쓰인다. 자주 사용되는 유아교육 프로그램으로는 개방교육 프로그램, 몬테소리 프로그램, 디스타 프로그램, 생태 교육 프로그램 등이 있다.

3) 유아 교육과정의 특성

유아 교육과정은 학교 교육과정 즉, 초·중등·일반 교육과정과는 달리 유아기의 특성으로 인한 차이가 있다. 유아의 대상 연령이 0세에서부터 취학 전 연령까지 다양하고, 유아교육의 직접적인 대상은 유아이지만 유아를 포함한 부모의 교육과 함께 교육에 미치는 부모의 요구가 적극적으로 반영될 수밖에 없는 상황도 특성이라 할 수 있다. 교육내용에서도 교과목이 선정되거나 결과를 확인하기 위한 시험을 실시하지 않는 교육을 행하는 것도 아주 다른 특성이라 할 수 있다.

유아 교육과정이 가지는 특수성으로 인하여 나타나는 몇 가지 특성을 살펴보면 다음과 같다.

첫째, 유아 교육과정은 대상 범위가 다양하고 복합적이다. 유치원의 입학 연령은 만 3~5세까지이며, 어린이집의 경우는 출생 후부터 만 5세까지를 대상으로 하고 있다. 유치원의 경우 혼합연령 반을 운영하기도 한다. 또한 일반 유아뿐만 아니라 장애아, 다문화, 반일반과 종일반 유아 등 다양한 배경의 유아가 유아 교육과정의 대상에 포함된다. 다양한 대상을 고려한 교육과정이 요구된다.

둘째, 유아 교육과정은 다양한 교육 시간을 요구하는 프로그램이다. 유치원 및 어린이집은 사회적 요구에 따라 취업모 여성의 자녀를 위해 시간 운영상 방과 후 프로그램, 특별활동, 시간제 운영 등 융통성 있게 운영되고 있다. 가정에서 지내는 시간보다 기관에서 생활하는 시간이 늘어나는 유아가 점점 더 확대되고 있다. 따라서 유아 교육과정은 하루의 일과에서 경험하는 것들이 유아의 발달에 미치는 영향이 크므로 부모가 해오던 양육과 교육 간의 균형을 고려하여 계획·운영되어야 한다.

셋째, 유아 교육과정은 유아의 발달에 적합한 교육 경험을 기초로 계획하여 개별성과 연계성을 가진다. 교육 활동의 선정에 있어서 유아의 발달적 적합성을 고려하여 유아의 연령, 발달수준, 개인차 등에 맞는 교육 활동을 선정해야 한다. 발달의 특성 상 동일 연령에서도 개인차는 크고, 일률적인 수업계획에 따른 학습을 모든 유아가 경험하는 것에는 무리가 있다.

넷째, 유아 교육과정은 학습 결과보다 학습의 과정을 중요시한다. 단계별로 정해진 지식을 익히기보다는 유아의 지적 호기심, 내적인 요구 등에 맞는 놀이나 활동을 중요시하게 된다. 즉, 유아의 학습 흥미 욕구가 교육과정에서 중시되는 것을 의미하며, 암기 위주의 수업보다는 유아 자신이 능동적으로 성장과 발달에 직접 관련된 경험을 하는 것을 뜻한다. 따라서 유아 교육과정은 교육목적이나 교육목표를 설정하고 있지만 교육의 주안점을 교육목표 달성에만 두기보다는 교육의 과정 그 자체에 주안점을 두어 유아가 관심을 갖는 교육내용을 선정한다.

다섯째, 유아 교육과정은 교과영역 위주로 학습 내용이 구성되지 않는다. 유아의 전인적 교육을 위하여 발달 특성을 고려한 영역으로 구분하여 놀이를 중심으로 활동이 구성된다. 이 영역도 연령별 구분이 되어 있는 것도 있고, 구분되지 않은 것도 있다. 교수-학습 방법 및 난이도를 조정하여 활동하게 된다. 초·중등학교 교육과정과 아주 다른 차이점이 이것이라 할 수 있다. 교수 매체도 교과서가 없고 각 유아의 발달수준이나 흥미, 욕구에 직접적으로 관련된 활동을 하거나 교수자료를 제공한다. 영역별 교육내용 및 교육 활동을 설정하고 있지만, 각 영역을 별도 학습하는 것이 아니라 주제를 중심으로 여러 활동이 통합적으로 이루어지도록 한다.

여섯째, 유아 교육과정은 교수활동 계획이나 교수 방법 전개에 있어 다양한 활동중심으로 구성된다. 유아와 교사간의 교수관계 뿐만 아니라 활동을 할 수 있는 교수 매체와의 관계에서 일어나는 학습도 아주 중요하다. 즉 교사 - 유아, 유아 - 유아, 유아 - 교구교재, 유아 - 활동 등의 다양한 접근을 통하여 학습이 이루어지므로 교육과정 구성에서도 중요한 역할을 한다. 교육활동을 위한 교수 매체의 제작과 활용방법을 계획하는 것도 유아 교육과정을 계획하고 전개, 평가하는 데 큰 부분을 차지하고 있다.

와이카트는 바람직한 유아 교육과정의 기준을 다음과 같이 제시하였다(WeiKart, 1989).

① 교육과정은 유아 발달 이론과 철학에 근거하여 개발되어야 한다.
② 교육과정은 유아 주도의 학습으로 명확히 밝혀지고 조직되어야 한다.
③ 교육과정은 특별한 요구를 가진 유아, 소수집단의 유아 등 다양하게 적용되어야 한다.
④ 교육과정은 다양한 재정 지원 하에 운영되어야 한다.

⑤ 교육과정은 대상 유아에게 적절해야 한다.
⑥ 교육과정은 부모의 참여를 고려해야 한다.
⑦ 교육과정은 이를 수행하는 사람들을 훈련하고 평가할 수 있는 계획된 체제를 지녀야 한다.
⑧ 교육과정은 그 영향을 검토할 수 있는 연구들에 의해 타당성이 인정되어야 한다.

유아 교육과정은 교육과정을 개발하거나 선정하는 교사의 입장에서 볼 때 다양한 요소들을 고려해야 하는 복잡한 일이라 할 수 있다. 유아의 특성을 고려하여 수업을 진행할 때에는 교사의 역할도 다양하게 이루어져야 한다. 교사는 지식의 전달자, 훈육자의 역할과 함께 안내자, 조력자의 역할을 해야 한다. 교육대상에서도 유아뿐만 아니라 학부모를 대상으로 해야 하는 경우도 포함된다. 교사들은 교육과정을 선정하거나 구성할 때 이러한 요소들을 모두 고려하여 바람직한 교육과정을 계획해야 할 것이다.

2 유아 교육과정의 이론적 기초

1) 유아 교육과정의 이론적 배경

(1) 철학적 기초

유아 교육과정에서 철학적 기초는 교육과정을 구성하는 데 있어 유아를 어떤 존재로 보고 교육을 계획할 것인지 어떤 지식을 가르칠 것인지 어떤 방법으로 적용할 것인지를 결정하는 데 기본적으로 영향을 미친다.

❶ 교육관

교육의 흐름은 크게 몇 가지로 구분할 수 있는데, 항존주의, 낭만주의, 문화전승주의, 진보주의로 나눌 수 있다.

첫째, 항존주의(Perennialism)는 플라톤이나 아리스토텔레스, 토마스 아퀴나스의 스콜라 철학의 영향을 받았는데, 정신도야, 이성적 능력개발, 진실의 추구능력을 가장 중요한 교육목표로 삼고 있다. 진리는 상대적으로 불변하는 것이라 믿고 있으며 시대, 장소에 상관없이 변하지 않는 진리를 교육하는 것을 강조한다. 대학에서의 교양과목 같은 것으로, 유아 교육과정에서도 시대의 변화와 상관없이 근원적으로 교육해야 하는 내용을 기본으로 결정하는 것에 영향을 미친다.

둘째, 낭만주의는 루소(Rousseau)로부터 시작하여 프로이드(Freud), 게젤(Gessell) 등을 들 수 있는데, 유아의 고유한 본성과 자발성을 인정하는 입장이다. 유아의 발달은 유아 내부로부터 자연스럽게 이루어지고 유아의 세계관과 인생관이 존재한다는 것을 인정한다. 외부로부터의 강요된 성인위주의 학습이 아니라 유아가 스스로 이루어나가는 학습을 중요시했다. 유아의 최적의 발달을 위한 자연스럽고 유아의 본성에 따라 신체적 정신적 교육을 하는 것을 강조하였다.

셋째, 문화전승주의는 로크(Rocke)로부터 파블로프(Pavlov), 손다이크(Thorndike), 스키너(Skinner) 등으로 인간의 성장과 발달에서 환경적 측면을 강조한다. 유아는 주변 환경의 영향을 받으며, 외부의 자극과 그에 대한 반응에 의해 결정된다고 본다. 교육은 그 사회 문화의 규칙, 지식, 기술 등을 계승·발전시키는 것을 목적으로 하며 이것은 교사의 직접적인 교수에 의해 이루어진다.

넷째, 진보주의는 자연주의 사상과 다윈의 진화론을 바탕으로 발달한 존 듀이(Dewey)가 대표적인데, 지식이나 진리는 변화하는 것으로 본다. 교육은 인간이 사회 환경 속에서 계속되는 상호작용을 통해서 스스로 성장 발달하는 것을 돕는 것으로 본다. 변화하는 조건 속에서 적응하는 능력을 갖추는 것으로 환경과 인간간의 상호작용 속에서 사고와 행동이 발달한다는 것이다. 교육의 원리로 능동적인 경험을 통한 상호작용, 변화, 계속성을 강조하면서 이는 생활 속에서 자신과 사회적 환경과의 상호작용이 현재뿐 아니라 과거의 경험과도 연결되어 현재의 실생활과 연속성을 가짐으로써 성장과 연결되어 교육이 이루어진다고 보았다. 피아제(Piaget), 몬테소리(Montessori), 콜버그(Kohlberg)와 같은 학자들이 속한다.

진보주의자들은 유아의 관심을 사회적 목적과 공동체 생활의 상호의존적 성격에 초점을 맞추어 가면서 일, 생활, 놀이를 통하여 문제를 해결해나가는 것을 강조했다. 교육은 유아의 경험을 교육적으로 재구성하기 위해 유아의 일상생활의 주제를 중심으로 교육 활동을 전개한다. 교사는 유아의 동기부여를 위한 흥미를 갖는 교육과정을 계획하는 것이 중요하다.

이와 같은 진보주의의 입장에 기초한 유아교육학자들은 유아의 흥미, 활동, 상호작용, 협동적 태도 등을 유아 교육과정 계획의 틀을 삼게 되었다.

(2) 사회적 기초

유아 교육과정도 계속 변화하는 사회현상과 밀접하게 관련이 되어 있다. 교육내용이나 방법에 있어 사회가 반영되고 사회발전을 위한 방향으로 교육을 전개하는 등 서로 간의 관계는 지속된다. 즉, 과학기술의 발달, 가족 구조의 변화와 여성의 사회적 진출, 부모 역할 인식의 변화, 유아기의 행동 특성의 변화 등은 유아 교육과정을 구성하는데 영향을 가져온다.

❶ 과학기술의 발달

과학 기술의 첨단적 발달은 우리 생활을 편리하게도 하지만 인간적인 면에서 불편함을 조성하기도 한다. 사람들 간의 직접적인 만남을 통한 대인관계 교류가 줄어들고 컴퓨터나 기기를 통한 대화 등은 점점 늘어가고 있다. 저출산으로 줄어드는 형제·자매의 수도 유아가 자라면서 배울 수 있는 여러 가지 정서적 교감이나 가족 내에서의 규율, 통제, 인내심 부족 등의 현상을 가져온다. 유아 교육기관에서는 이러한 부분을 고려하여 적절한 지침과 안내를 지도할 필요가 있다.

미디어의 발달로 유아들이 일찍부터 컴퓨터나 TV 같은 대중매체나 휴대폰에 치중하는 경향이 있다. 이런 과학적 도구를 사용하는 기술은 늘어나더라도 정서적인 측면에서는 부정적 영향을 주기도 한다. 유아 스트레스라는 용어도 생겨나기 시작하는데 유아가 자신의 감정 조절을 하지 못하고 쉽게 화를 내거나 참지 못하거나 싸움이 잦고 쉽게 흥분하는 모습을 볼 수 있다. 이와 같은 경향은 유아에게 정서적으로 불안정을 가져오며 공격적이거나 위축이 심한 유아를 만들기 쉽다.

❷ 가족구조와 여성 역할의 변화

사회가 산업화가 되면서 가족구조의 형태는 많은 변화를 가져왔다. 조부모와 함께 생활하던 대가족 구조에서 부모와 한 두 자녀로 구성되는 소가족 제도는 노동과 양육을 하는 부분에서 큰 변화를 가져왔다. 대가족 구조에선 경험하던 대인관계기술이나 부모의 자녀 양육 기능은 약화되었다. 가족의 구성도 여러 가지 형태의 다양한 가족구조로 변화되어 한부모 가족, 다문화 가족 등 새로운 사회변화에 따른 형태가 이루어져 왔다. 유아교육은 이러한 변화의 흐름에 맞추어 필요한 부분을 맞추어야 한다.

여성의 사회참여 비율을 높아지면서 양육의 주 업무를 담당하던 어머니의 역할을 대체할 기관이 요구되었다. 그리고 여성 노동으로 인한 출산율 저하도 자녀가 자라나는데 영향을 미친다. 저출산으로 인한 인구의 감소는 국가적인 차원에서도 인적 자원 개발의 측면에서 저하를 가져오게 된다. 영유아 자녀 한 명의 양육에 소요되는 비용의 문제와 저출산에 따른 여러 가지 양육문제는 유아교육뿐만 아니라 국가 차원에서도 심각한 사회문제로 대두되고 있다.

가족구조의 변화는 유아 행동과 유아기 특성자체에 있어서도 변화를 보이고 있다. 즉, 현대의 유아들은 혼자 또는 두 명이 자라면서 개인적 주장이 강한 반면에 상대방을 고려하여 다른 사람의 이야기를 듣는 등 배려하고 인내하는 점은 부족하다.

이를 위한 방안으로 기관에서 여러 유아들이 함께 생활하면서 이런 점을 보완하기도 하는데, 유아 교육과정에 반영이 되어야 할 부분이다.

가정에서의 양육과 교육에 대한 인식이나 지식의 필요성이 강해지고, 기관에서는 양육과 교육이 이원화되어 어린이집과 유치원에서 이루어지고 있다. 양분화된 혼란을 없애자는 의도로 '누리과정'과 같은 일원화된 교육과정의 변화도 시대적인 필요에 부응하여 변화하는 것이다. 그 외의 종일제 보육, 유치원 종일제 프로그램,

특별활동 프로그램 등도 시대적인 요구에 수렴되는 변화들이다. 이를 위한 유아교육의 일안으로 공교육화를 시도하고 있는데 이러한 변화는 곧 유아 교육과정의 변화를 가져오게 된다.

❸ 부모 역할의 변화

취업모의 증가는 늘어가고 이로 인해 부모의 역할 인식이 달라지고 있다. 아버지의 역할도 달라지고 있으며 아버지가 가정에서 양육과 집안일을 하는 경우도 늘고 있다. 양육자의 부재는 유아 교육기관이나 타인에 의해 교육되는 유아들의 수가 늘어나는 현상을 가져왔다. 교육을 위해 맡겨지는 유아들의 연령도 점점 하향화되는 것이 현실이므로 유아 교육기관은 부모에게 유아 발달이나 양육 관련 정보와 교육 정보를 제공할 필요가 있다. 효과적인 교육을 위해서는 부모와 유아 교육기관과의 긴밀한 의사소통이 필요하고 적극적인 부모참여가 요구된다.

부모의 유아 학습에 대한 과잉 욕구는 유아들에게 스트레스로 작용한다. 유아의 조기 성취에 대한 부모의 기대가 높아지지만 양육의 시간이 점점 부족하고 가정교육이 약화되어간다. 일찍부터 유아를 교육기관에 맡겨 교육하게 되면서 부모 자신은 기관으로부터 그에 대한 보상을 받기를 기대하고 있다. 잘못된 기대와 보상은 유아에게 읽기, 쓰기 등 학습지도를 요구하여 영어, 음악, 미술, 특별활동 등과 같은 사교육을 하는 부모들은 유아에게 부담을 주기도 한다. 부모의 이런 요구는 유아교육을 하는 교사와 기관에서 유아 교육과정을 구성하는데 영향을 주기도 한다.

부모는 가족의 구조와 부모의 역할 변화에 따라 유아 교육기관에서의 기능이 확대되면서 유아교육의 협력자로 이끌 필요가 있다. 효율적인 부모참여는 적극적이고 긍정적인 교육 효과로 연결되고 다양한 부모 참여 프로그램의 개발이 필요하다. 특히 부모 참여 프로그램을 적절히 제공하면 가족과 유아의 신체적·정신적 건강 증진뿐만 아니라 나아가 사회적으로 확대된 삶의 질 향상 등을 기대할 수 있다.

(3) 심리학적 기초

유아 교육과정의 유형은 유아의 학습과 발달에 관한 세 가지 입장인 성숙주의, 행동주의, 구성주의로 나누어지며, 이에 따라 유아 교육과정의 교육내용, 학습 방법, 활동의 선정 및 조직이 달라진다.

❶ 성숙주의 이론

유아의 타고난 유전적 특성에 따라 성장과 발달이 결정된다고 본다. 발달은 유아의 내부와 보편적으로 경험된 것으로부터 나온다는 입장이다. 발달에 있어 환경적 요소의 영향을 최소화하는 입장이다. 유아 성장의 기본적인 방향은 연령의 증가에 따라 보편적으로 이루어지고 학습 환경은 이런 발달이 일어나도록 안내해주는 것이다. 따라서 이들의 입장에 의하면 부모나 교육, 사회적 영향을 유아들의 성장을 주도하는 요인이기보다 그들의 성장을 돕고 촉진시켜 주는 것이라 볼 수 있다.

루소의 자연주의 철학에 뿌리를 두고 프로이드, 에릭슨의 정신분석이론, 게젤의 성숙주의 발달이론 등 심리학적 이론이 바탕이 되었다. 성숙주의 이론은 유아 교육과정에서 아동의 흥미와 성장 단계에 따른 자연스런 학습 기회의 제공을 목적으로 한다. 성숙주의자들은 유아에게 내적으로 일어나는 계획에 따라 발달할 수 있는 충분한 시간을 준다면 후에 자연스럽게 읽기나 셈하기 등의 학습을 쉽게 수행할 수 있다고 보았다. 유아의 흥미가 바탕이 되어 준비가 되었을 때 교육적인 경험을 제공하는 것으로, 강요된 학습을 주는 것은 부정적인 결과를 가져온다고 본다. 유아의 내적이고 유전적인 요소가 환경의 요소보다 발달에 영향을 더 미치는 것으로 유아의 성숙에 의한 발달단계에 따라 이루어진다고 본다.

❷ 행동주의 이론

행동주의자들은 외부의 영향으로 유아의 행동에 나타나는 변화에 중점을 두고 행동변화를 가져올 수 있는 외적요인을 중요하게 생각한다. 유아의 내적인 능력이나 흥미에 의미를 두지 않고 관찰 가능한 유아의 행동요인을 중요하게 여긴다.

행동주의 이론은 경험을 중시한 로크에서부터 손다이크, 그리고 스키너로 계승되어 온 경험주의, 행동주의를 근거로 한다. 유아에게 외적 자극 요인을 적절하고 단계적으로 제시함으로써 유아를 변화시킬 수 있다는 것이다.

행동주의자들은 유아의 내적 사고 개념이나 신체적 성숙의 요소보다는 외적으로 조직하고 환경을 변화함으로써 바람직한 행동을 촉진하고, 바람직하지 않은 행동을 감소시키거나 소거하는 것이다. 학문기술의 습득에 초점을 두고 유아를 위한 학습 내용을 결정하는 것은 교사의 역할이다.

유아교육의 전개에서 조직적이고 순서적인 체계를 중시하는 교육과정이 행동주의적 이론에 기초한 예라 할 수 있다.

❸ 구성주의 이론

구성주의 이론은 유아의 발달을 유전적 요인과 환경적 요인의 상호작용 모두의 결과로 보는 접근이다. 피아제(Piaget)와 비고츠키(Vygotsky)의 영향을 많이 받은 이론으로, 모두 인지발달에 근거하며 유아가 주변 환경과의 상호작용을 중심으로 발달해 나가는 것을 중요시한다. 구성주의에서는 유아의 능동적인 탐색 활동을 통해서 정신적으로 지식을 구성해 나가고, 유아는 능동적인 존재로 스스로의 학습을 구성해간다. 유아가 학습에 능동적인 입장에서 주로 환경과 유아와의 상호작용에 관심을 갖는다.

발달을 전개의 과정이 아닌 유아 자신의 내적 구조 변화에 따른 활동의 결과로 이루어지는 것이라 본다. 피아제는 사고의 발달단계에 따라 유아가 발달하며, 각 단계는 사고와 행동을 구성해나가는 방식이 다르다고 보았다. 비고스키는 이 발달 과정에서 사회적 맥락의 역할이 더욱 중요하다고 보았다.

유아의 발달은 유아 자신이 중심이 되어 환경과의 적극적인 상호작용을 통하여 내적 구조 변화를 가져온다. 그에 따른 사회적·물리적 환경과의 상호작용을 통해 계속적으로 인지 구조를 재구성 한다. 그러므로 교사의 역할은 유아의 상호작용에서 일어나는 변화를 관찰하고 호기심을 자극하여 풍부한 경험이 일어날 수 있는 경험을 조직하고 환경을 제공하는 것이다. 아동이 흥미를 가지고 활동에 임할 수 있도록 계속적으로 교사와의 협력을 통한 경험을 마련해줄 수 있어야한다.

3 우리나라의 유아 교육과정

1) 유치원 교육과정

(1) 제1차 유치원 교육과정(1969년 2월 19일 제정, 문교부령 207호)

우리나라의 유치원 교육과정은 1897년 최초의 유치원이 세워진 후 70여 년이 지난 1969년에 제정되었다. 이는 대한민국 정부 수립 후 1949년 교육법이 제정되고서도 20년이 지난 뒤이다. 문교부령 제207호로 공포된 제1차 유치원 교육과정 제정의 취지는 바람직한 인격형성을 위하여 어린이의 흥미와 욕구에 맞는 환경을 주어 즐거움을 주고자 하는 것으로 유치원 교육의 필요성을 강조하였다.

제1차 유치원 교육과정은 유치원 교육을 통하여 경험하는 모든 학습활동의 총화였고, 목표는 건강한 신체와 건전한 정신으로 행복하게 생활할 수 있는 유능한 한국국민이 될 기초를 닦는 것으로, 건강, 사회, 자연, 언어, 예능의 5개 생활영역으로 구성되었다. 구체적 목적은 튼튼한 몸과 마음, 기초적인 생활습관, 올바른 사회적 태도와 도덕성, 과학적이고 민주적인 사고력, 심미적 태도, 창조적인 표현 능력을 기르고, 자연 및 사회 현상에 관심을 갖는 것이었다.

제1차 유치원 교육과정은 아동 중심, 생활중심, 경험중심, 흥미중심으로 구성되었고, 당시의 유치원 실정에 구체적인 유치원 교육의 목표와 영역, 수업일수 등의 기준을 제시하였다. 국가수준의 교사용 지침서는 제작되지 않았다.

(2) 제2차 유치원 교육과정(1979년 3월 1일 개정, 문교부 고시 제424호)

제1차 유치원 교육과정이 공포된 지 10년 뒤 1979년 3월 1일에 제2차 유치원 교육과정이 발표·고시되었다. 타 교육과정은 여러 차례 개정이 되었던 것과 비교하면 유치원 교육에 대한 관심이 높지 않았다고 볼 수 있다. 제 2차 유치원 교육과정은 국민교육헌장과 유신이념 등을 기초로 교육과정의 기본방침으로는 국민적 자질의 함양, 인간 교육의 강화, 지식·기술교육의 쇄신을 가지는 것이다. 일반목표는 자아실현, 국가의식 고양, 민주적 가치 강조로 구성되었다.

과학기술의 발달에 산업화를 요구하였고 지식 기술 교육이 강조되었다. 교육과정 구성은 사회·정서발달영역, 인지발달영역, 언어발달영역, 신체발달 및 건강영역으로 1차 유치원 교육과정에서의 생활영역이 발달영역으로 변경되었다.

특징을 살펴보면,

첫째, 학문중심 교육의 사조를 잘 나타내고 있다.

둘째, 교육과정의 편제를 생활영역에서 발달영역으로 편성하였다.

셋째, 인지발달영역을 부각시켜 인지발달을 돕는 것을 중시하고 있다.

넷째, 학습의 형태는 제 1차 유치원 교육과정과 마찬가지로 아동 중심, 경험중심, 생활중심, 놀이중심의 학습형태를 유지하고 있다.

제2차 유치원 교육과정이 생활영역에서 발달영역으로 변화되자 교사들이 적용하는데 혼동을 하는 경우가 많았고, 문교부는 1977년 8월 20일에 제정된 '교과용도서에 관한 규정'에 의거하여 제2차 유치원 교육과정부터 유치원 교사용 지도서를 개발·보급하기 시작하였다.

(3) 제3차 유치원 교육과정(1981년 12월 31일 개정, 문교부 고시 제442호)

1979년 개정된 제2차 유치원 교육과정은 2년 후인 1981년 다시 개정되었다. 제3차 개정부터 문교부에서 유치원, 초등학교, 중학교, 고등학교의 교육과정이 함께 연구·개정되기 위하여 상급학교와 보조를 맞춘 개정이었다. 종래와 달리 한국교육개발원에 의해 체계적인 연구가 이루어졌으며 유아교육전문가, 심리학자. 문교부관계 담당관, 현장교사 등이 개발과정에 참여 하였다.

제3차 개정의 기본방침은 국민정신 교육의 체계화, 전인교육의 강화, 진로교육의 충실화에 두고, 건전한 심신의 육성, 지력과 기술의 배양, 도덕적인 인격형성, 민족 공동체 의식의 고양에 역점을 두었다.

영역은 5개의 신체발달영역, 정서발달영역, 언어발달영역, 인지발달영역, 사회성발달영역으로 구성하였다. 2차의 사회·정서발달영역이 3차에서는 사회성발달영역과 정서발달영역으로 분리되었고, 교육일수도 연간 200일에서 180일로, 하루 교육시간 3~4시간 기준으로, 시간배정은 각 영역별로 균형을 유지하며 관련영역끼리 통합하여 지도하게 하였다.

특징을 살펴보면,

첫째, 교육과정 통합을 강조하고 있다.

둘째, 교육과정의 편제를 5가지의 발달영역으로 조직·편성하였다.

셋째, 교육과정의 목표를 총괄목표, 교육목표, 영역별 목표로 체계화시켰다.

넷째, 연간 수업일수를 하향 조정되었다.

다섯째, 운영지침을 계획, 지도 평가로 체계화시켰다.

여섯째, 인간중심 교육과정 유형으로 변화되어 가고 있다.

(4) 제4차 유치원 교육과정(1987년 6월 30일 개정, 문교부 고시 제87-9호)

제4차 유치원 교육과정은 3차 교육과정을 시행하면서 발생한 문제점을 수정·보완하여 교육과정의 적정화, 내실화, 지역화를 방침으로 개정이 이루어졌다.

특히 제4차 유치원 교육과정의 영역은 발달영역별 내용은 제시하지 않고, 교육목표만을 제시하여 교사들이 교육내용을 자율적으로 선정할 수 있도록 하였다.

제4차 유치원 교육과정 구성 방향은 건강한 사람, 자주적인 사람, 창조적인 사람, 도덕적인 사람을 기르는 데 역점을 두고, 신체발달영역, 정서발달영역, 언어발달영역, 인지발달영역, 사회성발달영역으로 구성되었다.

학문중심적 교육과정의 성격을 지향하고 있으며, 영역별 목표에 지도내용이 없어지고 지도상의 유의점이 신설되었다. 평가를 중시여기고, 교육과정의 통합 및 놀이중심의 교육을 강조하고 있다.

(5) 제5차 유치원 교육과정(1992년 9월 30일 개정, 교육부 고시 제1992-15호)

제5차 유치원 교육과정은 한국유아교육학회에 연구개발을 위촉하고, 전문 연구진과 각 시·도별 유치원 관계자 협의회를 통하여 문제점을 보완하고 새로운 유아교육내용을 반영하여 1992년 개정되었다.

제5차 유치원 교육과정은 지방자치제에 의한 교육자치가 실시되면서, 각 지역의 실정에 맞는 교육을 하도록 하였다. 취업모의 증가에 따른 유치원 종일반 운영 등 사회적 요구를 교육과정에 반영하였다. 유아의 발달 특징에 알맞은 읽기·쓰기 교육에 관한 지침을 구체적으로 제시하여 학부모의 요구도 교육과정에 반영하고자 노력하였으며, 사회적 관계와 기본 생활습관을 강조하였다.

1992년 3월부터 만3세아 취원이 가능해져 유아의 발달수준에 따른 교육내용의 구분이 필요한 점도 고려되었다.

제5차 유치원 교육과정에서는 유치원 교육과정의 성격을 명확히 규정하였다. 교육과정 영역을 건강생활영역, 사회생활영역, 표현생활영역, 언어생활영역, 탐구생활영역으로 구성하였다. 또한 영역별 내용도 공통수준과 1, 2수준으로 구분·제시하여 3~5세까지의 발달수준을 고려한 개별화 교육이 가능하도록 하였다. 다른 생활영역보다 사회, 표현 생활을 우위에 두어 사회·정서발달을 강조하고 있다. 기본 생활교육을 강조하였다.

(6) 제6차 유치원 교육과정(1998년 6월 30일 개정, 교육부 고시 제1998-10호)

제6차 유치원 교육과정은 개정은 세계화·정보화·다양화를 지향하는 변화에 적응하고 요구에 부합하는 변화에 맞추었다. 개정의 중점사항으로 기본 생활습관 및 협동적인 생활태도, 감성계발교육, 창의성 함양교육, 세계화에 대비한 전통문화교육이 제시되었고, 유치원 교육을 유아의 전인적 성장을 위한 기초교육으로 일상생활에 필요한 능력과 태도를 기르는 데 중점을 두었다. 영역은 건강생활영역, 사회생활영역, 표현생활영역, 언어생활영역, 탐구생활영역의 5개 영역으로 편성되었고, 적절한 수준별 내용과 다양한 교육운영시간이 구성되었다.

특징으로는 학습 내용을 정선하고 수준별 적절성을 도모하였다. 종일반 운영, 시간연장제와 같은 교육시간 운영의 다양화를 추구하였다. 유아의 기본 생활습관 및 협동적인 생활태도를 강조하였다.

(7) 2007년 유치원 교육과정(2007년 12월 19일 개정, 교육부 고시 제2007-153호)

제6차 유치원 교육과정이 고시된 이후 9년이 경과한 후 시대적 요구의 반영 및 유아교육법 제정에 다른 유치원 교육의 사회적 상황변화, 2007년 개정 초·중등학교 교육과정과의 연계 강화 등을 배경으로 개정되었다.

교육과정의 영역은 건강, 사회, 표현, 언어, 탐구생활의 5개 영역으로 편성하였다. 편성·운영 지침은 '지역 및 유치원에서의 편성·운영'과 '교육과정의 평가와 질 관리'로 나누어 제시되었다. 지역 교육청과 단위 유치원의 자율성을 강화하는 것이었다. 사람과 자연을 존중하는 가치관 강조, 기본생활습관 강조, 문자기초교육 강화, 다양한 교육시간 운영 강화, 교육과정 문서의 실효성 강화, 수준별 교육내용의 적정화, 유치원 교육과정과 초등학교 교육과정의 연계성 강화가 중점내용이었다.

〈표 8-1〉 제1차~2007년 개정 유치원 교육과정 비교

구분	제1차 유치원 교육과정	제2차 유치원 교육과정	제3차 유치원 교육과정	제4차 유치원 교육과정
공포 연월일	1969년 2월 19일	1979년 3월 1일	1981년 12월 31일	1987년 6월 30일
인간상		• 국민적 자질의 함양 • 인간교육의 강화 • 지식·기술 교육의 쇄신	• 건전한 심신의 육성 • 지력과 기술의 배양 • 도덕적인 인격의 형성 • 민족 공동체의식의 고양	• 건강한 사람 • 자주적인 사람 • 창조적인 사람 • 도덕적인 사람
교육과정 구성방침		• 유치원은 가정의 양육, 학교 교육과의 중간인 독자성을 고려함 • 발달과업을 충실히 수행함 • 독립된 교과로 반영함을 지양하고, 전 교육과정을 통하여 통합적으로 달성될 수 있도록 함 • 흥미롭고 다양한 환경을 제공함 • 산업화로 인한 환경적 이질성 극복, 공동체 의식을 높임	• 적합한 교육내용을 정선함 • 초기에는 통합적인 교육경험이 이루어지도록 하고, 점차 이를 확대, 심화할 수 있도록 조직함	• 고도 산업화·정보화 시대에 능동적으로 대처함 • 국제관계의 다양한 변화에 주체적으로 대응함 • 자유 민주주의의 굳건한 바탕 위에 조국의 평화적 통일을 현명하게 주도함 • 모든 국민이 쾌적한 환경 속에서 행복한 삶을 누릴 수 있는 터전을 마련함
교육목적	• 건강한 신체와 건전한 정신으로 행복하게 생활할 수 있는 유능한 한국 국민이 될 기초를 닦음	• 자아실현 • 국가발전을 위한 주체의식 확립 및 사명감 인식 • 민주적 가치의 강조	• 유치원 교육은 유치원 아동에게 알맞은 교육환경 속에서 즐겁고 다양한 활동을 통하여 전인적으로 성장할 수 있도록 도와줌	• 유아의 전인적인 발달 도모
교육목표	• 건강 및 안전교육 철저, 튼튼한 심신 육성 • 기초적인 생활습관과 기능육성, 사회적응을 위한 사회적 태도와 도덕성 기르기 • 자연과 사회의 제 현상에 대하여 관심을 가지며, 과학적이고고 민주적인 사고력 싹트기 • 바르게 듣고 말하기, 고운 말 쓰기 • 심미적인 태도, 창조적인 표현능력 기르기	• 사회화에 필요한 경험 습득하기 • 사회와 자연현상에 대한 흥미 갖고 표현하기 • 새로운 현상과 사태에 대해 탐구력과 적응력 기르기 • 타인의 말을 듣기와 자신의 생각을 표현하는 언어 습관 및 태도 기르기 • 신체 건강 및 안전에 대한 습관 및 태도 기르기	• 감각운동 기능 기르기 및 신체발달 도모하기 • 긍정적 자아개념 형성과 창의적으로 표현하기 • 언어적 기초기능 습득하기 • 자연 및 사회현상에 대한 기초적 이해와 문제해결 능력 습득하기 • 가족과 이웃을 사랑하는 태도습득 및 일상생활에 필요한 기본적 예절과 규범 습득하기	• 건강한 안전생활에 대한 올바른 습관과 기본적인 감각·운동 기능을 기르고 신체의 조화로운 발달을 이루게 함 • 다른 사람의 말을 이해하고, 자기 생각을 말로 표현할 수 있는 기능을 가지게 함 • 자기 주변의 여러 가지 현상에 대하여 관심을 가지며, 이를 알아보려는 태도를 가지게 함 • 자신의 일에 자부심을 가지며, 생활 주변에서의 느낌과 생각을 자기 나름대로 표현하게 함 • 일상생활에 필요한 기본적인 생활습관을 기르고, 가족과 이웃을 사랑하는 마음씨를 가지게 함

구분	제1차 유치원 교육과정	제2차 유치원 교육과정	제3차 유치원 교육과정	제4차 유치원 교육과정
교육과정 영역	• 건강 • 사회 • 자연 • 언어 • 예능	• 사회·정서 발달영역 • 인지 발달영역 • 언어 발달영역 • 신체 발달 및 건강영역	• 신체 발달영역 • 정서 발달영역 • 언어 발달영역 • 인지 발달영역 • 사회성 발달영역	• 신체 발달영역 • 언어 발달영역 • 인지 발달영역 • 정서 발달영역 • 사회성 발달영역
교육일수 및 하루시간	연간 200일 이상 하루 3시간 기준	연간 200일 하루 3~4시간	연간 180일 이상 하루 3~4시간 기준	연간 180일 이상 하루 3시간 기준
지도상의 유의점 및 운영지침	• 통합교육운영 • 흥미, 욕구 고려 • 일과활동의 다양성 • 긴장과 이완 고려한 일과 계획 • 가정과 긴밀한 연락 • 시설설비 교재교구 고루 마련 • 자율적 유치원 생활 • 안정된 분위기 조성 • 스스로 생각하고 행하게 함 • 바른생활습관을 위한 교사 모범 • 충분한 시간과 자료 통해 상상력, 창조성 싹트게 함 • 가정, 지역사회 협조 • 우리나라 자랑, 반공통일학습 • 자발적 참여 • 지도과정과 결과에 대해 부단히 반성 평가하여 개선발전에 힘써야 함	• 활동중심 • 놀이중심 • 적합한 발문 • 낮은 과제에서 높은 과제로 흥미·욕구·관심 고려 • 과정중심 • 개인차 고려 • 스스로 선택 • 스스로 경험 • 생활 전반을 통해 언어 발달 중시 • 생활에서 쉽게 구할 수 있는 물건을 교구로 사용 • 연간, 월간, 주간계획 유기적 수립 • 일회 지도가 아니라 순환적 반복 지도 • 안정된 학습 분위기 조성 • 가정과의 연대 • 세심한 관찰과 개별적 특별지도	• 통합 • 개인차 고려, 개별적 지도 • 놀이 • 쉬운 것에서 어려운 것으로, 구체적인 것에서 추상적인 것으로 • 생활 주변 여러 자료 활용 • 아동, 교사, 교구 간 상호작용 • 가정과의 긴밀한 유대관계와 학부모들을 보조자로 도움 받음	• 통합교육 • 다양한 활동 • 흥미 관심 요구, 스스로 선택 • 구체적이고 직접적인 경험과 놀이 • 문자 쓰기지도 지양
평가	• 지역성을 반영하여 교육적 필요를 충족시키는 평가를 할 것을 명시하고 있으나 구체적인 내용은 명시 안 함	• 시험, 성적표 등으로 심리적 부담을 주지 않아야 함을 강조, 유아의 발달을 확인·이해하는 데 도움이 될 가정통신문 필요 명시	• 유아의 발달 특성을 이해하고, 도와주는 긍정적인 목표 지향적 평가의 강조 • 가정통신문과 면담을 통한 유아의 이해	• 유아의 발달 상황을 이해하고 돕기 위한 교육과정상의 평가 • 평가의 대상과 내용에 따라 다양한 방법 사용과 유아 행동의 관찰기록부 보관 및 학부모와 연계 • 정기적인 교육과정의 운영

구분	제5차 유치원 교육과정	제6차 유치원 교육과정	2007년 개정 교육과정
공포 연월일	1992년 9월 30일	1998년 6월 30일	2007년 12월 19일
인간상	• 건강한 사람 • 자주적인 사람 • 창의적인 사람 • 도덕적인 사람	• 전인적 성장의 기반 위에 개성을 추구하는 사람 • 기초능력을 토대로 창의적 능력을 발휘하는 사람 • 우리 문화에 대한 이해의 토대 위에 새로운 가치를 창조하는 사람 • 민주시민의식을 기초로 공동체의 발전에 공헌하는 사람	• 전인적 성장의 기반 위에 개성을 추구하는 사람 • 기초능력을 토대로 창의적인 능력을 발휘하는 사람 • 폭넓은 교양을 바탕으로 진로를 개척하는 사람 • 우리 문화에 대한 이해의 토대 위에 새로운 가치를 창조하는 사람 • 민주시민의식을 기초로 공동체의 발전에 공헌하는 사람
교육과정 구성방침	• 도덕성과 공동체 의식이 투철한 민주시민을 육성함 • 사회의 변화에 대응할 수 있는 창의적인 능력을 개바함 • 유아의 발달 특성을 고려하여 교육내용과 방법을 다양화함 • 교육과정 편성·운영 체제를 개선하여 교육의 질 관리를 강화함	• 사회적 변화의 흐름을 주도할 수 있는 기본 능력을 길러줄 수 있도록 교육과정을 구성함 • 교육내용의 양과 수준을 적정화하고, 유아발달에 적합한 수준별 교육과정을 구성함 • 유아 발달 특성을 고려하여 교육 내용과 방법을 다양화함 • 교육과정 편성·운영에 있어서 현장의 자율성을 확대함 • 교육과정 평가체제를 확립하여 교육에 대한 질 관리를 강화함	• 사람과 자연을 존중하고 사랑하는 세계관을 바탕으로 구성 • 유아의 기본생활습관과 전통문화, 창의성을 강조하여 구성 • 지역과 유치원의 자율성을 확대하도록 구성 • 유치원 교육의 정체성을 살리며, 초·중등학교와 연계하여 구성 • 유아의 발달 특성을 고려하여 수준별 교육과정을 구성 • 교육과정 평가체제를 통하여 교육에 대한 질 관리를 강화하도록 구성
교육목적	• 유아를 교육하고, 적당한 환경을 주어 심신의 발육을 조장하는 것을 목적으로 함	• 유치원의 교육목적(교육법 제146·147조)을 달성하는 것	• 유아에게 알맞은 교육환경을 제공하여 유아를 교육하고, 심신의 조화로운 발달을 돕는 것
교육목표	• 기본적인 감각 운동 기능, 신체 조절 능력, 안전한 생활 습관 기르기 • 기본 생활 습관, 자기 조절 능력, 사회적 지식과 태도 습득으로 타인 존중, 협동하기 • 풍부한 감성과 상상력을 기르고, 창의적으로 표현하기 • 기초적인 언어 능력의 신장 • 탐구, 기초적 사고능력과 창의적 문제 해결력	• 몸과 마음이 건강하게 자랄 수 있는 경험을 가짐 • 기본 생활 습관을 기르고, 다른 사람과 더불어 생활하는 태도를 가짐 • 생각과 느낌을 창의적으로 표현하는 경험을 가짐 • 바르게 언어를 사용하는 경험을 가짐 • 일상생활의 문제에 대하여 스스로 궁리하는 태도를 가짐	• 몸과 마음을 건강하게 하며 기본생활습관을 기름 • 더불어 사는 태도와 우리 전통문화를 사랑하는 마음을 가짐 • 자신의 생각과 느낌을 자유롭고 창의적으로 표현하는 경험을 가짐 • 의사소통을 위한 언어능력을 기르며, 바른 언어 사용습관을 기름 • 호기심을 가지고 주변 세계를 탐구하며 자연을 존중하는 태도를 가짐
교육과정 영역	• 건강 생활 • 사회 생활 • 표현 생활 • 언어 생활 • 탐구 생활	• 건강 생활 • 사회 생활 • 표현 생활 • 언어 생활 • 탐구 생활	• 건강 생활 • 사회 생활 • 표현 생활 • 언어 생활 • 탐구 생활
교육일수 및 하루시간	연간 180일 이상 하루 180분 기준	연간 180일 기준 하루 180분 기준	연간 180일 기준 하루 180분 기준

구분	제5차 유치원 교육과정	제6차 유치원 교육과정	2007년 개정 교육과정
지도상의 유의점 및 운영지침	• 통합 • 다양한 활동으로 여러 번 • 민주적·수용적 분위기 • 일과 활동의 다양성 • 흥미영역 • 구체적·직접적 경험을 주는 실물자료 활용: 학습지, 문제지는 사용하지 않음 • 유아 의견 수용, 개방식 질문 • 대화, 토의, 발견, 극놀이, 관찰, 실험 등 다양한 방법 • 특수 대상은 전문가의 도움을 받도록 함	• 통합 • Ⅰ,Ⅱ 수준을 적절한 방법으로 운영 • 다양한 활동 여러 번 다룰 수 있음 • 발표, 토의, 관찰 등 다양한 수업 방법 활용 • 놀이중심, 흥미영역 • 일과 활동의 다양성 • 아동, 교사, 교구 간 상호작용 • 종일반, 오전활동 반복 아니라 균형있게 이루어짐 • 구체적, 직접적 실물자료 사용 • 교사의 긍정적, 지지적 언어와 태도 • 확산적 질문 • 특수교육대상 전문가 도움 받음	• 놀이중심의 통합적인 교육활동 • 하루의 교육활동 운영은 균형있게 이루어짐 • 또래와 교사 및 주변 환경과 다양한 상호작용 • 교사의 긍정적, 수용적이며 사랑과 정성이 담긴 언어와 태도 • 다양한 질문을 통해 창의적 사고를 유도 • 유아의 잠재력이 발현할 수 있도록 관찰하고 적절한 지원 • 다양한 자료와 자연물을 활용하여 직접적이고 구체적 경험을 할 수 있도록 함 • 흥미영역은 계절, 주제, 행사 및 유아의 요구에 의해 구성 • 시간 연장제, 종일제는 오전 활동 반복이 아니라 유아의 특성을 고려한 놀이중심의 활동을 구성
평가	• 각 영역별 목표에 준하여 실시하되 통합적인 운영인가에 초점 • 교육내용의 계획 및 진행 과정의 분석, 관찰, 일화 기록, 작품 분석, 자기평가 활용 명시 • 평가 결과 문장으로 서술할 것	• 영역별 목표와 내용을 준거로 유아의 성취 정도 평가 • 관찰, 일화 기록, 면담 등 다양한 방법을 사용하고 결과는 문장으로 기술 및 활용을 명시	• 교육과정 목표와 내용을 준거로 유아의 특성과 변화 정도를 평가 • 유아의 태도, 지식, 기능 등을 종합적으로 평가 • 일과 생활과 교육활동 등 포괄적으로 평가 • 관찰, 활동 결과물 분석, 면담 등 다양한 방법을 사용하여 결과를 기록 • 평가결과는 유아에 대한 이해와 유아지원에 대한 기초자료로 활용

(8) 5세 누리과정(2011년 9월 5일, 교육과학기술부 고시 제2011-30호·보건복지부 고시 제2011-106호)

만 5세아에게 제공되는 무상교육·보육 정책으로 정부는 2011년 5월 2일에 만 5세 교육·보육에 대한 국가의 책임을 강화하는 「만 5세 공통과정」 시행방안을 발표하였다. 유치원과 어린이집은 교육부와 보건복지부로 오랫동안 이원화되어 운영되었고, 교육과정 역시 유치원은 「유치원 교육과정」을, 어린이집은 「표준보육과정」을 사용해왔다. 현 관리체제를 유지하면서 만 5세 유아의 교육과 보육을 통합하여 공통적으로 적용할 수 있는 공통과정인 5세 누리과정을 개발·제정하였다.

취학 전 만 5세아에게 양질의 교육·보육을 제공하기 위한 5세 누리과정은 다음과 같은 사항이 중요하게 고려되어 제정되었다.

첫째, 5세 누리과정은 기본생활습관과 창의·인성 교육을 강조하되, 이를 별도의 영역으로 구분하지 않고 5세 누리과정 전 영역에서 강조하도록 하였다.

둘째, 5세 누리과정은 유치원 교육과정과 어린이집 표준보육과정 중 유치원과 동일한 연령대인 만 5세 유아에게 필요한 기본 능력을 선별하여 수정·보완하였다.

셋째, 5세 누리과정은 만 3~4세와 구분되지만 세부 내용수준은 연계되도록 하였다.

5세 누리과정의 목적은 만 5세아에게 필요한 기본능력과 바른 인성을 기르고, 민주시민의 기초를 형성하는 것이며, 영역은 다섯 개 영역을 중심으로 주도적인 경험을 강조하고 놀이 중심의 통합과정을 구성한다. 신체운동·건강, 의사소통, 사회관계, 예술 경험, 자연탐구 영역으로 구성되었다.

〈표 8-2〉 **5세 누리과정과 3~5세 연령별 누리과정 비교**

구분	5세 누리과정	3~5세 연령별 누리과정
공포 연월일	2011년 9월 5일	2012년 7월 10일
제정의 고려사항 (특성)	• 전 영역에서 기본생활습관과 창의·인성교육 강조 • 5세 유아에게 필요한 기본 능력 선별 • 5세와 3~4세 간 세부 내용 수준 연계	• 총론의 구성 체계와 내용 강화 • 5세 누리과정의 구성방향과 구성 체계를 유지 • 영역별 목표 제시 및 연령별 내용 구성 • 기본생활습관과 인성교육 지속 강조 • 초등학교 교육과정 및 0~2세 표준보육과정과의 연계성 고려
구성방향	• 만 5세아의 기본생활습관과 질서, 배려, 협력 등 바른 인성을 기르는 데 중점을 둠 • 사람과 자연을 존중하고, 우리 문화를 이해하는 데 중점을 둠 • 전인 발달이 이루어진 창의적 인재를 기르는 데 중점을 둠 • 초등학교 교육과정과의 연계성을 고려 • 5개 영역을 중심으로 주도적인 경험을 강조하고, 놀이중심의 통합과정으로 구성 • 1일 3~5시간의 운영을 기준으로 함	• 질서, 배려, 협력 등 기본생활습관과 바른 인성을 기르는 데 중점을 두어 구성 • 자율성과 창의성을 기르는 데 중점을 두고, 전인 발달을 이루도록 구성 • 사람과 자연을 존중하고, 우리 문화를 이해하는 데 중점을 두어 구성 • 만 3~5세아의 발달 특성을 고려하여 연령별로 구성 • 신체운동·건강, 의사소통, 사회관계, 예술 경험, 자연탐구의 5개 영역을 중심으로 구성 • 초등학교 교육과정과 0~2세 표준보육과정과의 연계성을 고려하여 구성
교육목적	• 만 5세아에게 필요한 기본 능력과 바른 인성을 기르고, 민주시민의 기초를 형성하는 것을 목적으로 함	• 만 3~5세 유아의 심신의 건강과 조화로운 발달을 도와 민주 시민의 기초를 형성하는 것을 목적으로 함

구분	5세 누리과정	3~5세 연령별 누리과정
교육목표	• 기본운동 능력과 건강하고 안전한 생활 습관을 기름 • 일상생활에 필요한 의사소통 능력과 바른 언어 사용 습관을 기름 • 자신을 존중하고 다른 사람과 더불어 생활하는 태도를 기름 • 아름다움에 관심을 가지고 예술 경험을 즐기며, 창의적으로 표현하는 능력을 기름 • 호기심을 가지고 주변 세계를 탐구하며, 일상생활에서 수학적·과학적 문제해결 능력을 기름	• 기본 운동 능력과 건강하고 안전한 생활 습관을 기름 • 일상생활에 필요한 의사소통 능력과 바른 언어 사용 습관을 기름 • 자신을 존중하고 다른 사람과 더불어 생활하는 태도를 기름 • 아름다움에 관심을 가지고 예술 경험을 즐기며, 창의적으로 표현하는 능력을 기름 • 호기심을 가지고 주변 세계를 탐구하며, 일상생활에서 수학적·과학적 문제해결 능력을 기름
교육과정 영역	• 신체운동·건강 • 의사소통 • 사회관계 • 예술 경험 • 자연탐구	• 신체운동·건강 • 의사소통 • 사회관계 • 예술 경험 • 자연탐구
교육일수 및 하루시간	연간 180일 기준 하루 3~5시간 기준	연간 180일 기준 하루 3~5시간 기준
교수·학습 방법		• 놀이를 중심으로 교수·학습활동이 이루어지도록 함 • 유아의 흥미를 중심으로 활동을 선택하고 지속할 수 있도록 함 • 유아의 생활 속 경험을 소재로 하여 지식, 기능, 태도 및 가치를 습득하도록 함 • 유아와 교사, 유아와 유아, 유아의 환경 간에 능동적인 상호작용이 이루어지도록 함 • 주제를 중심으로 여러 활동이 통합적으로 이루어지도록 함 • 실내외 활동, 정적·동적 활동, 대소집단활동 및 개별활동, 휴식 등이 균형 있게 이루어지도록 함 • 유아의 관심과 흥미, 발달이나 환경 특성 등을 고려하여 개별 유아에게 적합한 방식으로 학습하도록 함
평가	〈누리과정 운영평가〉 • 운영내용이 누리과정의 목표와 내용에 근거하여 편성·운영되었는지 평가 • 운영 내용 및 활동이 유아의 발달수준과 흥미·요구에 적합한지를 평가 • 교수·학습방법이 유아의 흥미와 활동의 특성에 적합한지를 평가 • 운영 환경이 유아의 발달 특성과 활동의 주제, 내용 및 효율성 등을 고려하여 구성되었는지를 평가 • 계획안 분석, 수업 참관 및 모니터링, 평가척도 등 다양한 방법을 활용하여 평가 • 운영 평가의 결과를 반영하여 운영계획을 수정·보완하거나 이후 누리과정 편성·운영에 활용	〈유아평가〉 • 누리과정 목표와 내용에 근거하여 유아의 특성과 변화 정도를 평가 • 유아의 지식, 기능, 태도를 포함하여 평가 • 유아의 일상생활과 누리과정 활동 전반에 걸쳐 평가 • 관찰, 활동 결과물 분석, 부모면담 등 다양한 방법을 사용하여 종합적으로 평가하고, 그 결과를 기록 • 유아평가 결과는 유아에 대한 이해와 누리과정 운영 개선 및 부모면담 자료로 활용할 수 있음

※5세 누리과정에는 평가내용이 없으나 3~5세 연령별 누리과정 운영평가와 유아평가가 있어 그 내용을 비교표의 5세 누리과정과 3~5세 누리과정 평가항목에 각각 넣어 기술함.

출처: 교육과학기술부·보건복지부(2012). 5세 누리과정 해설서; 교육과학기술부·보건복지부(2013). 3~5세 연령별 누리과정 해설서

(9) 3~5세 연령별 누리과정(2012년 7월 10일, 교육과학기술부 고시 제2012-16호·보건복지부 고시 제2012-82호)

2012년 3월1일부터 「5세 누리과정」 시행을 앞둔 2012년 1월 정부는 2013년 3월부터 만 3~4세까지 누리과정을 확대한다는 계획을 발표하였고, 그 해 7월 3~4세 누리과정의 새로운 제정과 5세 누리과정 중 추가, 삭제, 수정 등 부분개정을 거쳐 「3~5세 연령별 누리과정」이 고시되었다. 세계적인 추세에 부응하고 유아교육의 무상화를 추진하기 위하여 만 5세에 이어 만 3~4세에게도 양질의 교육과 보육을 제공하기 위한 누리과정을 무상으로 제공한다는 의견으로 유치원과 어린이집 유아모두 혜택을 받게 되었다.

〈표 8-3〉 유치원 교육과정·표준보육과정의 차이점 및 누리과정의 비교

<table>
<tr><th>구분</th><th>유치원 교육과정</th><th>어린이집 표준보육과정</th><th colspan="3">누리과정(공통과정)</th></tr>
<tr><td>관련 법령</td><td>유아교육법 제13조2)</td><td>영유아보육법 제293)</td><td colspan="3">현행 유지하되, 부령(고시)에 명시</td></tr>
<tr><td>주관 부처</td><td>교육과학기술부(고시)</td><td>보건복지부(고시)</td><td colspan="3">현행 유지하되, 양 부처 공동 고시</td></tr>
<tr><td>대상 연령</td><td>만 3~5세</td><td>만 0~5세</td><td colspan="3">만 3~5세
※ 이와 별도로 '어린이집'은 만 0~2세 대상의 「표준보육과정」 운영함</td></tr>
<tr><td>수준</td><td>공통, Ⅰ, Ⅱ 수준</td><td>• 만 0~2세 미만: Ⅰ,Ⅱ,Ⅲ 수준
• 만 2세: Ⅰ,Ⅱ 수준
• 만 3~5세: Ⅰ,Ⅱ,Ⅲ 수준</td><td>3세</td><td>4세</td><td>5세</td></tr>
<tr><td>영역</td><td>5개 영역(건강생활, 사회생활, 표현생활, 언어생활, 탐구생활)</td><td>6개 영역(기본생활, 신체운동, 사회관계, 의사소통, 자연탐구, 예술 경험)</td><td colspan="3">5개 영역(신체운동·운동, 의사소통, 사회관계, 예술 경험, 자연탐구)</td></tr>
</table>

2) 제13조 (교육과정 등)
① 유치원은 교육과정을 운영하여야 한다.
② 교육과학기술부장관은 제1항에 따른 교육과정의 기준과 내용에 관한 기본적인 사항을 정하며, 교육감은 교육과학기술부장관이 정한 교육과정의 범위에서 지역 실정에 적합한 기준과 내용을 정할 수 있다. <개정 2008.2.29, 2010.3.24>
③ 교육과학기술부장관은 유치원의 교육과정 운영을 위한 프로그램 및 교재를 개발하여 보급할 수 있다. <개정 2008.2.29>

3) 제29조 (보육과정)
① 보육과정은 영유아의 신체·정서·언어·사회성 및 인지적 발달을 도모할 수 있는 내용을 포함하여야 한다.
② 보건복지부장관은 표준보육과정을 개발·보급하여야 하며 필요하면 그 내용을 검토하여 수정·보완하여야 한다. <개정 2008.2.29, 2010.1.18>
③ 어린이집의 원장은 제2항의 표준보육과정에 따라 영유아를 보육하도록 노력하여야 한다. <개정 2011. 6.7>
④ 제1항에 따른 보육과정의 구체적인 내용은 보건복지부령으로 정한다. <개정 2008.2.29, 2010.1.18>
[전문개정 2007.10.17]

3~5세 연령별 누리과정에서는 국가수준의 공통과정의 형식을 갖추고자 구성방향, 목적, 영역별 총괄 목표, 편성, 운영, 교수학습 방법 및 평가 내용 등이 제시되었고, 영역과 내용을 구성함에 있어서 가능한 2012년부터 적용되고 있던 5세 누리과정의 기본구성방향과 구성 체계를 유지하였다. 3~5세 연령별 우리과정은 0~2세 표준보육과정(어린이집) 및 초등학교 교육과정과의 연계를 강화하였다. 특히 바른 생활습관 형성을 위한 기본생활습관을 강조하고, 남을 배려하고 존중하며, 더불어 함께하는 다양한 내용으로 구성하여 누리과정부터 인성교육을 강화하였다.

4 누리교육과정의 편성과 운영

「3~5세 연령별 누리과정」은 총론과 각론으로 구성되었으며, 주요 내용은 다음과 같다.

1) 구성방향

① 질서, 배려, 협력 등 기본생활습관과 바른 인성을 기르는 데 중점을 두어 구성한다.
② 자율성과 창의성을 기르는 데 중점을 두고, 전인 발달을 이루도록 구성한다.
③ 사람과 자연을 존중하고, 우리 문화를 이해하는 데 중점을 두어 구성한다.
④ 만 3~5세아의 발달 특성을 고려하여 연령별로 구성한다.
⑤ 신체운동·건강, 의사소통, 사회관계, 예술 경험, 자연탐구의 5개 영역을 중심으로 구성한다.
⑥ 초등학교 교육과정과 0~2세 표준보육과정과의 연계성을 고려하여 구성한다.

2) 목적과 목표

(1) 목적

누리과정은 만 3~5세 유아의 심신의 건강과 조화로운 발달을 도와 민주시민의 기초를 형성하는 것을 목적으로 한다.

(2) 목표

- 기본운동능력과 건강하고 안전한 생활습관을 기른다.
- 일상생활에 필요한 의사소통능력과 바른 언어사용습관을 기른다.
- 자신을 존중하고 다른 사람과 더불어 생활하는 능력과 태도를 기른다.
- 아름다움에 관심을 가지고 예술 경험을 즐기며, 창의적으로 표현하는 능력을 기른다.
- 호기심을 가지고 주변 세계를 탐구하며, 일상생활에서 수학적·과학적으로 생각하는 능력과 태도를 기른다.

3) 편성

① 1일 3~5시간을 기준으로 편성한다.
② 5개 영역의 내용을 균형 있게 통합적으로 편성한다.
③ 유아의 발달 특성 및 경험을 고려하여 놀이를 중심으로 편성한다.
④ 반(학급) 특성에 따라 융통성 있게 편성한다.
⑤ 성별, 종교, 신체적 특성, 가족 및 민족 배경 등으로 인한 편견이 없도록 편성한다.
⑥ 일과 운영 시간에 따라 심화 확장할 수 있도록 편성한다.

3~5세 연령별 누리과정의 영역별 목표와 내용은 다음과 같다.

영역	내용 범주	내용
신체운동·건강	신체인식하기	감각 능력 기르고 활용하기
		신체를 인식하고 움직이기
	신체조절과 기본운동하기	신체 조절하기
		기본운동하기
	신체활동에 참여하기	자발적으로 신체활동에 참여하기
		바깥에서 신체활동하기
		기구를 이용하여 신체활동하기
	건강하게 생활하기	몸과 주변을 깨끗이 하기
		바른 식생활하기
		건강한 일상 생활하기
		질병 예방하기
	안전하게 생활하기	안전하게 놀이하기
		교통안전 규칙 지키기
		비상 시 적절히 대처하기
의사소통	듣기	낱말과 문장 듣고 이해하기
		이야기 듣고 이해하기
		동요, 동시, 동화 듣고 이해하기
		바른 태도로 듣기
	말하기	낱말과 문장으로 말하기
		느낌, 생각, 경험 말하기
		상황에 맞게 바른 태도로 말하기
	읽기	읽기에 흥미 가지기
		책읽기에 흥미 가지기
	쓰기	쓰기에 관심 가지기
		쓰기도구 사용하기
사회관계	나를 알고 존중하기	나를 알고, 소중히 여기기
		나의 일 스스로 하기
	나와 다른 사람의 감정 알고 조절하기	나와 다른 사람의 감정 알고 표현하기
		나의 감정 조절하기
	가족을 소중히 여기기	가족과 화목하게 지내기
		가족과 협력하기

영역	내용 범주	내용
사회관계	다른 사람과 더불어 생활하기	친구와 사이좋게 지내기
		공동체에서 화목하게 지내기
		사회적 가치를 알고 지키기
	사회에 관심 갖기	지역사회에 관심 갖고 이해하기
		우리나라에 관심 갖고 이해하기
		세계와 여러 문화에 관심 가지기
예술 경험	아름다움 찾아보기	음악적 요소 탐색하기
		움직임과 춤 탐색하기
		미술적 요소 탐색하기
	예술적 표현하기	음악으로 표현하기
		움직임과 춤으로 표현하기
		미술활동으로 표현하기
		극놀이로 표현하기
		통합적으로 표현하기
	예술 감상하기	다양한 예술 감상하기
		전통예술 감상하기
자연탐구	탐구하는 태도 기르기	호기심을 유지하고 확장하기
		탐구과정 즐기기
		탐구기술 활용하기
	수학적 탐구하기	수와 연산의 기초개념 알아보기
		공간과 도형의 기초개념 알아보기
		기초적인 측정하기
		규칙성 이해하기
		기초적인 자료수집과 결과 나타내기
	과학적 탐구하기	물체와 물질 알아보기
		생명체와 자연환경 알아보기
		자연현상 알아보기
		간단한 도구와 기계 활용하기

* 누리과정의 구체적인 내용은 부록을 참고

4) 운영

① 연간, 월간, 주간, 일일 계획에 의거하여 운영한다.
② 실내·외 환경을 다양한 흥미영역으로 구성하여 운영한다.
③ 유아의 능력과 장애정도에 따라 조정하여 운영한다.
④ 부모와 각 기관의 실정에 따라 부모교육을 실시한다.
⑤ 가정과 지역사회와의 협력과 참여에 기반을 두고 운영한다.
⑥ 교사 재교육을 통해서 누리과정활동이 개선되도록 운영한다.

5) 교수·학습 방법

① 놀이를 중심으로 교수·학습활동이 이루어지도록 한다.
② 유아의 흥미를 중심으로 활동을 선택하고 지속할 수 있도록 한다.
③ 유아의 생활 속 경험을 소재로 하여 지식, 기능, 태도 및 가치를 습득하도록 한다.
④ 유아와 교사, 유아와 유아, 유아와 환경 간에 능동적인 상호작용이 이루어지도록 한다.
⑤ 주제를 중심으로 여러 활동이 통합적으로 이루어지도록 한다.
⑥ 실내·외 활동, 정적·동적활동, 대·소집단활동 및 개별 활동, 휴식 등이 균형있게 이루어지도록 한다.
⑦ 유아의 관심과 흥미, 발달이나 환경 특성 등을 고려하여 개별 유아에게 적합한 방식으로 학습하도록 한다.

6) 평가

(1) 누리과정 운영 평가

① 운영내용이 누리과정의 목표와 내용에 근거하여 편성·운영되었는지 평가한다.

② 운영내용 및 활동이 유아의 발달수준과 흥미·요구에 적합한지를 평가한다.

③ 교수·학습방법이 유아의 흥미와 활동의 특성에 적합한지를 평가한다.

④ 운영환경이 유아의 발달특성과 활동의 주제, 내용 및 효율성 등을 고려하여 구성되었는지를 평가한다.

⑤ 계획안 분석, 수업 참관 및 모니터링, 평가척도 등 다양한 방법을 활용하여 평가한다.

⑥ 운영평가의 결과를 반영하여 운영계획을 수정·보완하거나 이후 누리과정 편성·운영에 활용한다.

CHAPTER 09

유아교육 평가

본 장에서는 유아 교육현장에서 나타난 여러 현상을 과학적인 방법에 의해 요약 기술하고, 그 현상을 정확하게 해석하고 추론하여 가치 부여의 이론적 토대를 마련하기 위하여 유아 교사가 알고 있어야 할 평가에 관한 개괄적 내용을 다룬다. 유아교육평가는 연구 및 관찰에 의해 밝혀진 결과를 토대로 유아의 발달수준이 어떠한지에 대해 가치를 부여하는 과정이다. 평가 결과를 통하여 유아 교사는 영유아 프로그램을 계획할 수 있고, 학습이나 모니터링에 필요한 효과적인 교수법을 찾을 수 있다.

1 평가

1) 평가의 정의

유아교육에서 평가(Evaluation)란 유아의 현재 발달수준이 어떠한지에 대한 일련의 사실들에 가치를 부여하는 과정이다. 이러한 지식을 바탕으로 유아 교사는 영유아프로그램을 계획할 수 있고, 학습이나 상호작용에 필요한 효과적인 교수법을 찾을 수 있다. 미국유아교육협회(NAEYC)에 의하면 평가란 프로그램 참여자가 프로그램을 어떻게 수행했는지 또는 제공된 프로그램의 결과가 무엇인지 알기 위해 사용될 수 있는 관련 자료의 체계적인 분석으로 정의하고 있다. 평가라는 용어는 진단(Screening), 측정(Measurement), 계속평가(Assessment) 등으로 혼용되어 쓰이고 있지만 이들 용어 간에는 약간의 차이점이 있다. 진단(Screening)은 유아가 기관에 입소하여 45일 이내에 부모와 함께 연령에 적합한 검사를 받는 것을 말하며 유아교육활동이 시작되기 전이나 학기 초에 시행하는 것으로 유아에게 적절한 교육환경을 구성하거나 유아와 실제 상호작용하는데 필요한 정보를 얻기 위해 유아의 발달 정도, 발달장애 유무 및 흥미, 동기 등을 구체적으로 파악하는 작업으로 활용된다. 측정(Measurement)은 평가자가 측정하고자 하는 대상을 어떤 객관적인 도구를 사용하여 정확하게 재어서 그 측정량을 수량으로 표시하는 것을 말한다. 주로 자료의 객관성을 확보하고자 할 때 많이 활용된다. 계속평가(Assessment)는 유아의 발달, 강점, 욕구, 부모가 기대하는 바에 정보를 제공하기 위해 모든 행동을 망라하여 교사가 계속 자료를 수집하는 과정이다. 한국교육평가학회(2004)에서는 계속평가를 측정과 평가의 중간 개념으로서, 체계적인 가치판단에 관심을 두기보다는 측정활동을 통하여 특정 목적을 달성하기 위하여 근거자료를 수집하는 과정에 중점을 두는 활동으로 정의하고 있다. 평가(Evaluation)는 측정을 통해서 계속 평가한 자료들을 수집하여 분석하고, 그 결과에 기초하여 판단하고 의사결정을 내리는 과정을 의미한다.

이처럼 교사는 평가를 통하여 유아의 발달이 어느 정도로 이루어 졌는지 이해하여야만 발달적으로 적합한 개별화된 프로그램을 계획할 수 있다. 따라서 평가는 발달적으로 적합한 프로그램을 고려하는 교사가 수업 결정을 이끌어 가는 지속적인 과정이며, 다양한 전략을 이용하여 개별 아동의 발달을 이해하고 알아내기 위한 방법으로 결과물에 기초하여 가치판단을 하고 의사결정을 내릴 때 활용되는 개념으로 이해해야 할 것이다.

2) 평가의 목적

앞서 유아교육에서의 평가를 유아들의 전인적 성장·발달에 목표를 둔다고 한다면 유아교육의 과정에서 평가는 소홀히 할 수 없는 중요한 과제임을 알 수 있다. 평가의 목적은 유아 교육기관의 특성이나 철학 또는 평가의 계획과 실행에 관계하는 교사들에 따라 다소 차이가 있을 수 있다. 유아교육에서 평가의 일반적 목적을 살펴보면 다음과 같다(Decker, & Decker, 1997; 이영석, 1985). 첫째, 현재의 유아 상태를 파악하기 위함이다. 둘째, 과학적이고 합리적인 평가방법을 통하여 유아의 배치와 학습지도 분석에 필요한 기초자료를 제공하기 위함이다. 셋째, 평가는 유아 교육과정의 계획을 위해 사용된다. 즉, 유아교육의 목표와 유아의 발달상황이 제대로 수행되었는지를 파악하여 프로그램의 수정 및 보완 그리고 교수 전략의 문제점을 해결하는데 사용할 수 있다. 넷째, 프로그램 전반에 관한 효과를 알아보기 위함이다. 즉, 교육목표, 교육과정, 교수·학습계획, 지도의 결과, 교육운영, 교육시설과 설비 등 모든 영역에 걸쳐서 그 효율성을 결정하는 데 사용된다. 다섯째, 유아교육평가는 평가 그 자체에 목적이 있는 것이 아니고, 유아교육 프로그램의 질적 향상을 위한 것이어야 한다. 여섯째, 평가는 유아의 제반 상황을 관찰 기록하고 그 결과를 다음 교육활동계획에 활용할 수 있도록 계획되어야 한다. 일곱째, 부모와 효과적인 의사소통의 자료로 제공하기 위해서이다.

3) 평가의 필요성

유아교육평가를 통하여 유아들에게 적합한 교육목표를 설정하고 그 설정된 목표를 달성하기 위한 교수-학습 경험을 선정·조직하며, 나아가 실제 지도하고 나타난 결과를 피드백하는 등 교수학습 수행에 있어서는 필수적인 과정으로서 간주할 수 있다(황해익, 2003).

유아교육평가의 필요성을 살펴보면 다음과 같다. 첫째, 유아의 발달적 변화와 현재의 교육목표 그리고 학습수준이 어떠한지를 파악하기 위해 필요하다. 예를 들어 프로그램의 목표와 관련하여 유아의 인지적 수준은 어떠한 지를 파악하거나, 만 4, 5세 집단의 신체적, 사회적 발달과 비교하여 이 집단의 유아는 어떠한가 등과 같이 유아의 강점과 욕구를 파악하기 위해서이다. 둘째, 영유아프로그램의 계획과 의사결정의 효과적인 개선을 위해서 필요하다. 교사가 수집한 자료들을 통해 교수-학습 계획 및 활동, 교구의 배치, 교수 전략 등을 계획하게 된다. 예를 들면, 대집단 활동에 어려움을 느끼는 유아에게 적합한 학습활동을 계획한다든지, 친사회적 활동 전략 등을 구상할 수 있다. 셋째, 장애유아를 선별하여 발달에 적합한 프로그램을 계획하는데 활용된다. 장애를 가지고 있는 유아를 진단을 통해 발견하면 그에 따라 심도 있게 평가하여 특별한 프로그램이 필요한지 결정하고 계획을 세울 수 있다. 넷째, 부모 및 교육전문가와의 상호 의사소통을 보다 효율적으로 하기 위해서 필요하다.

4) 평가의 과정

(1) 평가의 목적 설정

평가의 목적설정에서는 유아의 발달에 있어서 어디에 중점을 둘 것인지를 밝히는 과정이다. 유아 교육프로그램의 운영, 영유아 발달, 생활변화, 교사 등 유아교육 관련 제반사항을 다양한 방법으로 평가하여 얻어진 자료를 통해 영유아의 발달에 적합한 교육을 제공하여 전인적인 발달을 이루도록 도와주는데 목적을 두어야 한다.

(2) 평가의 대상과 내용 선정

평가의 목적이 설정되면 다음으로 무엇을 평가할 것인가 즉, 대상과 내용에 관한 부분이다. 대체로 평가의 대상은 유아, 교사, 교육환경, 프로그램으로 구분하여 살펴볼 수 있다. 유아에 대한 평가는 교사에 의해 제공된 다양한 교육활동을 통해 유아가 어느 정도의 발달 수준을 보이고 있는지를 평가한다. 이를 통해 발달적으로 부적응 문제를 지니고 있는 유아를 선별, 교육할 수 있고 유아 교육프로그램이 유아의 행동에 어떤 변화를 보였는지도 확인할 수 있게 된다. 교사에 대한 평가는 교사가 영유아의 학습지도에 있어서 적합한 수업계획을 세웠는지, 수업활동중의 상호작용을 원활하게 하였는지, 다양한 교재, 교구를 효과적으로 배치·활용하였는지 등을 파악하여야 한다. 교사에 대한 평가는 임용, 승진, 또는 현직 유지 등에 관한 행정적 의사결정이나 교수-학습의 개선에 활용되기도 한다(황해익, 2003). 교육환경에 대한 평가는 유아 교육기관의 질적 수준의 향상을 목적으로 교육계획, 교육환경, 안전관리, 건강, 위생관리, 영양관리, 교육비 집행, 원아관리, 교재·교구·비품의 적합성, 기관 종사자 관리 등 교육여건 전반에 대한 평가를 주된 내용으로 한다. 프로그램에 대한 평가는 프로그램 운영이 연간교육계획안, 월간, 주간, 일일 교육계획안의 작성 및 활용, 프로그램 구성에 있어서 영유아의 연령, 발달수준, 흥미 등에 적합하게 구성되었는지, 각 흥미영역별 프로그램 진행 과정에 대한 평가와 물리적 환경에 대한 평가를 하게 된다.

(3) 평가의 시기 결정

평가 시기는 평가의 가치와 방법에 대한 교사의 인식 및 신념에 따라 개별적으로 이루어질 수 있으나, 교육활동이 이루어지는 전 과정에 지속적으로 이루어져야 한다. 평가 실시 및 횟수는 교육목표에 따라 결정해야 하며 무엇보다도 평가받는 유아로 하여금 충분히 목표 행동을 잘 나타낼 수 있도록 라포(Rapport)를 형성시켜 주는 데에 유의해야 한다. 학기 초에 평가를 할 경우에는 유아가 최종적으로 습득하게 될 교육성과가 무엇인지, 평가방법으로 무엇을 할 것인지, 평가를 위해 정해진 시간이나 기간이 있는지, 부모로부터 정보를 어떻게 수집할 것인지 등의 분석이 필요하다. 영유아별 학습준비도 검사, 지능검사, 가정환경조사서, 학부모가 제출한 입학원서 등이 평가 자료로서 활용된다. 학기 중의 평가는 대·소집단 활동을 진행하면서 일정한 시점에 유아나 집단의 초기 활동, 태도와 사회적 기술, 사전 지식과 이해, 그리고 학교나 기관에서 강조된 것들과 관련된 기술과 습관들을 평가하는 것이다. 이때 교사는 매일 두 명이나 세 명의 유아들을 관찰하거나, 유아들의 작품과 사진을 참조하여 유아의 학습과 발달의 중요한 순간을 기록해 두어야 한다. 학기 말에 평가하는 경우에는 학기동안 수집된 다양한 평가 자료를 참조하여 각각의 유아들이 성취한 것과 계속해서 도움을 필요로 하는 것이 무엇인지 정리하고 분석, 종합, 요약해야 한다.

(4) 평가를 위한 정보 수집

평가를 위해서는 다양한 자료수집과 기록방법을 사용하여 평가하여야 한다(김지은·김진숙, 2006). 이렇게 수집된 각종 평가 자료를 통해 유아간의 상대적인 비교뿐만 아니라 각 유아에 대한 개인내 개인차도 파악할 수 있게 된다. 평가를 위한 정보 수집에는 교사의 조직적인 관찰, 유아들의 작업결과물, 교사의 질의, 응답 또는 부모로부터 정보를 수집할 수 있다. 조직적인 관찰은 유아들의 표정, 목소리의 높낮이, 무엇을 말하는가와 말하는 방법, 어떻게 움직이는지, 과제수행을 어떻게 하는지, 과제를 끝냈는지에 대해 기록함으로써 자료를 습득할 수 있다. 때로는 유아들의 그림, 글, 도서일지, 녹화, 녹음자료, 도표, 그래프 등 학급활동을 통해 나온 작업결과물을 통해 유아들이 아는 것과 모르는 것을 수집할 수도 한다. 교사의 질의, 응답을 통해서는 교사가 유아들에게 질문하고, 대답을 요구하며, 인터뷰 등을 통해 유아들의 발달과 학습에 대한 단서를 얻을 수 있다. 부모들로부터 수집된 자료는 유아 교육기관에서 파악되지 않은 부분들을 파악할 수 있다.

(5) 수집한 정보 분석

유아에 대한 각종 정보를 수집하였다면 이러한 자료를 토대로 유아의 발달에 대한 내용을 영역별로 분석할 필요가 있다. 영역별 구분은 평가자의 분류에 따라 다양할 수 있다. 일반적으로 유아측면, 교사측면, 프로그램 측면, 환경측면으로 정보를 요약할 수 있다. 요약된 정보는 발달에 적합한 교육목표를 정하고 발달에 도움을 줄 수 있는 지침의 역할까지 제공한다. 또한 개별 유아가 도달해야 할 특정한 목표를 세우는 데도 도움을 준다. 그러므로 요약한 내용이 유의미한 가치를 지니도록 교사는 다양한 정보를 수집해야 하며, 수집한 정보를 의미 있는 것으로 만들어 내고 반성적으로 고찰하는 과정이 필요하다.

(6) 평가자료의 활용

여러 절차를 통하여 도출된 평가결과는 유아에 대한 교사의 이해의 폭을 넓혀주며, 새로운 교수학습 계획과 프로그램을 계획하는데 기초자료로 활용된다. 또한 부모와의 면담 시 유아에 대한 상담의 자료가 되며, 유아 교육과정 계획 및 학습지도방법의 개선 등에 활용할 수 있다.

2 평가의 영역과 방법

1) 평가의 영역

(1) 교육과정에 대한 평가

❶ 요구분석

유아 교육과정의 운영방향을 결정하는 과정이다. 유아, 부모, 교사, 지역사회의 요구를 총체적으로 수렴 분석하여 반영하려는데 목적이 있다. 요구분석 결과는 교육과정편성 운영을 위한 기초 자료로 활용된다.

❷ 교육과정 계획에 대한 평가

교사가 계획한 교육과정이 요구분석과정을 통해 밝혀진 요구 및 국가수준의 교육과정 내용과 합치되는 정도를 평가한다. 주된 과제는 사전에 설정된 목표와 이를 달성하기 위해 설계된 교수목표, 내용, 방법을 서로 비교 분석하며 활용 가능한 인적, 물적 자원을 동원하기 위한 전략과 절차, 실행 가능성, 경제성 등과 관련지어 분석 검토한다.

❸ 형성평가

교육 과정이 운영되는 동안에 학습 단위로 교육과정 운영이나 교수학습방법을 개선할 목적으로 실시한다. 교육활동 과정에서 나타난 잠재적 문제를 모니터하고, 기대하지 않았던 문제가 발생했는지에 주의를 기울인다. 미리 계획했던 대로 세분화된 정보를 수집 후 분석 검토한다.

❹ 총괄평가

교육과정이 운영되는 동안 또는 마무리해야할 때 목표 달성도를 측정 해석하는데 목적이 있다. 교육과정의 계획과 운영결과 간의 비교를 통해 기관 단위의 현행 교육과정을 계속 실시할 것인가, 종결할 것인가 결정하는데 도움이 된다. 교육목표, 내용과 관련하여 측정 가능한 준거를 설정, 요구분석의 반영 정도, 프로그램 계획 및 운영, 형성 평가 결과 등의 성과를 분석한다. 기관, 가정, 지역사회 등 거시적인 사회 문화적 생활 체제와 관련지어 총체적으로 평가한다.

(2) 영유아 프로그램 평가

유아의 성장과 발달을 평가하는 일 못지않게 중요한 것은 발달적으로 적합한 학습이 발생할 수 있도록 하기 위해 영유아 프로그램을 평가하는 일이다. 교사들은 영유아 프로그램의 각 주요 구성요인의 질을 평가해야 하고 개선을 위해 구체적 영역을 목표로 삼아야 한다. 이러한 전반적인 평가를 통하여 교사들은 유아의 행동과 학습에 몰입할 수 있게 된다.

❶ 인지적 영역의 평가

교사가 학습지도를 전개하기 전에 계획단계에서 지식의 영역을 평가하기 위한 계획을 어떻게 세우는가는 인지적 영역의 평가이다. 이때 교사는 유아가 성취해야 할 성취목표를 결정해야 하며 어떻게 평가할 것인지를 생각해야 한다. 블룸(1956)은 지적 영역에서의 각 학습목표는 단순한 지식에서부터 복잡한 지식에 이르기까지 다양하며 이를 복잡성의 수준에 따라서 지식, 이해, 적용, 분석, 종합, 평가의 여섯 가지 단계로 분류하고 있다.

❷ 정의적 영역의 평가

정의적 영역의 평가는 유아의 작업태도, 수업에 대한 적극성, 태도 등에 대한 평가를 의미한다. 정의적 영역에 해당하는 수업목표와 이에 따른 학습경험들은 그 내면화 정도에 따라서 수용, 반응, 가치화, 조직화, 인격화의 다섯 단계로 나누어진다(Bloom, 1956). 그러나 태도에 속하는 영역을 평가할 때는 정확한 평가가 어렵기 때문에 다양한 방법의 평가기법을 사용해야 한다.

❸ 신체기능 영역의 평가

신체기능 영역의 평가는 기능평가의 핵심적인 부분으로서 아느냐 혹은 모르느냐를 확인하는 작업보다는 얼마나 잘하느냐에 관심을 두고 있다. 즉, ‘Knowing’보다는 ‘Doing’에 초점을 두고 있는 평가이다.

(3) 양적 평가와 질적 평가

❶ 양적평가

표준화 검사도구와 같은 수량적 분석방법을 통해 목표의 달성여부를 알아보는 평가로 일반적 현상을 추출하고자 하는 평가, 일반적 현상을 이끌어내기 위해 표본을 선정하고 객관적 절차를 강조하는 평가의 형태가 있다.

❷ 질적평가

활동 및 실행과정에 대해 초점을 두고 그 과정이 창출해내는 것의 의미를 파악하고자 하는 평가로 일반적 현상을 추출하기보다 구체적인 현상에 대해 이해하고자 하는 평가, 이로 인해 구체적인 사실들을 점검하고 살펴보는 형태로 진행된다.

❸ 양적평가와 질적평가의 차이점

구분	양적 평가	질적 평가
이론적 배경	경험적 실증주의	구성주의
절차	수량적 분석방법, 검사도구의 신뢰도 강조	질적 평가의 타당성 지향
평가 방법	객관화되고 신뢰성 있는 검사 도구를 사용하여 일반화된 결론 도출	자연적인 상황에서의 관찰이나 비구조화된 면접법
결과의 적용	연역적 평가과정	귀납적 평가과정

(4) 유아 교육기관 환경에 대한 평가

❶ 실내 환경평가

실내 환경평가는 일정 공간에 얼마나 많은 유아가 놀이할 수 있느냐에 따라 효율성을 평가할 수 있다. 볼프강(Wolfgang, 1992)과 브로우어(Brewer, 1995)는 놀이단위를 단순단위(Simple Unit), 복합놀이단위(Complex Play Unit), 슈퍼 복합단위(Super Complex Unit), 그리고 잠재적 단위(Potential Unit)로 나누어 얼마나 많은 유아를 수용하느냐에 따라 공간조직을 평가하고 있다. 단순단위는 하나의 놀이 단위로서, 단 한 명의 유아만이 성공적으로 놀이에 참여할 수 있다. 단 하나의 분명한 용도를 가지며, 유닛을 가지고 조작하거나 즉석에서 다른 두 가지 놀이를 할 수 있는 하부구조를 가지고 있지 않다. 복합놀이단위에는 즉석에서 조작하여 무엇인가를 해볼 수 있는, 근본적으로 다른 두 가지 놀이기구로 만들어진 하부구조들이 있다. 모래상자나 모래 테이블에 모래만 있을 때는 할 수 있는 놀이가 제한되지만, 여러 가지 축소된 생활도구나 물이 추가됨으로써 더 많은 유아들이 놀이에 참여할 수 있다. 물감이나 점토가 있는 미술활동 책상과 책이 있는 책상 또한 복합놀이단위로 분류된다. 슈퍼 복합단위는 세 가지 이상의 놀이단위가 함께 있는 경우로서 이동판과 상자가 있는 터널, 여러 가지 도구들과 물이 있는 모래놀이 책상, 할로 블록, 유닛 블록, 블록 부속품들이 있는 블록 영역, 사회극놀이영역 등이 여기에 속한다. 슈퍼 복합단위는 유아의 주의를 지속시키는 효과가 단순단위보다 거의 8배이고, 복합놀이단위는 그 효과에 있어 약 4배이다. 한편, 유아 교육기관의 실내 환경을 평가하는 데 있어 교사들은 동물이나 식물 같은 특수 주제를 수행하기 위한 적절한 공간과 교구들에 관해서도 고려해야 한다. 구체적인 고려사항은 다음과 같다.

- 한 명의 유아나 소집단이 활동을 위한 충분한 교구(종이, 매직펜, 가위 등)들을 가지고 편안하게 작업할 만한 공간을 갖추고 있는가?
- 다른 유아들의 작업을 방해하지 않고 실내에서 자유로이 이동할 수 있는가?
- 한 명 또는 소집단의 유아가 조용히 읽고 생각할 수 있는 조용한 장소가 있는가?
- 대집단에서 소집단, 개별 교수에 이르기까지 큰 혼란이나 시간의 손실 없이 이동이 허용될 만큼 교구가 융통성있게 배치되어 있는가?
- 필수품을 사용하고자 하는 유아가 있을 때, 그 필수품이 다른 유아를 방해하지 않고 사용할 수 있도록 놓여 있는가?
- 유아들은 자신들의 작업수행과정에서 직면하는 문제해결을 위하여 끝까지 몰두할 수 있는가?

❷ 실내 교구배치의 평가

함스(Harms, 1970)는 놀이공간의 복잡성에 따른 환경 평가와 관련하여, 교구 사용에 있어 다음 사항을 고려해야 한다고 제안하고 있다.

- 유아들이 서로를 방해하지 않은 채 조용하고 시끄러운 활동을 계속 진행할 수 있는가? 유아 각자의 활동을 위한 적절한 장소가 있는가?
- 흥미가 있을 때는 언제나 모든 유아가 사용할 만큼 선반 위에 충분한 교구가 다양하게 있는가? 선반 위의 교구들은 분류상태가 제대로 되어 있을 만큼 충분한 공간이 있는가?

- 교구들이 개별 단위로 저장되어 있어서 여러 유아들이 함께 가지고 놀지 않아도 될 만한가?
- 유아들이 어떤 교구를 어디에서 가지고 놀아야 될지를 알 만큼 활동 영역이 제대로 구분되어 있는가?
- 활동영역마다 책상 또는 러그가 충분히 있어서 교구를 편안하게 사용할 수 있는가?
- 교구들의 상태는 유아들이 스스로 교구를 가지고 놀 수 있도록 좋은가? 그리고 항상 일정한 장소에 정리되어 있는가?
- 심한 소음을 줄이기 위하여 소음 완화용 기구들이 사용되고 있는가? 즉 블록놀이를 위한 러그가 있는가? 의자나 책상 다리에 패드가 끼워져 있는가?
- 활동의 시작과 정리가 복잡하지 않은가? 활동 진행을 유아들이 예상할 수 있는가?
- 활동교구들이 유아의 눈높이에 맞게 배치되어 있는가?
- 유아들이 자신들의 물리적 환경을 정비하고 책임감을 느끼는가?

❸ 실외환경의 평가

실외환경에서 교사가 주의를 기울여야 할 부분은 유아의 신체적·정서적·지적 요구를 충족시킬 수 있는 시간과 교구를 사용하는 일과, 유아들을 보호하기 위하여 안전한 환경을 제공하는 일이다. 교사는 설비의 안정성에 계속 관심을 기울이는 것은 물론, 유아들의 활동에도 지속적으로 관심을 가져야 한다.

실외환경을 평가할 때는 다음과 같은 준거들을 사용할 수 있다.

- 교구들은 안전하고 견고한가?
- 교구들은 다양성을 가지는가?
- 교구 제공에 있어서 균형을 유지하는가?
- 교구는 유아들이 좋아할 만큼 매력적인가?
- 유아들이 적극적·능동적으로 몰두하여 교구를 가지고 노는가?
- 교구가 유아의 발달단계에 적합한가?

- 교구는 유아들에게 필요해서 구입하는가, 아니면 교사가 좋아해서 구입하는가?

(5) 학습지도에 대한 평가

❶ 수행평가

수행평가는 단편적인 지식만을 암기하도록 조장하는 기존의 교수-학습평가 방식을 지향하고 유아의 창의성이나 문제해결력 등 고등사고기능을 파악하고 개별적인 학습을 신장하도록 하기 위한 하나의 방안으로 유아 스스로가 자신의 지식이나 기능을 나타낼 수 있도록 답을 구성하거나, 산출물을 만들거나, 행동으로 나타내도록 요구하는 평가를 말한다. 즉, 수행평가는 유아 스스로 해답을 구하는 과정이나 이를 행동으로 나타내는 것을 통해 지식이나 기능을 직접적, 간접적으로 인지적, 정의적, 신체 기능적 영역에 대한 종합적인 평가인 것이다. 수행평가의 유형 에는 준비도 검사, 관찰법, 평정척도와 체크리스트, 유아의 작품 수집법, 포트폴리오 등이 있다. 준비도 검사는 유아가 학습과제를 수행하기 위해 요구되는 기초 기능 및 지식을 갖추고 있는 정도를 평가하는 도구로 진단의 목적을 위해 사용되고 있다. 관찰법은 유아의 학습 과정에 있어서 유아와 다른 유아 간의 상호작용 혹은 유아와 교재·교구간의 상호작용을 주의 깊게 기록하는 것으로 유아가 어떻게 생각하는 것인지 혹은 어떻게 느끼는지에 대한 판단을 위한 기초 자료를 제공해 준다. 체크리스트는 일반적으로 유아의 특징 및 수행정도에 대한 일련의 기술적인 진술을 체크한다. 평정척도는 교사로 하여금 유아가 가지고 있는 기능과 각 기능에서 보여지는 숙달 정도를 확인해 준다.

❷ 포트폴리오 평가

포토폴리오 평가는 유아의 활동에 대해 지속적이고 체계적으로 모아 둔 작품집을 수집하여 유아의 발달과 학습에 대한 평가가 이루어지도록 하는 방법이다. 장기간에 대해서 변화된 결과물을 모아 두기 때문에 과정을 매우 중요시 여긴다. 포트폴리오에 포함할 수 있는 구성요소로는 작업표본, 날짜, 분류표, 자기평가지, 목표설정지, 조언, 내용 목차 , 활동 수행일지 등이 있으며, 포트폴리오 속에는 건강기록, 이전 양육기관의 기록, 일화 기록, 발달 체크리스트, 부모 참여자료, 영아기차트, 사건/시간표집, 평정척도, 표준화검사의 평가결과, 사진 작품자료, 글쓰기표본, 녹음자료 등을 포함할 수 있다.

2) 평가의 방법

평가의 방법에서 중요한 것은 교육목표를 측정하기 위해 사용할 도구를 직접 제작하거나 기존의 평가도구들 중에서 적절한 것을 선정하는 것이다. 평가도구는 평가방법, 평가 시기 및 범위 등에 적절한 평가 관점 및 배점 등을 고려하여 제작해야 한다. 특히 필답검사를 작성하거나 표준화 검사를 선택할 때에는 검사의 타당도, 신뢰도, 객관도에 유의하여 제작하거나 선정해야 한다. 대표적인 평가방법으로 관찰법, 면접법, 작품분석법, 질문지법, 표준화 검사법, 포트폴리오법 등이 있다.

(1) 관찰법

관찰에 근거한 평가는 관찰의 대상이 되는 유아들을 관찰하여 간단한 진술로 기록할 수 있고, 또 활동이 끝난 후까지 확대할 수 있다. 관찰법은 상황을 인위적으로 통제하는 상황에서 이루어질 수도 있고 자연스러운 교실상황에서 이루어질 수도 있다. 교사가 평가를 위해 활동 중인 유아를 관찰할 때는 다음과 같은 사항들을 기록할 수 있다.

① 사용되고 있는 기능
② 사용하는 전략
③ 만들어지고 있는 잘못과 자기 수정이 되고 있는 것들
④ 사용되고 있는 언어
⑤ 특수한 활동에 대한 태도
⑥ 개념/기술이 사용된 목적
⑦ 사용된 기술/개념에 대한 확신

⑧ 사용된 의사소통 형태(구두/서면보고, 수, 그림, 모델 등)

(2) 수행평가

수행평가는 유아가 복잡하고 중요한 과제를 능률적으로 성취하려 하는 동안에 이전 지식, 현재의 학습과 실제적인 문제해결을 위한 적절한 기능을 지닐 것을 요구한다. 수행평가는 유아의 개념 이해를 보여주고 유아가 획득한 지식과 기능을 적용하도록 허용한다. 수행평는 비판적인 사고기술에 따른 특별한 지식을 평가하기 위해 세심하게 구성되어야 한다.

(3) 포트폴리오

포트폴리오(Portfolios)는 작업의 결과나 작품 또는 수행 결과물을 모아 놓은 자료집이나 서류철로 포트폴리오에 담긴 자료를 토대로 평가한다. 포트폴리오는 여러 영역에서 유아의 능력을 표현하기 위해 구성되는데, 유아의 활동수행과 작품의 수집으로서 포트폴리오는 개별 유아들에게 학습 과정이 발생했다는 증거를 보여준다. 포트폴리오로 인해 일정기간 동안 유아가 성취하는 성장과 발달의 과정을 이해할 수 있게 된다.

(4) 지침

지침(Rubrics)은 수행과제, 쓰기 숙제 등과 같이 유아들이 과제에 참여하기 전에 보는 일종의 준거틀(Set of Criterin)이다. 그러므로 활동 전에 유아들을 위해 설정된 준거를 봄으로써, 구체적인 학습을 위해 어떻게 해야 하는지를 분명히 알 수 있게 된다.

(5) 태도와 흥미목록

유아가 여러 가지 활동들에 대해 어떻게 느끼는지에 대한 정보와 그들이 가장 흥미 있어 하는 것은 무엇인지는 대개 태도와 흥미목록을 통한 질문에 의해 얻어진다. 이러한 경우에는 대개 확산적 질문에 의해 수집된다.

태도와 흥미목록은 교사로 하여금 활동을 계획하는 데 도움을 줄 수 있으며, 유아의 태도 및 학습경험에 대한 단서를 제공한다.

(6) 자기평가

유아들은 그 날의 활동에 참여하는 동안 자신들이 해왔던 것을 구두로 표현하거나 어떤 일을 하기 위해 어떻게 배워야 하는지를 스스로 평가할 수 있다.

자기평가의 과정에는 유아들이 잘해 낸 일에 대해 생각해 보도록 하기 위해 다음에 수행해야 할 일이 포함되며 또 배울 필요가 있는 것이 무엇인지에 대해 생각해 보도록 격려해야 한다.

(7) 면접

유아교육에서는 부모참여의 중요성이 강조되고 있기 때문에 부모와의 면담이 자주 이루어지고 있다. 면접은 부모와의 접촉을 통해 가정에서의 행동과 친구관계를 포함한 유아의 전반적인 생활에 관한 정보를 보다 포괄적으로 파악하는 데 유익한 평가방법이다.

(8) 표준화 검사

표준화 검사는 검사의 목적, 내용, 대상, 실시 절차 및 조건, 채점 및 결과 해석 등의 객관적인 규준을 가지고 있는 검사를 의미한다. 표준화 검사는 신뢰도와 타당도가 검증되어 있기 때문에 특정 유아의 성취 수준을 다른 유아들의 성취 수준과 비교해 볼 수 있다. 그러나 자료를 수집하고 해석하는 데 편견이 개입될 수 있고 시간이 오래 걸리는 단점도 있다.

3 유아 교육기관 평가

1) 목적

유아 교육기관 평가는 기관 운영 전반을 체계적·종합적으로 점검하고 평가 결과 공개를 통해 학부모의 알 권리 및 유아 교육기관 선택권 보장으로 학부모의 유아교육에 대한 만족도를 제고하는 데 목적이 있다. 국가, 학부모, 유아교육기관 측면에서 평가의 목적을 살펴보면 다음과 같다.

첫째, 국가 측면에서는 평가 결과 공개를 통해 정부3.0정책 실현 및 학부모의 알 권리 보장과 책무성 제고를 통한 유아 교육기관 교육의 질 제고를 할 수 있다.

둘째, 학부모 측면에서는 총평, 영역별 소견 등 유아 교육기관에 대한 구체적이고 상세한 정보 공개를 통해 학부모의 기관 선택권 보장 및 만족도를 향상시킬 수 있다.

셋째, 유아 교육기관 측면에서는 자율적 운영실태 진단과 개선, 우수 유아 교육기관의 자긍심 고취 및 유아 교육기관간의 선의의 경쟁을 촉진시킬 수 있다.

2) 평가 영역 및 평가방향

유아 교육기관 평가 영역은 크게 교육과정, 교육환경, 건강·안전, 운영관리 및 자체지표로 구성되어 있으며 각 영역에 따른 평가 방향을 살펴보면 다음과 같다.

첫째, 교육과정영역에서 교육과정은 유아 교육기관 운영의 가장 핵심적인 요소로서, 교육과정을 어떻게 운영하느냐에 따라 교수·학습 경험의 질이 결정되고, 그 결과 유아교육의 효과도 크게 좌우된다. 교육과정 영역에서는 적합하고 타당한 교육목표를 설정하고 있는지, 생활주제 및 유아발달에 적합한 교육계획을 수립하고 있는지, 통합적·균형적 일과 운영을 하고 있는지, 적절한 교수·학습방법을 하며 교사가 질적인 상호작용을 유도하는지, 타당하고 신뢰로운 교육 평가가 적절히 실행되고 활용되는지를 점검한다.

둘째, 교육환경 영역에서 교육환경은 교육과정의 성공적 운영과 밀접한 관련이 있다. 특히, 유아는 주변 환경과의 긴밀한 상호작용을 통해 학습·발달하므로 실내·외 교육환경 및 시설·설비가 적합한지, 유아의 발달수준과 주제에 적합한 충분한 교재·교구를 제공·관리하는지 점검한다.

셋째, 건강·안전 영역에서 유아의 건강 및 안전관리는 유아 교육기관의 교육적 기능과 더불어 매우 중요한 기능으로서, 유아의 심신의 건강을 유지하고 안전한 환경을 제공하는 일과 정상적인 성장·발달을 위해 중요하다. 건강 및 안전 영역에서는 유아의 건강관리 및 지도를 적절하게 실시하고, 다양한 급·간식을 위생적으로 제공하며, 적절한 식습관 지도를 하고 있는지를 점검해야 한다. 또한 유아와 교사를 대상으로 안전교육 실시 유·무와 실내·외 시설·설비에 대한 안전관리를 하고 있는지 점검한다.

넷째, 운영관리영역에서는 유아 교육기관이 설정한 교육목표를 제대로 달성하기 위해서는 기관의 운영관리가 잘 되었는지를 점검한다. 유아 교육기관의 운영관리는 유아교육활동을 보다 효과적으로 추진하게 하는 지원체제로서 유아 교육기관의 장기적인 발전을 위하여 체계적인 평가가 필요하다. 운영관리 영역에서는 교직원의 인사·보수·복지 규정을 마련·준수하고 있는지와 교직원의 전문성 제고를 위한 지원을 하고 있는지, 원장이 기관 운영개선을 위한 노력을 하고 있는지를 점검한다. 또한 예산의 편성과 운영이 적절한지, 다양한 부모교육·참여활동을 실시하며 가정과 지역사회와 연계를 하고 있는지, 방과후 과정을 위한 프로그램과 인적·물적 환경이 적절한지를 점검한다.

다섯째, 자체평가 영역에서는 자율적이고 전문적인 프로그램을 구성·운영하고 있는지, 다양한 장학활동을 통하여 수업 전문성 신장에 노력하고 있는지, 교육과정 중심의 행사를 운영하고 교사의 행정업무경감에 노력하고 있는지, 학부모에게 소통과 참여 기회를 제공하고 운영위원회를 충실하게 운영하고 있는지를 점검한다.

〈표 9-1〉 유치원 평가 공통지표와 자체지표

평가영역 (배점)	평가지표 (배점)	평가요소
Ⅰ. 교육 과정 (30)	1. 교육목표 및 교육계획 수립의 적절성(10)	1) 교육목표는 국가수준의 교육과정과 교육청의 운영지침을 근거로 유아의 전인 발달·교육을 지향하고 있다.
		2) 연간(월간), 주간, 일일 교육 계획의 목표와 내용이 적절하며 연계성이 있다.
		3) 일일 교육계획안에는 소주제, 목표, 활동시간 및 내용, 자료, 평가 등이 포함되어 있다.
	2. 일과운영 및 교수-학습방법의 적합성(15)	1) 교육계획에 따라 일과를 통합적이며 균형있게 운영하고 있다.
		2) 교육내용·활동에 적합한 교수 - 학습방법 및 매체를 사용하고 있다.
		3) 교사 - 유아간에 질적인 상호작용이 이루어지고 있다.
	3. 평가 방법 및 활용의 적절성(5)	1) 유아평가 실시방법과 활용이 적절하다.
		2) 교육과정(누리과정) 운영 평가의 실시방법과 활용이 적절하다.
Ⅱ. 교육 환경 (15)	4. 실·내외 교육환경 구성 및 활용의 적합성(10)	1) 실내 공간에는 흥미영역의 구성이 적합하며 전시 및 게시가 교육적이다.
		2) 실외 공간에는 각종 놀이기구를 비롯하여 다양한 활동영역이 있다.
		3) 실내·외 시설 및 설비가 유아의 발달수준 및 유아교육 특성에 적합하다.
	5. 교재·교구의 제공 및 관리의 적절성(5)	1) 유아의 발달수준과 주제에 적합한 교재·교구를 충분히 구비하여 제공하고 있다.
		2) 교재·교구의 사용이 용이하도록 정리·관리하고 있다.
Ⅲ. 건강 및 안전 (15)	6. 유아의 건강관리 및 지도의 적절성(10)	1) 유아를 대상으로 청결·위생지도 등 건강교육을 실시하고 있다.
		2) 균형 있는 영양을 고려한 다양한 급·간식을 위생적으로 제공하고 있다.
		3) 유아를 대상으로 식습관 지도를 하고 있다.
	7. 유아의 안전관리 및 지도의 적절성(5)	1) 유아와 교사를 대상으로 안전교육을 실시하고 있다.
		2) 유아, 교직원 및 시설에 대한 보험에 가입하고 있다.
		3) 실내·외 시설 및 설비를 안전하게 설치·관리하고 있다.
Ⅳ. 운영 관리 (30)	8. 교직원의 근무여건 및 전문성 제고(10)	1) 교직원 관련 규정(인사·보수·복지)이 있으며, 이를 준수하고 있다.
		2) 교직원의 전문성 제고를 위한 연수기회를 부여하고 있다.
		3) 원장은 기관을 민주적으로 운영하고 개선을 위하여 노력하고 있다.
	9. 예산편성 및 운영의 적절성(5)	1) 예·결산서를 운영위원회 심의·자문을 거쳐 확정하고, 대내외적으로 공개하고 있다.
		2) 입학금과 수업료 외의 기타경비 관련 규정을 마련하여 준수하고 있다.
	10. 가정 및 지역사회와의 연계(5)	1) 부모교육 및 참여 활동을 체계적으로 계획·운영하고 있다.
		2) 유치원의 교육활동 및 유아 발달상황을 학부모에게 안내하고 있다.
		3) 지역사회와의 협력을 도모하고, 지역사회의 인적·물적 자원을 활용하고 있다.
	11. 방과후 과정 운영의 적절성(10)	1) 국가 및 시도교육청의 방과후 과정 운영지침에 따라 활동 및 프로그램을 적절하게 계획하여 운영하고 있다.
		2) 방과후 과정을 위한 기본 시설·설비가 구비되어 있다.
		3) 방과후 과정에 전담인력이 배치되어 있다.
Ⅴ. 자체지표 (10)	12. 민주적인 유치원문화 조성(10)	1) 자율적인 학습공동체 운영 및 다양한 장학활동을 통하여 수업 전문성 신장에 노력하고 있다.
		2) 교육과정 중심의 행사를 운영하고 교사의 행정업무경감에 노력하고 있다.
		3) 학부모에게 소통과 참여 기회를 제공하고 유치원 운영위원회를 충실하게 운영하고 있다.

CHAPTER 10

유아 교육기관의 운영관리

본 장에서는 유아 교육기관의 효율적 운영을 통하여 유아 교육기관의 원활한 운영 및 관리를 위한 내용을 다룬다. 이를 통하여 유아 교사는 원아의 모집에서 졸업에 이르기까지의 합리적인 시스템에 의해 향후에 있을 유아 교육기관 평가에 대비할 수 있다.

1 유아 교육기관 운영관리의 개념 및 원리

1) 유아 교육기관 운영관리의 개념

유아 교육기관 운영관리란 유아 교육기관을 하나의 체계적인 시스템으로 보고, 유아 교육기관의 목적 및 목표를 능률적이고 효과적으로 달성하도록 그 업무와 활동을 계획·조직·조정 및 평가하는 과정이다. 다시 말하면 유아교육의 목적을 효과적으로 달성하기 위한 인적, 물적, 재정적 및 운영 방법적 조건을 합리적이고 체계적인 방법으로 정비하고 운용하는 일 즉, 인적, 물적, 재정적 조건을 갖추고 교육의 목적, 목표를 달성하도록 교육과정, 시설, 인사, 학급, 재정 기타 필요한 직무를 계획, 실시, 평가하는 과정과 더불어 운영관리를 하나의 전체로서 움직이는 기능으로 파악하는 과정을 말한다.

2) 유아 교육기관 운영관리의 원리

(1) 민주화의 원리

유아 교육기관 운영자는 유아 교육기관을 합리적이고, 체계적으로 운영하기 위해서 민주적인 방법으로 운영하는 것이 필요하다. 특히, 유아 교육기관의 운영관리 및 정책 결정시에는 원장을 비롯한 구성원들이 자유로이 의견을 개진하여 생산적인 의견이 모일 수 있도록 해야 한다. 더불어 다양한 의견을 개진할 수 있도록 교사를 위한 참여 기회를 마련해 주어야 한다.

(2) 합리성의 원리

유아 교육기관 운영을 위해서는 세밀하고 정교한 계획을 기반으로 구체적인 지도, 실천 계획이 전개되어야 한다. 소정의 목적을 달성하기 위해서는 단기, 중기, 장기계획을 합리적으로 계획 및 조직을 해야 한다. 인적 자원의 활용에 있어서 각자의 개성과 능력에 알맞은 과업과 책임을 수행하도록 배려해 주어야 한다.

(3) 사회성의 원리

유아 교육기관의 목적을 능률적이고 효과적으로 달성하기 위해서는 지역사회와 긴밀한 유대관계와 협조가 필요하다. 지역사회 네트워크를 통하여 유아 교육기관은 운영에 필요한 다양한 정보를 수렴하여 유아 교육기관 운영에 반영할 수 있게 된다. 유아 교육기관의 운영방침이나 교육시설을 알려주고 또 그들의 의견을 수렴하여 운영에 반영할 수 있어야 한다.

2 유아 교육기관 운영관리의 영역별 주요 내용

유아 교육기관 운영관리를 위해 '시설·설비관리', '공간관리', '교재·교구관리', '교직원 관리', '유아관리', '교육활동운영', '재정관리', '사무관리', '부모와의 협력', '지역사회와의 협력' 등으로 구분하여 살펴보면 다음과 같다.

〈표 10-1〉 유아 교육기관의 운영관리 영역 및 내용

영역	주요내용
시설, 설비관리	건물, 교실, 놀이터, 주변 환경관리, 안전관리, 시설, 설비의 구입, 수리, 유지, 관리 등
공간관리	환경구성 및 관리, 흥미영역의 구성 및 관리 등
교재, 교구관리	교재, 교구의 구입 및 관리, 시청각 교재구입 및 관리 등
교직원 관리	채용, 담임 배정, 업무분담, 교사연수, 근무평가, 장학지도, 교직원 회의 등
유아관리	입·퇴원, 집단구성, 출·결석, 가정환경 조사, 관찰기록, 기본생활습관지도 등
교육활동운영	교육과정 운영, 연·월·주·일 교육계획 수립, 일과계획 및 운영, 행사계획 및 운영, 현장견학, 건강, 영양(급식, 간식), 안전 청결, 각종 기록물 관리 및 활용, 인적자원관리 등
재정관리	예산편성, 교육비의 수납, 운영비의 지출, 회계장부 기록, 결산서 작성, 감사 등
사무관리	사무분담, 서류관리, 문서처리 등
부모와의 협력	가정통신, 부모회 조직 및 운영, 부모교육, 상담, 부모 참여 등
지역사회와의 협력	지역사회 및 관련 기관의 관리, 현장견학 기관과의 협력, 자원봉사자 모집, 운영 등

3 유아 교육기관 운영관리의 영역

1) 시설·설비관리

(1) 시설·설비관리의 중요성 및 원리

유아들이 최상의 교육활동을 실행하기 위해서는 유아를 위한 적절한 학습 환경

을 조성해야 하는데 이때 필요한 제반 물적 조건을 시설·설비라 한다. 이러한 시설·설비를 구비함으로써 유아들은 성장하고 성숙하게 된다. 왜냐하면 모든 발달의 결정적인 시기로서 다른 어느 때보다도 주위 환경에 민감하고 절대적인 영향을 받기 때문이다. 그러므로 유아 교육기관의 시설·설비는 교육과정 운영의 적합성, 안전과 건강 및 심미적 특성, 융통성과 미래성, 경제성과 효율성, 상호 기능적 조정을 고려하여 그 활용도를 높여야 한다.

유아의 발달적 특징과 관련하여 유아교육에서 시설·설비가 보다 중요시되는 구체적인 이유는 다음과 같다.

첫째, 유아기는 외부의 사물을 받아들이는 데 아주 민감한 시기이기 때문에 유아교육에서 시설·설비가 중요시된다. 유아는 보다 성숙한 아동과 비교해 볼 때 주변의 사물에 대하여 민감하게 반응하며 이러한 외부 환경과의 상호작용을 통해서 자신을 새롭게 형성해 나간다. 그러므로 이 시기에 적절한 시설·설비가 제공되면 유아들의 전반적 성장과 발달을 촉진할 수 있지만, 반대로 적절하지 못한 시설·설비는 오히려 유아들의 건전한 성장·발달을 저해시킬 수 있다.

둘째, 유아기에 형성되는 특성의 심각성 때문에 유아 교육기관의 시설·설비가 특히 중요하다. 유아 교육기관의 부적절한 시설·설비는 유아에게 바람직하지 못한 특성을 형성시켜 줄 수도 있으며, 이러한 바람직하지 못한 특성들은 앞으로의 성장발달에 계속적으로 좋지 않은 영향을 미칠 가능성이 크다. 이러한 의미에서 유아 교육기관의 시설·설비는 모든 면에서 유아의 바람직한 성장 발달을 촉진할 수 있도록 면밀하게 연구되고 계획, 구성되어야 한다.

셋째, 유아기에는 구체적 조작이 강조되기 때문에 충분하고 다양한 시설·설비가 요구된다. 즉, 유아들은 보다 성숙한 아동들과는 달리 실제로 만져 보고, 꾸며 보고, 실질적으로 해보는 활동을 통해서 그들의 경험세계를 넓혀 나간다. 따라서 유아교육에서는 적절한 시설·설비 없이는 소기의 교육성과를 기대하기 어려우며, 이 시기에 적절한 시설·설비의 부족으로 인한 유아의 발달상의 결함은 장래의 계속적인 학습이나 성장발달에 누적적인 결손을 가져올 가능성이 크다. 또한 많은 연구들이 유아 교육기관의 물리적 환경, 특히 시설과 설비, 공간의 구성과 배치, 학습자료의 양과 활용상태 등이 유아교육의 결과를 좌우한다고 보고 있다. 따라서 유아 교육기관의 시설·설비는 충분한 연구를 거쳐 계획되고 설치되어야 하며, 동시에 적절하게 활용되어야 한다.

유아 교육기관의 시설은 다른 발달시기보다도 매우 역동적으로 성장, 발달을 촉진하기 때문에 교육과정의 각 생활영역의 운영을 통하여 소정의 학습 성과를 달성하기 위하여 자유로이 탐색하여 문제를 해결해 나갈 수 있는 창의적인 공간을 만들어 주어야 한다. 따라서 유아 교육기관의 시설·설비는 유아에게 심리적으로는 안정감과 차분성을 느낄 수 있거나 더불어 창의적인 학습공간을 제공되어야 한다(김주건, 1997; 성영혜, 2002). 시설, 설비 계획시 고려할 사항을 열거하면 다음과 같다.

첫째, 유아교육시설은 유아들의 발달에 적합하여야 한다. 유아들의 발달이 급격하게 일어나는 시기이므로 그들의 발달수준, 흥미, 욕구 등을 충분히 고려하여 유아 중심으로 계획, 조성되어야 한다.

둘째, 안전을 최대한 중요시해야 한다. 시설에 사용되는 기자재의 내화성, 신속하고 안전하게 대피할 수 있는 비상구, 벽이나 건물의 적당한 위치에 소화기 설치, 앞뒤로 열릴 수 있는 출입문, 화재가 번지는 것을 막을 수 있는 내화성 문을 만들어야 한다.

셋째, 건물의 형태는 대상 유아들의 발달수준이나 흥미 및 요구에 알맞게 결정되어 교육목표를 가장 효율적으로 달성할 수 있도록 시설을 설계해야 한다.

넷째, 건물은 유니버설 디자인을 고려하여 계획하는 것이 중요하다. 신체적으로 장애를 받고 있거나 시각적으로 손상 받은 유아를 위하여 특별한 건축설계 또는 교실배정이 고려되어야 한다.

다섯째, 공간과 교구의 배치가 자유로이 변화 될 수 있는 시설이어야 한다. 공간구성과 교구 및 비품의 배치에 있어 위치나 높이, 흥미 영역간의 기능적 연결과 소요면적, 소음 수준(시끄러운 영역과 조용한 영역), 색상(산만하고 긴장감을 주는 색상과 조용하고 이완감을 주는 색상 등), 조명과 색감을 고려해야 한다. 교육활동의 성격이나 필요에 따라 영역과 공간을 좁힐 수 있을 때 건물 사용의 효율성을 높일 수 있다.

여섯째, 유아 교육기관의 건물이나 물리적 시설을 구축할 때는 재정적인 사항과 편리성을 고려하여야 한다.

일곱째, 유아 교육기관의 시설 위치는 유아의 주거 지역과 가까워야 하며 이상적인 위치는 안전한 도로를 따라 걸어올 수 있는 거리 이내에 있거나 혹은 교통수단을 이용하여 안전하게 올 수 있는 곳에 위치하여야 한다(Gradner, 1968).

여덟째, 유아 교육기관의 건물 구조는 대체로 다른 기관이나 건물과 독립되어서 자체의 대지와 건물, 설비를 갖추는 것이 좋다. 유아교육시설의 건물은 주로 단층건물이 추진되어지고 있다(Fowler, 1980).

(2) 시설·설비의 기준

유아교육시설에 관한 법령은 교육법, 교육법시행령, 학교시설·설비 기준령, 학교교구·설비 기준령, 영·유아보육법 등이 있다. 시설·설비는 원지의 면적을 고려할 때 원지 및 주변의 환경은 교육시설에 필요한 건물과 실외놀이를 위한 공간, 보도와 차도, 주차, 물건의 수송과 수하에 필요한 공간, 조경을 위한 공간 및 장차 시설 확장과 건물 증축을 고려한 공간 등을 고려하여야 한다(Castali, 1969).

❶ 실내공간의 시설·설비

유아 교육기관의 설계시 계획해야 할 실내 공간들로서는 출입구 및 현관, 활동실, 휴식 및 낮잠을 위한 방, 화장실, 교사실, 보건실, 조리실 및 식당, 교재, 교구실, 부모대기실 겸 관찰실, 창고 등이 있다. 학교 시설 설비 기준령(교육법전, 2003) 제 5조 9항에 의하면 원사는 학습과 보건위생에 적합하여야 하며 최소한의 학급 수에 상당하는 보통교실 유희실, 화장실을 두어야 한다.

출입구 및 현관은 유아와 또래, 교사, 학부모가 교류하는 중요한 장소이다. 그러므로 활동실과 가까워야 하며 현관에서 실내 활동실과 실외가 보여야 한다. 유아가 등원할 때 부모와 헤어지기 어려운 경우를 위해 보호자가 현관 앞에 머물러서 자녀의 상태를 파악하고, 유아가 교구학습 활동에 참여하는 것을 관찰할 수 있는 공간이어야 한다. 출입구와 현관은 모든 유아들의 출입이 용이하도록 계단이 없이 경사로워야 한다. 현관의 문과 바닥은 사고를 예방할 수 있도록 끼인 방지물품과 방지턱이 없어야 한다. 현관문은 3분의 2 이상 투명하거나 또는 투시가 가능하도록 제작되는 것이 좋다.

활동실은 교사와 유아가 활동하는 공간으로서 프로그램 운영에 따라 크기가 달라지므로 설계시 이를 유의해야 한다. 반일제 유치원의 경우는 학급당 66㎡(19.67평) 이상으로 하되, 원아의 수가 학급당 30인 이하의 경우에는 50㎡(15.13평)이상으로 하여야 한다. 그러나 유아당 필요한 최소 공간 면적은 2.13㎡(0.64평)가 되어야 함으로 우리나라의 여건을 감안하여 학급당 유아 수를 40명으로 볼 때 활동실 면적은 최소 85.2㎡(25.6평)이상 되어야 한다. 종일반 유치원의 경우는 휴식과 낮잠을 잘 수 있는 공간이 있어야 한다. 따라서 유아당 최소 3.2㎡(1평)이상이어야 한다. 학습인원수가 20명일 때 최소 20평 이상 되어야 한다(유아교육법 시행령).

창문은 채광의 강도를 조절할 수 있도록 커튼이나 블라인드를 설치해야 한다. 커튼, 깔개, 방음벽, 천장의 재료, 이중창, 칸막이 설치, 책상과 의자에 고무 끼우는 것이 좋다. 문은 유아들이 쉽게 여닫을 수 있도록 가볍고 안전해야 한다.

유희실은 매스 게임이나 리듬체조 혹은 비나 눈이 오는 경우 실외놀이와 같은 대집단 활동과 같이 활발하게 움직이는 공간으로 면적은 활동실보다 넓게 만들어야 하며, 적절한 크기여야 한다. 유아들이 수시로 출입하고 즐겁게 사용할 수 있는 곳에 위치해야 한다.

도서실은 조용히 책을 볼 수 있는 곳으로 다른 공간과 분리된 소음 없는 구조로 하는 것이 좋다. 너무 개방적이면 유아들이 차분하게 책을 볼 수 없기 때문에 차분한 분위기로 꾸미는 것이 필요하다.

작업실은 공작을 하던가, 찰흙조각 등을 하는 곳, 소음을 낼 수 있는 공간이 필요하다. 공구를 넣어두는 장과 찰흙 통을 넣어두는 장, 종이를 간수하는 서랍, 손 씻는 시설, 견고한 목재책상, 마루는 두꺼운 판자로 된 것 등이 필요하다.

사무실 및 교사실은 유아 교육기관 운영에 필요한 행정업무와 교사들이 교육활동을 계획하고 준비하는 장소로 면적은 유아 교육기관의 규모와 교사의 수를 고려하여 만들어져야 한다.

종일반을 운영하는 유아 교육기관의 경우 낮잠 또는 휴식을 위한 방이 따로 분리하는 것이 좋다.

보건실은 아프거나 다친 유아들의 간단한 치료와 안정을 도모하는 공간으로서

침대, 구급약품, 놀이 도구 등을 비치해야 하며 약품장은 유아의 손이 닿지 않는 위치에 설치하는 것이 좋다.

교재, 교구 보관실은 교육활동에 필요한 자료들을 체계적으로 보관하는 공간이다. 그러므로 자료는 주제와 특성(주제별, 계절별, 영역별, 재료별, 사용빈도별 등)에 따라 체계적이고 기능적으로 분류 보관해야 하되, 교재 교구 대장과 목록표를 만들어 관리하는 것이 좋다.

채광은 유아가 물체를 식별할 수 있어야 하며 이를 통해 유아는 물체에 대한 물리적 성질을 획득할 수 있다. 조명은 교실의 실내 환경에 적절해야 하며, 기후가 좋지 않는 날은 인공조명 설비가 필요하다. 창문은 유아의 안전을 위해 특수유리를 사용하며, 면적은 바닥 면적의 1/5～1/4 정도가 적절하다. 바닥자재는 견고하며 탄력이 있고 관리하기에 용이한 자재를 선택해야 하며, 유아 상호 간 교사와 유아 간의 언어전달이 용이하기 위해서 바닥에 카펫을 깔거나 벽면, 천장에 방음 재료를 사용하는 것이 좋다.

교실의 벽은 게시판으로의 활동이 용이하여야 하며 게시판은 유아 자신이 만든 것을 붙일 수 있는 높이여야 한다. 실내온도와 습도는 유아들이 활동하기에 적절한 온도와 습도를 유지하는 것은 중요하며 적절한 실내 온도는 20～22도이며 습도는 50～60%가 적절하다. 활동실의 책상은 주로 직사각형 또는 정사각형이 좋다. 독서영역에는 낮은 원형 책상이 좋다. 교구 정리장은 개방식, 선반식이 있으며 개방식 교구 정리장이 실내 교구 및 각종 자료를 보관하는 데 적절하다.

❷ 실외공간의 시설·설비

실외 환경은 흔히 공간의 부족으로 소홀해지기 쉬우나, 실내 환경 못지않게 중요한 공간이다. 그러므로 가능한 한 최대한의 실외 공간을 확보하도록 해야 한다. 실외공간은 유아에게 개념학습의 확대, 사회적 상호작용의 발달 기회, 신체 및 놀이 활동을 통해 심화학습을 하는 기회를 제공해 주도록 해야 한다. 실외 공간도 실내 공간과 마찬가지로 정적 활동 영역과 동적인 활동으로 분류할 수 있다. 데커(1992)는 유원장 크기의 약 3분의 1은 정적 활동영역으로 그 나머지 영역이 테라

스와 동적 활동 영역으로 배당되어야 한다고 하였다.

실외 공간의 지면은 유아의 놀이와 안전에 직접적인 영향을 미치는 요소이다. 지면의 구성은 다양하게 구성하는 것이 좋다. 전체 면적 중 1/2~1/3정도는 잔디를 심는 것이 좋고 자전거 길, 통로는 딱딱한 지면으로 하고, 꽃이나 나무를 심을 수 있는 곳에는 흙으로 두며, 놀이기구를 배치할 부분은 모래를 깔아두는 것이 좋다.

창고는 실외공간에 이동 가능한 놀이기구들을 정리, 보관할 수 있는 창고가 필요하다. 창고를 설치하는 지역은 물이 고이지 않도록 약간 경사지게 하는 것이 좋으며 딱딱한 표면으로 된 영역 가까이에 위치하도록 한다.

실외 활동을 영역별로 보면 신체영역, 역할 놀이 영역, 탐구(자연학습) 영역, 작업영역, 물, 모래 놀이영역, 이동영역(실내에서 실외로), 창고(보관구역), 편평하고 개방된 공간, 조용한 공간 등으로 구분될 수 있다.

❸ 비품 및 교재·교구

유아 교육기관에서 원활한 교수·학습 활동이 이루어지기 위해서는 비품 및 교재·교구를 갖추는 것이 필수적이다. 비품은 책상, 의자, 칠판, 선반, 컴퓨터, 시청각 기기 등 교수학습에 쓰이는 설비 및 갖추어 두어야 할 물품을 말한다. 교재·교구는 교육활동에 직접적으로 활용되는 매개물을 의미하는데, 교재와 교구는 상호 연관성을 가지고 교육 자료로 함께 사용되고 있지만 교재와 교구를 엄밀히 구별할 경우, 교재는 유아와 교사를 매개하여 교육을 전개하는 자료와 교사, 즉 소프트웨어를 의미하며 교재에는 유아가 사용하는 자료와 교사가 사용하는 자료가 포함된다. 즉, 그림 자료, 인쇄자료, 녹음자료, 영상자료 등과 같은 교수학습 활동시 사용되는 자료 교육을 실시하기 위하여 설치된 기관 또는 유아의 성장 발달을 도모하기 위한 심리적, 물리적 환경체제라고 정의할 수 있다. 교구는 교수학습활동을 연결하여 교육목표를 달성하는 데 활용되는 기기나 모형 및 물품 등의 하드웨어를 의미한다.

유치원 교재·교구 관련 법령은 「고등학교 이하 각급학교 설립·운영규정」과 「유아교육법」에 제시되어 있다. 17개 시·도교육청은 「고등학교 이하 각급학교 설립·

운영규정」에 의거하여 각 시·도교육감에 의해 유치원 교구·설비 기준을 고시하고 있으나 유치원 교구·설비 기준의 분류 체계 및 소요 연한 등이 지역별로 상이하다.

비품 및 교재·교구를 잘 보관하고 관리하기 위해서는 확보된 비품 및 교재·교구의 현황을 분기별, 학기별, 연령별로 파악하여 목록을 작성해두고 상태를 점검하면서 활용하는 것이 좋다.

〈표 10-2〉 **비품 목록 리스트 양식**

고유번호	품목명	제원 및 특성	수량	가격	구입날짜	구입처	비고

〈표 10-3〉 **교재·교구 목록 리스트 양식**

고유번호	교재·교구명	배치 영역	교재·교구 상태	보관위치	비고

2) 재정관리

유아 교육기관의 효율적인 운영을 위해서는 무엇보다도 적정수준의 재정적 뒷받침이 있어야 하고, 확보된 재정을 합리적으로 관리하는 것이 필수적이다. 그러므로 유아 교육기관의 재정관리는 유아 교육기관의 목적과 목표를 달성하기 위해 효율적으로 관리, 운영하는데 초점을 두어야 한다. 즉, 유아 교육기관의 재정은 예산 편성과 결산을 할 때 세입과 세출을 맞추어 매년 교육과정에 적합한 프로그램을 진행할 수 있도록 하여야 한다.

(1) 유치원의 재정관리

유치원의 재정관리는 유치원의 교육목적과 목표를 달성하기 위해 재화를 조달하고, 지출하고, 관리하는 활동의 총칭으로 크게 예산 편성, 집행, 결산으로 나눌 수 있다(김옥련, 1985).

공립 유치원의 재정 관리는 자체 예산 편성 및 결산의 과정이 필요하지 않으므로 회계절차가 비교적 단순하다. 반면 사립유치원은 공립유치원의 경우와는 달리 자체적으로 예산의 편성과 집행, 결산 등을 규정한 회계규칙에 따른다. 운영경비의 대부분을 학부모들이 부담하는 수업료나 입학금 및 기타 비용으로 충당하고 있으며 사립학교법, 사립학교법시행령 및 사학기관재무회계규칙 등에 명시된 규정에 의한다.

유치원의 예산이란 유치원을 운영함에 있어 원아들에게 징수하는 입학금, 수업료, 설립자가 유치원 운영에 부족한 재원을 보충하는 경비, 전년도 예산 중 사용하고 남은 잔액, 수익자 부담 기타경비 등을 가지고 1년간 유치원 운영에 필요한 경비를 활동사업(과목)별로 추정하여 편성하는 것을 말한다. 예산의 종류에는 본예산, 추가경정예산이 있다.

예·결산 편성은 유아교육에 대한 지원 예산이 지속적으로 증가하고 있는 현실을 감안할 때, 유치원 재정 운영의 체계화와 투명성 확보 방안 모색이 필요하다. 유치원운영위원회에서 유치원 예·결산에 관한 사항을 심의(사립은 자문)하고, 정기적 회의를 통해 예·결산 운영과정을 확인할 수 있으며 예·결산 운영결과는 가정통신문이나 유치원 게시판, 유치원 홈페이지, 유치원 알리미 등을 통하여 확인할 수 있다. 편성된 예산을 잘 집행하는 것이 필수적이므로, 편의에 따라 또 임의적으로 편성된 예산을 축소 또는 확대 집행하지 않아야 한다. 예산의 변경은 엄격한 절차에 따라 이루어져야 하므로 예산을 편리에 따라 임의적으로 변경하여 집행하는 것은 바람직하지 않다. 유치원의 결산은 유치원을 운영함에 있어 추경 편성한 예산에서 회계연도 종료 후 당해 연도에 들어온 실질 세입과 세출의 결과를 계수로 표시하여 예산집행을 분석하고 다음연도에 예산편성 및 집행의 효율성을 도모함에 있다.

〈표 10-4〉 유치원의 결산과정

구분	일정	주요내용
회계연도 종료	매년 2월말일	• 해당 회계연도의 징수 행위 및 지출원인 행위 종료
출납폐쇄정리	회계연도 종료 후 20일 (3월 20일)	• 회계연도 종료 후 20일 되는 날 • 해당 회계연도에 징수행위 및 지출원인행위가 된 사항의 세입금 수납 및 세출금 지출 마감
결산서 작성	결산서 제출 전	• 제장부 마감 및 세입·세출 결산서 작성 • 제출 시 준비자료 : 예비비 사용명세서, 세출예산, 이·전용 명세서, 이월경비내역, 계속비 조서, 기타 심의에 필요한 자료
결산서 제출	회계연도 종료 후 2개월 이내 (4월말까지)	• 유치원(학교)운영위원회에 제출
결산 심의·확정	회계연도 종료 후 3개월 이내 (5월말까지)	• 유치원(학교)운영위원회 위원들에게 회의개최 7일 전까지 결산서 개별 통지 • 유치원(학교)장이 결산 내용 설명 • 유치원(학교)운영위원회위원장은 회계연도 종료 후 3개월 이내에 결산심의 결과를 유치원(학교)장에게 통보
결산 보고 및 공개	심의확정일로부터 10일 이내 (6월 10일)	• 관할 교육청에 결산 보고 • 유치원(학교) 및 관할 교육청 홈페이지에 공개

예·결산 운영과 관련된 규정은 유치원 회계 예·결산과 관련한 시도교육청 학교 회계 예산편성 지침, 사학기관 재무회계규칙 제24조(예산과 결산의 제출 등)을 참고하여 유치원 예·결산 관련규정을 마련하고 준수해야 한다. 수익자 부담 기타경비는 학부모의 의견을 수렴하여 유치원운영위원회의 심의(사립은 자문)를 거친 후 원장이 결재하되 반드시 학부모의 동의를 받아 징수하고 유치원 회계 예산 과목에 편성하여야 하며 집행 후 잔액은 학부모에게 반환하여야 한다.

(2) 보육기관의 재정관리

보육기관은 영유아보육법에 기초하며 경비 조달, 집행, 관리함으로써 영유아들을 건전하게 보호, 교육을 한다. 보육시설을 효율적으로 운영하기 위해서는 무엇보다도 충분한 재정이 확보되어야 한다. 보육기관의 철학과 교사의 교육계획이 아무리 훌륭하다 해도 그것을 실행할 수 있는 재정이 확보되지 않으면 실효를 거두기 어렵다. 또한 재정 확보가 이루어진 후에도 관리가 적절히 이루어져야 기관의 교육 목적에 부합한 예산 집행을 할 수 있다. 보육기관 재정관리의 목적은 예산집행 과정을 한 눈에 파악할 수 있고, 균형 있는 수입과 지출을 조절함으로 합리적인 체계를 통한 안정적인 어린이집운영을 하기 위함이다.

보육기관의 수입·지출 기본원칙에서 어린이집의 재무회계에 관한 사항은 “사회복지법인 및 사회복지시설 재무회계규칙”에 따라 실시하여야 하며, 주요 항목별 기준 등을 준수하여야 한다. 무엇보다 어린이집의 모든 수입 및 지출 관리는 통장을 통해서 하여야 한다. 수입과 지출 행위시에는 수입·지출 결의를 한 후 현금출납부, 총계정원장에 기록하고 청구서, 영수증, 지급내역서 등 관련근거 서류를 반드시 첨부해야 한다.

어린이집을 운영하면서 생기는 잉여금은 보육교직원 보수 상향지급, 보육교직원 성과급 지급, 교재교구 구입, 어린이집 환경개선에 균형 있게 사용하여야 한다.

어린이집 재무회계 규칙에 의한 회계보고가 의무화되어 있기 때문에 어린이집은 매월 보조금 신청시 수입·지출 항목별 총계금액을 보육통합정보시스템(CIS)에 전송하거나 별도로 입력하여야 한다. 기업회계기준이나 자체회계기준을 사용하는 직장어린이집의 경우 어린이집 재무회계규칙을 사용하지 아니할 수 있다. 다만 보육통합정보시스템(CIS)에 입력(전송)하여야 하는 수입·지출 항목별 총계금액 입력은 동 시스템에서 요구하는 바에 따라 시행하여야 한다.

〈표 10-5〉 어린이집 시설회계 세입예산과목 구분(제10조제2항제2호 관련)

과목						내역
관		항		목		
01	필요경비 수입	11	필요경비 수입	111	기타 필요경비	입학 준비금, 현장학습비 등 보호자가 부담하는 기타 필요경비
				112	특별활동비	보호자가 부담하는 특별활동 비용
02	과년도수입	21	과년도수입	211	과년도수입	전년도에 세입조정된 수입으로서 금년도에 수입으로 확정된 수입
03	잡수입	31	잡수입	311	이자수입	기본재산예금외의 예금이자 수입
				312	후원금수입	개인·단체 등으로부터 받은 각종 기부금·후원금·찬조금 등
				313	기타잡수입	보육교사 실습비, 물품의 매각수입, 변상금 및 위약금 수입, 보험 만기시 수령액 등
04	보육료수입	41	보육료수입	411	보육료수입	보호자로부터 받은 보육료와 만0~4세아, 만5세아, 장애아, 다문화·맞벌이가구 등에 지원되는 보육료 및 카드수수료 환급금을 통합
05	보조금수입	51	경상보조금수입	511	인건비 보조금	국가 및 지방자치단체로부터 받은 인건비(어린이집으로 지원되는 처우 개선비 등 포함)
				512	기본보육료	보육비용의 일정부분을 정부가 어린이집에 지원하는 보조금
				513	기타지원금	국가 및 지방자치단체로부터 받은 급간식비, 냉·난방비, 공공형 어린이집 운영비 등
		52	자본보조금수입	521	자본보조금	국가 및 지방자치단체로부터 받은 신증축비, 개보수비, 장비비 등
06	전입금	61	전입금	611	전입금	법인, 단체, 운영자로부터의 운영지원금
				612	차입금	일시 운영 차입금
07	이월금	71	이월금	711	전년도 이월금	전년도 불용액으로 이월된 금액
				712	전년도 이월사업비	전년도에 종료되지 못한 이월사업비

〈표 10-6〉 어린이집 시설회계 세출예산과목구분(제10조제3항제2호 관련)

과목						내역
관		항		목		
100	어린이집 운영비	110	인건비	111	기본급	보육교직원에 대한 기본봉급(상여금 포함)
				112	일용잡급	일급 또는 단기간 채용하는 임시직에 대한 급여
				113	제수당	보육교직원에 대한 제수당(직급별로 일정액을 지급하는 수당, 시간외·야간·휴일 근무수당, 연구수당, 급식비 및 기타수당)
				114	퇴직금 및 퇴직적립금	보육교직원 퇴직급여제도에 따른 퇴직급여 및 퇴직적립금
				115	사회보험 부담비용	보육교직원의 사회보험(국민연금, 국민건강보험, 고용보험, 산업재해보상보험 등) 부담
				116	기타 후생경비	보육교직원의 건강진단비·급량비·연구연수비, 보육교직원 상용피복비 등 복리후생에 소요되는 비용
		120	업무 추진비	121	기관운영비	어린이집 운영 및 유관 기관과의 업무협의 등에 소요되는 제 경비
				122	직책급	어린이집 원장의 직책수행을 위하여 정기적으로 지급하는 경비
				123	회의비	어린이집운영위원회, 부모회의 등 각종 회의 등에 소요되는 제경비
		130	관리 운영비	131	여비	보육교직원의 국내·외 출장여비
				132	수용비·수수료 및 공공요금	사무용품비·인쇄비·집기구입비(장기간 또는 고정자산 취급되는 집기류는 312목에 계상)·도서구입비, 공고료·등기료·수수료, 우편료·전신전화료·전기료·상하수도료·도시가스료, 자동차세·협회비·화재·자동차보험료 등
				133	차량비	어린이집 통학용 차량으로 등록된 차량의 유류대·차량정비유지비·차량소모품
				134	연료비	보일러 및 난방시설연료비, 취사에 필요한 연료비
				135	기타운영비	그 밖에 운영경비로서 위에 분류되지 아니한 경비(건물임대료, 감가상각비, 건물 융자금의 이자, 차량할부금 등)
200	사업비	210	사업 운영비	211	급간식비	보육아동 및 보육교직원을 위한 쌀, 보리 등의 주식과 부식 구입비 및 간식비 등
				212	교재교구비	교재교구의 구입 및 제작비
				213	행사비	보육과정에서 아동과 직접 관련되어 발생하는 행사경비
				214	기타 필요경비 지출	입학 준비금, 현장학습비 등에 지출하는 비용
				215	특별활동비 지출	특별활동에 따라 지출하는 비용
300	재산 조성비	310	시설비	311	시설비	시설 신·증축비 및 부대경비, 그 밖에 시설비(개·보수비)
				312	자산취득비	시설운영에 필요한 비품구입비, 토지·건물·그 밖에 자산의 취득비
				313	시설장비 유지비	건물 및 건축설비(구축물·기계장치), 공구·기구, 비품수선비(소규모수선비는 132목에 계상) 그 밖에 시설물의 유지관리비

과목						내역
관		항		목		
400	전출금	410	전출금	411	법인회계 전출금	사회복지법인 등 법인 회계로의 전출금
				412	차입금 상환	일시 운영차입금 상환
				413	보조금 반환금	정부보조금 반환금
				414	보호자 반환금	보육료, 필요경비 사용 잔액 등을 보호자에게로의 반환금
500	과년도 지출	510	과년도 지출	511	과년도지출	과년도미불금 및 과년도사업비의 지출
600	잡지출	610	잡지출	611	잡지출	어린이집이 지출하는 보상금·사례금·소송경비 및 원단위 절사금 등
700	예비비	710	예비비	711	예비비	예측할 수 없는 불가피한 지출소요

출처: 2016년 보육사업안내 부록 〈어린이집 시설 회계 세입예산과목 구분〉, pp. 18~20

어린이집의 예산의 편성은 예산총계주의 원칙에 의거하여 1회계 연도의 모든 수입은 세입으로 하고 모든 지출은 세출로 하되, 세입과 세출은 모두 예산에 계정되어야 한다. 예산편성 시, 보육시설 세입 및 세출예산과목 구분에 따라 편성되어야 한다. 예산 편성 및 결산 절차는 다음과 같다(2016년 보육사업안내).

〈표 10-7〉 예산편성 절차

절차	주체	시기/비고
○ 예산편성지침을 어린이집에 통보	시장·군수·구청장	회계연도 개시 1월전
⇩		
○ 당해연도 예산편성	어린이집 원장	시·군·구 예산편성지침 참고
⇩		
○ 어린이집운영위원회 보고 (인건비 지원 시설 및 40인 이상 모든 시설)	어린이집 원장	해당 어린이집만
⇩		
○ 이사회의 예산 의결	사회복지법인	해당 어린이집만
⇩		
○ 시·군·구청장에게 예산안 제출	어린이집 원장	회계년도 개시 10일전
⇩		
○ 어린이집 원장은 세입·세출 예산개요를 어린이집의 게시판이나 홈페이지에 20일 이상 공고	어린이집 원장	시·군·구 예산안 제출 후

〈표 10-8〉 **결산 절차**

절차	주체	시기
○ 세입·세출 결산보고서 작성	어린이집 원장	출납완료 시
⇩		
○ 어린이집운영위원회 보고	어린이집 원장	해당 어린이집만
⇩		
○ 이사회의 결산보고서 의결	사회복지법인	결산보고서 작성 시
⇩		
○ 시장·군수·구청장에게 결산보고서 제출	어린이집 원장	익년도 3. 31까지
⇩		
○ 세입·세출 결산개요를 당해 어린이집의 게시판이나 홈페이지에 20일 이상 공고	어린이집 원장	결산보고서 제출 후

3) 인사관리

유아 교육기관에 있어서 인사관리란 교육의 목적을 달성하기 위해 필요한 인적 자원을 확보하고 능률적으로 활용함으로써 최대의 교육 효과를 올리려는 데 목적이 있다. 따라서 교육 목표를 달성하기 위한 책임은 교직에 종사하는 사람들에 달려 있으며 교육과정의 결과는 교직원들의 과업수행 효과에 의해 결정된다. 그러므로 교육의 효과를 극대화하기 위해서는 교직원에 대한 제반 인사관리 규정을 개선할 필요가 있고 이를 위한 계속적인 노력이 요구된다.

(1) 유치원 인사관리

유치원에 있어서의 인사관리 영역은 교직원 즉 원장, 원감, 교사, 사무직원 등을 모집 선발하는 일(선발과 임명), 선발된 교직원의 전문적 성장(현직연수), 원무분담(배치), 동기부여(근무조건), 평가(근무평정) 등이다. 특히 유치원 인사관리에서 중점을 두는 영역으로 우수한 인적 자원 확보 및 배치, 바람직한 근무조건 제공, 적절한 인간관계 유지 조절, 교직원의 동기와 직무 만족도 개선, 교직원의 질적 향상의 기회를 보장해야 한다(김옥련, 1985).

유치원에서 교사의 신규 채용은 매우 중요하다. 왜냐하면 교육의 질은 교사의 질을 능가하지 못하기 때문이다. 교사 신규 채용시 선발 기준은 유아 교육기관마다 각기 다르기 때문에 신중하게 결정해야 한다. 그러므로 개인적 자질과 전문적 자질 등을 고려하여 기관 나름대로의 채용 기준을 수립해야 한다. 채용시 면접은 합리적으로 진행하여야 하며 다양한 평정척도와 체크리스트를 활용하여야 한다. 공립 유치원의 경우 국가에서 일정한 공개시험을 통하여 자질과 소양, 전공 실기 등의 과정을 거쳐 채용하게 되며 사립 유치원의 경우 교사를 신규 채용하면 8일 이내에 해당 교육청에 임용서류를 구비하여 보고하여야 한다.

유치원에서의 교직원은 『유아교육법』 제20조에 근거하여 교원과 직원으로 명시하고 있다. 교원으로는 원장, 원감, 교사를 둘 수 있으며, 직원으로는 촉탁의사, 영양교사(영양사), 보건교사(간호사) 또는 간호조무사, 행정직원 등을 둘 수 있다고 규정하고 있다. 원장은 원무를 총괄하고 소속교직원을 지도·감독하며 해당 유치원의 유아를 교육하며, 원감은 원장을 보좌하여 원무를 관리하고 해당 유치원의 유아를 교육하며, 원장이 부득이한 사유로 직무를 수행할 수 없을 때에는 그 직무를 대행한다. 원감을 두지 아니하는 유치원은 원장이 지명한 교사가 그 직무를 대행하도록 되어 있다. 교사는 법령에서 정하는 바에 따라 해당 유치원의 유아를 교육하도록 되어 있다. 행정직원 등 직원은 법령에서 정하는 바에 따라 유치원의 행정사무와 그 밖의 사무를 담당하고 있다.

공립유치원 교원은 『교육공무원법』 제 4장과 제 5장에 의거하여 임용과 보수에 있어서 교육공무원으로서의 처우와 신분보장을 받고 있다. 교육공무원 인사기록 및 인사사무처리 규칙은 교육공무원의 인사기록 및 인사 사무처리에 관한 절차와 서식을 규정하여 인사관리의 합리화를 기함을 목적으로 하고 있고 교육공무원인사관리규정(교육공무원임용령 및 교육공무원승진규정의 시행에 관하여 필요한 사항을 규정함)을 목적으로 하고 있다.

사립유치원교원은 「사립학교법」 제 4장(사립학교교원)에 의거하여 자격·임면·복무에 있어서 국·공립학교 교원에 준한 신분보장을 받고 있다. 사립유치원 교원 처우 개선을 위한 4대 보험(국민연금, 산재보험, 고용보험, 국민건강보험) 또는 사학연금, 국민건강보험에 가입해야 한다.

원장, 원감 그리고 교사의 법적 자격을 살펴보면 다음과 같다.

〈표 10-9〉 **원장 · 원감자격기준(제22조제1항관련)**

자격 종별	자격기준
원장	1. 유치원의 원감자격증을 가지고 3년 이상의 교육경력과 소정의 재교육을 받은 자 2. 학식·덕망이 높은 자로서 대통령령이 정하는 기준에 해당한다고 교육부장관의 인정을 받은 자
원감	1. 유치원 정교사(1급)자격증을 가지고 3년 이상의 교육경력과 소 정의 재교육을 받은 자 2. 유치원 정교사(2급)자격증을 가지고 6년 이상의 교육경력과 소 정의 재교육을 받은 자
비고 : 1. 원장·원감, 초·중등교육법의 규정에 의한 교장·교감, 교육장·장학관·장학사·교육연구관·교육연구사의 경력연수는 교육경력 연수로 볼 수 있다.	

〈표 10-10〉 **교사자격기준(제22조제2항관련)**

자격 급별	자격기준
정교사 (1급)	1. 유치원 정교사(2급)자격증을 가진 자로서 3년 이상의 교육경력 을 가지고 소정의 재교육을 받은 자 2. 유치원 정교사(2급)자격증을 가지고 교육대학원 또는 교육부장관이 지정하는 대학원의 교육과에서 유치원 교육과정을 전공하여 석사학위를 받은 자로서 1년 이상의 교육경력이 있는 자
정교사 (2급)	1. 대학에 설치하는 유아교육과 졸업자 2. 대학(전문대학 및 이와 동등 이상의 각종 학교와 「평생교육법」 제31조제4항에 따른 전문대학학력인정 평생교육시설을 포함한다)졸업 자로서 재학중 소정의 보육과 교직학점을 취득한 자 3. 교육대학원 또는 교육부장관이 지정하는 대학원의 교육과에서 유치원 교육과정을 전공하고 석사학위를 받은 자 4. 유치원 준교사자격증을 가진 자로서 2년 이상의 교육경력을 가 지고 소정의 재교육을 받은 자
준교사	1. 유치원 준교사 자격검정에 합격한 자
비고: 1. 원장·원감, 초·중등교육법의 규정에 의한 교장·교감, 교육장·장학관·장학사·교육연구관·교육연구사의 경력연수는 교육경력연수로 볼 수 있다. 2. 이 표 중 전문대학에는 종전의 초급대학·전문학교 및 실업고등전문학교를 포함한다.	

해당 유치원 원장은 교직원의 전문성 제고를 위해 다양한 형식의 연수를 통하여 교육내용의 질적 발전을 꾀할 수 있으므로 교직원은 교사연수, 직무 및 자격연수, 방과후 과정 교사연수 등을 포함한 정기적인 연수를 받아 자신의 전문성을 유지, 향상시켜야 한다. 그러므로 원장은 모든 교직원이 골고루 연수에 참여한다는 원칙을 수립하고, 교직원들이 자신이 언제 연수를 받는지 미리 예상하고 준비할 수 있도록 교직원 연수에 대한 계획을 미리 수립해야 한다. 또한 교직원의 전문성 신장을 위해 수업연구중심의 유치원 문화를 조성하는데 노력해야 한다. 따라서 지속적인 교사 재교육을 통한 교육과정(누리과정) 운영을 내실화하며 수업전문성 향상을 위해 수업연구중심의 유치원 문화를 활성화해야 한다.

(2) 보육시설 인사관리

보육시설에서의 교직원은 『영유아보육법』 제17조에 근거하여 원장 및 원감 그리고 보육교직원으로 구분되는 교원과 간호사, 영양사, 취사부 및 조리사, 의사(촉탁의사), 사회복지사, 사무원, 관리인, 위생인, 운전기사 등의 직원들로 구성되어 있다.

어린이집의 원장은 어린이집을 총괄하고 보육교사와 그 밖의 직원을 지도·감독하며 영유아를 보육하며, 보육교사는 영유아를 보육하고 어린이집의 원장이 불가피한 사유로 직무를 수행할 수 없을 때에는 그 직무를 대행한다. 보육교직원의 임면에 있어서 특별자치도지사·시장·군수·구청장은 보육교직원의 권익 보장과 근로여건 개선을 위하여 보육교직원의 임면(任免)과 경력 등에 관한 사항을 관리하여야 하며 어린이집의 원장은 보건복지부령으로 정하는 바에 따라 보육교직원의 임면에 관한 사항을 특별자치도지사·시장·군수·구청장에게 보고하여야 한다.

원장 및 보육교사의 자격기준을 살펴보면 다음과 같다.

어린이집의 원장과 보육교사의 자격기준(제21조 관련)

1. 어린이집 원장의 자격기준
   가. 일반기준
      1) 보육교사 1급 자격을 취득한 후 3년 이상의 보육 등 아동복지업무 경력이 있는 사람
      2) 「유아교육법」에 따른 유치원 정교사 1급 자격을 취득한 후 3년 이상의 보육 등 아동복지업무 경력이 있는 사람
      3) 유치원 원장의 자격을 가진 사람
      4) 「초·중등교육법」에 따른 초등학교 정교사 자격을 취득한 후 5년 이상의 보육 등 아동복지업무 경력이 있는 사람
      5) 「사회복지사업법」에 따른 사회복지사 1급 자격을 취득한 후 5년 이상의 보육 등 아동복지업무 경력이 있는 사람
      6) 「의료법」에 따른 간호사 면허를 취득한 후 7년 이상의 보육 등 아동복지업무 경력이 있는 사람
      7) 국가 또는 지방자치단체에서 7급 이상의 공무원으로 보육 등 아동복지업무에 5년 이상 근무한 경력이 있는 사람
   나. 가정어린이집
      1) 일반기준에서 정한 자격을 갖춘 사람

2) 보육교사 1급 이상의 자격을 취득한 후 1년 이상의 보육업무 경력이 있는 사람

다. 영아 전담 어린이집: 만 3세 미만의 영아만을 20명 이상 보육하는 어린이집

1) 일반기준에서 정한 자격을 갖춘 사람

2) 간호사 면허를 취득한 후 5년 이상의 아동간호업무 경력이 있는 사람

라. 장애아 전문 어린이집: 「장애아동복지지원법」 제32조에 따른 장애영유아 어린이집 중 12명 이상의 장애영유아를 보육할 수 있는 어린이집

1) 일반기준에서 정한 자격을 갖춘 사람으로서 대학(전문대학을 포함한다)에서 장애인복지 및 재활 관련 학과를 전공한 사람

2) 일반기준에서 정한 자격을 갖춘 사람으로서 장애영유아 어린이집에서 2년 이상의 보육업무 경력이 있는 사람

마. 「고등교육법」에 따른 대학(전문대학을 포함한다) 또는 법 제21조제2항제2호에 따른 교육훈련시설이 운영(위탁 또는 부설 운영을 말한다)하는 어린이집

1) 가목에 따른 일반기준에서 정한 자격을 갖춘 사람

2) 어린이집을 운영하는 대학의 조교수 또는 교육훈련시설의 전임교수 이상으로서 보육 관련 교과목에 대하여 3년 이상의 교육 경력이 있는 사람

바. 가목부터 라목까지의 어느 하나에 해당하는 사람은 보건복지부령으로 정하는 사전직무교육을 받아야 한다.

2. 보육교사의 등급별 자격기준

등급	자격기준
보육교사 1급	가. 보육교사 2급 자격을 취득한 후 3년 이상의 보육업무 경력이 있는 사람으로서 보건복지부장관이 정하는 승급교육을 받은 사람 나. 보육교사 2급 자격을 취득한 후 보육 관련 대학원에서 석사학위 이상을 취득하고 1년 이상의 보육업무 경력이 있는 사람으로서 보건복지부장관이 정하는 승급교육을 받은 사람
보육교사 2급	가. 전문대학 또는 이와 같은 수준 이상의 학교에서 보건복지부령으로 정하는 보육 관련 교과목 및 학점을 이수하고 졸업한 사람 나. 보육교사 3급 자격을 취득한 후 2년 이상의 보육업무 경력이 있는 사람으로서 보건복지부장관이 정하는 승급교육을 받은 사람
보육교사 3급	고등학교 또는 이와 같은 수준 이상의 학교를 졸업한 사람으로서 보건복지부령으로 정하는 교육훈련시설에서 정해진 교육과정을 수료한 사람

※ 비고

1. "보육 등 아동복지업무 경력"이란 다음의 어느 하나에 해당하는 경력을 말한다.

가. 다음의 어느 하나에 해당하는 경력

1) 어린이집에서 어린이집의 원장, 보육교사, 특수교사[「초·중등교육법」 제21조제2항에 따라 특수학교의 정교사, 준교사 또는 실기교사(담당과목이 재활복지과목인 경우만 해당한다)의 자격증을 가진 사람과 이에 준하는 사람으로 보건복지부장관이 인정하는 사람을 말한다. 이하 같다] 또는 치료사로 근무한 경력

2) 육아종합지원센터에서 육아종합지원센터의 장, 보육전문요원, 특수교사, 대체교사 또는 일시보육 담당 보육교사로 근무한 경력

3) 법 제26조의2제2항에 따른 일시보육서비스지정기관에서 기관의 장 또는 일시보육 담당 보육교사로 근무한 경력

나. 「유아교육법」에 따른 유치원에서 원장, 원감, 수석교사 또는 교사로 근무한 경력
다. 「아동복지법」에 따른 아동복지시설에서 시설장, 총무, 보육사, 생활복지사, 상담지도원 또는 자립지원전담요원으로 근무한 경력
라. 「장애인복지법」에 따른 장애 영유아 거주시설에서 장애영유아와 관련된 업무에 종사한 경력
마. 「유아교육법」 및 「초·중등교육법」에 따른 특수학교(유치원 과정)에서 특수학교 교원으로 근무한 경력
바. 법률 제7120호 유아교육법 제정으로 폐지되기 전 「유아교육진흥법」에 따른 새마을유아원에서 근무한 경력
사. 가목부터 바목까지의 아동복지업무를 수행하는 시설 등에서 간호사로 근무한 경력
아. 국가 또는 지방자치단체에서 7급 이상의 공무원으로 보육 등 아동복지에 관한 행정업무에 종사한 경력

2. "보육업무 경력"이란 다음의 어느 하나에 해당하는 경력을 말한다.
   가. 다음의 어느 하나에 해당하는 경력
      1) 어린이집에서 어린이집의 원장, 보육교사, 특수교사 또는 치료사로 근무한 경력
      2) 육아종합지원센터에서 육아종합지원센터의 장, 보육전문요원, 특수교사, 대체교사 또는 일시보육 담당 보육교사로 근무한 경력
      3) 법 제26조의2제2항에 따른 일시보육서비스지정기관에서 기관의 장 또는 일시보육 담당 보육교사로 근무한 경력
   나. 「유아교육법」에 따른 교육과정과 방과후 과정을 운영하는 유치원에서 원장, 원감, 수석교사 또는 교사로 근무한 경력
3. "아동간호업무 경력"이란 병원의 소아청소년과나 신생아실, 보건소 모자보건센터, 초등학교 보건실 등에서 근무한 경력을 말한다.

4) 사무관리

사무관리는 유아 교육기관에 직접적으로 관련되는 것은 아니지만 교수-학습활동을 보다 효과적으로 수행할 수 있도록 도움을 주는 간접적인 기능을 담당한다. 즉, 유아 교육기관의 사무 관리는 교수-학습활동의 수행과정에서 수반되는 유아들에 관한 제반 기록과 문서의 작성 및 보관, 공문서의 재고의 정리 등 문서 관리를 집행하는 활동을 의미한다(임재택, 1999).

(1) 사무관리의 목적

사무관리는 사무의 간소화, 표준화, 과학화, 정보화를 기하여 행정의 능률을 높이고자 하는 데 목적이 있다. 구체적인 목적을 달성하기 위해서는 다음의 사항을 고려하여야 한다.

첫째, 사무관리는 전체 정보나 서류의 조직과 체계의 관리에 있어서 용이성을 띄고 있어야 한다. 즉, 알기 쉬운 글로 필요할 때 언제든지 사용할 수 있는 자료 정리와 정보 처리가 조직되어져 있어야 하는 것이다.

둘째, 사무관리는 신속성을 지녀야 한다. 행정 과정의 효율적 관리를 위해서는 사무 처리가 신속해야 할 뿐 아니라 이해와 전달이 빨라야 한다. 이해가 빠른 글과 정보 처리의 신속성을 높여줄 때 사무관리의 능률이 향상될 수 있다.

셋째, 정확성을 사무관리의 기본이 되는 것이다. 사무관리의 모든 정보와 자료는 정확해야 한다. 정확한 정보를 가지고 정확하게 표현을 두는 것은 사무 자료의 신뢰성과 의미를 높여주는 중요한 측면이 된다.

넷째, 사무관리가 효율적이기 위해서는 경제성을 지니고 있어야 한다. 즉, 자료와 문서를 작성 할 시 간략한 글이나 정보로 최대한의 전달과 정보화가 될 수 있도록 조직하여야 한다. 그리고 사무 처리의 과정과 관리 비용은 적은 비용을 통해 최대의 효과를 누릴 수 있어야 하는 측면도 포함되어야 한다.

(2) 문서의 종류

❶ 유치원에 비치해야 할 문서의 종류

번호	분야별	대장, 문서, 기록철
1	법령, 준거 문서	유치원 관련법령집, 운영준거 영달 문서철
2	원칙 및 내규	유치원 원칙, 유치원 내부 규정철
3	교육계획	운영계획안철, 교육계획철(연간, 월, 주, 1일교육계획안), 행사계획철(소풍, 운동회, 국경일, 생일축하의 계획 및 실시결과 기록)
4	지도기록	생활기록부, 행동발달기록부, 장학지도기록부, 증명서 교부대장, 가정연락 및 상담 기록부, 학급경영록, 졸업증서대장
5	유아출석	출석부, 출석상황 알림철, 장기 결석자 조사철
6	교직원인사	직원명부, 직원이력서철, 학급담임일람표, 직원조직 일람철, 임용서류철, 구직원이력서철, 인사관계철, 증명서교부대장
7	유치원일지	유치원 및 학급일지, 당직일지, 직원회의 회의록, 유치원참관자 명부, 유치원 자원봉사자 명부
8	연혁 조사통계	유치원 연혁사(사진, 도면 포함), 지역사회통계철, 교육통계철, 출석통계철, 표준검사철
9	서무	사무분담기록부, 시설 설비점검부, 관련단체연락부, 문서발송철, 문서접수철, 공문기안지철, 우편료사용부, 전화번호부, 원장회의 기록부, 출근부, 근무상황부, 출장명령부, 팩스송수신대장, 장학지도기록부, 교직원주소록, 교직원 연수관계철, 전언통신부
10	경리	재산대장, 예산서철, 결산서철, 경리관계제장부, 물품구입대장, 영수증철, 계약서철, 비품대장, 소모품대장, 교재 교구목록철, 물품인수부, 봉급대장, 여비청구서철
11	부모회	회의록철, 규약철, 간부일람표, 영수증철, 육성회 예산결산철, 사업기록철, 경리부

❷ 보육시설에 비치해야 할 문서의 종류

번호	분야별	대장, 문서, 기록
1	장부 및 서류	• 시설연혁부 • 시설운영일지 • 예산서 및 결산서 • 총계정원장 및 수입 • 금전출납부 • 입소신청자 명부 • 입소아동연명부 • 영유아보육일지 • 시설운영규정 • 재산대장(등기부등본, 임대계약서) • 시설의 장 및 직원의 인사기록카드 • 총계정원장 • 지출보조부 • 행정기관의 문서철 • 소속법인의 정관(법인일 경우) • 영유아 생활 기록부 • 건강진단카드 • 안전점검표
2	운영비관리대장 관련 증명서	• 보육료수입부대장 • 비품대장 • 수입결의서 • 여입결의서 • 도서대장 • 소모품대장 • 지출결의서 • 구입수선 지출 결의서 • 보육료 납입통지서 • 물품명세서 • 봉급지출결의서

❸ 기타 운영에 필요한 서류

- 시설운영과 관련된 서류: 시설안내책자, 부모교육자료, 운영위원회 규정 및 회의록 등
- 유아관련 서류: 학부모 서약서, 식생활 조사표, 비상 연락망 및 응급처치 동의서, 대기자 명단, 영유아 상해 보험 자료, 출석부, 부모 상담자료, 유아 퇴소처리대장, 수료증 및 졸업장 대장 등
- 교수-학습활동에 관련된 서류: 영유아를 위한 교육계획안 및 실행결과 기록일지, 일일보고서, 유아 행동관찰 기록, 신입 원아 적응 프로그램, 장애아 통합 유아 정보조사서, 지역사회 연계 프로그램, 부모 만족도 조사, 각종 행사 계획과 관련된 서류 등
- 인사 관리에 관련된 서류: 종사자 임면 보고와 관련된 서류철, 급여 명세서, 근무 상황부, 출근부, 교사 연수 계획안 및 보고서, 교사평가표 교사 회의록, 업무 분담표, 신입교사교육, 제증명 발급 대장, 실습교사 오리엔테이션, 실습교사 관리대장 출근부 등
- 건간, 안전, 위생에 관련된 서류: 건강업무일지, 투약 의뢰서 및 투약 보고서, 약품 대장, 안정사고 보고서, 위생 안전 점검 일지, 간식 식단표, 주부식 관리 대장, 보존식 및 검식 일지, 소방훈련 연간계획안, 소방교육 및 훈련일지, 소화기 관리대장, 소방시설 자체 점검 기록부 등

CHAPTER 11

유아 교육기관의 환경

유아 교육기관의 환경은 유아교육 프로그램의 질적 수준을 결정하는 중요한 변인으로 인식되고 있다. 본 장에서는 교육과정을 운영함에 있어서 유아에게 적합한 환경 구성과 방향을 고찰함으로써 유아의 심리적 안정, 신체적 안전, 발달적 적합성, 다양성을 고려하여 구성할 수 있는 지식을 습득할 수 있다.

1 교육환경의 중요성

환경은 유아의 발달과 성장에 영향을 미친다. 이러한 까닭에 유아 교육기관의 교육환경은 유아교육의 질적 수준을 결정하는 중요한 변인으로 교육의 4번째 요소로 간주되기도 한다. 유아 교육기관에서의 환경이란 교육과정의 효과적인 운영 및 유아의 발달을 촉진시키는 최적의 환경 구성을 의미한다. 환경구성은 환경적 자원과 물리적 자원으로 나눌 수 있는데, 환경적 자원은 교사, 교직원 등의 인적 자원이며, 물리적 자원은 교육 기관의 시설·설비, 공간의 조직과 활용, 활동 영역 등과 같은 물리적 환경, 실내 외 공간 구성과 교재 교구 등을 말한다.

유아는 주변 환경과의 긴밀한 상호작용을 통해 발달이 이루어지므로 유아교육 환경은 유아의 연령 및 교수·학습 방법에 적절하게 구성하여야 한다. 유아를 위한 환경을 구성할 때에는 유아의 발달에 적합하여 심리적으로 편안하고 자유롭게 활동할 수 있도록 충분히 넓어야 하고 적절한 흥미영역으로 구성하여야 한다. 특히 실내·외 환경은 다양한 흥미영역으로 구성하되 유아의 건강과 안전을 고려하여 구성하여야 한다. 무엇보다 실내·외 공간은 자연 친화적인 학습이 이루어지도록 환경을 구성해야 하며 균형있는 발달이 이루어질 수 있도록 해야 한다. 아울러 다양한 집단 활동이 가능하도록 학급당 유아의 수와 교사 대 유아의 비율을 고려하여 구성하여야 한다.

이처럼 환경은 종일제로 운영되는 어린이 집에서부터 유치원에 이르기까지 유아들의 발달에 많은 영향을 미친다. 유아들에게 적합하게 잘 구성된 환경은 정서적으로 편안함을 주기도 하지만 그렇지 않은 경우는 유아들이 불안하거나 불편함을 느낄 수 있다. 왜냐하면 공간 구성이 어떻게 되어있느냐에 따라 유아들의 행동이 변화되기 때문이다. 그러므로 유아를 위한 환경 구성은 신중하게 구성하여야 한다.

2 실내환경 구성

1) 실내환경의 기본전제

유아들의 지적 호기심과 감수성을 계발시킬 수 있는 실내환경은 유아의 놀이 및 교육활동에 지대한 영향을 미치는 장소이다. 그러므로 환경 구성은 유아의 심리적 안정, 신체적 안전을 도모할 수 있도록 유아의 발달적 적합성, 다양성을 고려하여 구성하는 것이 바람직하며, 그 원리는 다음과 같다(교육과학기술부·보건복지부, 2013).

첫째, 유아가 활동할 수 있을 만큼 충분한 공간으로 구성하되 전체 공간의 크기와 흥미 영역의 수를 고려하여야 한다.

둘째, 실내 설비와 교구는 유아의 발달 특성에 적합하여야 하며 유아가 스스로 사용하고 정리할 수 있도록 해야 한다.

셋째, 유아에게 교육적이고 정서적으로 안정되어야 하며 교사가 한눈에 관찰할 수 있게 실내·외 공간을 배치하여야 한다.

넷째, 청결하고 안전한 환경을 제공하고, 적정 온도나 습도를 유지하도록 해야 한다.

다섯째, 유아가 오랫동안 유아 교육기관에 머물 경우, 혼자 놀거나 쉴 수 있는 공간이 필요하며, 일상적인 보살핌이나 낮잠을 위한 물건이나 놀잇감 보관을 위한 저장 공간을 마련하여야 한다.

유아의 교수 학습을 지원하기 위해서는 실내환경을 쌓기놀이 영역, 언어 영역, 역할놀이 영역, 수·조작 영역, 과학 영역, 음률 영역, 미술 영역 등으로 흥미 영역을 구성하여 신체운동·건강, 의사소통, 사회관계, 예술 경험, 자연탐구 등을 다양한 활동으로 전개할 수 있도록 해야 한다. 이때 흥미 영역에 제시되는 활동이나 자료는 주간 및 일일 주제와 관련되도록 하여야 한다. 또한 게임, 발표, 토의, 관찰, 실험, 조사, 현장체험 등 다양한 유형의 활동과 연계되도록 하여 유아의 학습을 심화시킬 수 있도록 운영해야 한다.

흥미 영역의 수는 전체 공간의 크기, 유아의 수, 연령, 흥미를 고려하여 조절할 수 있다. 대체로 연령이 많아질수록 흥미 영역의 수가 증가하며, 유아의 흥미에 따라 흥미 영역을 가감할 수 있다. 흥미 영역은 1년에 3~4번 위치를 바꾸어 줌으로써 변화를 줄 수 있다. 흥미 영역의 배치는 공간의 크기, 소음, 채광, 물의 사용 여부 등을 고려하며, 벽에 붙이는 부착물은 유아의 눈높이에 맞추어 게시한다. 모든 교재교구는 안전과 위생을 고려해야 한다.

흥미 영역 구성과 배치는 유아들이 의논하여 자율적으로 정할 수 있다. 이렇게 유아들에게 선택의 기회를 줌으로써 그들의 의견과 관심을 존중하는 영역 구성을 할 수 있을 뿐 아니라, 유아들이 흥미 영역의 활동에 더 흥미를 가지고 참여하며,

유아 스스로 흥미 영역 정리를 잘 할 수 있게 한다.

대체로 흥미 영역구성은 Frost 등(1976)이 제안한 기준에 의해 4가지 영역으로 나누어진다. 즉, 건조하고 조용한 곳, 활동적이고 건조한 곳, 조용하고 물이 있는 곳, 활동적이고 물이 있는 곳 등의 4가지 영역에 기초하여 놀이 공간을 배치하는 것이 좋다.

	건조한 곳	
조용한 곳	제1영역 조용하고 건조한 영역 (언어 / 수 · 조작 / 소집단)	제2영역 활동적이며 건조한 영역 (역할 / 쌓기 / 음률 / 대집단)
활동적인 곳	제3영역 조용하고 물이 있는 영역 (요리 / 간식 / 미술)	제4영역 활동적이며 물이 있는 영역 (미술 / 모래 / 과학)
	물이 있는 곳	

출처: Frost, 1976, p. 219

〈그림 11-1〉 놀이실 환경 구성의 기준

2) 실내환경 구성

(1) 쌓기놀이 영역

❶ 구성

쌓기놀이 영역은 여러 가지 형태의 블록과 소품들을 활용하여 사물을 구성하거나 구조물을 쌓아 보는 등의 과정을 경험하는 영역이다. 유아는 쌓기놀이를 통해 다양한 구성 활동을 하면서 공간지각능력, 대·소근육과 눈과 손의 협응력, 원인과 결과에 대한 사고력 등을 기를 수 있다. 쌓기놀이 영역은 활동적이며 건조한 곳에 위치하는 것이 좋으며 언어나 과학 등 정적인 영역과는 떨어져서 배치하는 것이 좋고 소음방지를 위하여 바닥에 깔개를 깔아 소음을 줄여주는 것이 좋다.

❷ 놀잇감 및 교재·교구

- 다양한 적목: 종이 벽돌 블록, 단위 블록, 공간 블록, 우레탄 블록 등
- 크고 작은 모형: 동물, 사람, 공룡 등의 인형이나 모형, 탈것(예: 기차, 트럭, 레미콘, 구급차, 경찰차, 여객기, 운전대) 등
- 사회극 놀이 소품: 여러 종류의 가면, 교통 신호나 표지판 등
- 기타 자료: 쌓기놀이에 도움을 주는 책, 그림 자료 등

❸ 연령별 영역 구성

만 3세는 블록의 종류를 다양하게 주기보다는 같은 종류의 블록을 충분히 제공하는 것이 좋으며, 서로 방해받지 않고 놀이에 집중할 수 있도록 충분한 공간을 제공해야 한다. 특히 발과 다리의 대근육을 많이 사용하므로 소근육을 많이 사용하는 작은 끼우기 블록보다는 중간 크기의 블록이 좋다.

만 4세는 만 3세보다는 소근육이 발달하는 시기이므로 블록과 소품의 종류를 다양하게 제공하되 큰 블록과 함께 작은 블럭도 함께 제공하는 것이 좋다.

만 5세 유아는 다양한 구조물을 구성하고 경험한 내용들을 중심으로 또래들과 협의하여 다소 복잡한 구조물을 만드는 것도 가능하므로, 이를 고려하여 영역을 구성하는 것도 좋다. 또한 놀이의 확장을 위해 관련 사진, 그림카드 등을 다양하게 제공하는 것도 좋다.

❹ 유의점

- 유아의 구성 능력 및 조작 능력을 고려하여 다양한 종류의 블록을 순차적으로 제공한다.
- 확장 활동을 위해 관련 사진이나 그림 카드를 제공한다.
- 쌓기놀이 공간의 높낮이를 조절하여 구성할 수 있도록 책상, 널빤지, 의자 등을 제공한다.
- 유아가 구조물을 쌓을 때 방해받지 않고 활동에 몰두할 수 있도록 충분한 공간을 마련해 주며 역할놀이 영역과 인접하여 배치하는 것이 좋다.

(2) 언어 영역

❶ 구성

언어 영역은 듣기, 말하기, 읽기, 쓰기 등 언어발달과 관련된 활동을 경험하는 영역이다. 유아는 언어 영역의 활동을 통해 생활과 밀접한 언어 능력을 향상시키고 올바른 의사소통 능력 및 창의적 사고를 표현할 수 있는 능력을 기를 수 있다. 언어 영역은 주변의 자극으로부터 격리될 수 있도록 조용하고 안정된 공간에 배치하는 것이 좋으며, 활동 주제나 유아의 흥미에 따라 다양한 언어 활동 자료를 비치하여 듣기, 말하기, 읽기, 쓰기 활동이 고루 이루어지도록 하며, 편안한 의자나 바닥에 푹신한 깔개나 쿠션 등을 두어 편안하게 언어활동에 집중하도록 구성해야 한다.

❷ 놀잇감 및 교재·교구

- 듣기 자료: 다양한 종류의 책, CD플레이어, 헤드폰, 카세트 레코드와 테이프 등
- 말하기 자료: 이야기 꾸미기 자료와 융판, 그림 카드, 막대 인형이나 퍼펫, 인형극 틀, 녹음기, 마이크 등
- 읽기 자료: 종류별 책과 책꽂이, 그림책, 잡지류, 글씨가 적혀 있는 다양한 종류의 카드(예: 친구 이름카드, 글자 카드, 모래 글자 카드) 등
- 쓰기 자료: 각종 필기구, 단어 카드, 컴퓨터와 프린터, 한글 고무 글자판과 스탬프, 잉크, 소형 화이트보드와 마커 팬, 가위, 펀치, 스테이플러 등

❸ 연령별 영역 구성

만 3세는 친숙한 글자를 모양으로 인식하며 그림책을 즐겨보는 특성을 가지고 있으므로 다양한 그림책을 제공해 주는 것이 필요하다. 듣기 활동을 위해 카세트와 테이프, 이어폰을 비치하여 동화 듣기나 유아의 목소리를 녹음하여 들어볼 수 있게 하는 것이 좋다. 말하기 활동을 위해 융판에 활동 주제 관련 자료를 제시해주어 유아가 이야기를 재구성하고 확장할 수 있도록 하며, 여러 가지 인형 등 다양한 말하기 자료를 제시한다. 읽기 활동을 위해 질적으로 내용이 우수한 그림책을 제

공하여 주고 읽기에 관심을 나타내지 않는 유아를 위해서는 직접 조작할 수 있는 책, 책장을 넘기면 입체가 되는 책, 헝겊책 등 다양한 종류의 책을 구비하여 흥미를 갖도록 한다. 쓰기활동을 위해서는 자석 쓰기판, 화이트보드와 마커펜, 필기류와 다양한 재질의 종이 등의 활동자료를 제시해준다.

만 4세는 쉬운 단어와 짧은 문장 읽기가 가능해진다. 따라서 짧고 반복되는 단어와 문장이 있는 동시, 동화를 제시해주어 유아 스스로 글자 읽기에 흥미를 가지도록 한다. 듣기자료는 CD플레이어와 CD, 다양한 책 등으로 구성한다. 말하기 자료에는 이야기 꾸미기 자료와 융판, 이야기 꾸미기 그림카드, 여러 종류의 인형과 인형극 틀, 그림동화, 녹음기, 공 테이프, 마이크 등을 제공한다. 쓰기 자료로는 자신과 친구 이름을 코팅, 자석판과 마커펜, 음각글자판과 종이, 모래상자 등을 제공한다.

만 5세는 듣고 말하기 활동에서 나아가 읽고 쓰는 활동이 보다 활발하게 이루어진다. 만 4세의 언어 영역 자료 외에도 슬라이드, 주제에 따른 화보 모음책, 잡지류, 사전 등을 제시하며 자신, 또래친구, 가족들에게 하고 싶은 이야기를 글로 적어 보거나 단어카드를 이용해 문장을 만들어 볼 수 있으며, 활동주제와 관련하여 작은 책 만들기 활동도 가능해지도록 한다.

④ 유의점

- 책이나 자료는 사용한 후 제자리에 정리 정돈할 수 있도록 한다.
- 유아가 이야기를 직접 만들거나 소리를 녹음해 보는 기회를 가질 수 있도록 다양한 손인형이나 동화를 준비한다.
- 초기에는 주로 책 보기나 듣기 등의 활동을 계획하고, 점차 읽기나 쓰기를 위한 활동을 구성하는 것이 좋다.
- 읽기나 쓰기 활동을 위해서는 자연조명이 되는 밝은 곳에 배치하는 것이 좋으며, 조금 더 아늑한 곳에서 듣기나 말하기 활동을 하기 원하는 유아를 위해 적절한 조명을 할 수 있도록 한다.

(3) 역할놀이 영역

❶ 구성

역할놀이 영역은 유아가 자신의 경험을 바탕으로 생활주제와 연계하여 다양한 직업이나 사회 구성원의 역할을 상상놀이 및 사회 극놀이 등을 통해 경험하는 영역이다. 유아는 역할놀이를 통해 자기중심적인 사고에서 벗어나 자신과 다른 사람의 생각과 감정을 더 잘 알고 적절하게 상호작용할 수 있으며 나아가 주변 사람들이나 공동체의 일원으로서 살아가는 방법을 익힐 수 있다. 역할놀이 영역은 동적인 영역에 배치하는 것이 좋으며 쌓기 놀이영역이나 미술영역과 인접하여 배치하여 확장 놀이가 가능하도록 구성하는 것이 좋다.

❷ 놀잇감 및 교재·교구

- 기본 가구: 거울, 소파, 유아용 탁자, 의자, 옷장 등
- 소품: 가족놀이 소품(예: 인형류, 주방용품, 일상용품, 의류, 신발류, 열쇠, 우산, 가방, 빗, 넥타이, 머플러 등), 교통기관놀이 소품(예: 차표, 지도, 여행 소책자, 여행 가방 등), 가게놀이 소품(예: 모형 과일, 시장바구니, 지갑 등), 병원놀이 소품(예: 의사 가운, 청진기, 바늘을 뺀 주사기, 붕대, 혈압기 등), 기타 주유소놀이, 은행놀이, 방송국놀이, 미장원놀이, 서점놀이, 목욕탕 놀이 등의 각종 역할놀이 소품 등

❸ 연령별 영역구성

만 3세는 실제와 상상을 구별하기 힘든 시기로 상상력을 돕는 실물모형이나 실물자료들을 준비하여 역할 놀이를 활성화하는 것이 좋다. 유아들이 자발적으로 역할놀이에 흥미를 나타낼 때 참여하도록 하며 집이나 병원, 주유소, 목욕탕 등 생활주제와 연계하여 자주 접하는 기관이나 장소를 나타낼 수 있는 소품과 장치를 준비하며 역할 놀이를 하는 것으로 시작하여 점차 참여의 수준을 높이도록 한다.

만 4세는 유아 자신의 물건에 대한 애착이 강한 시기로 소품을 유아들이 직접

만들어서 놀이에 활용하도록 한다. 낮은 선반이나 옷장, 싱크대 등을 이용해서 다른 영역과의 경계를 지을 수 있으며 영역 내에서 유아들이 여러 종류의 옷을 입고 자신의 변화를 관찰할 수 있도록 유아용 전신거울을 설치하는 것도 좋다.

만 5세는 생활 주제 활동의 전개에 있어서 유아들 간의 계획에 따라 병원, 미장원, 음식점, 세탁소, 서점 등의 사회극놀이를 통해 사회 구성원의 다양한 역할을 해 볼 수 있도록 구성하는 것이 좋다.

❹ 유의점

- 유아가 많이 참여할 수 있도록 충분한 공간을 제공하며, 쌓기놀이 영역과 가깝게 배치함으로써 놀이의 확장이 이루어질 수 있도록 한다.
- 모든 자료는 항상 청결하게 관리하고 파손된 자료는 즉시 수선한다.
- 양성평등 교육, 다문화 이해 교육 등이 이루어질 수 있는 장소이므로 관련 소품을 제공하여 자연스러운 놀이로 유도한다.
- 교사의 적절한 참여와 알맞은 소품을 제 때 제시함으로써 유아의 적극적인 참여를 돕고 경험을 풍부하게 한다.
- 주도적인 성향이 있는 유아들이 항상 역할놀이를 지배할 수 있으므로 각 역할은 나름대로의 중요성과 의미가 있음을 이해하도록 알려주며 자연스럽게 서로 역할을 바꾸어할 수 있도록 지도한다.

(4) 수·조작 영역

❶ 구성

수·조작 영역은 유아가 개별적 탐구활동을 많이 하는 공간으로 일대일 대응, 분류, 비교, 서열 등의 수 활동이나 퍼즐 맞추기나 끼워서 구성하기, 간단한 게임 등 논리적 문제 해결, 소근육 조작 등과 관련된 활동을 주로 하는 영역이다. 유아는 수·조작 활동을 통해 눈과 손의 협응력과 소근육 발달, 논리·수학적 개념 발달, 문제해결력과 집중력을 향상시킬 수 있으며, 문제를 탐색하고 해결해 가는 과정에서 자신감과 자율성을 기를 수 있다. 수·조작 영역은 언어 영역, 과학영역 가까이에 있는 밝고 조용한 곳에 배치하는 것이 바람직하며, 난이도가 다른 다양한 놀잇감을 준비하여 유아의 발달수준과 흥미에 따른 수·조작 활동이 이루어지도록 구성해야 한다.

❷ 놀잇감 및 교재·교구

- 구성 활동 자료: 레고 블록, 코코 블록, 다목적 블록, 꽃 블록 등
- 수 활동 자료: 일대일 대응, 분류, 비교, 서열, 부분과 전체, 무게나 부피·길이 측정, 공간과 형태 개념에 도움이 되는 교재 교구 등
- 조작 활동 자료: 퍼즐, 자물쇠 맞추기, 볼트와 너트 맞추기 등
- 일상생활 활동 자료: 옮겨 담기, 바느질, 끈 끼우기, 구슬 꿰기, 단추 끼우기, 지퍼 올리기, 끈 매기 등
- 게임 활동: 기억하기와 색깔 맞추기와 같은 간단한 게임, 로토 게임 등

❸ 연령별 영역구성

만 3세는 수·조작 놀이를 위해 낮은 책상을 활용하는 것이 좋으며 바닥에는 카펫을 깔아주는 것이 좋다. 수 활동을 위해 1~5까지 셀 수 있는 구체물(예: 작은 동물 모형, 조개류, 솔방울 등), 크기를 비교할 수 있는 놀잇감, 각종 수세기판, 주사위, 윷, 큰 글자의 시계, 달력, 분류자료(조개, 열매, 병뚜껑 등의 구체물) 등을 제시한다. 조작 놀이를 위해 5~10개 조각의 퍼즐류, 일상생활 훈련 자료, 작은 구슬을 숟가락으로 옮기기 등을 제시한다.

만 4세는 개별 놀이와 소집단 놀이를 모두 수용하도록 영역을 구성해야 한다. 수 활동을 위해 색깔이나 형태, 크기가 다른 끼우기 블록, 수 막대 등 구체물을 제시하며, 조작 활동을 위해 계절과 활동주제를 반영한 퍼즐, 작은 블록류, 끈, 구슬 끼우기, 지퍼 올리기와 단추 끼우기 등의 일상생활 훈련 등 주로 소근육을 사용하는 자료들을 제시하는 것이 좋다. 퍼즐, 게임 등의 교구를 제작할 때 아이들의 사진을 이용하여 제작하면 유아들이 더욱 흥미를 보이며 10~20개 조각 정도로 마

련한다.

만 5세는 책상에서만이 아니라 게임판이나 교구를 바닥에 놓고 사용할 수 있도록 바닥에 카펫을 깔고 편안한 자세로 활동할 수 있다. 만 5세는 전략적인 수 놀이 게임을 즐기며, 개별적인 탐색을 즐기는 조작활동을 할 수 있다. 그러므로 교구와 유아들 간의 상호작용과 전략을 유발하는 그룹게임이나 일대일 게임, 그룹게임 등이 이루어질 수 있도록 다양한 게임판을 제시해주며, 15~30개 조각 정도의 퍼즐 맞추기, 바느질하기, 실뜨기, 직조짜기 등 조작활동을 할 수 있도록 하는 것이 좋다.

❹ 유의점

- 놀잇감은 유아의 시선을 끌 수 있도록 눈높이에 맞추어 비치하며 특히 무거운 것은 유아가 안전하게 꺼내 사용할 수 있는 위치에 놓도록 한다.
- 다양한 교재·교구를 제공함으로써 그래프나 공간, 도형 등과 관련된 대·소집단 활동이 자연스럽게 확장될 수 있도록 한다.
- 퍼즐의 조각들이 분실되거나 정리되지 않은 상태로 유아에게 제공되지 않도록 하며, 정리 정돈이 쉽도록 바구니나 쟁반에 담아 둔다.
- 자료들을 보관하는 교구장의 바닥에는 자료의 모양이나 사진을 붙여줌으로써 유아가 스스로 자료를 꺼내고 정리할 수 있도록 해 준다.

(5) 과학 영역

❶ 구성

과학 영역은 여러 가지 과학 교구를 활용하여 생물과 무생물, 물질의 성질, 자연 현상 등 유아가 접하는 직접적인 경험을 통하여 관찰, 실험, 탐구, 감상하는 활동을 하는 영역이다. 유아는 과학 영역의 활동을 통해 주변의 환경이나 사물, 생명체에 대해 알고 지속적으로 탐색하여 과학적인 사고를 형성할 수 있다. 과학 영역은 곤충이나 작은 동물, 식물을 기를 경우 조용하고 햇볕이 잘 드는 안정된 장소로 물 공급을 쉽게 받을 수 있도록 물을 사용할 수 있는 곳으로 배치하는 것이 좋다.

❷ 놀잇감 및 교재·교구

- 기본 도구: 거울, 자석, 돋보기, 현미경, 프리즘, 전지, 온도계, 습도계, 관찰용지, 필기도구, 자, 저울 등
- 생명체 관련 자료: 식물, 자연물(예: 나뭇잎, 열매, 씨앗, 솔방울, 조개껍데기 등), 동물(예: 거북이, 금붕어, 햄스터, 병아리, 토끼, 개구리 등), 어항, 새장, 개미집, 동식물 관련 책, 표본 등
- 기계류: 시계(예: 손목시계, 모래시계 등), 라디오, 텔레비전, 컴퓨터 등의 부속품, 열쇠와 자물쇠, 다양한 바퀴, 여러 가지 물체와 물질 등
- 자연현상 관련 자료: 기후관련 사진이나 그림, 기상도, 구름 사진이나 그림, 돌, 흙, 달, 별, 해 등의 사진이나 그림 등

❸ 연령별 영역구성

만 3세는 살아있는 생물 특히 움직이는 동물에 대해 관심이 많다. 교사는 유아가 좋아하는 동물에 대해 자주 이야기할 기회를 제공하고 작은 곤충에서 큰 동물까지 직접 또는 비디오나 사진, 그림책을 자주 경험할 수 있도록 한다. 유아가 관심을 보이는 동식물에 대해서는 관심을 집중하며 오랫동안 탐색할 수 있도록 동식물을 키울 수 있는 공간을 마련하도록 해야 한다. 다양한 감각을 경험할 수 있도록 거울, 색안경, 촉감상자, 소리 상자 등의 자료도 제공하는 것이 좋다.

만 4세는 관찰하고 탐색하기 쉽도록 관찰대나 낮은 탁자를 사용할 수도 있다. 자석, 현미경, 확대경, 기계류, 저울, 낙엽, 씨앗, 개미집, 조개껍질 등을 계절에 맞게 제시해주어 유아가 자유롭게 탐색해 볼 수 있게 한다.

만 5세는 직접 경험이 가능하도록 동식물 기르기, 다양한 수집물 관찰하기, 과학적 도구 사용해 보기, 기계와 부품 탐구하고 조립하기 등의 활동을 할 수 있도록 마련하고 관찰 내용을 기록할 수 있는 기록용지와 쓰기 도구를 제공한다. 스스로 탐색하고 실험할 수 있도록 그림책, 백과사전, 활동카드, 녹음기 등도 제시한다.

❹ 유의점

- 과학 영역의 교재·교구는 계절, 생활 주제, 유아의 흥미에 기초하여 다양한 자연물이나 실물을 제시한다.
- 유아 스스로 관찰 탐색 활동이 가능한 자료를 준비해 주고, 또래와 함께 찾아볼 수 있는 과학 사전, 그림책, 사진 등을 충분히 비치한다.
- 일회성 실험이나 전시보다 유아가 지속적으로 관찰하고 예측하며, 그 결과를 기록해 볼 수 있도록 기록지를 준비해 준다.
- 큰 동물을 사육할 경우에는 유아들과 자유롭게 뛰어다닐 수 있는 넓은 공간이나 실내와 실외가 연결되도록 구성한다.
- 생물을 기를 경우 교실에서 충분히 관찰한 후 자연을 소중하게 여기도록 원래 있었던 곳(예: 연못, 공원, 숲 등)으로 보내주는 과정이 필요하다.

(6) 음률 영역

❶ 구성

음률 영역은 유아가 생활주변에서 듣는 다양한 소리에 관심을 가지고 탐색하고 음악을 듣고 노래를 부르고 여러 가지 악기를 다루어 보고 음악에 맞추어 자유롭게 몸을 움직이거나 창의적인 신체 표현 활동 및 사회성을 발달시킬 수 있는 영역이다. 유아는 음률 영역의 활동을 통해 음악적 아름다움의 요소를 찾아보며, 음악이나 움직임과 춤으로 표현하고, 음악을 감상하는 능력을 키울 수 있다. 음률 영역은 음악에 맞추어 신체를 자유롭게 움직일 수 있는 충분한 공간이 필요하며, 소음이 많이 나는 영역이므로 마룻바닥이나 카펫을 깔아 다른 인접 영역의 활동에 방해가 되지 않도록 쌓기 놀이영역이나 역할놀이 영역 가까이 배치하는 것이 좋다.

❷ 놀잇감 및 교재교구

- 기본 교구: 녹음기, 헤드폰, 카세트 테이프, 다양한 음악 테이프나 CD, 악보, 악기 관련 사진, 각종 연주회나 춤 공연 등의 사진이나 동영상 자료 등

- 생활 속 악기: 젓가락, 냄비 뚜껑, 깡통, 빨래판, 체, 콩 부채 등
- 우리나라 전통 악기류: 장구, 소고, 북, 꽹과리, 가야금, 피리 등
- 외국 악기류: 리듬 악기(예: 탬버린, 캐스터네츠, 트라이앵글, 마라카스 등), 멜로디 악기(예: 실로폰, 멜로디언, 키보드, 피아노 등)
- 스카프, 리본, 작은 낙하산 등의 신체표현 도구나 음악 연주회나 춤 공연, 오페라 등에서 공연자가 입는 무대 의상 등

❸ 연령별 영역구성

만 3세는 일상생활에서 자주 듣는 음악을 감상하고 자유롭게 표현해 보는 활동을 할 수 있도록 하며, 다양한 리듬악기나 유아나 교사가 만든 악기, 소리를 녹음하여 들을 수 있는 녹음기 등을 비치하여 원할 때는 언제나 활용할 수 있도록 한다.

만 4세는 음악에 맞춰 신체를 마음대로 움직여 보고 노래를 부르며 여러 가지 악기를 자유롭게 만지고 표현해 볼 수 있도록 리듬악기류와 유아들이 직접 만든 마라카스와 수술, 리본막대, 우드블록, 핸드벨, 실로폰, 소고 등을 제시한다. 동작활동 자료로는 다양한 동작카드, 한삼, 탈, 스카프, 접이부채, 응원 반짝이 수술 등이 있다.

만 5세는 음악을 들어보고 만들어 가는 경험을 할 수 있도록 유아 스스로 조작 가능한 CD플레이어를 제공하며, 그림으로 된 가사악보를 제공하여 간단한 연주를 해 보도록 한다. 음률 영역에 전신거울을 두어 유아가 자기가 표현하는 모습을 볼 수 있도록 하여도 좋다.

❹ 유의점

- 유아가 스스로 음률 활동에 참여할 수 있도록 여러 가지 매개체(예: 악기, 음악테이프, 리본, 의상 등)를 제공하고, 움직이는 모습을 볼 수 있도록 벽에 큰 거울을 준비해 둔다.
- 공연 관람, 지역 인사나 전문가 초대, 비디오 관람 등 다양한 방법으로 움직임

과 춤 경험, 음악적 표현 및 감상활동을 하도록 한다.

- 유아가 소리를 정확히 변별하는 활동을 할 때는 집중할 수 있도록 주변 소리를 차단하는 장치를 하도록 한다.
- 움직임이나 춤과 관련된 활동을 할 때, 신체 접촉을 꺼리는 유아가 있으면 강요하지 않도록 하며, 서로 부딪히거나 다치지 않도록 미리 주의를 준다.
- 우리나라 전통 악기와 함께 다른 나라의 악기를 다양하게 준비하고, 유아가 쉽게 다룰 수 있는 리듬 악기나 타악기에서 시작하여 점차 멜로디 악기로 확장한다.

(7) 미술 영역

❶ 구성

미술 영역은 유아가 다양한 자료와 매체를 가지고 자연과 사물의 아름다움을 경험하고 그리기, 만들기, 꾸미기, 구성하기 등의 활동을 하며 자신의 느낌이나 생각을 자유롭게 표현하고 미적 아름다움을 감상하는 경험을 하는 영역이다. 유아는 미술 영역 활동을 통해 미술적 아름다움의 요소를 이해하며, 자신의 생각이나 느낌을 표현하면서 성취감을 얻고, 정서적인 긴장감도 해소할 수 있다. 미술 영역은 조용하고 밝은 곳이 좋으며, 물을 사용할 수 있는 공간과 가까이 배치하는 것이 좋다.

❷ 놀잇감 및 교재·교구

- 종이류: 도화지, 색종이, 색지, 골판지, 포장지 등
- 그리기 도구: 크레파스, 색연필, 볼펜, 물감, 먹물, 붓, 사인펜, 매직, 핑거페인트 등
- 만들기 도구: 가위, 풀, 테이프, 스테이플러, 펀치, 핑킹 가위 등
- 각종 자료: 찰흙, 고무 점토, 밀가루 점토, 나뭇가지, 나무젓가락, 빨대, 실, 솜, 스펀지, 수수깡, 자연물(예: 솔방울, 돌, 나뭇잎, 조개껍질, 깃털 등) 등
- 여러 가지 재활용품: 상자, 헝겊, 요구르트 병, 휴지말이 등

❸ 연령별 영역구성

만 3세는 미술 활동이 능숙치 않으므로 다른 유아의 방해를 받지 않고 마음껏 집중을 할 수 있는 충분한 공간과 시간을 마련해 주는 것이 필요하다. 소근육 발달이 잘 이루어지지 않아 미술 영역의 놀잇감이나 재료 사용이 미숙하지만 다양한 내용의 미술 활동이 이루어질 수 있도록 여러 가지 모양과 색, 질감을 가진 종이류, 다양한 그리기 도구, 점토류를 포함하여 쉽게 이용할 수 있는 기본 미술 영역 자료를 제시하는 것이 좋다.

만 4세는 다양한 매체를 이용하여 자신의 생각과 느낌을 표현하는 작업 활동과 함께 작품전시 및 감상활동을 할 수 있도록 재료와 공간을 제공한다. 기본적인 미술 자료 이외에도 폐품이나 헝겊, 나뭇잎 등 주변에 있는 사소한 물건들도 작업 활동의 자료가 될 수 있다. 그러므로 미술 영역에는 기본 자료 외에도 유아가 관심을 보이거나 새로운 활동이 전개될 때 적절한 자료를 첨가시켜 줄 수 있다

만 5세는 미술적 표현과 자료의 탐구를 통한 창의적 표현력을 길러줄 수 있도록 풍부하고 다양한 재료를 항상 비치하여 유아가 필요에 따라 손쉽게 꺼내 사용할 수 있도록 한다. 미술 활동의 자료는 모양, 크기나 재질 등이 매우 다양하므로 큰 자료와 작은 자료를 유아가 보기 쉽게 잘 분류하여 두어야 한다. 자료들은 주제나 시기에 따라 교체하거나 첨가하여 준다. 그러나 기본 자료는 가능한 필요에 따라 유아들이 쉽게 활용할 수 있는 위치에 보관하는 것이 좋다.

❹ 유의점

- 교사는 유아의 경험 과정에 함께하면서 세심히 관찰하고 적절한 도움을 주되 유아가 주체적으로 활동할 수 있도록 한다.
- 미술 영역에는 다양한 자료를 보관할 수 있는 자료 정리장을 구비하고, 유아가 손쉽게 자료를 꺼내어 활동할 수 있도록 배치한다. 또한 완성된 작품을 말릴 수 있는 설비도 준비한다.
- 미술 영역에서 사용하는 물이나 물감 등이 바닥에 떨어질 경우, 유아가 미끄러지는 사고가 발생할 수 있으므로 유의한다.

- 책상 위나 바닥에 비닐 등을 깔아 보호하고 쉽게 청소할 수 있도록 한다.
- 제공하는 재료가 위생적이고 안전한지 점검한다.
- 유아의 작품은 소중히 다루고 게시판이나 복도에 전시 공간을 마련하여 자주 전시한다.

3 실외환경 구성

실외환경 구성은 실외놀이가 갖는 특성을 고려하여 유아들로 하여금 소음에 긴장하지 않고 보다 큰 신체적 움직임을 갖게 하여 실내에서 불가능한 여러 가지 활동이 다양하게 이루어질 수 있게 해야 한다. 유아들은 실외활동을 통하여 실내에서 쌓였던 긴장감이나 좌절감을 발산하는 등 정서적으로 긴장감 해소에도 도움을 준다. 또한 실내에서 경험할 수 없는 숲의 변화와 동물들을 관찰한다든지, 실외 환경에 대한 탐색과 발견 등과 같은 독특한 경험을 가질 수 있다. 크고 작은 나무와 여러 가지 종류의 돌들, 흙, 잔디, 모래, 시멘트 등으로 이루어진 실외 영역은 유아에게 자연과 인간의 아름다운 조화를 감상할 수 있는 기회를 주어 학습의욕을 함양시키고 창의성을 계발하도록 해준다. 또한 실외의 자연스러운 환경 안에서 타인과의 신뢰감까지 발달시킬 수 있는 경험을 할 수 있다.

따라서 실외놀이는 유아의 몸과 마음을 건강하게 성장하는데 꼭 필요한 요소이며 특히 하루의 대부분의 시간을 교육기관에서 보내는 종일제 프로그램의 유아들에게 실외놀이의 중요성은 더 크다고 할 수 있다. 그러므로 실외환경 구성은 유아의 안전을 위해 「어린이 놀이시설 안전 관리법」에 따른 시설기준을 적용하여 설치하도록 해야 한다. 또한 놀이시설이나 놀이기구들은 유아의 신체 크기에 적절해야 하며 배치되는 놀이기구가 단조롭게 구성되기보다는 계속적으로 연결되어 유아가 다양한 움직임을 경험할 수 있도록 해야 한다.

1) 운동놀이 영역

(1) 구성

운동놀이 영역에는 대근육 운동 능력을 기르고 기구를 이용하는 방법을 습득할 수 있도록 하기 위해 미끄럼틀이나 그네와 같은 운동 놀이 기구를 이용하는 놀이와 공, 막대와 같은 작은 도구나 몸을 활용하는 놀이 시설을 설치해야 한다. 운동놀이를 통하여 유아는 바른 자세 형성과 운동 기능 발달에 기초하여 몸의 균형을 유지하고 몸을 조정하여 움직일 수 있는 과정을 경험하게 된다. 운동놀이 영역은 다른 영역보다 공간을 많이 차지하므로 다른 영역과의 조화를 고려하고 조용한 영역과 떨어진 곳에 배치하는 것이 좋다.

(2) 놀잇감 및 교재·교구

- 놀이 기구: 크기가 다른 공, 굴렁쇠, 후프, 줄넘기, 제기, 고무줄 등
- 운동놀이 기구: 그네, 평균대, 뜀틀, 매트 등
- 복합 놀이시설: 시소, 미끄럼틀, 그네, 정글짐, 그물망, 오름판, 흔들다리 등

(3) 연령별 영역구성

만 3세는 주로 움직임이 큰 대근육 활동으로 구성하는 것이 좋다. 큰 미끄럼이나 오름 틀의 경사가 완만하고 길이가 짧은 것을 제공하며 자전거 등 탈것은 소형으로 제공하여 운동놀이의 즐거움을 갖도록 한다.

만 4세는 미끄럼이나 오름 틀은 신체 조건에 적합한 것을 제공하고 신체 조절 능력, 평형감각, 지구력 등을 길러주는 평균대 걷기, 공굴리기, 고무줄뛰기 등 다양한 운동놀이 기구를 설치한다.

만 5세는 정교한 대·소근육의 조절을 필요로 하는 도구를 제공하는 것이 좋다. 달리기, 구르기, 균형 잡기, 뛰어내리기 등 다양한 신체 경험을 하고 해 보고, 놀이 기구를 다른 용도로 활용하는 아이디어를 내어 놀이를 할 수 있도록 영역을 구성

해야 한다. 또한 한 가지 놀이를 지속적으로 하여 신체나 기구를 다루는 데 익숙해지게 하며 스스로 안전 규칙을 만들어 보도록 한다.

(4) 유의점

- 활동 공간에 적절한 인원 수, 기구의 견고성, 공간 바닥 등에 대해 정기적으로 안전 점검을 실시하고, 기구나 도구의 안전한 사용법을 지도하여 유아 스스로 자신의 안전을 지킬 수 있는 능력과 태도를 갖도록 한다.
- 운동 놀이 기구 주변 바닥은 모래, 잔디를 깔거나 충격을 흡수할 수 있도록 표면 처리를 한다.
- 운동 놀이 기구는 유아의 신체에 적합해야 하며, 모서리, 마무리 처리, 칠 등이 안전하게 처리되어야 한다.

2) 모래·물놀이 영역

(1) 구성

모래·물놀이 영역은 유아가 자연물인 모래와 물을 놀잇감으로 활용하여 상상력을 키울 수 있는 영역이다. 유아는 모래와 물을 통해 형태를 구성하기도 하는 등 다양한 활동을 통해 성취감과 만족감을 느끼게 되고, 동시에 정서적 안정감과 즐거움을 갖게 된다. 또한 집단놀이 형태로 이루어지는 경우가 많아 친구들과 자연스럽게 어울리는 기회를 갖게 된다. 모래놀이 영역과 물놀이 영역은 인접하여 배치하면 놀이를 확장할 수 있다. 모래·물놀이 영역은 통행이 빈번하지 않은 곳에 배치하며 햇볕이 잘 들고 배수가 잘 되는 곳이 좋다. 모래를 사용하지 않을 때에는 뚜껑을 덮어 모래를 깨끗하게 관리하고 이물질이 들어가지 않도록 관리해야 한다.

(2) 놀잇감 및 교재·교구

- 모래놀이를 위한 자료: 모래놀이용 기구(예: 다양한 크기와 모양의 그릇과 통,

흙 파기 도구), 모형 자동차(예: 포크레인, 지게차, 트럭 등), 모래놀이 테이블

- 물놀이를 위한 자료: 물놀이 기구(예: 다양한 크기의 그릇, 호스 류, 물뿌리개 등)
- 기타 자료: 측정도구, 자연물(예: 돌멩이, 나뭇가지, 조개껍데기, 열매 등), 정리함, 청소도구, 극화놀이로 확장할 수 있는 다양한 소품 등

(3) 연령별 영역구성

만 3세는 모래와 물의 특성을 탐색하는 놀이를 많이 하므로 모래나 물을 그릇에 담기, 손으로 만지기, 모래 모양 찍기 등을 할 수 있도록 다양한 종류의 그릇, 인형, 공 등을 준비하는 것이 좋다.

만 4세는 물과 모래의 특성을 알아볼 수 있는 다양한 도구를 제공하되 놀이 확장이 가능하도록 소꿉놀이 도구, 인형, 자동차 모형, 자연물 등의 자료를 제공하는 것이 좋다.

만 5세는 물의 양을 측정할 수 있는 다양한 계량 도구를 비치하고 물과 모래를 이용한 여러 가지 실험을 해 볼 수 있도록 교재 및 교구를 준비하며, 모래삽, 수로용 플라스틱 관, 투명 호스 등을 제공하여 모래·물놀이가 확장되도록 한다.

(4) 유의점

- 모래가 유실되는 것을 막기 위해 모래밭 가장자리에 고무판을 대거나 테두리를 만들어주고, 유실되는 모래는 1년에 1~2회 보충한다.
- 모래를 사용하지 않을 때에는 뚜껑을 덮어 모래를 깨끗하게 관리하고 이물질이 들어가지 않도록 하며 주기적으로 소독을 한다.
- 실외 공간이 넓은 경우, 연령과 활동 종류에 따라 모래놀이 영역을 별도로 마련해 주는 것도 좋다.

3) 자연탐구 및 관찰 영역

(1) 구성

자연탐구 및 관찰 영역은 유아가 동·식물 기르기 및 자연물을 조사하고, 실험하는 등의 탐구 과정에 적극적으로 참여함으로써 자연물에 대한 전문적 지식을 얻고 개념을 형성하며 자연에 대한 이해와 정서적 교감을 나누는 영역이다. 식물 기르기 영역은 햇빛이 잘 들고 물을 사용하기 좋은 곳에 배치하여 식물의 성장과 변화를 관찰하고 이해하도록 한다. 만약 텃밭을 만들 공간이 부족하다면 크고 작은 화분을 이용할 수 있다. 또한 유아가 사계절 내내 꽃과 열매를 관찰할 수 있도록 꽃나무와 유실수를 계절별로 적절히 안배하여 심어야 한다. 동물 기르기 영역은 햇빛이 잘 들고 바람이 잘 통하며, 배수가 잘 되는 장소에 배치한다. 자칫 위생상태가 불량해지기 쉬우므로 청결에 유의하여야 한다. 또한 물과 사료 공급이 쉬운 곳에 설치하여 유아가 직접 먹이를 주고 관찰하도록 한다.

(2) 놀잇감 및 교재·교구

- 자연 세계를 탐색할 수 있는 도구: 관찰도구(예: 돋보기, 관찰 기록지, 쓰기도구, 곤충 채집통), 카메라, 백과사전, 물주기 도구, 크고 작은 화분, 모종삽 등
- 기르기에 적절한 식물: 상추, 배추, 무, 고추, 토마토, 가지, 감자, 고구마 등
- 기르기에 적절한 동물: 토끼, 닭, 새 등

(3) 연령별 영역구성의 예

만 3세는 주변의 친숙한 동·식물을 관찰하도록 하며 식물은 토마토, 고추 등 성장 속도가 빠르고 열매가 맺히는 것을 기르는 것이 좋다.

만 4세는 씨를 뿌리거나 모종을 하여 꽃밭과 텃밭을 가꾸며 식물을 기르도록 하며, 동·식물의 성장 과정이나 변화를 확인할 수 있도록 관찰기록 용지를 준비한다.

만 5세는 동·식물의 성장에 관련된 책 등의 자료를 제공한다. 또한 씨를 뿌리거

나 모종을 하고 거름을 주며 꽃밭과 텃밭을 가꾸어 자신이 기르는 동·식물의 성장 과정이나 변화를 그림이나 글로 기록할 수 있도록 관찰 기록 용지를 준비한다.

(4) 유의점

- 유아 스스로 여러 가지 채소를 직접 심고 가꾸어 먹을 수 있도록 함으로써 건강에 대한 인식을 돕고 식품과 건강 간의 관련성도 배우도록 한다.
- 나들이를 가거나 공원에 산책을 나가 여러 가지 꽃과 나무 등을 탐색하고 즐길 수 있도록 한다. 박물관이나 동물원, 식물원, 농장 등 지역사회 기관을 활용하는 것도 좋다.

4) 작업 영역

(1) 구성

작업 영역은 바깥에서 접할 수 있는 다양한 환경의 특성을 통해 다양한 주제와 활동으로 놀이를 확장하는 영역이다. 물감으로 그림 그리기, 큰 블록 쌓기, 목공놀이, 점토놀이 등이 이루어진다.

(2) 놀잇감 및 교재·교구

- 핑거 페인팅, 점토, 물감 그림을 할 수 있는 이젤, 종이, 그림물감, 다양한 굵기의 붓, 그리기 도구, 목공도구, 비닐 옷 등
- 작업용 자료: 종이 박스, 나무 박스, 점토류, 밀가루 반죽, 톱밥, 나무젓가락, 빨대, 고무 밴드, 스티로폼, 모루, 스펀지, 수수깡, 자연물(솔방울, 도토리, 돌멩이, 낙엽) 등
- 각종 도구류: 나무망치, 다양한 그릇, 자, 장갑, 밀기막대 등

(3) 연령별 영역구성

만 3세는 다양한 자료보다는 기본적인 자료를 자주 바꾸어 주도록 하며, 핑거페인팅 재료, 밀가루풀, 점토 등을 제공하여 작업 활동을 자유롭게 표현하며, 즐길 수 있도록 한다.

만 4세는 자연물로 꾸미기, 모래 그림 그리기, 물감 흘려 벽화 꾸미기 등의 미술 활동과 블록으로 구성하기 등의 활동을 제공한다.

만 5세는 다양한 미술 재료 및 자연물을 활용한 놀이, 목공놀이 등 공동 작업에 필요한 자료를 제공한다.

(4) 유의점

- 작업한 활동물을 전시할 수 있는 공간을 마련한다.
- 다양한 크기의 블록과 목공 테이블, 목공놀이 도구를 제공하는 것도 좋다.

5) 휴식 영역

(1) 구성

휴식 영역은 유아들이 동적 활동 후 휴식을 취할 수 있도록 조용한 공간을 마련하여 편안하게 시간을 보낼 수 있는 영역이다. 휴식 영역은 다양한 종류의 나무 그늘이나 정자, 지붕이 있는 테라스를 설치하거나 텐트나 비치 파라솔 등을 활용하여 그늘을 마련하는 것이 좋다.

(2) 놀잇감 및 교재·교구

- 의자나 벤치, 돗자리를 깔아주어 편안한 영역으로 구성하고 책이나 조작 놀잇감을 제공한다.
- 조용한 음악을 들을 수 있도록 음악 CD와 CD플레이어, 이어폰 등을 준비한다.

(3) 유의점

- 활동적이고 소음이 많은 장소에서 유아가 개인적으로 분리될 필요가 있을 때 조용한 곳에서 긴장을 풀 수 있는 장소를 마련해 주도록 한다.
- 휴식시간은 유아의 연령이나 활동량에 따라 융통성 있게 조절하며 더운 여름이나 추운 겨울에는 실외 온도 조절에 유의한다.

6) 보관 창고

(1) 구성

보관 창고는 실외놀이 기구나 교구, 청소 도구를 정리하고 보관하기 위한 곳으로 구비된 교재·교구를 필요로 할 때 쉽게 활용 가능하도록 교재·교구를 정리, 보관하는 것이 중요하다.

(2) 놀잇감 및 교재·교구

- 여러 가지 놀이 기구를 정리할 수 있는 선반

(3) 유의점

- 창고는 물이 괴지 않도록 약간 경사진 곳에 위치하는 것이 좋으며, 각종 놀이 기구들의 위생 관리를 위해 통풍 및 환기를 시킬 수 있도록 한다.

4 교육환경으로서의 교재·교구

1) 교재·교구의 개념

유아 교육기관에서는 교재와 교구를 구분하지 않고 같은 의미로 사용하기도 하고 어떤 경우에는 구분하여 사용하기도 하는데 그 개념과 정의가 모호하여 혼돈되어 사용되고 있다. 교재교구의 사전적 정의에 의하면 '교재'는 학문이나 기예 따위를 가르치거나 배우는 데 필요한 재료를 의미하고, '교구'는 학습을 구체화하여 효과적으로 지도하기 위해 사용하는 도구로 정의되고 있다(표준국어대사전, 2014).

교재와 교구를 구분하여 사용한다면, 교재는 교수 내용 그 자체가 담겨 있는 소프트웨어(Soft ware)라 할 수 있고, 교구는 교수 내용을 제시해 주는 하드웨어(Hard ware)로 볼 수 있다. 예를 들면, 녹음기 자체나 융판은 교구가 되고 동물들의 소리가 녹음된 테이프나 동물그림은 교재가 된다. 그러나 유아를 대상으로 하는 교육에서는 교수·학습활동이 유아들의 생활, 또는 놀이와 구별되지 않으므로 의도적인 교수·학습 활동에 쓰이지 않는다고 해서 교구나 교재가 아니라고 할 수 없으며, 교구 그 자체가 학습의 내용이 될 수 있으므로 교재와 교구를 명확히 구별짓는 것은 불합리하다(이대균·송정원, 2006)고 할 수 있으며, 흔히 말하는 놀잇감, 장난감 등도 자연스런 상황에서 학습을 유발시키므로 교재·교구에 포함되는 것이 바람직하다. 따라서 교재·교구란 유아들이 등원하는 시간에서부터 귀가까지 유아의 심신의 발달 도모를 위해 사용되는 모든 자료라고 할 수 있다.

2) 교재 교구의 선정 기준

Hurd(1965)와 Patterson(1971)은 "교사가 영유아에게 제공하는 환경은 매우 중요하며, 교사가 영유아를 위한 교재·교구를 선택할 때 갖는 배려가 어떠한 학습이 일어나게 될지를 결정한다"고 말한다(이숙재, 1990). 그 만큼 유아들에게 어떤 교재·교구를 준비해 줄 것인지는 중요한 문제이며 충분히 고려하여 적절히 선택해야 한다. 교재·교구 선택의 중요성에 따라 교재·교구의 선택기준 또한 다양하게 제시되고 있다. 권옥자(1993)는 교재·교구의 선택기준을 다음과 같이 일곱 가지로 제시하고 있다.

(1) 교육내용이 적합한 것인가?

교수 매체는 외형적인 화려함이나 신기함으로 유아의 일시적인 흥미를 유도하기 보다는 그것을 활용하는 과정이나 결과에서 유아에게 유익하여야 교육적으로 가치가 있는 교재·교구라 할 수 있다. 그러므로 교재·교구의 선정 시에는 중심 되는 교육목표와 부수적인 교육 목표를 명확히 진술하여 전달하고자 하는 교육 내용에 적합한 것을 선정하는 것이 중요하다.

(2) 유아의 발달 수준에 적합한가?

아무리 훌륭한 교육목표를 포함한 교재·교구라 하더라도 유아가 이해하지 못하고 흥미를 보이지 않는다면 이는 무용지물이다. 그러므로 유아의 현재 흥미와 인지 발달 수준에 적합한 교재·교구를 선정하여야 하는데, 이 때 유아의 지각 원리 및 특성을 고려하여 구체적인 것에서 추상적인 것으로, 단순한 것에서 복잡한 것으로 점차 수준을 변화시켜야 한다.

(3) 안전하고 위생적인가?

자료의 재질, 페인트의 유동성 여부, 날카로운 부분, 청결하지 못한 것 등의 안전성 여부와 청결처리 등에 주의를 기울여야 한다.

(4) 다양하고 창의적인 놀이가 가능한가?

정해진 방법으로 정해진 결과만을 보여주는 교재·교구는 유아의 적극적인 탐색활동을 촉진시키지 못한다. 그러므로 바람직한 교재·교구는 포괄적이고 다양하게 활용될 수 있어야 하며, 또 유아의 창의적인 표현 및 활동을 얼마나 고취시킬 수 있는가도 검토되어야 한다.

(5) 유아에게 매력적이어서 호기심을 끌 수 있는가?

교육적 가치나 활용방법에 동일한 것이라 하더라도 유아는 심미적 즐거움을 주는 교재·교구를 선호한다. 그러므로 교재·교구는 색깔, 질감, 크기, 형태, 소리, 냄새 등을 충분히 고려하여 호기심을 끌 수 있도록 준비하는 것이 좋다.

(6) 견고하고 내구성이 있는가?

튼튼한 재료를 사용하여 견고하게 제작함으로써 반복 사용이 가능할 뿐 아니라 보관, 관리도 수월하게 해야 한다.

(7) 교육 효과가 높은가?

교재·교구를 사용하기 위해 드는 비용에 비해 교육 효과가 큰 것으로 선택하여야 한다. 무조건 값이 비싼 것만이 교육적 효과가 높은 것은 아니다. 가능하면 기존에 있는 자료를 이용하거나 자연물, 폐품을 적극 활용하는 것이 좋다.

3) 교재 교구와 유아발달과의 관계

교재·교구는 유아교육에 있어서 교육의 내용과 질을 결정한다고 해도 과언이 아니며 유아의 발달수준에 적합한 교재·교구는 유아의 행동과 발달에 큰 영향을 미치는 매우 중요한 요소라 할 수 있다(교육과학기술부·보건복지부, 2013). 그러므로 교사는 자신이 맡고 있는 유아들의 연령, 발달단계 및 특성, 진행되는 단원 등을 고려하여 교재·교구를 제작하고 준비해 주어야 한다. 그렇게 함으로써 유아는 다양한 교재·교구를 통해 경험하고 느끼고 상호 작용하는 동안 개념을 습득하고 다른 사람의 생각을 이해하며 나 자신을 표현해 보는 기회를 갖게 된다.

역사적인 관점에서 보면, 교재·교구는 코메니우스(1592~1670)는 영유아에게 주어지는 모든 것은 그들의 감각을 자극하도로 제시되어야 하며, 로크(1632~1704)는 유아들의 주변에서 흔히 찾아볼 수 있는 물건(돌멩이, 종이조각, 열쇠 등)을 놀잇감으로 사용하는 것이 좋다고 하였으며, 또한 장난감이나 게임이 유아들에게 매우 주요한 교육적 도구가 됨을 인식하고 로크 블록을 고안하기도 하였다(단현국, 1991). 루소(1712~1778) 역시 경험에 입각한 교육이 이루어져야 함을 주장하고 사물 이외에 그 어느 것도 교육을 대신할 수 없다고 하였다(이숙재, 2002). 19세기 이후에는 프뢰벨(1782~1852)이 교재·교구의 중요성과 활용에 대해 구체적인 방안을 제시하며, 체계적이고 조직적인 면에서 최초의 교육적 교재·교구인 은물을 고안하였다(이대균, 송정원 2002). 또한 몬테소리(1870~1952)는 감각 교육을 매우 중요시하여 감각 교구를 창안하였으며 현재까지 널리 사용되고 있다. 인지발달 이론을 주장한 Piaget(1962)는 영유아기에는 구체적인 사물과 다양한 성인과의 경험을 통해 학습이 이루어지므로 그들이 스스로 학습할 자료와 기회를 충분히 제공해 주어야 한다고 주장하였다. Erikson(1950)은 유아들은 스스로 시도하며 놀잇감으로 교재·교구를 가지고 놀이에 몰두함으로써 즐거움을 경험하게 되며, 놀이를 통한 즐거움을 경험하고 성취감을 느낀 유아들은 주도성을 갖게 되어 계획을 세우고 목표를 설정하며 그것을 달성하고자 노력하게 된다고 하였다. 그러므로 유아교육기관에서 유아들이 스스로 계획하고 실천하고, 성취하는 주도성을 기르기 위하여 유아 스스로 교구를 선택하여 흥미 있게 활동을 진행해가는 경험을 제공하여야 한다.

이상의 내용을 토대로 교재·교구와 유아발달과의 관계를 정리해 보면 다음과 같다.

첫째, 교재·교구는 교육의 내용과 질을 결정한다.

둘째, 교재·교구는 유아의 활동을 유발시키고 자극한다.

셋째, 교재·교구는 유아의 활동을 심화, 확대시킨다.

넷째, 교재·교구는 언어를 발달시킨다.

다섯째, 교재·교구는 신체 및 감각 능력을 발달시키며, 감각욕구를 충족시킨다.

여섯째, 협동심과 이해성, 양보 등 사회성을 발달시킨다.

일곱째, 표현활동 교재·교구를 활용함으로써 창의성과 예술성 및 표현능력을 기른다.

4) 교재·교구의 유형

교재·교구 자체가 대개 복합 기능을 가지고 있기 때문에 그것을 정확히 분류하기는 어려우나 여러 가지 분류기준을 세워 다양하게 분류할 수 있다(단현국, 1991). 심성경 외(2010)는 교재·교구의 특성에 따라 다음과 같이 '모형 놀잇감', '구성 놀잇감', '대근육 놀잇감', '교육용 놀잇감', '실물 놀잇감', '전자 놀잇감'으로 구분하고 있다.

〈표 11-1〉 교재·교구의 특성에 따른 구분

구분	특성 교재·교구	교재·교구 예시	
모형 놀잇감	• 유아 주변 환경 속 사람, 동물, 교통수단 등을 축소화하여 만든 놀잇감	• 교통기관 모형 • 동물모형	• 사람모형 • 역할놀이 소품 등
구성 놀잇감	• 특별한 사용법이 정해져 있지 않은 개방적인 형태로 언제든지 구성하고 재구성할 수 있는 놀잇감	• 유니트 블록 • 할로우 블록	• 플라스틱 블록 • 폼 블록 등
대근육 놀잇감	• 대근육 및 기본운동능력 발달을 위해 고안된 놀잇감으로 강당 혹은 실외 등 넓고 소움이 허용되는 공간에서 주요 사용	• 기구 • 자전거 • 줄넘기 등	• 다양한 공 • 바퀴달린 탈 것
교육용 놀잇감	• 특정한 기술 및 개념 발달을 위한 목적으로 고안된 놀잇감	• 모양판 퍼즐 • 쌓기 놀잇감 • 끈매기와 풀기 • 단추 끼우기 등	• 조각그림 퍼즐 • 페그보드 • 줄 꿰기
실물 놀잇감	• 유아 주변에서 구할 수 있는 일상용품의 놀잇감	• 자연물 • 폐품 • 미술자료(붓, 크레파스, 물감, 종이 등) • 실물자료(요리책, 쿠폰, 표시판, 메뉴판, 과자상자 등)	
전자 놀잇감	• 현대 기술공학 발달로 개발된 다양한 유형의 전자매체 놀잇감	• 건전지로 작동되는 놀잇감 • 전자게임 • TV, 비디오 프로그램 놀잇감 • 컴퓨터 등	

출처: 심성경 외(2010). 놀이지도, pp. 62-67.

Riddick(1982)은 흥미영역에 따라 다음과 같이 분류하고 있다.

〈표 11-2〉 Riddick의 흥미 영역에 따른 분류

흥미 영역	교육 기능	교재·교구	평가기준
조작 놀이 영역	• 손과 눈의 협응력 • 소근육 운동 조절 • 형태와 색의 변별	그림퍼즐, 입체퍼즐, 맞춤블록(Lego), 색깔블록, 모양 찾아 넣기	• 종류별 색깔이 선명하여 유아가 쉽게 구별할 수 있는 것 • 전체와 부분의 개념 형성에 도움을 줄 수 있는 것 • 조각 부품들이 정교하게 된 것 • 손, 팔, 눈, 목, 손가락의 협응을 도울 수 있는 것 • 형태와 색채가 통일성 있고 멋있게 디자인된 것
구성 놀이 영역 (목공놀이 영역)	• 대소근육 운동 기능 • 창의적 표현 및 구성 감각 • 감정표출 및 성취감 • 협동심	블록(벽돌, 모자이크), 나사끼우기, 토막쌓기, 각종 공구(드릴, 망치, 큰 못, 톱, 대패)	• 창의력 표현과 구성에 대한 발달을 조장시킬 수 있는 것 • 여러 형태를 만들 수 있는 것 • 무게, 크기, 개수는 적합한가?
언어 놀이 영역	• 어휘, 문장, 의사소통 • 예절 및 창의적 표현	동화책, 그림책, 동요, 동시, 융판. 동화자료. 낱말카드, 전화기, 라디오, 녹음자료	• 언어의 정확한 이해표현에 도움을 줄 수 있는 것 • 생각한 것을 말로 표현하는 데 기초가 되는 것, 사고 능력에 도움이 되는 것 • 적당한 어휘사용 능력, 현상이나 사물에 그림을 제시할 수 있는 것
작업 영역 (창의적 표현 활동 영역)	• 손과 눈의 협응 • 창의적 표현 • 글자의 기초 기능	크레용, 물감, 분필 점토, 색종이, 풀, 털실, 스펀지, 가위, 연필, 나무토막, 모래놀이 도구 등	• 구성재료가 정확하고 질이 좋으며 불편은 없는가? • 색이 선명하며 색감이 좋은가? • 창의적 표현을 조장할 수 있는가?
역할 놀이 영역	• 생활습관 및 협동심 • 의사소통 기능 • 창의적 표현 및 신뢰감 • 사회생활 기초 인식	인형, 소꿉놀이, 병원놀이, 장난감, 종, 손인형, 가면, 장난감 차, 역할 놀잇감(의사, 건축기사, 간호원, 소방수), 교통표시판, 교통신호, 의생활훈련	• 모양, 색깔이 유아의 흥미와 호감을 살 수 있는가? • 실물을 모방한 장난감은 기능, 질감, 색채가 적당한가? • 유아가 생각한 것을 표현할 수 있는가? • 구성 재료는 안전하고 견고한가?
사고 및 과학 놀이 영역	• 과학적 개념 및 사고 • 협동심과 성취감	화분, 어항, 온도계, 자석, 슬라이드, 사진, 저울, 각종 표본, 만화경, 계량컵, 시계, 확대경, 병, 빈 깡통	• 자연 현상 속에 숨어 있는 원리를 깨닫게 하는 데 도움이 되는가? • 생활에 간단히 적용하는 데 도움이 되는가? • 호기심과 탐구심을 조장할 수 있는가? • 정확하고 정밀하게 구성되어 있는가? • 활동을 통해 성취감을 느낄 수 있는가?
수놀이 영역	• 숫자 및 시간 개념 • 분류 개념 • 응용력	숫자블록, 숫자카드, 숫자 맞추기, 셈판, 달력, 숫자 퍼즐	• 10이하의 숫자를 취급하였는가? • 각 속성의 수준이 5 이상을 넘지 않으며 속성의 종류는 3가지 이상을 넘지 말아야 한다. • 아름다운 디자인으로 유아의 주의를 줄 수 있는가?

흥미 영역	교육 기능	교재·교구	평가기준
음악 활동 영역	• 청각 기능 • 손과 눈의 협응 • 발음 및 어휘력 신장 • 감상력	카세트 레코드, 실로폰, 마라카스, 북, 피아노, 오르간, 캐스터네츠, 장구, 심벌즈, 트라이앵글, 목탁, 전축, 녹음자료	• 적당한 음정을 가진 악기인가? • 안전성을 갖고 있는가? • 감상용 테이프가 유아 수준에 맞는가?
활동 놀이 영역	• 대근육 운동 기능 • 감정표출 • 의사소통기술	미끄럼틀, 시소, 정글짐, 그네 사다리, 로프, 큰 공, 고리던지기, 공, 여러 가지 탈것, 평균대, 줄넘기, 징검다리, 타이어	• 신체 발달을 조장할 수 있는가? • 유아가 흥미를 갖고 접할 수 있는가? • 위험성이 없이 안전한가? • 인체지수를 포괄적으로 고려했나?

출처: 한국교육개발원(1983). 유아를 위한 놀이감 평가기준 개발

한편, 이대균 외(2006)는 감각 기능에 따른 교재·교구의 유형을 <표 11-3>과 같이 분류하고 있다.

〈표 11-3〉 감각 기능에 따른 교재·교구의 유형

감각 기능	시각을 주로 하는 것	청각을 주로 하는 것	시청각을 겸한 것
교재·교구의 예	게시판, 융판, 그림, 만화, 신문, 표본, 사진, 모형, 그림으로 된 궤도, 그림책, 디오라마, 실문, 그래프, 지구의 , 포스터, 무성 8mm영화	녹음자료(녹음기, 레코드플레이어 등), 라디오방송, 여러 가지 악기, 동화 듣기 등	녹음된 슬라이드 세트, 발성영화, 인형극, 그림이야기, 견학, 텔레비전 등

CHAPTER 12

유아교육 발전방향

미래 사회를 살아갈 유아는 지금의 사회와는 다르게 살아갈 것이다. 교육은 백년대계라는 말처럼, 교육은 장기적이며 미래를 전망하고 계획되어야 할 것이다. 현 시대에는 가족 구조의 변화나 학부모의 과잉 교육열 등의 많은 변화 요소에 의해 유아 교육기관의 난립이나 파행된 교육이 성행하기도 한다. 필요에 의하여 가족 중심뿐만 아닌 국가적 차원의 유아교육에 대한 정책이 만들어지고 있다. 유아교육의 발전된 방향을 위한 시사점을 제시하기 위하여 현재 이루어지고 있는 유아교육의 전반적인 면을 살펴보고, 앞으로의 유아교육 정책 동향을 함께 생각해보자. 이에 따라 보다 나은 유아교육을 위한 문제점을 해결 할 현안을 살펴보고 유아교육 전망에 대해 살펴보고자 한다.

1 저출산 문제에 따른 교육대책

시대적 변화에 따른 여성인력의 사회참여 비율이 높아지고, 양육자의 부재와 함께 보육비에 대한 부담은 낮은 출산율의 결과를 나타내게 되었다. 더구나 부모들의 높아진 유아교육에 대한 중요도와 인식은 과거보다 적은 수의 자녀를 낳아서 잘 키우고자 하는 욕구로 드러났다. 저출산이 가져오는 노동 인구의 감소로 노동력이 부족하게 되고, 잠재 성장률은 하락하는 경향을 보이게 되었다. 부족한 인력으로 인한 노동 인력의 필요 증가와 국가 인재 개발에 대한 필요성이 더욱 대두되었다. 결국 국가적인 차원에서 출산과 육아를 장려하는 노력이 이루어지고 양육에 드는 비용을 위한 대책이 필요하게 되었다. 인구 감소로 인한 결혼 문화에서는 국제결혼이 늘어나고 외국인 노동자 인구의 확산으로 나타났다. 이로 인한 다문화 사회에 따른 대책을 마련할 필요가 생기고, 글로벌화 사회를 대비하는 교육적, 사회적, 정책적 체제의 필요와 함께 다양한 사회의 유아교육을 위한 역량 강화에 관심이 집중되고 있다.

저출산의 원인은 다양한 관점에서 찾아볼 수 있는데 첫째, 결혼 및 가족에 대한 가치관의 변화를 들 수 있으며, 둘째, 여성의 교육 수준 향상 및 경제활동 참여증가를 들 수 있고, 그에 따른 만혼과 결혼 기피현상이 있으며 셋째, 여성이 직업과 가정의 일을 병행하기 어려운 보육환경과 교육비 부담 등을 들 수 있다. 특히 한국 사회에서의 사교육비 부담은 자녀 양육의 어려움을 가중시키고 있는 사회현상이라 할 수 있다.

현재 우리나라의 출산율은 다른 어느 나라보다 떨어지고 있는데, 우리나라의 출생아 수 감속 추세를 보면 2010년 434천 명이었으나, 2030년 348천 명, 2050년에는 226천 명으로 예측된다. 2050년에는 2005년 438천 명의 절반 수준이라는 놀라운 감소를 나타낸다.

〈표 12-1〉 **만 3~5세 유아 수 예측 추계(2010~2020)**

구분	2010	2011	2012	2013	2014	2015	2016	2017	2018	2019	2010
전체	1,376,933	1,408,983	1,407,158	1,384,292	1,363,891	1,354,025	1,309,805	1,287,859	1,265,354	1,243,060	1,221,885
3세	493,452	466,308	445,731	470,671	445,919	439,003	431,477	423,860	416,379	409,066	402,571
4세	448,200	494,091	466,912	446,309	471,281	443,337	436,463	428,982	421,412	413,975	406,706
5세	435,281	448,583	494,514	467,312	446,691	471,684	441,865	435,016	427,562	420,019	412,608

출처: 2013~2017 유아교육 중장기 발전 방향, 육아정책연구소

육아정책연구소의 최근 자료에 따르면 현재 영유아 자녀 한 명의 양육에 소요되는 비용은 소비지출 대비 30% 전후에 육박하는 것으로 나타남으로써 출산에 따른 여러 가지 양육문제는 유아교육과 국가 차원에서도 심각한 사회문제로 대두되고 있다.

국가적 지원이 체계적으로 이루어져야 할 필요성이 있는데, 유아교육에 대한 지원현황을 보면 낮은 편이다. 교육단계별 정부 부담 공교육비와 민간 부담 공교육비의 상대적 비중에서도 초·중등교육 부문에 비해 유아교육에 대한 정부의 투자가 부족한 것으로 나타났다. 또한 한국교육개발원(2010)의 OECD 교육 지표에 따르면 우리나라의 유아 1인당 공교육비는 2007년도 기준 3,909달러(49.7%)로 OECD 평균(5,447달러)의 71% 수준에 해당하던 것이 해가 갈수록 점차 증가하고 있는 추세이다. 2011년 0.79%수준, 2013년에는 GDP 대비 유아교육에 대한 지출은 0.94%로 증가했지만 OECD권장 1%에는 미치지 못한다. 게다가 2014년 정부 예산안에서 누리과정 국고지원이 계획되었으나 정작 예산안에서 삭감되는 현상이 나타났다. 결국 각 시·도 교육청이 누리예산을 책임지게 되었다. 시·도 교육청에서 유치원에만 교육비지원이 우선적으로 되고, 어린이집 보육비는 편성 되지 않은 곳들이 있어 유치원에 입학 경쟁률이 몰리는 등의 사태가 일어나 학부모들의 자녀 입학을 두고 혼란을 가져오는 결과가 일어났다.

양육과 경제적인 이유로 인한 저출산 문제를 해결하기 위해서는 유아 학비 지원과 같은 실질적인 지원이 이루어져야 하며, 국가적 장기적인 계획이 수립되어야 할 것이다. 체계적인 정책과 지원을 통하여 부모들이 자녀교육의 문제에 대해 안심할 수 있도록 양질의 교육서비스 제공이 필요하다. 이를 위해서는 행정조직 체

계와 관계법 등의 정비화 과정이 필요할 것이다. 예를 들어, 유보 통합 일원화와 같은 체계의 변화나 시대적인 요구에 부응하는 유아교육의 공교육화 기반의 마련이 전제되어야 할 것이다.

2 유아교육의 공교육화

유아교육의 공교육화는 1997년 교육 개혁위원회가 발표한 제4차 신교육체제 수립을 위한 교육개혁방안에 포함된 유아교육의 공교육체제 확립을 시작이라 할 수 있다.

국제적인 유아교육의 동향은 첫째, 만 5세 유아들을 위한 교육제도 즉, 공교육화가 이루어지고 있는 추세이다. 프랑스도 100%에 도달하였고, 미국은 초등학교 K-학년형으로 의무교육은 아니지만 무상교육(공교육체제)으로 운영되고 약 90%의 무상교육 혜택을 받고 있다. 일본과 중국도 유보 협력기관 추진형이나 교육강화 정책을 통하여 공교육화를 이루려고 하고 있다. 둘째, 취학직전 1년의 교육에 대한 엄격한 관리 시스템이 만들어지고 유지되고 있다. 셋째는 유아교육비 지원 대상의 연령이 점차 낮아지고 있다는 점이다. 만 5세에서 만 2세로 확대하여 전략적 투자를 강화하고 있는 추세이며, 유아교육비 공공부담률이 평균 79.7%였다. 이는 2007년 기준 한국의 경우는 49.7%로 현저한 차이를 보여준다. 만 2.5세 또는 만 3세부터 초등교육이 시작되기 전까지 국가 수준의 유아교육·보육과정 틀(Framework)을 갖추고 있었다(장명림, 외, 2012).

OECD에서 제시한 우리나라의 유아교육과 보육에 관한 권고사항을 정리하면 첫째, 국가의 지속가능한 성장은 사회통합에 필요한 필수요소임을 인식해야 한다고 주장한다. 우리나라의 가계에 미치는 자녀 교육비 부담이 곧 출산율 저하로 이끈다는 이유로 들었다. 국가가 지속적인 교육비 부담을 지원하여 인재양성과 사회통합의 좋은 밑거름이 되도록 권유했다. 우리나라 정부가 유아교육 관련 형평성 개선에 주력해야 한다고 주장하였다. 모든 아동이 경제적 여건에 상관없이 참여할 수 있도록 정부의 지출 수준을 높여야 한다는 것이다. 우리나라는 OECD국가들 중 2007년 기준 최하위권이었다. 교육평등 개선을 위한 국제 동향 벤치마킹이 필요하다고 하였으며, 표준화된 교육과정으로 모든 아동에게 균등한 고품질의 교육을 제공해야 한다고 주장하였다. 우리나라 정부가 5세 미만의 유아를 위한 규제감독과 재정지원을 일관된 구조(일원화 체제)로 통합하는 방향으로 한 걸음 더 나아가야 한다고 지적하였다. 스웨덴의 예를 들면서, 일원화 체제는 초기투자 대비 효과증대를 가져오며 아이와 교사뿐만 아니라 교육과정 개발 및 교수법에도 긍정적인 결과를 가져오게 된다고 한다.

〈표 12-2〉 **UNESCO의 한국 유아교육 · 보육 통합 안**

통합 안	고려사항 및 내용
현행 이원화 체제의 조정	• 한 쪽의 체제를 다른 체제 아래 두는 것보다 양 체제 모두를 어느 한쪽의 높은 수준으로 끌어올리는 것과 양 체제의 차이 인정해야 함
연령별 분할 체제	• 유아기는 인지적으로 좁게 정의된 교육보다 광의로 정의된 교육의 혜택을 받는 시기임을 고려해야 함 • 연령 구분 이원화는 합의되지 않았을 뿐만 아니라 부정적 결과를 초래할 수 있으므로 신중한 접근이 필요함 (1) 0~2세는 복지부, 3~5세는 교과부 (2) 오전 기본과정은 교과부, 오후 방과 후 돌봄은 복지부 (3) 0~4세는 복지부, 5세는 교과부
단일부처 아래 서비스 통합	• 주요 목표가 정책의 주안점이 되며 그 목표의 현실화에 전념해야 함 • 0~5세 교과부 또는 복지부
새로운 중앙부처 아래 서비스 통합	• 두 부처가 공동으로 다양한 서비스의 행·재정을 관장하는 것에 충분한 자율성이 부여되면 정책개발이나 합의에 이르는 비용 절감 됨 • 현 이원화 체제 인력과 다른 재원들의 최대 활용으로, 더 통합적인 목표와 함께 이끌어가야 함 • 0~5세 제3의 부처
지방자치단체로의 이관을 통한 통합	• 국가 정책, 체제, 규정, 평가, 관리 면에서 중앙 수준 유지 필요 • 지방 부처의 분권화와 지방 정책, 조직과 관리 사이에 실제적인 권력 이양 필요 • 충분한 재정 할당 필요

출처: 문무경 외(2012). 유네스코의 우리나라 유아교육과 보육정책조정 국제비교연구. 육아정책연구소

UNESCO 또한 유아교육·보육 통합 및 체계 방안을 제시하였는데, 취학전 교육·보육의 연령 단계별 체계화를 권고하였다. 0~2세는 지적발달의 결정적 시기임을

고려하여 자칫 보육 서비스에 교육서비스가 등한시되지 않도록 조언하였다. 유아교육·보육의 재개념화 및 재구조화가 지향되어야 한다고 권고하였다. 영유아기 시절에 자기조절습득 등의 측면에서 지속적으로 단계적으로 학습하는 유기체임을 명시해야 한다고 주장하였다. 또한 유아교육·보육의 통합보다 질 향상이 우선되어야 함을 권고하였다. 누리과정 연수뿐만 아니라 교사 재교육 및 연수기회를 확대해야 하며, 질 평가 및 관리 감독을 위한 기존의 기구를 활용하여 독립적인 기구를 새로이 설치하고, 보다 양질의 서비스를 제공하고 감독할 필요가 있다고 조언하였다.

유아교육의 질을 제고하기 위한 공교육화는 공공성 확보와 격차 해소, 체계적 지원과 관리 감독, 교사와 교육과정 운영의 질적 향상을 위한 하나의 방안이 될 것이다.

3 유보통합

유보통합은 유치원과 어린이집의 이원화된 체계를 통합함으로써 「영유아 교육·보육 통합 추진단」을 중심으로 일정 수준 이상의 유치원 어린이집을 학부모가 이용할 수 있도록 서비스 질을 개선하고자 함이었다. 영유아를 위한 질 높은 교육, 보육 서비스를 제공하고, 부모의 접근성 및 선택권을 보장하고, 행·재정적 효율성을 제고하는 것이 목적이다.

질적인 관리를 위하여 2013년부터 시행되는 누리과정의 통합교육과정으로 내용면에서의 일원화된 시도를 하였다. 그러나 교사의 자격 기준 차이, 교육비와 보육비의 차이, 교사인건비 및 근무 시간 차이, 전달체계 및 관리 감독에서의 차이, 관련 지원체계의 기관 및 인력 차이 등이 해결해야 할 문제점으로 남아있다.

〈표 12-3〉 어린이집과 유치원 현황 비교(2013년)

구 분	어린이집	유치원
근거 법률 및 성격	영유아보육법(사회복지시설)	유아교육법(교육시설)
관리부처	복지부 - 자치단체	교육부 - 시·도 교육청
이용대상 및 현황	0~5세, 총 43,770개소, 1,487천명	3~5세, 총 8,678개원, 658천명
운영시간	12시간(7:30~19:30) + 시간연장	3~5시간(교육과정) + 방과후과정(선택)
교사자격·양성	보육교사 1·2·3급 (고졸 이상, 학점제)	유치원교사 1·2급 및 준교사 (전문대졸 이상, 학과제)
교사수	212,332명(원감 43,550) (1급 101,194, 2급 98,373, 3급 12,764)	46,126명 (원장 4,116, 원감 387, 1급 12,002, 2급 28,566, 준교사 11)
보수(월, 2012년)	국공립 188만원, 민간 145만원	국공립 385만원, 사립 214만원
처우 개선비(정부지원)	• 담임 : 30만원(3~5세), 12만원(0~2세) • 비담임 : 지원없음	• 담임 : 51만원 • 비담임 : 40만원
시설기준	1층 원칙 놀이터 3.5m^2 / 명 등	1, 2층 원칙 놀이터 160m^2 (40명 이하) 등
교육·보육내용	공통 누리과정(3~5세)	
	표준보육과정(0~2세)	
교육비·보육료	광역단체장 결정(비용상한제)	원장자율 결정(인상률 통제)
정부지원 총액	총 8.3조원(국비 4.1조원, 지방비 4.2조원)	총 4조원(지방교육개정교부금)
정부지원 교육비·보육료 (학부모 / 시설)	0세 75만원, 1세 52만원, 2세 40만원, 3~5세 22만원 (39/36) (35/17) (29/11) (22/0)	
평가인증 / 정보공개	아이사랑 보육포털	유치원 알리미
정부규제	• 가격규제 있음 • 부채 일부 허용(50% 미만) • 놀이터 확보 의무 등 시설기준이 상대적으로 완화 • 취업모 등 실수요층 우선입소 있음	• 가격규제 없음 • 부채 불허용 • 시설기준 엄격 • 우선 입소 없음

출처: 2014년 제2차 육아선진화 포럼, 육아정책연구소

이러한 분리된 체계는 학부모가 자녀를 기관에 보내려고 할 때도 혼란을 가져오고, 동일 정책으로 지원되는 것에도 다른 방법을 적용하는 것 등으로 인한 혼동을 일으키고 있다. 유아 학비지원 '아이 즐거운 카드'나 보육료 지원 '아이사랑카드'가 그 예이다. 교사의 경우에도 유치원과 어린이집의 진로 선택에서 경력 인정이나 월급의 조건 등에 차이가 있어 혼란을 주는 요소가 되고 있다. 지금처럼 유아가

감소하고 있는 경우에는 원아모집에 있어서도 두 기관 간에 경쟁을 일으키게 되고, 유치원과 어린이집 관계자간의 갈등이 지속되는 실정이다. 특히 누리과정을 도입한 후 지원한 교육비와 보육비의 체계가 국가차원에서 지원하겠다는 정책 방향과는 달리, 해가 가면서 예산부족으로 지방교육청에서 관리하게 되었다. 지역 간의 예산에 따른 차이로 교육부에서 교육비 지원이 우선적으로 되는 현상이 생기게 되고 보육비는 차선이 되자 많은 혼란과 갈등을 일으키기도 한다.

누리과정 예산 정부는 왜 떠넘겼나

(…) 2015년도에 내국세 수입이 감소할 것이라는 이유에서다. 오히려 2013년도 지방교육재정교부금 결손액 2조 7000억 원을 내년까지 갚아야 한다며, 2015년도 지방교육재정교부금을 2014년도보다 3.3%(1조3475억원) 줄인 39조5206억원으로 편성했다.

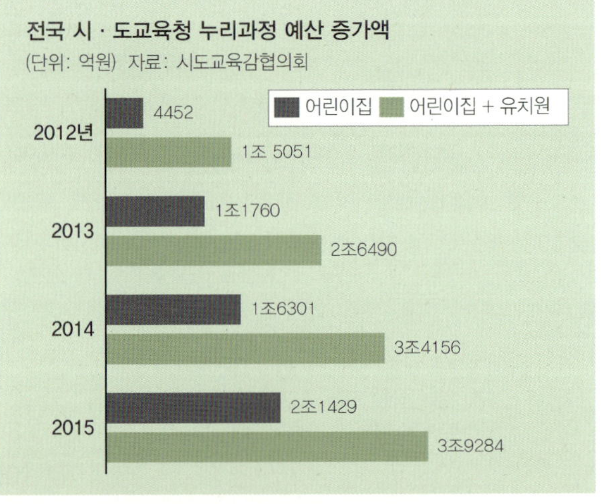

그러나 "세수가 줄게 돼 누리과정 예산을 반영하지 않았다"는 정부 해명은 설득력이 떨어진다. 2015년 정부 전체 예산은 올해보다 5.7% 늘었다. 교육부 예산안도 유아 및 초중등교육은 3.5%(1조4228억원) 줄었지만, 대학 등 고등교육은 21.8%(1조8821억원), 평생·직업교육은 4.6%(249억원) 증가했다. 전국교직원노동조합(전교조)는 이를 두고 "박근혜 정부가 진보교육감들의 손발을 묶으려고 초중등 예산을 삭감했다"고 비판했다. 한정된 재원을 어디에 배분할지는 결국 정책의 우선순위를 어디에 두느냐의 문제이기 때문이다.

정부는 왜 누리과정 예산을 교육청에 떠넘겼나?

정부가 2011년 누리과정을 모든 소득계층으로 확대하겠다고 발표할 때부터 예산을 지방교육재정교부금에서 감당하도록 정해놨다. 2012년부터 교부금이 매년 3조원가량씩 늘어날 것이라는 그릇된 전망에 근거해서다. 2011년 5월 '만 5살 공통과정' 도입을 발표한 정부 합동 브리핑에서 이주호 당시 교육과학기술부 장관은 "경제 상황이 좋아지기 때문에 지방교육재정교부금이 내년부터 매년 3조원씩 계속 증가한다. 교육청에서는 추가적인 부담 없이도 충분히 소화될 수 있다"고 말했다.

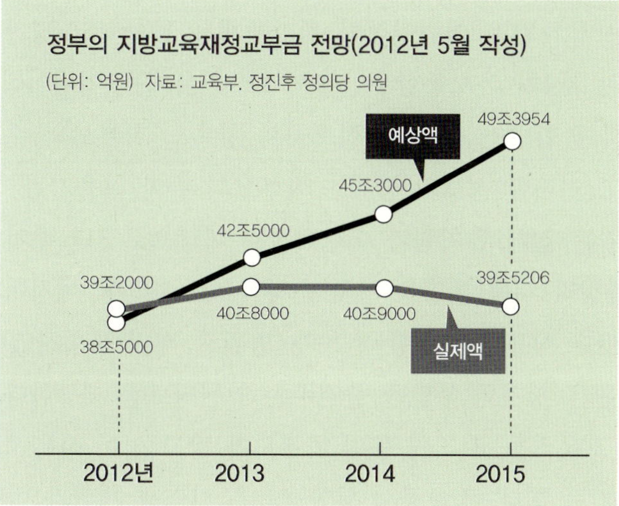

하지만 예상은 크게 빗나갔다. 지방교육재정교부금이 2013년엔 예상치보다 1조7000억 원 줄었고, 2014년엔 4조4000억 원이나 적게 들어왔다. 2015년엔 예상액과 실제 교부금의 차이가 10조원에 이를 전망이다.(표 참조) 교육감들은 중앙정부가 잘못된 예측을 근거로 누리과정의 재원을 지방교육재정교부금으로 정했기 때문에 부담을 덜어줄 책임도 중앙정부에 있다고 항변한다.

왜 갑자기 올해부터 어린이집 예산 편성을 거부하나?

정부가 예산안을 발표한 지난달 18일 전국 시도교육감들도 인천에서 교육감협의회 회의를 열어 "누리과정 어린이집 예산을 편성하지 않을 수 있다"는 성명을 냈다. 정부에서 별다른 반응이 없자, 교육감들은 지난 7일 국회에서 기자회견을 열어 어린이집 보육료 예산 전액을 편성하지 않기로 결의했다.

누리과정 예산은 교육청과 지자체가 분담하다가 2015년부터는 교육청이 모두 짊어지게 된다. 전국 시·도교육청의 누리과정 어린이집 부담액은 2012년 시작 당시 4452억원이었지만 2015년엔 2조1429억원으로 5배가량 증가한다. 교육부가 올해 3월부터 시작한 초등돌봄교실도 내년 예산으로 6600억원을 신청했지만 전혀 반영되지 않아 이마저도 교육감들이 떠맡아야 할 상황이다."

출처: 한겨레, 2014. 10. 23.

게다가 이원화된 체계는 교육 프로그램 제원이나 교사교육 등의 측면에서도 비효율이 예상된다. 유아교육진흥원에서 교재개발, 교사연수, 평가 등을 담당하고, 보육개발원에서 보육에 관한 연구과 정보제공, 프로그램 및 교재개발, 평가척도 개발 및 종사자 연수 등의 업무가 이루어지고 있다. 이와 같이 유사한 업무의 중복은 경제적 효율성을 낮추는 요인이 되고, 평가 척도 등의 차이는 기관간의 차별을 가져오는 요소가 되기도 한다.

2016년부터는 유치원과 어린이집의 평가체계가 통합되고 평가 등급도 공개될 계획이다. 정부는 제4차 유보통합추진위원회에서 유치원·어린이집 평가체계 통합방안과 정보공시 통합방안, 기관의 정보공시 항목도 학부모의 수요에 맞춰 확대 개편된다고 한다. 이러한 정보의 공개는 학부모의 유아 교육기관 선택권을 확대할 것이다. 기관평가는 전체 유치원과 어린이집을 대상으로 3년 주기로 실시되며, 내년 관련 법령 개정과 시범 운영을 거쳐 순차적으로 추진될 예정이다. 평가 방식은 절대평가 등급제를 적용하며, 7항목 20개 범위로 정비·통합하였다. '매우 우수' 평가를 받은 기관은 평가의 부담을 줄여주는 인센티브를 제공한다. 정보공개는 급식, 건강, 안전, 교육비용, 교직원 등의 학부모가 알고 싶어 하는 항목에 대한 공개를 확대·개편하기로 했다. 정보공시 통합방안은 시스템 개편과 법령 개정 등을 거쳐 내년 10월 적용될 예정이라고 한다.

2016년에는 관리 부처 및 재원의 통합을 마무리할 것이라 하였지만, 좀 더 구체적인 시행 계획이 세워지고 공개되어야 할 것이다. 두 기관간의 근무 시간, 시설 기준, 보육비, 교사 자격의 기준을 질적으로 향상하기 위하여 획일적으로 일정수준까지 맞추는 것도 필요하지만 어린이집의 특성을 살려서 전문성을 특화하는 요구사항도 고려되어야 할 것이다.

효율적인 유보통합을 위해서는 행정적 측면의 일원화나 협력 체제가 이루어져야 할 것이고, 교사 인력의 전문성에 대한 측면에서도 통합을 위한 구체적인 방안이 요구될 것이다. 이와 함께 통합 영유아 교사의 사회적 인식 제고, 전문성향상, 보수체계와 직무, 자격 체계와 양성과정의 방안도 이루어져야 할 부분이다. 유보통합에 대한 학부모 인식의 전환과 이해를 돕는 체계적인 방안도 나와야 할 것이다. 무엇보다 유보통합의 근원적인 의도와 목적을 만족시킬 수 있는 방향으로 나아가고 있는지 확인해야 할 것이며, 유보통합의 주체인 영유아를 위한 방향을 나가고 있는지 새겨보면서 추진해야 할 것이다.

4 다문화 유아교육

한국사회에서의 다문화 가정의 확대는 급속하게 이루어지고 있다. 이주민이나 다문화에 대해 무관심했던 한국 사회는 20세기 말부터 국가를 넘어서는 이주가 늘어가고, 한국 사회에 합법적으로 정주할 수 있고, 국적까지 취득할 수 있는 '정주형 이주민'이 급격히 증가하면서 이주민의 존재와 사회적 위치, 이들의 존재를 계기로 변화하는 사회 질서 등 다문화사회 의제에 대한 관심이 형성되기 시작하였다(한국여성정책연구원, 2012).

이주민들이 증가하면서 다문화 가정의 확대는 개인적, 가족적, 사회적 차원에서 계획과 지원이 요구된다. 문화적, 종족적 다양성이 공존하는 사회는 각종 문제가 발생할 수 있다. 그에 대비한 인권, 복지, 교육, 문화 등 광범위한 정책이 필요하다. 다문화 가정에서 자라난 유아들이 유치원 입학을 시작하게 되고, 그에 필요한 유치원 교육 및 시설 안내, 교육 프로그램, 교사교육, 부모교육 등의 여러 가지 지원체제가 필요하다.

2008년 다문화가족 전담부서가 설치되고, 다문화가족지원법이 제정 및 시행되면서 성장을 이루기 시작하였다. 다문화가족지원 사업으로 결혼이민자의 정착과 취업의 제도적 지원, 다문화가족지원센터 확대와 다양한 프로그램 개발 및 활동, 다문화가족 자녀 교육 강화, '다문화'정책 이슈화 등의 성과가 있었다. 또한 내국인 다문화 이해 증진 사업에서 과거보다는 다문화에 대한 인식이 높아지고, 유치원, 초등교육에 다문화 교육을 포함하였으며, 아직까지 가시적 성과는 보이지 않으나 시작이 의미있는 수준으로 갔다는 연구 결과가 있었다(한국여성정책연구원, 2012). 그 외에도 외국인 종합안내센터 설치나 표준화된 사회통합프로그램설치,

언어지원 기관 및 프로그램의 증가, 귀국 지원 프로그램 등으로 체류·정주자의 생활편의 제공 부분의 성과도 있었다.

그러나 한계점도 있었는데, 대상 집단별, 분야별 정책의 불균형 발전이다. 사회통합 사각지대에 대한 대응 부재, 지원중심 정책으로 인한 사회성원으로서의 위상 확인 기회 제약, 자녀세대의 사회통합에 대한 미온적 조치, 사회 환경 차원에 대한 소극적 대응이 있었다. 자녀 세대의 사회통합 부분에서는 예산 비중은 높지만 언어발달이 어려운 집단으로 동일시하는 결핍론적 시각, 특별한 혜택을 받는 별도 집단으로 설정하는 등에 대한 비판이 제기되고 있다. 각종 지원이 초기 발달단계에 집중되어 있어 자녀의 연령대가 높아짐에 따라 예측될 수 있는 문제를 예방하기 위한 대처가 부족하다는 점, 자녀세대는 국적이나 성장배경이 매우 다양하다는 것이다. 한국인 아버지와 외국출신 어머니 사이에서 출생해 국내에서 성장한 자녀에 초점을 두고 있으며, 연쇄이주를 통해 입국한 국제결혼 부부나 귀화자 등의 외국 국적 자녀들의 교육권 보장, 자립 기반 조성 등을 위한 초지는 미흡하다고 한다. 사회 환경 차원에서도 주류 사회의 성원들의 다문화화에 대한 수용성이 가장 큰 걸림돌이라는 지적에도 불구하고 아직은 소극적인 접근을 벗어나지 못하고 있다는 지적이다.

다문화교육은 주로 외국인 주민을 대상으로 이루어지고 있는데, 국제결혼여성의 적응 문제나 자녀의 학습지도, 한국어 능력 향상, 행사 위주 프로그램들이 주를 이루고 있다. 유치원에서 다문화 가정의 유아도 늘어가고 교육과정 적용에서의 다문화 교육에 대한 여러 가지 접근도 이루어지고 있다. 교사들의 다문화 가정에 대한 인식도 높아지고 있다. 그러나 아직 다른 나라의 문화를 받아들이거나 차이점을 편견 없이 받아들이는 데는 어려움을 느끼는 것으로 보인다.

〈표 12-4〉 결혼 이민자 및 귀화자 현황('14.1.1 기준, 안전행정부)

• 성별현황

(단위: 명)

전체	남성	여성
295,842	48,787	247,055

출처: 통계청

〈표 12-5〉 다문화 가정의 학생수 추이

(단위: 명, %)

유형	다문화가정 학생수	전체 학생 대비 비율
2012	49,339	0.7
2013	55,498	0.9
2014	67,465	1.1

출처: 통계청

다문화 가정의 학생수 추이는 2006년 3,989명, 2007년 14,654명 이던 것이 2012년에는 49,339명으로 전체 학생수의 0.7%이고, 2013년 55,498명으로 0.9%, 2014년 67,465명으로 1.1%이다. 이 점은 우리나라 전체 학생수는 줄어들고 있는 반면 다문화가정 학생수는 증가하고 있는 것을 볼 수 있다.

이 중에서 연령별 수를 살펴보면, 2014년 결혼이민자 수는 295,842명이다. 결혼이민자 및 귀화자 자녀 현황은 204,204명이며 만 6세 이하가 121,310명으로 59.4%이다. 이는 청소년기 자녀들까지 포함한 전체 인원에서 가장 높은 비율을 차지하는 연령이다.

〈표 12-6〉 결혼 이민자 및 귀화자 자녀 현황('14.1.1 기준, 안전행정부)

• 연령별 현황

(단위: 명)

구분	계	만 6세 이하	만 7~12세	만 13~15세	만 16~18세
자녀수	204,204	121,310	49,929	19,499	13,466
비율	100%	59.4%	24.5%	9.5%	6.6%

출처: 통계청

다문화가정 내에서도 다양한 문제점들이 발생할 수 있다. 기본적으로 문화적인 차이로 인해서 생겨나는 것들이라 할 수 있는데, 주로 외국인 여성이 어머니인 확률이 높은 것의 이유로 발생하는 경우가 많다. 문제점을 살펴보면 그 하나로는 출산율과 이혼으로 인한 짧은 결혼 기간이 생기는 것을 들 수 있다. 이혼율이 다문화가정의 2010년 2년 미만이 41.2%이고, 한국인의 경우는 13.1%이며, 5~9년 사이의 이혼율은 30.7%, 한국인의 경우 17.1%이다(통계청). 이런 자료로 짐작해볼 때

이 시기는 전체 이혼율의 58.3%에 해당하고 유치원과 초등학교를 입학하는 유아가 해당되는 시기이다. 특히 부모의 양육이 중요한 시기인 유아들이 자라는 시기인 것을 고려한다면 앞으로 이 부분에 관련된 정책적 지원과 대안 방안이 마련되어야 할 것으로 생각된다.

다문화 가정의 또 다른 문제는 자녀 양육이나 교육이 주로 어머니가 많은 비중을 차지하는 한국의 실정이다. 영아 양육, 유아기 교육, 그 외의 사교육까지 어머니가 담당하고 있는데 언어와 문화적 차이로 인한 어려움이다. 부모 자신의 사회적응력은 곧 자녀의 양육이나 자녀에게 일어나는 일을 알아채는 능력과 관련이 있다.

어머니는 자녀가 원하는 것을 즉각적으로 알아채고 반응할 필요가 있는데, 외국인 어머니의 경우, 교육에 대한 관심과 열의는 높지만, 언어능력의 부족 때문에 직접적으로 자녀들에게 한국어를 가르치지 못하거나(모선희 외, 2008), 주변의 관계망이 부족하여 주위의 도움조차 받지 못하는 점을 들 수 있다(황재윤, 2014). 이런 점은 유아교육을 선택할 때에도 생길 수 있는 문제이다. 외국인 어머니의 언어적인 제한은 유아의 언어 발달이 민감한 시기에 가지는 지도의 어려움뿐만 아니라 사회적 능력이 연관된 다른 영역의 발달에 방해가 된다는 것이다.

유치원 교사를 대상으로 조사한 연구에서는(임미수, 2013) 다문화교육의 문제점으로 첫째, 유치원 교사들이 '다문화에 관련된 정보와 자료의 부족'이 31%로 가장 큰 문제점이라고 지적하였다 전문대를 졸업한 교사는 인종, 성, 장애, 사회계층에 대한 편견이나 고정관념에 가장 많은 문제점을 느끼는 경향이 있었다. 이미 많은 연구(정선희, 1997; 이명희, 2008)에서 다문화 교육에 대한 자료의 부족을 문제점으로 삼았다. 현재까지도 이런 문제점이 존재하는 것은 아직도 유아 교사들은 다문화교육에 있어서 자료의 부족을 많이 느끼고 있다는 것을 보여준다. 교육을 실시함에 있어서도 두려움이나 스트레스를 가져오는 것을 느끼는 상황이다. 실제로 교육부나 시도 교육청에서 다문화 교육 지침서만 배부되었을 뿐 아니라 교수 학습 자료를 유치원 자체적으로 사용해야 하는 어려움을 느끼고 있었다(박미경, 2007).

유아 교사를 위한 다문화 교육이 효율적 실시되기 위해서는 다문화 가정과 유아에 대한 공정한 태도, 편견 없는 열린 태도가 필요하다. 유치원 교사들이 실제적인 현장에서 다문화 가정 유아를 이해할 수 있는 교육을 받고, 적용할 수 있는 기술이 요구된다. 다문화 교육을 위해서는 보다 현실적 상황이 반영된 구체적이고 효과적인 운영 시스템이 필요하다. 다문화에 관련된 정보와 자료의 부족, 인종, 장애, 사회계층에 대한 편견이나 고정관념도 문제점으로 지적되지만, 다문화 교육 프로그램의 개발, 이중언어 교육, 자녀 교육지원 프로그램, 상호문화 이해교육이 필요하다. 다문화를 경험할 수 있는 다양한 지역사회기관의 연계를 통한 활성화가 요구된다. 나아가 공교육화를 통한 다문화 교육이 이루어져야 할 것이다.

5 장애유아 통합교육

교육복지의 측면에서 모든 국민은 교육받을 권리가 있으며 장애유아도 아동의 권리로 교육을 받아야 한다. 장애유아 통합교육은 장애 유아를 특수 학급에서 일반학급으로, 특수학교에서 일반학교로 또는 시설에서 지역사회로 포함시키는 것을 의미한다. 장애를 가진 유아와 비장애 유아가 같은 공간에서 서로 상호작용하는 것을 말하며, 일반교사와 특교교사가 함께 일하는 환경을 말한다. 통합교육에서는 부모, 교사, 의사, 심리학자, 또래, 가족 모두가 협력이 이루어져야 효과적일 수 있다.

유아 교사의 역할 중 하나는 장애 유아 발견을 하는 것이라 할 수 있다. 특수교육 진흥법 제8조에 의하면, 국가 및 지반자치단체는 장애를 지닌 유아에 대한 유치원 과정의 교육을 촉진하기 위하여 장애의 조기발견, 교원양성, 교육시설, 설비의 확충 등 조기특수교육에 필요한 시책을 강구하여야 한다고 규정하고 있다.

유아특수교육기관 현황을 살펴보면, 유치원과정만 운영하고 있는 2009년도 특수학급은 181학교, 206학급이고, 특수학교에서 유치부를 운영하는 경우는 122개교, 251학급이다. 유치원과정 특수학교 유치원의 특수학급은 증가하는 추세이지만 학교는 9개교, 54학급이다. 전체 학교는 312개교, 511학급이다. 2013년 특수학교 유치원 과정은 전체 285개교 중 국립 23개교, 공립 78개교, 사립 184개교이다 학생수는 전체 1,117명 중 국립 129명, 공립 268명, 사립 739명이다. 2014년 특수학급수는 전체 289개교, 학생수 1,038명이다. 국립학급수는 25개교, 공립 79개교, 사립 185개교이다.

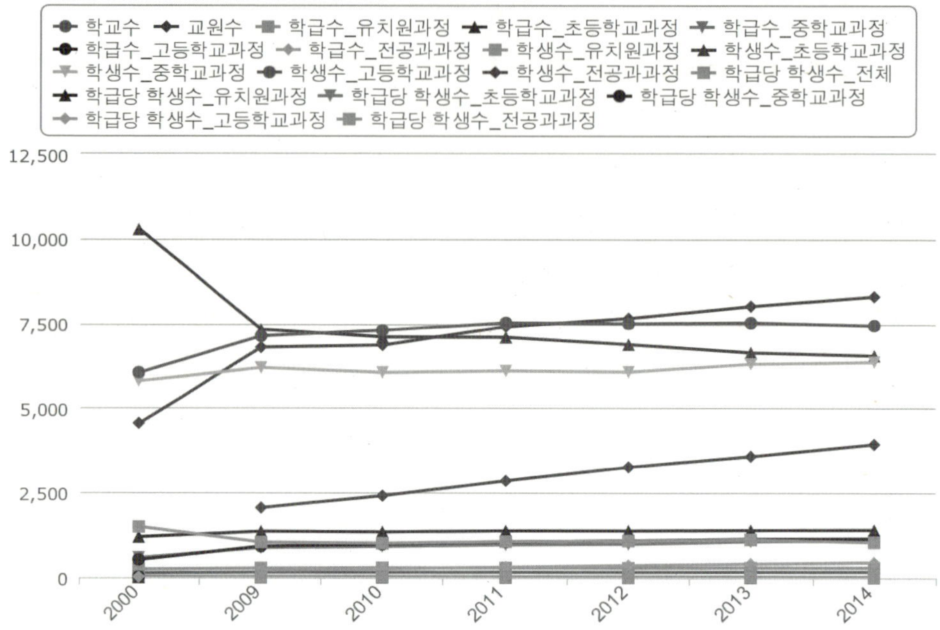

출처: 통계청

장애유아 통합교육은 어린 연령의 유아일수록 장애에 대한 편견이 적고 장애를 수용하는데 긍정적이므로 장애유아 통합교육에 적합하다. 장애유아의 부모는 자신의 유아가 편견을 가진 이로 부터 차별을 당할 수 있다는 두려움을 가지는 경우도 있지만 장애 통합교육의 경우 인간의 다양성에 대해 더욱 수용적인 태도를 갖게 하고 사회구성원간의 편견을 줄이고 통합하는 역할을 한다.

통합교육은 일반학생들이 있는 환경에서 장애유아가 함께 교육하므로 일반교사와 특수교사가 함께 일하는 것을 전제로 한다. 이러한 협력적 관계가 성공적인 통합교육의 열쇠가 된다. 장애 유아가 함께 교육을 받도록 되어 일반 유치원에 장애유아를 함께 교육하기 위해서는 유치원 교사의 전문적인 특수교육에 대한 지식이 필요하다. 유치원 양성과정 필수과목에도 '특수아동의 이해'가 필수과목으로 이수하도록 되어있다. 그러나 특수교육 관련교과 이수가 보다 확대되어 전문적인 지식과 기술이 필요함을 현장에서는 요구하고 있다. 교원 연수에 특수교육 관련 강좌 및 특수교육 직무연수를 개설하도록 되어있다. 유아 교사뿐만 아니라 유아특수교사도 서로간의 교류가 필요한데, 유아 교사와 유아특수 교사간의 전문 분야 지식이 부족하고, 시간 부족 등으로 적용하는 데 어려움이 있다(조미희, 2003; 서석, 2003; 최미진, 2014).

장애유아 통합교육이 효과적으로 이루어지기 위하여 학부모간에 긍정적 인식을 갖는 것이 필요하다. 특히 비장애유아 학부모는 장애유아의 입장에서 환경조성이나 교육과정 측면의 필요성을 느끼기 어려울 수 있다. 무엇보다 장애 유아, 비장애 유아 학부모를 대상으로 하는 통합교육에 대한 제도적 행정적 안내와 홍보, 교육이 필요할 것이다.

6 유·초 연계교육

유·초 연계란 유치원과 초등학교 간의 교육정책, 교육과정, 교사교육, 행정적·재정적 지원체계, 법제적 측면 등이 기능적으로 자연스럽게 연결되어 교육성과의 효율성을 기하는 것이다(한국유아교육학회, 1997). '3~5세 연령별 누리과정'의 확대로 기본생활습관 및 질서, 배려, 협력 등 바른 인성을 기르기 위한 창의·인성교육을 강조하고 있으며, 초등학교와의 연계를 강화되어 2009 개정 초등학교 1, 2학년군 교육과정과의 연계를 고려하여 개발되었다. 연계교육은 질적인 교육을 위하여 영유아의 경험이 연속성을 가지고 발달할 수 있도록 하며, 교육의 계열성, 계속성, 통합성을 가지게 하는 것이다. 유·초 연계의 필요성은 유아의 초등학교 적응, 발달의 연속성, 교육의 효율성 등에 있어 요구된다.

유치원과 초등학교의 전반적인 생활은 시간적 배정, 교육 환경, 또래 관계, 교사와의 관계, 일상생활의 여러 가지 측면에서 달라진다. 초등학교 학교 적응을 위하여 여러 발달 영역을 고려한 교육과정의 개발이나 지도가 필요하며 적응하기 위한 충분한 공간적 시간적 배려가 필요하다. 이를 위한 한 방안으로 교육과정의 측면에서는 누리과정을 개발하고 적용하지만, 누리과정과 초등학교 교과의 목표와 내용, 교과간의 명칭이 달라 두 교육과정의 관련성을 이해하기가 어렵고 교사연수 등의 정보 수집이 부족하다(유흥옥, 2014).

발달심리학적으로 볼 때 유아기는 초등학교 취학 전후 시기와 유사하다고 볼 수 있다. 0세에서 8세까지의 유아 발달의 특성을 고려하여 유아교육의 대상으로 규정하거나(Morrison, 1991), 0세부터 8세 유아발달에 적합한 교육 실제를 위한 지침을 마련한 경우와 같다(미국유아교육학회, 2009). 이는 교육적 경험을 계획 실행할 때에도 유사한 과정을 고려해서 적용해야 할 것을 말한다. 1학년 어린이의 상당수가 입학 후 또래관계, 물리적 환경, 교실분위기, 규칙적인 생활, 학습 등에서 적잖은 스트레스를 경험하는 것으로 나타났다(곽노의 외, 2009). 1학년의 학기 초 적응이 교사나 또래관계와의 관계 형성이나 앞으로의 학습에 영향을 미치는 중요한 과정이 될 수 있다(이진숙, 2004).

유아의 학기 초 적응은 취학 전에 이용한 기관 및 교사변인보다 유아를 둘러싼 사회경제적 배경에 더 큰 영향을 받는다(장혜진 외, 2013). 부모의 학력이나 소득수준에 따라 자녀의 학교적응에 차이가 난다는 점은 그만큼 가정환경이나 가정에서의 상호작용이 초등학교 적응에 중요하다는 점을 말한다. 유아의 발달을 위해 가정과 부모의 역할을 강조하고 부모가 올바른 방향을 정립할 수 있도록 기관을 통한 부모교육, 대대적인 공익 광고, 지역사회 차원에서 부모역량 강화 등 부모 역량을 높일 수 있는 방안이 필요하다.

유아에게 일어난 결손의 누적을 중재하기 위한 취학 전·후 기관의 연계 강화가 필요하다. 이미 결손이 된 발달이나 학습능력이 있으면 초등학교에서의 학습에 부정적 영향을 미친다. 어린이집에서의 발달 기록은 유치원으로 연계되고, 유치원의 발달기록은 초등학교로 연계되어 지속적인 지도가 가능하도록 하는 것이 좋다. 유아의 생태학적 측면에서도 결손이 발견되면 지역 사회기관과 협력하여 개입이 일어나도록 하여 결손을 보완하거나 누적되지 않도록 해야 할 것이다. 현재 이원화된 어린이집과 유치원간의 일원화 및 공교육화, 유치원과 초등교육의 관련 행정체제의 일원화, 유아교육 전담 전문행정직의 확충, 초등교육 체제와의 균형과 교류지원 등이 계획적이고 지속적으로 필요하다.

교사의 연계교육에 대한 연수 및 프로그램이 필요하다. 유치원 교사와 초등학교 교사는 양쪽의 교육과정을 이해하고, 연계할 부분을 숙지하도록 한다. 적응 및 발달을 돕는 연계 프로그램을 개발하여 적용할 수 있도록 지원이 필요하다. 현직 교사뿐만 아니라 예비교사교육에서도 유·초 연계 교육에 대한 강좌개설이나 실습 등을 통한 정보 습득의 기회가 필요하다.

> 유·초 연계에 대해서는 제가 스스로 자료를 찾아본 것이 다에요. 유·초 연계에 관한 공식적인 지침이나 교수 방법 등에 대한 안내를 받아본 적이 없어요. 유·초간 교육과정 연계인지, 기관 간이 연계인지, 유치원 유아와 초등학교 어린이의 직접 공동 체험활동인지, 모두 다 포함하는 것인지, 무엇을 하라는 것인지... 유·초연계를 하라는 지시만 있고 구체적인 범위, 내용 등에 대한 정보는 제공하지 않고 있어요. 유치원과 초등학교 교사를 대상으로 한 유·초 연계 연수 기회가 있었으면 좋겠어요. (교사 면담 3)

출처: 유흥옥(2014). 누리과정과 초등학교 교육과정 연계성에 관한 소고

유아가 유치원 졸업을 하기 전에 경험할 수 있는 초등학교 연계 프로그램의 개발이 필요하다. 초등학교를 방문하거나 연계 활동을 통해서 유치원과 초등학교 생활을 접해 볼 수 있는 상호교류 기회가 필요하다. 그러나 현실적으로 사립 유치원이 공립보다 많은 실정인데, 사립 유치원에서 초등학교 방문이나 연계 활동을 전개해 나가는 데는 어려움이 존재한다. 해결 방안을 모색하기 위한 관련 연구가 이루어져야 할 것이고, 이를 위하여 정부의 적극적인 지원 체계가 요구된다고 하겠다.

7 부모교육

유아교육이 효율적으로 실현되기 위해서는 학부모의 협력이 아주 중요하다. 현 사회에서 영유아를 둔 어머니의 취업률 증가는 영유아는 물론 부모 자신, 유아 교육기관의 스트레스를 증가시키는 주요 요인들 중 하나이다. 특히 가정에서 영유아들을 돌봐 주는 어머니의 부재는 방과 후 자기 보호 아동의 증가와 방과 후 보육 등 사회적 차원에서의 이슈로 연결되고 있다.

부모가 모두 가정 밖에서 일하게 됨으로써 유아 교육기관에서는 보다 어린 영아를 위한 보호는 물론 종일제 프로그램이나 초등학생들을 위한 방과 후 교육에 대한 요구도 수렴해야 할 상황이다. 유아 교육기관은 이러한 맞벌이 가정의 요구와 이들의 사정을 고려한 다양한 지원 방안을 보다 적극적으로 찾아야 할 필요가 있다. 맞벌이 가정의 증가와 함께 이혼이나 별거로 인한 한부모가정의 증가, 조부모와 함께 사는 영유아의 증가, 미혼부모 가족의 증가, 십대부모의 증가 등도 현 사회의 부모와 가족 간의 연계 방안을 모색하는 데 중요하게 고려해야 할 요인들이라 할 수 있다.

사교육이 늘 문제점으로 지적되고 있는 현실에서 학부모는 사교육을 결정하고 선택하는 중요 역할을 담당한다. 사교육을 실시하는 비율이 늘고, 사교육비에 대한 부담을 줄이고자 유아 교육기관 내 특별활동을 허락하는 '종일제 특성화 프로그램 추천제'를 운영하도록 했다. 오후 시간에 운영하고 특별활동 총비용을 계산하여 받도록 하였다. 2009년 기준 보육시설의 95.4%가, 사립유치원은 90%내외가 특별활동을 실시하는 것으로 나타났다. '영어'를 가장 많이 선택하고 있으며, '음악', '체육', '미술'이 그 다음으로 많다. 특별활동을 실시하는 이유로 '부모의 요구 때문에'라는 답이 가장 높게 나왔다. 그러나 특성화 프로그램의 질 관리를 위한 사후점검과 관리 미흡하고, 유아 교육기관의 정체성을 훼손할 수 있는 파행적인 운영이 될 위험이 있다. 영유아를 대상으로 하는 사교육 시장은 학부모들을 목표대상으로 하여 무상교육정책으로 받은 교육비를 노리고 있다. 2012년도와 2013년도의 '누리과정 이용실태 및 요구조사'의 결과를 보면 무상으로 받은 비용이 자녀의 사교육비로 사용한 것을 나타났다. 점점 사교육 참여율은 증가하는 현상을 보였다. 국공립 유치원보다는 사립유치원이 더 많은 특별활동을 실시하는 이유도 학부모의 요구에 민감할 수밖에 없는 것이 현실적인 것이다.

유아교육에서는 부모에 대한 영향이 거의 절대적이라 할 수 있다. 부모를 대상으로 하는 영유아의 발달에 대한 전반적인 지식이나 교육 안내 프로그램을 지역사회나 국가적 차원에서 지원이 요구된다. 또한 유아교육정책이나 방향에 관해서도 부모교육이 필요하다. 누리과정이나 특별활동에 관한 부모교육 자료를 개발하고 보급할 필요가 있다. 홍보자료, 홈페이지, 설명회, 가정통신문, 부모강좌 등을 통한 다양한 교육 프로그램이 필요하다. 교육비와 보육비 지원에 따른 지원금에 대한 올바른 사용방법이나 활용에 대한 안내가 필요하다. 부모의 유아교육에 대한 올바른 인식과 선택을 위하여 이원화된 기관간의 지속적인 모니터링 및 공통 평가 체제 구축이 필요하다.

APPENDIX

3～5세 연령별 누리과정

-유치원 교육과정: 「3～5세 연령별 누리과정 (2013년 시행)」

• 3～5세 연령별 누리과정(2012년 7월 10일, 교육과학기술부 고시 제2012-16호·보건복지부 고시 제2012-82호)

목차

1 누리과정의 총론

1) 구성방향

① 질서, 배려, 협력 등 기본생활 습관과 바른 인성을 기르는 데 중점을 두어 구성한다.
② 자율성과 창의성을 기르는 데 중점을 두고, 전인 발달을 이루도록 구성한다.
③ 사람과 자연을 존중하고, 우리 문화를 이해하는 데 중점을 두어 구성한다.
④ 만 3~5세 유아의 발달특성을 고려하여 연령별로 구성한다.
⑤ 신체운동·건강, 의사소통, 사회관계, 예술 경험, 자연탐구의 5개 영역을 중심으로 구성한다.
⑥ 초등학교 교육과정과 0~2세 표준보육과정과의 연계성을 고려하여 구성한다.

(1) 목적과 목표

❶ 목적

누리과정은 만 3~5세 유아의 심신의 건강과 조화로운 발달을 도와 민주 시민의 기초를 형성하는 것을 목적으로 한다.

❷ 목표

가. 기본운동능력과 건강하고 안전한 생활습관을 기른다.
나. 일상생활에 필요한 의사소통 능력과 바른 언어사용 습관을 기른다.
다. 자신을 존중하고 다른 사람과 더불어 생활하는 능력과 태도를 기른다.
라. 아름다움에 관심을 가지고 예술 경험을 즐기며, 창의적으로 표현하는 능력을 기른다.
마. 호기심을 가지고 주변 세계를 탐구하며, 일상생활에서 수학적·과학적으로 생각하는 능력과 태도를 기른다.

2) 편성과 운영

(1) 편성

① 1일 3~5시간을 기준으로 편성한다.
② 5개 영역의 내용을 균형 있게 통합적으로 편성한다.
③ 유아의 발달특성 및 경험을 고려하여 놀이를 중심으로 편성한다.
④ 반(학급) 특성에 따라 융통성 있게 편성한다.
⑤ 성별, 종교, 신체적 특성, 가족 및 민족배경 등으로 인한 편견이 없도록 편성한다.
⑥ 일과 운영시간에 따라 심화 확장할 수 있도록 편성한다.

(2) 운영

① 연간, 월간, 주간, 일일 계획에 의거하여 운영한다.
② 실내·외 환경을 다양한 흥미영역으로 구성하여 운영한다.
③ 유아의 능력과 장애정도에 따라 조정하여 운영한다.
④ 부모와 각 기관의 실정에 따라 부모교육을 실시한다.
⑤ 가정과 지역사회와의 협력과 참여에 기반을 두고 운영한다.
⑥ 교사 재교육을 통해서 누리과정 활동이 개선되도록 운영한다.

(3) 교수·학습 방법

① 놀이를 중심으로 교수·학습활동이 이루어지도록 한다.
② 유아의 흥미를 중심으로 활동을 선택하고 지속할 수 있도록 한다.
③ 유아의 생활 속 경험을 소재로 하여 지식, 기능, 태도 및 가치를 습득하도록 한다.
④ 유아와 교사, 유아와 유아, 유아와 환경 간에 능동적인 상호작용이 이루어지도록 한다.

⑤ 주제를 중심으로 여러 활동이 통합적으로 이루어지도록 한다.
⑥ 실내·실외활동, 정적·동적활동, 대·소집단활동 및 개별 활동, 휴식 등이 균형 있게 이루어지도록 한다.
⑦ 유아의 관심과 흥미, 발달이나 환경 특성 등을 고려하여 개별 유아에게 적합한 방식으로 학습하도록 한다.

(4) 평가

❶ 누리과정 운영 평가

가. 운영내용이 누리과정의 목표와 내용에 근거하여 편성·운영되었는지 평가한다.
나. 운영내용 및 활동이 유아의 발달수준과 흥미·요구에 적합한지를 평가한다.
다. 교수·학습방법이 유아의 흥미와 활동의 특성에 적합한지를 평가한다.
라. 운영환경이 유아의 발달특성과 활동의 주제, 내용 및 효율성 등을 고려하여 구성되었는지를 평가한다.
마. 계획안 분석, 수업 참관 및 모니터링, 평가척도 등 다양한 방법을 활용하여 평가한다.
바. 운영평가의 결과를 반영하여 운영계획을 수정·보완하거나 이후 누리과정 편성·운영에 활용한다.

❷ 유아 평가

가. 누리과정 목표와 내용에 근거하여 유아의 특성과 변화 정도를 평가한다.
나. 유아의 지식, 기능, 태도를 포함하여 평가한다.
다. 유아의 일상생활과 누리과정활동 전반에 걸쳐 평가한다.
라. 관찰, 활동 결과물 분석, 부모면담 등 다양한 방법을 사용하여 종합적으로 평가하고, 그 결과를 기록한다.
마. 유아평가 결과는 유아에 대한 이해와 누리과정 운영 개선 및 부모 면담 자료로 활용할 수 있다.

2 누리과정의 각론

1) 영역별 성격 및 목표

(1) 신체운동·건강

❶ 성격

신체운동·건강 영역은 자신의 신체를 긍정적으로 인식하고 즐겁게 신체활동에 참여함으로써 유아기에 필요한 기본운동 능력을 기르고, 건강하고 안전한 생활을 실천하는 바른 태도를 기르기 위한 영역이다.

유아기의 기초체력이란 생활에 필요한 기본체력을 말하는 것으로, 생활에 필요한 힘과 함께 신경관련 체력요소인 협응력과 비만도 등을 포함하는 개념이다. 유아기의 기초체력은 기본운동 기능을 이용한 활동을 통해 향상되며, 이후 성인까지 지속되는 체력과 운동능력에 영향을 미친다. 신체운동 능력을 증진시키기 위해서는 다양한 신체활동에 적극적이고 지속적으로 참여하는 것이 필수적이다. 특히, 장기간 간헐적으로 참여하는 것보다 짧은 시간이라도 정기적이고 지속적으로 참여하는 것이 중요하다. 이러한 신체활동을 통해 유아의 심신이 건강하게 발달하도록 돕고, 유아가 자신의 신체를 긍정적으로 인식할 수 있도록 지원해야 한다.

또한, 신체운동·건강 영역은 유아가 건강한 생활을 할 수 있는 기본생활습관과 태도를 기르기 위한 영역이다. 일상생활에서 지켜야 하는 위생적인 생활방식을 익히고 규칙적인 수면과 휴식을 취하며 바른 식생활 태도를 갖추고 질병을 예방할 수 있는 능력을 기르도록 해야 한다. 아울러 안전하게 행동하고 비상시 적절하게 대처하며, 타인을 배려하고 안전하게 놀이하는 습관을 배양하도록 해야 한다. 이로써 유아가 기초적인 건강관리 능력과 태도를 갖도록 지도해야 한다.

신체운동·건강 영역은 '신체 인식하기', '신체조절과 기본운동하기', '신체활동에 참여하기', '건강하게 생활하기', '안전하게 생활하기'의 다섯 가지 내용범주로 구성된다. 앞의 세 내용범주는 주로 기본운동 능력과 신체활동의 내용이며, 나머지

내용범주는 건강하고 안전한 일상생활에서의 기본생활 습관에 관한 내용으로 구분되어 있으나, 신체건강 및 신체활동이라는 차원에서 상호 통합된다.

신체운동·건강 영역에서는 대근육·소근육 발달을 위한 다양한 신체활동을 경험하고 청결, 건강과 안전한 생활을 위한 일상적인 기본생활 습관을 자연스럽게 습득하도록 한다.

❷ 목표

기본운동 능력과 건강하고 안전한 생활습관을 기른다.

- 감각 능력을 기르고, 자신의 신체를 긍정적으로 인식한다.
- 신체를 조절하고 기본운동 능력을 기른다.
- 신체활동에 즐겁게 참여한다.
- 건강한 생활습관을 기른다.
- 안전한 생활습관을 기른다.

(2) 의사소통

❶ 성격

의사소통 영역은 유아가 일상생활에서 언어사용을 즐기고 의사소통 능력을 기르며 바른 언어사용 능력과 태도를 기르기 위한 영역이다.

인간은 영유아기로부터 언어사용의 즐거움을 경험함으로써 능동적이고 적극적인 언어사용자로서의 능력을 갖추게 된다. 유아가 일상생활에서 언어사용의 즐거움을 경험하기 위해서는 무엇보다도 유아가 가지고 있는 언어능력을 발견하여 존중해 줌으로써 스스로 언어에 대한 자신감을 가질 수 있도록 해야 한다. 또한, 보다 유능한 사회구성원으로 성장하기 위해서는 자신의 의사를 표현하고 타인의 의사를 수용할 줄 아는 의사소통 능력을 갖추어 가도록 지도하는 것이 중요하다. 이러한 의사소통 능력은 사회적 관계 속에서 실제 상호작용 경험을 통해서 형성되므로 유아가 또래나 성인과 활발한 관계를 맺어갈 수 있도록 다양한 방법으로 지원해야 한다.

뿐만 아니라, 의사소통 능력은 바른 언어사용 능력과 태도를 기르기 위한 영역이다. 바르게 듣고 말하는 것은 인간관계 속에서 상대방을 존중하고 있다는 것을 보여 주는 것으로 이러한 태도는 곧 민주시민으로서의 인성 등 기본자질을 기르는 것이다. 따라서 바른 언어사용 능력과 태도가 형성될 수 있도록 유아기 때부터 자연스러운 일상생활 속에서 바르게 듣고 말하는 습관을 갖도록 지도해야 한다.

의사소통 영역은 '듣기', '말하기', '읽기', '쓰기'의 네 가지 내용범주로 구성된다. 이 영역은 듣기, 말하기, 읽기, 쓰기 등으로 구분되어 있지만, 이는 같은 근원을 가지고 역동적인 관계 속에서 함께 발달하므로 언어라는 큰 체제 속에서 상호 통합되도록 지도해야 한다.

의사소통을 위한 활동에서는 이야기 나누기, 동화 읽어주기 등의 교사주도적인 활동과 또래와의 역할놀이, 동극 등 유아주도적인 활동 간의 균형을 고려하며, 이러한 활동을 통하여 말과 글에 자연스럽게 친숙해지도록 한다.

❷ 목표

일상생활에 필요한 의사소통능력과 바른 언어사용습관을 기른다.

- 다른 사람의 말을 주의 깊게 듣는 태도와 이해하는 능력을 기른다.
- 자신의 생각과 느낌을 말하는 능력을 기른다.
- 글자와 책에 친숙해지는 경험을 통하여 글자모양을 인식하고 읽기에 흥미를 가진다.
- 말과 글의 관계를 알고 자신의 생각, 느낌, 경험을 글로 표현하는 데 관심을 가진다.

(3) 사회관계

❶ 성격

사회관계 영역은 유아가 자신을 알고 소중하게 생각하며 가족, 또래와 함께 지내는 방법뿐만 아니라 공동체에서 함께 살아가는 방법을 익히고, 주변 세계에 관심을 가지고 적응해 나갈 수 있는 기초능력과 인성을 기르기 위한 영역이다.

21세기는 첨단 통신망과 교통의 발달을 비롯한 과학기술의 발달로 전 세계가 하나의 생활권이 되어 엄청난 속도로 새로운 지식이 창출되고 부를 축적하게 되었다. 그러나 그 역기능으로 인간성 상실의 문제가 대두되면서 인간성 회복의 중요성과 사람과 사람의 관계중심의 가치관이 부각되고 있다. 또한, 세계화가 이루어질수록 획일적인 문화중심의 세계화 문제가 지적되면서 각국의 전통문화 및 다양한 문화를 존중하는 다문화 교육, 반편견 교육의 중요성과 각국 사람의 다름을 존중하고 공존하는 사회가 되어야 한다는 사회적 가치가 새롭게 조명되고 있다.

5세 누리과정의 기본·구성방향에서도 더불어 사는 사회에서 필요한 타인에 대한 이해, 배려, 나눔, 협력 등의 중요성을 인식하고, 이를 실천할 수 있는 능력을 기르기 위한 내용을 강조하고 있다. 사회관계 영역은 이와 같은 인성교육을 위한 적극적인 실천이 가능한 영역이다. 이에 사회관계 영역은 오랜 역사를 거쳐 사람과 사람의 관계를 존중하는 우리나라의 세계관을 투영하고 나로부터 가족, 이웃, 사회로 관계와 관심이 확장되는 동심원적 체계가 반영되도록 내용범주를 구성하였다.

사회관계 영역은 '나를 알고 존중하기', '나와 다른 사람의 감정 알고 조절하기', '가족을 소중히 여기기', 다른 사람과 더불어 생활하기', '사회에 관심 갖기'의 다섯 가지 내용범주로 구성된다.

사회관계 영역 활동은 유아와의 생활 속에서 교사가 모범을 보이는 것에서부터 출발하여야 한다. 유아를 하나의 인격체로 존중하며 사랑과 신뢰 관계를 형성하는 것이 중요하다. 또한, 유아의 생활을 중심으로 일어날 수 있는 사회현상 및 사회적 관계에 대한 주제를 토의, 역할놀이, 공동작업, 협동게임, 체험활동과 견학 등의 다양한 방법을 통하여 다루도록 한다. 교사의 설명과 지시보다는 유아가 적극적으로 활동에 참여함으로써 사회적 지식, 기능, 태도를 형성하도록 한다.

❷ 목표

자신을 존중하고 다른 사람과 더불어 생활하는 능력과 태도를 기른다.

- 자신을 소중히 여기며 자율성을 기른다.
- 자신과 타인의 감정을 알고, 자신의 감정을 적절하게 표현한다.
- 가족과 화목하게 지내며 서로 협력한다.
- 친구, 공동체 구성원들과 서로 돕고, 예의·규칙 등 사회적 가치를 알고 지킨다.
- 우리 동네, 우리나라, 다른 나라에 관심을 가진다.

(4) 예술 경험

❶ 성격

예술 경험 영역은 유아가 자신의 친근한 주변 환경에서 발생하는 소리, 음악, 움직임과 춤, 형태와 색 등에서 아름다움을 느끼고, 또래와 교사, 부모, 지역사회 사람이나 작가들이 표현한 다양한 예술작품을 가까이 접하면서 탐색하고 창의적인 표현을 즐기며 감상하도록 하기 위한 영역이다.

인간은 아름다운 것을 보고, 듣고, 느끼는 경험을 통해 기쁨을 느끼며, 이를 추구하려는 기본적 욕구를 지니고 있다. 또한, 자신의 내면세계를 표현하고자 하는 소통의 욕구 역시 가지고 있다. 예술은 이 두 가지 차원의 욕구에서 비롯되며, 지극히 개인적이면서도 사회적인 활동이라고 할 수 있다. 따라서 예술 경험 영역에서는 만 5세 유아가 아름다움을 느끼고 창의적인 표현을 즐기며 감상하는 경험에 중점을 두며, 더불어 자신뿐만 아니라 다른 사람의 표현방식을 존중하고 우리 문화와 다른 문화에 내재된 아름다움을 찾아보며 느낌을 서로 나누는 경험을 강조한다.

예술 경험 영역은 '아름다움 찾아보기', '예술적 표현하기', '예술 감상하기'의 세 가지 내용범주로 구성된다. 이들 각각의 내용은 성격에 따라 구분되어 있으나 아름다움을 직접 경험하고 즐김으로써 정서적으로 풍요로운 삶을 누리도록 해준다는 점에서 공통점을 지닌다. 아울러 유아를 둘러싼 주변의 모든 사물과 현상은 예술 경험의 대상이 되므로 인위적인 구분에 따라 별개의 독립된 활동으로 다루기보다 일상생활 속에서 수시로 경험할 수 있도록 하는 것이 중요하다. 이를 위해서는 무엇보다 교사 자신이 자연 및 주변 환경의 변화에 민감한 태도를 보이며, 이를 즐기는 모습을 보여야 한다.

또한, 교사는 특정 예술개념이나 기능의 습득에 치우치지 않도록 주의를 기울여야 하며, 유아 스스로 자신의 생각과 느낌을 자유롭고 창의적으로 표현하는 경험이 중심이 되도록 진행해야 한다. 예술 경험 영역은 다른 영역에 비해 개인의 자유로운 감정과 표현이 존중되는 영역인 만큼 집단활동으로 이루어지는 경우에도 개별 유아가 가진 느낌을 편안한 마음으로 마음껏 표현하고 경험할 수 있도록 격려함이 필요하다.

❷ 목표

아름다움에 관심을 가지고 예술 경험을 즐기며, 창의적으로 표현하는 능력을 기른다.

- 자연과 주변 환경에서 발견한 아름다움과 예술적 요소에 관심을 갖고 탐색한다.
- 자신의 생각과 느낌을 음악, 움직임과 춤, 미술, 극놀이를 통해 창의적으로 표현하는 것을 즐긴다.
- 자연과 다양한 예술작품을 감상하며, 풍부한 감성과 심미적 태도를 기른다.

(5) 자연탐구

❶ 성격

자연탐구 영역은 인간이 자연과 더불어 조화로운 삶을 살아갈 수 있도록 유아기부터 자연을 존중하는 마음을 바탕으로 창의적으로 사고하고 탐구하며, 일상의 여러 문제를 논리적으로 해결할 수 있는 수학적·과학적 기초 소양을 기르기 위한 영역이다.

과학기술의 발달이 인간의 삶을 풍요롭게 하지만, 이를 통한 인위적인 자연환경의 개조는 역기능을 초래하기도 한다. 따라서 자연을 단순히 인간의 행복을 위한 통제의 대상으로 간주하기보다는 자연과 더불어 조화로운 삶을 살아갈 수 있도록 어려서부터 자연을 존중하는 태도를 형성하는 것이 필요하다.

유아기에는 수학 및 과학적 지식을 많이 아는 것보다 주변의 다양한 사물과 자연현상에 대해 궁금증을 가지고 끊임없이 탐구하는 태도를 형성하는 것이 중요하다. 이는 유아가 일시적인 호기심으로 이것저것 한 번씩 해보다가 금방 다른 것에 관심을 돌이거나 단편적인 지식을 수동적으로 받아들이기보다는 자신이 알고자 하는 것이 무엇이며, 어떠한 방법이 적절한지를 찾아보고, 그 방법대로 시도해 보는 것이 중요함을 뜻한다.

자연탄구 영역은 '탐구하는 태도 기르기', '수학적 탐구하기', '과학적 탐구하기'의 세 가지 내용범주로 구성된다. 이들 영역을 전개할 때에 유아는 자신에게 전수되는 수학적·과학적 지식을 습득하기보다 자신의 지적 활동을 통해 수학적·과학적 지식을 구성하며, 이를 토대로 일상의 문제를 논리적·합리적으로 해결하는 능력과 태도를 기를 수 있다.

자연탐구 영역의 활동에서는 유아에게 다양한 실물자료와 자연체험의 기회를 풍부하게 제공하여 자발적 경험, 비형식적 경험, 그리고 형식적 경험을 모두 가능하게 한다. 또한 유아가 생활 속에서 자발적으로 문제를 발견하고 해결하기 위해 탐구하는 과정에 적극적으로 참여함으로써 탐구를 즐기도록 한다. 유아가 일상생활경험에서 구성한 지식을 바탕으로 다양한 시도를 해보고 추론하는 활동을 통해 수학적·과학적 기초능력을 의미 있게 확장해 나갈 수 있다. 또한, 탐구결과와 생각은 구체물, 그림, 표, 쓰기, 말하기, 멀티미디어 등의 다양한 매체를 사용하여 나타내고 다른 사람과 공유한다.

❷ 목표

호기심을 가지고 주변 세계를 탐구하며, 일상생활에서 수학적·과학적으로 생각하는 능력과 태도를 기른다.

- 주변의 사물과 자연세계에 대해 알고자 하는 호기심을 가지고 탐구하는 태도를 기른다.

- 생활 속의 여러 상황과 문제를 논리·수학적으로 이해하고 해결하기 위한 기초 능력을 기른다.
- 주변의 관심 있는 사물과 생명체 및 자연현상을 탐구하고 기초능력을 기른다.

2) 연령별 내용

(1) 3세 내용

❶ 신체운동·건강

가. 내용체계

내용 범주	내용
신체 인식하기	감각 능력 기르고 활용하기
	신체를 인식하고 움직이기
신체 조절과 기본 운동하기	신체 조절하기
	기본 운동하기
신체 활동에 참여하기	자발적으로 신체 활동에 참여하기
	바깥에서 신체 활동하기
	기구를 이용하여 신체 활동하기
건강하게 생활하기	몸과 주변을 깨끗이 하기
	바른 식생활하기
	건강한 일상생활하기
	질병 예방하기
안전하게 생활하기	안전하게 놀이하기
	교통안전 규칙 지키기
	비상 시 적절히 대처하기

나. 세부내용

내용 범주	내용	세부 내용
신체 인식하기	감각 능력 기르고 활용하기	감각적 차이를 경험한다.
		감각기관을 인식하고, 활용해 본다.
	신체를 인식하고 움직이기	신체 각 부분의 명칭을 알고, 움직임에 관심을 갖는다.
		자신의 신체를 긍정적으로 인식하고 움직인다.
신체 조절과 기본 운동하기	신체 조절하기	신체균형을 유지해본다.
		공간, 힘, 시간 등의 움직임 요소를 경험한다.
		신체 각 부분의 움직임을 조절해 본다.
		눈과 손을 협응하여 소근육을 조절해 본다.
	기본 운동하기	걷기, 달리기 등 이동운동을 한다.
		제자리에서 몸을 움직여 본다.
신체 활동에 참여하기	자발적으로 신체 활동에 참여하기	신체 활동에 자발적으로 참여한다.
		다른 사람과 함께 하는 신체 활동에 참여한다.
	바깥에서 신체 활동하기	규칙적으로 바깥에서 신체 활동을 한다.
	기구를 이용하여 신체 활동하기	여러 가지 기구를 이용하여 신체 활동을 한다.
건강하게 생활하기	몸과 주변을 깨끗이 하기	손과 이를 깨끗이 하는 방법을 알고 실천한다.
		주변을 깨끗이 한다.
	바른 식생활하기	음식을 골고루 먹는다.
		몸에 좋은 음식에 관심을 갖는다.
		바른 태도로 식사한다.
	건강한 일상생활하기	규칙적으로 잠을 자고, 적당한 휴식을 취한다.
		하루 일과에 즐겁게 참여한다.
		스스로 화장실에서 배변한다.
	질병 예방하기	질병의 위험을 알고 주의한다.
		날씨에 맞게 옷을 입는다.
안전하게 생활하기	안전하게 놀이하기	놀이기구나 놀잇감, 도구를 안전하게 사용한다.
		안전한 놀이장소를 안다.
		TV, 인터넷, 통신기기 등을 바르게 사용한다.
	교통안전 규칙 지키기	교통안전 규칙을 안다.
		교통수단을 안전하게 이용한다.
	비상 시 적절히 대처하기	학대, 성폭력, 실종, 유괴상황을 알고 도움을 요청한다.
		재난 및 사고 등 비상 시 적절하게 대처하는 방법을 안다.

❷ 의사소통

가. 내용체계

내용 범주	내용
듣기	낱말과 문장 듣고 이해하기
	이야기 듣고 이해하기
	동요, 동시, 동화 듣고 이해하기
	바른 태도로 듣기
말하기	낱말과 문장으로 말하기
	느낌, 생각, 경험 말하기
	상황에 맞게 바른 태도로 말하기
읽기	읽기에 흥미 가지기
	책 읽기에 관심 가지기
쓰기	쓰기에 관심 가지기

나. 세부내용

내용 범주	내용	세부 내용
듣기	낱말과 문장 듣고 이해하기	낱말의 발음에 관심을 가지고 듣는다.
		일상생활과 관련된 낱말과 문장을 듣고 뜻을 이해한다.
	이야기 듣고 이해하기	다른 사람의 이야기를 관심 있게 듣는다.
	동요, 동시, 동화 듣고 이해하기	동요, 동시, 동화를 다양한 방법으로 듣고 즐긴다.
	바른 태도로 듣기	말하는 사람을 바라보며 듣는다.
말하기	낱말과 문장으로 말하기	친숙한 낱말을 발음해 본다.
		새로운 낱말에 관심을 가진다.
		일상생활에서 일어나는 일들을 간단한 문장으로 말한다.
	느낌, 생각, 경험 말하기	자신의 느낌, 생각, 경험을 말해 본다.
	상황에 맞게 바른 태도로 말하기	상대방을 바라보며 말한다.
		바르고 고운 말을 사용한다.
읽기	읽기에 흥미 가지기	주변에서 친숙한 글자를 찾아본다.
		읽어 주는 글의 내용에 관심을 가진다.
	책 읽기에 관심 가지기	책에 흥미를 가진다.
		책의 그림을 단서로 내용을 추측해 본다.
쓰기	쓰기에 관심 가지기	말을 글로 나타내는 것에 관심을 보인다.
		자기 이름의 글자에 관심을 가진다.

❸ 사회관계

가. 내용체계

내용 범주	내 용
나를 알고 존중하기	나를 알고, 소중히 여기기
	나의 일 스스로 하기
나와 다른 사람의 감정 알고 조절하기	나와 다른 사람의 감정 알고 표현하기
	나의 감정 조절하기
가족을 소중히 여기기	가족과 화목하게 지내기
	가족과 협력하기
다른 사람과 더불어 생활하기	친구와 사이좋게 지내기
	공동체에서 화목하게 지내기
	사회적 가치를 알고 지키기
사회에 관심 갖기	지역사회에 관심 갖고 이해하기
	우리나라에 관심 갖고 이해하기

나. 세부내용

내용 범주	내용	세부 내용
나를 알고 존중하기	나를 알고, 소중히 여기기	나에 대해 관심을 갖는다.
		나와 다른 사람의 차이에 관심을 갖는다.
		나를 소중하게 여긴다.
	나의 일 스스로 하기	내가 할 수 있는 일을 알아본다.
		내가 하고 싶은 일을 선택해 본다.
나와 다른 사람의 감정 알고 조절하기	나와 다른 사람의 감정 알고 표현하기	자신에게 여러 가지 감정이 있음을 안다.
		다른 사람의 감정에 관심을 갖는다.
	나의 감정 조절하기	자신의 감정을 조절해 본다.
가족을 소중히 여기기	가족과 화목하게 지내기	가족의 소중함을 안다.
	가족과 협력하기	가족 구성원을 알아본다.
		가족을 위하여 내가 할 수 있는 일을 알아본다.
다른 사람과 더불어 생활하기	친구와 사이좋게 지내기	친구와 함께 놀이한다.
		나와 친구의 의견에 차이가 있음을 안다.
	공동체에서 화목하게 지내기	교사 및 주변 사람과 화목하게 지낸다.
	사회적 가치를 알고 지키기	다른 사람의 소유물을 존중한다.
		약속과 규칙을 지켜야 함을 안다.
사회에 관심 갖기	지역사회에 관심 갖고 이해하기	우리 동네의 이름을 안다.
		우리 동네 사람들에 관심을 갖는다.
	우리나라에 관심 갖고 이해하기	우리나라를 상징하는 것에 관심을 가진다.
		우리나라의 전통놀이와 풍습에 관심을 갖는다.

④ 예술 경험

가. 내용체계

내용 범주	내용
아름다움 찾아보기	음악적 요소 탐색하기
	움직임과 춤 요소 탐색하기
	미술적 요소 탐색하기
예술적 표현하기	음악으로 표현하기
	움직임과 춤으로 표현하기
	미술 활동으로 표현하기
	극놀이로 표현하기
	통합적으로 표현하기
예술 감상하기	다양한 예술 감상하기
	전통예술 감상하기

나. 세부내용

내용 범주	내용	세부 내용
아름다움 찾아보기	음악적 요소 탐색하기	다양한 소리, 음악의 셈여림, 빠르기, 리듬 등에 관심을 갖는다.
	움직임과 춤 요소 탐색하기	움직임과 춤의 모양, 힘, 빠르기 등에 관심을 갖는다.
	미술적 요소 탐색하기	자연과 사물의 색, 모양, 질감 등에 관심을 갖는다.
예술적 표현하기	음악으로 표현하기	간단한 노래를 듣고 따라 부른다.
		전래동요를 즐겨 부른다.
		리듬 악기로 간단한 리듬을 표현해 본다.
		간단한 리듬과 노래를 즉흥적으로 만들어 본다.
	움직임과 춤으로 표현하기	신체를 이용하여 주변의 움직임을 자유롭게 표현한다.
		움직임과 춤으로 자신의 생각과 느낌을 표현한다.
		도구를 활용하여 다양한 움직임으로 표현한다.
	미술 활동으로 표현하기	다양한 미술 활동을 경험해 본다.
		미술 활동에 필요한 재료와 도구에 관심을 가지고 사용한다.
	극놀이로 표현하기	일상생활의 경험을 극놀이로 표현한다.
	통합적으로 표현하기	예술 활동에 참여하여 표현 과정을 즐긴다.
예술 감상하기	다양한 예술 감상하기	다양한 음악, 춤, 미술작품, 극놀이 등을 듣거나 본다.
		나와 다른 사람의 예술 표현을 소중히 여긴다.
	전통예술 감상하기	우리나라의 전통예술에 관심을 갖는다.

❺ 자연탐구

가. 내용체계

내용 범주	내용
탐구하는 태도 기르기	호기심을 유지하고 확장하기
	탐구과정 즐기기
수학적 탐구하기	수와 연산의 기초개념 알아보기
	공간과 도형의 기초개념 알아보기
	기초적인 측정하기
	규칙성 이해하기
	기초적인 자료 수집과 결과 나타내기
과학적 탐구하기	물체와 물질 알아보기
	생명체와 자연환경 알아보기
	자연현상 알아보기
	간단한 도구와 기계 활용하기

나. 세부내용

내용 범주	내용	세부 내용
탐구하는 태도 기르기	호기심을 유지하고 확장하기	주변 사물과 자연세계에 대해 호기심을 갖는다.
	탐구과정 즐기기	궁금한 점을 알아보는 과정에 흥미를 갖는다.
수학적 탐구하기	수와 연산의 기초개념 알아보기	생활 속에서 수에 관심을 갖는다.
		구체물 수량의 많고 적음을 비교한다.
		다섯 개 가량의 구체물을 세어 보고 수량에 관심을 갖는다.
	공간과 도형의 기초개념 알아보기	나를 중심으로 앞, 뒤, 옆, 위, 아래를 알아본다.
		물체의 모양에 관심을 갖는다.
	기초적인 측정하기	두 물체의 길이, 크기를 비교해 본다.
	규칙성 이해하기	생활주변에서 반복되는 규칙성에 관심을 갖는다.
	기초적인 자료수집과 결과 나타내기	같은 것 끼리 짝을 짓는다.
과학적 탐구하기	물체와 물질 알아보기	친숙한 물체와 물질의 특성에 관심을 갖는다.
	생명체와 자연환경 알아보기	나의 출생과 성장에 대해 관심을 갖는다.
		주변의 동식물에 관심을 가진다.
		생명체를 소중히 여기는 마음을 갖는다.
	자연현상 알아보기	돌, 물, 흙 등 자연물에 관심을 갖는다.
		날씨에 관심을 갖는다.
	간단한 도구와 기계 활용하기	생활 속에서 간단한 도구와 기계에 관심을 갖는다.
		도구와 기계의 편리함에 관심을 갖는다.

(2) 4세 내용

❶ 신체운동·건강

가. 내용체계

내용 범주	내 용
신체 인식하기	감각 능력 기르고 활용하기
	신체를 인식하고 움직이기
신체 조절과 기본 운동하기	신체 조절하기
	기본 운동하기
신체 활동에 참여하기	자발적으로 신체 활동에 참여하기
	바깥에서 신체 활동하기
	기구를 이용하여 신체 활동하기
건강하게 생활하기	몸과 주변을 깨끗이 하기
	바른 식생활하기
	건강한 일상생활하기
	질병 예방하기
안전하게 생활하기	안전하게 놀이하기
	교통안전 규칙 지키기
	비상 시 적절히 대처하기

나. 세부내용

내용 범주	내용	세부 내용
신체 인식하기	감각 능력 기르고 활용하기	감각적 차이를 구분한다.
		여러 감각기관을 협응하여 활용한다.
	신체를 인식하고 움직이기	신체 각 부분의 특성을 이해하고 활용하여 움직인다.
		자신의 신체를 긍정적으로 인식하고 움직인다.
신체 조절과 기본 운동하기	신체 조절하기	다양한 자세와 움직임에서 신체균형을 유지한다.
		공간, 힘, 시간 등의 움직임 요소를 활용하여 움직인다.
		신체 각 부분을 협응하여 움직임을 조절한다.
		눈과 손을 협응하여 소근육을 조절해 본다.
	기본 운동하기	걷기, 달리기, 뛰기 등 다양한 이동운동을 한다.
		제자리에서 몸을 다양하게 움직인다.
신체 활동에 참여하기	자발적으로 신체활동에 참여하기	신체활동에 자발적이고 지속적으로 참여한다.
		다른 사람과 함께 하는 신체활동에 참여한다.
		자신과 다른 사람의 운동 능력 차이에 관심을 갖는다.
	바깥에서 신체 활동하기	규칙적으로 바깥에서 신체 활동을 한다.
	기구를 이용하여 신체 활동하기	여러 가지 기구를 이용하여 신체 활동을 한다.

내용 범주	내용	세부 내용
건강하게 생활하기	몸과 주변을 깨끗이 하기	손과 이를 깨끗이 하는 방법을 알고 실천한다.
		주변을 깨끗이 하는 습관을 기른다.
	바른 식생활하기	음식을 골고루 먹는다.
		몸에 좋은 음식을 알아본다.
		음식을 소중히 여기고 식사예절을 지킨다.
	건강한 일상생활하기	규칙적으로 잠을 자고, 적당한 휴식을 취한다.
		하루 일과에 즐겁게 참여한다.
		바른 배변습관을 가진다.
	질병 예방하기	질병을 예방하는 방법을 알고 실천한다.
		날씨와 상황에 알맞게 옷을 입는다.
안전하게 생활하기	안전하게 놀이하기	놀이기구나 놀잇감, 도구를 안전하게 사용한다.
		안전한 장소를 알고 안전하게 놀이한다.
		TV, 인터넷, 통신기기 등의 위해성을 알고, 바르게 사용한다.
	교통안전 규칙 지키기	교통안전 규칙을 알고 지킨다.
		교통수단을 안전하게 이용한다.
	비상 시 적절히 대처하기	학대, 성폭력, 실종, 유괴상황 시 도움을 요청하는 방법을 알고 행동한다.
		재난 및 사고 등 비상 시 적절하게 대처하는 방법을 알고 행동한다.

❷ 의사소통

가. 내용체계

내용 범주	내용
듣기	낱말과 문장 듣고 이해하기
	이야기 듣고 이해하기
	동요, 동시, 동화 듣고 이해하기
	바른 태도로 듣기
말하기	낱말과 문장으로 말하기
	느낌, 생각, 경험 말하기
	상황에 맞게 바른 태도로 말하기
읽기	읽기에 흥미 가지기
	책 읽기에 관심 가지기
쓰기	쓰기에 관심 가지기
	쓰기 도구 사용하기

나. 세부내용

내용 범주	내용	세부 내용
듣기	낱말과 문장 듣고 이해하기	낱말의 발음에 관심을 가지고 듣는다.
		일상생활과 관련된 낱말과 문장을 듣고 뜻을 이해한다.
	이야기 듣고 이해하기	다른 사람의 이야기를 듣고 이해한다.
		이야기를 듣고 궁금한 것에 대해 질문한다.
	동요, 동시, 동화 듣고 이해하기	동요, 동시, 동화를 다양한 방법으로 듣고 즐긴다.
		전래동요, 동시, 동화를 듣고 우리말의 재미를 느낀다.
	바른 태도로 듣기	다른 사람의 이야기를 주의 깊게 듣는다.
말 하 기	낱말과 문장으로 말하기	친숙한 낱말을 정확하게 발음해 본다.
		다양한 낱말을 사용하여 말한다.
		일상생활에서 일어나는 일들을 간단한 문장으로 말한다.
	느낌, 생각, 경험 말하기	자신의 느낌, 생각, 경험을 말한다.
		주제를 정하여 함께 이야기를 나눈다.
		이야기를 만들어 말한다.
	상황에 맞게 바른 태도로 말하기	듣는 사람의 생각과 느낌을 고려하여 말한다.
		차례를 지켜 말한다.
		바르고 고운 말을 사용한다.
읽기	읽기에 흥미 가지기	주변에서 친숙한 글자를 찾아본다.
		읽어 주는 글의 내용에 관심을 가진다.
	책 읽기에 관심 가지기	책 보는 것을 즐기고 소중하게 다룬다.
		책의 그림을 단서로 내용을 이해한다.
		궁금한 것을 책에서 찾아본다.
쓰기	쓰기에 관심 가지기	말이나 생각을 글로 나타낼 수 있음을 안다.
		자기 이름을 써 본다.
		자신의 느낌, 생각, 경험을 글자와 비슷한 형태로 표현한다.
	쓰기 도구 사용하기	쓰기 도구에 관심을 가지고 사용해 본다.

❸ 사회관계

가. 내용체계

내용 범주	내 용
나를 알고 존중하기	나를 알고, 소중히 여기기
	나의 일 스스로 하기
나와 다른 사람의 감정 알고 조절하기	나와 다른 사람의 감정 알고 표현하기
	나의 감정 조절하기
가족을 소중히 여기기	가족과 화목하게 지내기
	가족과 협력하기
다른 사람과 더불어 생활하기	친구와 사이좋게 지내기
	공동체에서 화목하게 지내기
	사회적 가치를 알고 지키기
사회에 관심 갖기	지역사회에 관심 갖고 이해하기
	우리나라에 관심 갖고 이해하기
	세계와 여러 문화에 관심 가지기

나. 세부내용

내용 범주	내용	세부 내용
나를 알고 존중하기	나를 알고, 소중히 여기기	나에 대해 알아본다.
		나와 다른 사람의 차이점을 알아본다.
		나에 대해 긍정적으로 생각하고 나를 소중하게 여긴다.
	나의 일 스스로 하기	내가 할 수 있는 일을 해 본다.
		하고 싶은 일을 계획하고 해 본다.
나와 다른 사람의 감정 알고 조절하기	나와 다른 사람의 감정 알고 표현하기	자신의 감정을 알고 표현한다.
		다른 사람의 감정을 안다.
	나의 감정 조절하기	자신의 감정을 조절해 본다.
가족을 소중히 여기기	가족과 화목하게 지내기	가족의 소중함을 안다.
	가족과 협력하기	가족 구성원의 역할에 대해 알아본다.
		가족을 위하여 내가 할 수 있는 일을 알아보고 실천한다.
다른 사람과 더불어 생활하기	친구와 사이좋게 지내기	친구와 협동하며 놀이한다.
		친구와의 갈등을 긍정적인 방법으로 해결한다.
	공동체에서 화목하게 지내기	도움이 필요할 때 다른 사람과 도움을 주고받는다.
		교사 및 주변 사람과 화목하게 지낸다.
	사회적 가치를 알고 지키기	정직하게 말하고 행동한다.
		다른 사람의 생각, 행동을 존중한다.
		친구와 어른께 예의 바르게 행동한다.
		다른 사람과 한 약속이나 공공규칙을 지킨다.
		자연과 자원을 아끼는 습관을 기른다.

내용 범주	내용	세부 내용
사회에 관심 갖기	지역사회에 관심 갖고 이해하기	우리 동네에 대해 알아본다.
		우리 동네 사람들이 하는 일에 관심을 갖는다.
		물건을 살 때 돈이 필요함을 안다.
	우리나라에 관심 갖고 이해하기	우리나라를 상징하는 것을 안다.
		우리나라의 전통놀이와 풍습에 관심을 갖는다.
		우리나라에 대해 자부심을 갖는다.
	세계와 여러 문화에 관심 가지기	세계 여러 나라에 대해 관심을 갖는다.
		다양한 인종과 문화에 관심을 갖는다.

❹ 예술 경험

가. 내용체계

내용 범주	내 용
아름다움 찾아보기	음악적 요소 탐색하기
	움직임과 춤 요소 탐색하기
	미술적 요소 탐색하기
예술적 표현하기	음악으로 표현하기
	움직임과 춤으로 표현하기
	미술 활동으로 표현하기
	극놀이로 표현하기
	통합적으로 표현하기
예술 감상하기	다양한 예술 감상하기
	전통예술 감상하기

나. 세부내용

내용 범주	내용	세부 내용
아름다움 찾아보기	음악적 요소 탐색하기	다양한 소리, 음악의 셈여림, 빠르기, 리듬 등에 관심을 갖는다.
	움직임과 춤 요소 탐색하기	움직임과 춤의 모양, 힘, 빠르기 등에 관심을 갖는다.
	미술적 요소 탐색하기	자연과 사물의 색, 모양, 질감 등에 관심을 갖는다.
예술적 표현하기	음악으로 표현하기	노래로 자신의 생각과 느낌을 표현한다.
		전래동요를 즐겨 부른다.
		리듬 악기를 연주해 본다.
		간단한 리듬과 노래를 즉흥적으로 만들어 본다.
	움직임과 춤으로 표현하기	신체를 이용하여 주변의 움직임을 자유롭게 표현한다.
		움직임과 춤으로 자신의 생각과 느낌을 표현한다.
		도구를 활용하여 다양한 움직임으로 표현한다.

내용 범주	내용	세부 내용
	미술 활동으로 표현하기	다양한 미술 활동으로 자신의 생각과 느낌을 표현한다.
		협동적인 미술 활동에 참여한다.
		미술 활동에 필요한 재료와 도구를 다양하게 사용한다.
	극놀이로 표현하기	일상생활의 경험이나 간단한 이야기를 극놀이로 표현한다.
		소품, 배경, 의상 등을 사용하여 협동적으로 극놀이를 한다.
	통합적으로 표현하기	음악, 움직임과 춤, 미술, 극놀이 등을 통합하여 표현한다.
		예술 활동에 참여하여 표현과정을 즐긴다.
예술 감상하기	다양한 예술 감상하기	다양한 음악, 춤, 미술작품, 극놀이 등을 듣거나 보고 즐긴다.
		나와 다른 사람의 예술 표현을 소중히 여긴다.
	전통예술 감상하기	우리나라의 전통예술에 관심을 갖는다.

❺ 자연탐구

가. 내용체계

내용 범주	내 용
탐구하는 태도 기르기	호기심을 유지하고 확장하기
	탐구과정 즐기기
	탐구기술 활용하기
수학적 탐구하기	수와 연산의 기초개념 알아보기
	공간과 도형의 기초개념 알아보기
	기초적인 측정하기
	규칙성 이해하기
	기초적인 자료 수집과 결과 나타내기
과학적 탐구하기	물체와 물질 알아보기
	생명체와 자연환경 알아보기
	자연현상 알아보기
	간단한 도구와 기계 활용하기

나. 세부내용

내용 범주	내용	세부 내용
탐구하는 태도 기르기	호기심을 유지하고 확장하기	주변 사물과 자연세계에 대해 지속적으로 호기심을 갖는다.
	탐구과정 즐기기	궁금한 점을 알아보는 탐구과정에 관심을 가지고 참여한다.
	탐구기술 활용하기	일상생활의 문제를 해결하는 과정에서 탐색, 관찰 등의 방법을 활용해 본다.
수학적 탐구하기	수와 연산의 기초개념 알아보기	생활 속에서 사용되는 수의 여러 가지 의미를 안다.
		구체물 수량에서 '같다', '더 많다', '더 적다'의 관계를 안다.
		열 개 가량의 구체물을 세어보고 수량을 알아본다.
	공간과 도형의 기초개념 알아보기	위치와 방향을 여러 가지 방법으로 나타내 본다.
		기본 도형의 특성을 인식한다.
		기본 도형을 사용하여 여러 가지 모양을 구성해 본다.
	기초적인 측정하기	일상생활에서 길이, 크기, 무게 등을 비교해 본다.
	규칙성 이해하기	생활주변에서 반복되는 규칙성을 알아본다.
		반복되는 규칙성을 인식하고 모방한다.
	기초적인 자료수집과 결과 나타내기	필요한 정보나 자료를 수집한다.
		한 가지 기준으로 자료를 분류해 본다.
과학적 탐구하기	물체와 물질 알아보기	친숙한 물체와 물질의 특성을 알아본다.
		물체와 물질을 여러 가지 방법으로 변화시켜 본다.
	생명체와 자연환경 알아보기	나의 출생과 성장에 대해 관심을 갖는다.
		관심 있는 동식물의 특성을 알아본다.
		생명체를 소중히 여기는 마음을 갖는다.
		생명체가 살기 좋은 환경에 대해 관심을 갖는다.
	자연현상 알아보기	돌, 물, 흙 등 자연물의 특성과 변화를 알아본다.
		날씨와 기후변화에 관심을 갖는다.
	간단한 도구와 기계 활용하기	생활 속에서 간단한 도구와 기계를 활용한다.
		도구와 기계의 편리함에 관심을 갖는다.

(3) 5세 내용

❶ 신체운동 · 건강

가. 내용체계

내용 범주	내용
신체 인식하기	감각 능력 기르고 활용하기
	신체를 인식하고 움직이기
신체 조절과 기본 운동하기	신체 조절하기
	기본 운동하기
신체 활동에 참여하기	자발적으로 신체 활동에 참여하기
	바깥에서 신체 활동하기
	기구를 이용하여 신체 활동하기
건강하게 생활하기	몸과 주변을 깨끗이 하기
	바른 식생활하기
	건강한 일상생활하기
	질병 예방하기
안전하게 생활하기	안전하게 놀이하기
	교통안전 규칙 지키기
	비상 시 적절히 대처하기

나. 세부내용

내용 범주	내용	세부 내용
신체 인식하기	감각 능력 기르고 활용하기	감각으로 대상이나 사물의 특성과 차이를 구분한다.
		여러 감각기관을 협응하여 활용한다.
	신체를 인식하고 움직이기	신체 각 부분의 특성을 이해하고 활용하여 움직인다.
		자신의 신체를 긍정적으로 인식하고 움직인다.
신체 조절과 기본 운동하기	신체 조절하기	다양한 자세와 움직임에서 신체균형을 유지한다.
		공간, 힘, 시간 등의 움직임 요소를 활용하여 움직인다.
		신체 각 부분을 협응하여 움직임을 조절한다.
		눈과 손을 협응하여 소근육을 조절해 본다.
		도구를 활용하여 여러 가지 조작운동을 한다.
	기본 운동하기	걷기, 달리기, 뛰기 등 다양한 이동운동을 한다.
		제자리에서 몸을 다양하게 움직인다.
신체 활동에 참여하기	자발적으로 신체 활동에 참여하기	신체 활동에 자발적이고 지속적으로 참여한다.
		다른 사람과 함께 하는 신체 활동에 참여한다.
		자신과 다른 사람의 운동능력의 차이를 이해한다.

내용 범주	내용	세부 내용
	바깥에서 신체 활동하기	규칙적으로 바깥에서 신체 활동을 한다.
	기구를 이용하여 신체 활동하기	여러 가지 기구를 이용하여 신체 활동을 한다.
건강하게 생활하기	몸과 주변을 깨끗이 하기	스스로 몸을 깨끗이 하는 습관을 기른다.
		주변을 깨끗이 하는 습관을 기른다.
	바른 식생활하기	적당량의 음식을 골고루 먹는다.
		몸에 좋은 음식을 선택할 수 있다.
		음식을 소중히 여기고 식사예절을 지킨다.
	건강한 일상생활하기	규칙적으로 잠을 자고, 적당한 휴식을 취한다.
		하루 일과에 즐겁게 참여한다.
		규칙적인 배변습관을 가진다.
	질병 예방하기	질병을 예방하는 방법을 알고 실천한다.
		날씨와 상황에 알맞게 옷을 입는다.
안전하게 생활하기	안전하게 놀이하기	놀이기구나 놀잇감, 도구의 바른 사용법을 알고 안전하게 사용한다.
		안전한 장소를 알고 안전하게 놀이한다.
		TV, 인터넷, 통신기기 등의 위해성을 알고, 바르게 사용한다.
	교통안전 규칙 지키기	교통안전 규칙을 알고 지킨다.
		교통수단을 안전하게 이용한다.
	비상 시 적절히 대처하기	학대, 성폭력, 실종, 유괴상황 시 도움을 요청하는 방법을 알고 행동한다.
		재난 및 사고 등 비상 시 적절하게 대처하는 방법을 알고 행동한다.

❷ 의사소통

가. 내용체계

내용 범주	내용
듣기	낱말과 문장 듣고 이해하기
	이야기 듣고 이해하기
	동요, 동시, 동화 듣고 이해하기
	바른 태도로 듣기
말 하 기	낱말과 문장으로 말하기
	느낌, 생각, 경험 말하기
	상황에 맞게 바른 태도로 말하기
읽 기	읽기에 흥미 가지기
	책 읽기에 관심 가지기
쓰 기	쓰기에 관심 가지기
	쓰기 도구 사용하기

나. 세부내용

내용 범주	내용	세부 내용
듣기	낱말과 문장 듣고 이해하기	낱말의 발음에 관심을 가지고 비슷한 발음을 듣고 구별한다.
		다양한 낱말과 문장을 듣고 뜻을 이해한다.
	이야기 듣고 이해하기	다른 사람의 이야기를 듣고 이해한다.
		이야기를 듣고 궁금한 것에 대해 질문한다.
	동요, 동시, 동화 듣고 이해하기	동요, 동시, 동화를 다양한 방법으로 듣고 이해한다.
		전래 동요, 동시, 동화를 듣고 우리말의 재미를 느낀다.
	바른 태도로 듣기	다른 사람의 이야기를 끝까지 주의 깊게 듣는다.
말 하 기	낱말과 문장으로 말하기	정확한 발음으로 말한다.
		다양한 낱말을 사용하여 상황에 맞게 말한다.
		일상생활에서 일어나는 일들을 다양한 문장으로 말한다.
	느낌, 생각, 경험 말하기	자신의 느낌, 생각, 경험을 적절한 낱말과 문장으로 말한다.
		주제를 정하여 함께 이야기를 나눈다.
		이야기 지어 말하기를 즐긴다.
	상황에 맞게 바른 태도로 말하기	듣는 사람의 생각과 느낌을 고려하여 말한다.
		때와 장소, 대상에 알맞게 말한다.
		바르고 고운 말을 사용한다.
읽기	읽기에 흥미 가지기	주변에서 친숙한 글자를 찾아 읽어 본다.
		읽어 주는 글의 내용에 관심을 가지고 읽어 본다.
	책 읽기에 관심 가지기	책 보는 것을 즐기고 소중하게 다룬다.
		책의 그림을 단서로 내용을 이해한다.
		궁금한 것을 책에서 찾아본다.
쓰기	쓰기에 관심 가지기	말이나 생각을 글로 나타낼 수 있음을 안다.
		자신의 이름과 주변의 친숙한 글자를 써 본다.
		자신의 느낌, 생각, 경험을 글자와 비슷한 형태나 글자로 표현한다.
	쓰기 도구 사용하기	쓰기 도구의 바른 사용법을 알고 사용한다.

❸ 사회관계

가. 내용체계

내용범주	내용
나를 알고 존중하기	나를 알고, 소중히 여기기
	나의 일 스스로 하기
나와 다른 사람의 감정 알고 조절하기	나와 다른 사람의 감정 알고 표현하기
	나의 감정 조절하기
가족을 소중히 여기기	가족과 화목하게 지내기
	가족과 협력하기
다른 사람과 더불어 생활하기	친구와 사이좋게 지내기
	공동체에서 화목하게 지내기
	사회적 가치를 알고 지키기
사회에 관심 갖기	지역사회에 관심 갖고 이해하기
	우리나라에 관심 갖고 이해하기
	세계와 여러 문화에 관심 가지기

나. 세부내용

내용 범주	내용	세부 내용
나를 알고 중하기	나를 알고 소중히 여기기	나에 대해 알아본다.
		나와 다른 사람의 신체적, 사회적, 문화적 차이를 존중한다.
		나에 대해 긍정적으로 생각하고 나를 소중하게 여긴다.
	나의 일 스스로 하기	내가 할 수 있는 일을 스스로 한다.
		하고 싶은 일을 계획하고 해 본다.
나와 다른 사람의 감정 알고 조절하기	나와 다른 사람의 감정 알고 표현하기	자신의 감정을 알고 표현한다.
		다른 사람의 감정을 알고 공감한다.
	나의 감정 조절하기	자신의 감정을 상황에 맞게 조절한다.
가족을 소중히 여기기	가족과 화목하게 지내기	가족의 의미와 소중함을 안다.
		가족과 화목하게 지낸다.
	가족과 협력하기	다양한 가족 구조에 대해 알아본다.
		가족은 서로 도와야 함을 알고 실천한다.
다른 사람과 더불어 생활하기	친구와 사이좋게 지내기	친구와 협동하며 놀이한다.
		친구와의 갈등을 긍정적인 방법으로 해결한다.
	공동체에서 화목하게 지내기	다른 사람과 도움을 주고받고, 서로 협력한다.
		교사 및 주변 사람과 화목하게 지낸다.
	사회적 가치를 알고 지키기	정직하게 말하고 행동한다.
		다른 사람을 배려하여 행동한다.

내용 범주	내용	세부 내용
		친구와 어른에게 예의 바르게 행동한다.
		다른 사람과 한 약속이나 공공규칙을 지킨다.
		자연과 자원을 아끼는 습관을 기른다.
사회에 관심 갖기	지역사회에 관심 갖고 이해하기	우리 동네에 대해 알아본다.
		다양한 직업에 관심을 갖는다.
		일상생활에서 돈의 쓰임에 대해 안다.
	우리나라에 관심 갖고 이해하기	우리나라를 상징하는 것을 알고 예절을 지킨다.
		우리나라의 전통, 역사, 문화에 관심을 갖는다.
		우리나라에 대해 자부심을 갖는다.
	세계와 여러 문화에 관심 가지기	세계 여러 나라에 대해 관심을 갖고, 서로 협력해야 함을 안다.
		다양한 인종과 문화를 알아보고 존중한다.

④ 예술 경험

가. 내용체계

내용 범주	내용
아름다움 찾아보기	음악적 요소 탐색하기
	움직임과 춤 요소 탐색하기
	미술적 요소 탐색하기
예술적 표현하기	음악으로 표현하기
	움직임과 춤으로 표현하기
	미술 활동으로 표현하기
	극놀이로 표현하기
	통합적으로 표현하기
예술 감상하기	다양한 예술 감상하기
	전통예술 감상하기

나. 세부 내용

내용 범주	내용	세부 내용
아름다움 찾아보기	음악적 요소 탐색하기	다양한 소리, 악기 등으로 음악의 셈여림, 빠르기, 리듬 등을 탐색한다.
	움직임과 춤 요소 탐색하기	움직임과 춤의 모양, 힘, 빠르기, 흐름 등을 탐색한다.
	미술적 요소 탐색하기	자연과 사물에서 색, 모양, 질감, 공간 등을 탐색한다.
예술적 표현하기	음악으로 표현하기	노래로 자신의 생각과 느낌을 표현한다.
		전래동요를 즐겨 부른다.
		리듬 악기를 연주해 본다.
		리듬과 노래 등을 즉흥적으로 만들어 본다.

내용 범주	내용	세부 내용
	움직임과 춤으로 표현하기	신체를 이용하여 주변의 움직임을 다양하게 표현하며 즐긴다.
		움직임과 춤으로 자신의 생각과 느낌을 표현한다.
		다양한 도구를 활용하여 창의적으로 움직인다.
	미술 활동으로 표현하기	다양한 미술 활동으로 자신의 생각과 느낌을 표현한다.
		협동적인 미술 활동에 참여하여 즐긴다.
		미술 활동에 필요한 재료와 도구를 다양하게 사용한다.
	극놀이로 표현하기	경험이나 이야기를 극놀이로 표현한다.
		소품, 배경, 의상 등을 사용하여 협동적으로 극놀이를 한다.
	통합적으로 표현하기	음악, 움직임과 춤, 미술, 극놀이 등을 통합하여 표현한다.
		예술 활동에 참여하여 창의적으로 표현하는 과정을 즐긴다.
예술 감상하기	다양한 예술 감상하기	다양한 음악, 춤, 미술작품, 극놀이 등을 듣거나 보고 즐긴다.
		나와 다른 사람의 예술 표현을 소중히 여긴다.
	전통예술 감상하기	우리나라의 전통예술에 관심을 갖고 친숙해진다.

❺ 자연탐구

가. 내용체계

내용 범주	내 용
탐구하는 태도 기르기	호기심을 유지하고 확장하기
	탐구과정 즐기기
	탐구기술 활용하기
수학적 탐구하기	수와 연산의 기초개념 알아보기
	공간과 도형의 기초개념 알아보기
	기초적인 측정하기
	규칙성 이해하기
	기초적인 자료 수집과 결과 나타내기
과학적 탐구하기	물체와 물질 알아보기
	생명체와 자연환경 알아보기
	자연현상 알아보기
	간단한 도구와 기계 활용하기

나. 세부내용

내용 범주	내용	세부 내용
탐구하는 태도 기르기	호기심을 유지하고 확장하기	주변 사물과 자연세계에 대해 지속적으로 호기심을 갖고 알고자 한다.
	탐구과정 즐기기	궁금한 점을 알아보는 탐구과정에 참여하고 즐긴다.
		탐구과정에서 서로 다른 생각에 관심을 갖는다.
	탐구기술 활용하기	일상생활의 문제를 해결하는 과정에서 탐색, 관찰, 비교, 예측 등의 탐구기술을 활용해 본다.
수학적 탐구하기	수와 연산의 기초개념 알아보기	생활 속에서 사용되는 수의 여러 가지 의미를 안다.
		구체물 수량의 부분과 전체 관계를 알아본다.
		스무 개 가량의 구체물을 세어보고 수량을 알아본다.
		구체물을 가지고 더하고 빼는 경험을 해 본다.
	공간과 도형의 기초개념 알아보기	위치와 방향을 여러 가지 방법으로 나타내 본다.
		여러 방향에서 물체를 보고 그 차이점을 비교해 본다.
		기본 도형의 공통점과 차이점을 알아본다.
		기본 도형을 사용하여 여러 가지 모양을 구성해 본다.
	기초적인 측정하기	일상생활에서 길이, 크기, 무게, 들이 등의 속성을 비교하고, 순서를 지어 본다.
		임의 측정 단위를 사용하여 길이, 면적, 들이, 무게 등을 재 본다.
	규칙성 이해하기	생활주변에서 반복되는 규칙성을 알고 다음에 올 것을 예측해 본다.
		스스로 규칙성을 만들어 본다.
	기초적인 자료수집과 결과 나타내기	필요한 정보나 자료를 수집한다.
		한 가지 기준으로 분류한 자료를 다른 기준으로 재분류해 본다.
		그림, 사진, 기호나 숫자를 사용해 그래프로 나타내 본다.
과학적 탐구하기	물체와 물질 알아보기	주변의 여러 가지 물체와 물질의 기본 특성을 알아본다.
		물체와 물질을 여러 가지 방법으로 변화시켜 본다.
	생명체와 자연환경 알아보기	나와 다른 사람의 출생과 성장에 대해 알아본다.
		관심 있는 동식물의 특성과 성장 과정을 알아본다.
		생명체를 소중히 여기는 마음을 갖는다.
		생명체가 살기 좋은 환경과 녹색환경에 대해 알아본다.
		돌, 물, 흙 등 자연물의 특성과 변화를 알아본다.
	자연현상 알아보기	낮과 밤, 계절의 변화와 규칙성을 알아본다.
		날씨와 기후변화 등 자연현상에 대해 관심을 갖는다.
	간단한 도구와 기계 활용하기	생활 속에서 간단한 도구와 기계를 활용한다.
		변화하는 새로운 도구와 기계에 관심을 갖고 장단점을 안다.

강문희(1999). **유아 교육기관 운영관리**. 서울: 학지사.

강문희(2006). **유치원, 보육시설 운영관리**. 서울: 학지사.

고문숙·임영심·황정숙(2005). **어린이 놀이지도**. 경기: 양서원.

고후순·김동일·조옥희(1996). **유아교육사상사**. 서울: 양서원.

공인덕(2002). 초등학교 병설유치원 실내공간의 안전도에 관한 조사. 전남대학교 산업대학원 석사학위논문.

곽노의·김창복·김경순(2009). **(누리과정과 2009 개정 초등학교과정에 기초한) 유아 교육기관과 초등학교의 연계교육**. 서울: 창지사.

교육과학기술부·보건복지부(2013). 3-5세 연령별 누리과정 교사용 지침서.

교육부(1995). **유치원 실내 교육환경**. 서울: 교육부.

교육부(1999). **유치원 교육과정 해설**. 서울: 교육부.

교육부(1999). **유치원 교육과정**. 서울: 교육부.

구경선(2005). **영유아 교사를 위한 몬테소리 교육의 사상과 실제**. 서울: 교육아카데미.

권미경·김정숙(2014). 3-5세 누리과정 이용실태 및 개선방안. 육아정책연구소.

권미량(2007). **유아 교육기관 운영관리**. 서울: 파란마음.

권세경·장미아·황혜경(2008). **놀이지도**. 서울: 동문사.

권세경·장미아(2004). **영유아놀이지도**. 서울: 동문사.

권영례(1999). **유아를 위한 교수-학습방법의 이해**. 서울: 양서원.

권영례(2006). **교과교육론**. 경기: 양서원.

권옥자(1993). **(유아 교사를 위한) 창의적인 교재·교구 활동집**. 보육사.

김동일(2004). **루소의 유아 교육사상**. 경기: 양서원.

김미애·류경화(1997). **놀이지도**. 서울: 동문사.

김수영·김수임·김현아·정금자(2002). **유아놀이의 이론과 실제**. 서울: 양서원.

김연진·이상희(2007). **유아 교육기관운영 관리**. 서울: 태영출판사.

김영옥·황복순·지성애(1988). 광주시 및 전라남도 국민학교 병설유치원의 교육 환경에 대한 평가연구. **유아교육연구, 8**, 63-85.

김영옥(1998). 유아 교육기관의 교육환경에 관한 연구: 광주광역시를 중심으로. **유아교육연구, 18**(1), 105-129.

김영희·고태순(2006). **함께 생각해 보는 아동발달과 육아**. 경기: 양서원.

김은주(2003). 생태 유아 교육의 사상체계 및 실천원리 연구. 부산대학교 대학원 박사학위논문.

김인숙(2001). 유아 교육기관의 운영 효율화에 관한 연구. 천안대학교 사회복지대학원 석사학위논문.

김정숙·박진아·김정민(2014). 유치원 교재교구 질 관리 방안 연구. 육아정책연구소, 연구보고 2014-03.

김정원·김유정·이효정(2008). **영유아를 위한 교수-학습방법**. 서울: 공동체.

김정임(2004). 발도르프 유치원의 오이르티미 교육에 관한 연구. **교육과학연구, 35(2)**. 293-306.2.

김정임(2006). **발도르프 유아교육에 대한 이해**. 서울: 학지사.

김지은·김진숙(2006). **유아관찰 및 평가**. 경기: 양서원.

김현주·손은경·신혜영(2004). **현장중심 부모교육**. 경기: 양서원.

김혜경(2005). **영유아 교육기관 경영**. 서울: 창지사.

단현국(1991). **유아놀이지도**. 대한교과서주식회사.

명지전문대학 부속 명지유치원 편(2004). **만 4-5세 주제접근 통합교육과정에 의한 종일제**. 경기: 양서원.

모선희·이인희·이선행·김성운(2008). 다문화가정의 문제점과 정책적 지원방안 기획연구. 충남발전연구원.

박경숙(1997). 유아 교육기관의 물리적 환경에 관한 조사연구. 청주대학교 행정대학원 석사학위논문.

박미경(2007). 교사를 통해 본 다문화 가정 유아의 특성 및 교사의 어려움: 결혼 이민자 가정을 중심으로. 이화여자대학교 대학원 석사학위논문.

박영실(1981). 유아교육을 위한 부모교육 및 부모참여에 관한 연구. 이화여자대학교 대학원 석사학위논문.

박희숙(2001). 사회도덕적 규칙체계에 따른 아동의 정서발달연구. 대구가톨릭대학교 대학원 박사학위논문.

박희숙(2002). 사회도덕적 규칙체계와 아동의 사태-정서 지식에 관한 연구. **교육학연구, 40**(4).

박희숙(2002). 아동의 사회도덕적 규칙체계와 정서반응 연구. **영유아학회지, 4**.

박희숙(2002). 유아 교육기관의 안전사고방안에 관한 연구. 관동대학교 대학원 석사학위논문.

방인옥 외(2009). **유아교육과정**. 서울: 정민사.

방인옥 외(2010). **유아교육개론**. 서울: 정민사.

변홍규·윤점룡·박혜정(1983). **유아를 위한 놀이감 평가기준 개발**. 한국교육개발원.

서봉연·이순형(1983). **발달심리학**. 서울: 중앙적성출판부.

서석(2003). 초등학교 특수학급 교사와 통합학급 교사의 협력교수 실태 개선 방안. 공주대학교 특수교육대학원 석사학위논문.

서혜정·한애희(2006). **신임교사로서의 첫출발**. 서울: 파란마음.

손인수(1991). **교육사 교육사상연구**. 서울: 문음사.

송명자(1996). **발달심리학**. 서울: 학지사.

송정(2011). 유아 교육기관 내 특별활동 현황 및 쟁점, 발전방향. 세계 속의 경기도 이슈브리프. 경기도가족여성연구원.

신유림(1997). 유아의 친구관계와 사회적 지위 및 놀이행동과의 관련연구. **아동학회지, 18**(2), 47-71.

신화식(2003). **몬테소리 유아 교육과정**. 경기: 양서원.

신화식(2008). **유아 교육기관 운영관리**. 경기: 양서원.

심성경·백영애·이영희·함은숙·변길희·김나림·박지애(2010). **놀이지도**. 공동체.

양승만(2000). 유아 교육기관의 안전점검척도에 대한 검증. 청주대학교 행정대학원 석사학위논문.

양옥승·이원영·이영자·이기숙(2003). **21세기 바람직한 유아교육에 대한 한국유아교육학회의 입장**. 서울: 정민사.

연미희·김진숙(2004). **부모교육이론과 실제**. 서울: 동문사.

영유아보육법(2011. 6. 7. 개정).

오문자(2010). **레지오 알아가기**. 서울: 정민사.

유아교육법(2004. 1. 29. 제정).

유안진(1981). **한국고유의 아동놀이**. 서울: 정민사.

유안진(1985). **유아환경론**. 서울: 창지사.

유안진(1990). **한국전통사회의 유아교육**. 서울: 서울대학교출판부.

유효순·김혜선(2000). **인간발달**. 서울: 한국방송통신대학교 출판부.

유효순·지성애(2004). **부모교육**. 서울: 정민사.

유효순(1992). **아동발달**. 서울: 창지사.

유홍옥(2014). 누리과정 발전을 위한 수도권 2지역 토론회 사례발표. 육아정책연구소.

윤선화·정윤경·이경선·나미혜·서용호(2002). **감각을 통한 위험지각능력 키우기 프로그램**.

서울: 한국안전생활교육회.
윤희경·김애옥·나은숙·이분려·황혜경(2015). **현장 중심 유아 교수-학습방법**. 서울: 창지사.
이대균·백경순·홍영희(2006). 상품화된 조작 교구를 활용한 유아 수학 교육 프로그램이 유아의 수학 능력 발달에 미치는 효과. **열린유아교육연구, 11**(2), 49-82.
이대균·송정원(2002). **최근 유아 교재교구 연구 및 지도**. 경기: 양서원.
이대균·송정원(2002). **최신 유아교재·교구 연구 및 지도**. 서울: 양서원.
이명조(2005). **영유아 발달과 교육**. 경기: 양서원.
이명환(2007). **독일의 숲 유치원**. 서울: 교육아카데미.
이명희(2009). 다문화 교육에 관한 유아 교육기관 교사의 인식과 실태. 경성대학교 대학원 석사학위논문.
이미숙(1992). 유아의 도덕 판단 능력과 자아개념의 관계에 대한 연구. 한국교원대학교 대학원 석사학위논문.
이선영(2009). 어머니의 양육행동과 유아의 또래 유능성: 유아의 놀이성의 조절효과. 중앙대학교 사회개발대학원 석사학위논문.
이숙재 (1990). **유아를 위한 놀이의 이론과 실제**. 서울: 창지사.
이숙재(2001). **유아놀이 활동**. 서울: 창지사.
이연섭·강문희(1999). **부모교육**. 서울: 정문사.
이연섭(1996). **유아교육개론**. 서울: 정민사.
이영석(1998). **유아교육론**, 서울: 형설출판사.
이은선(2002). 유아 교육기관의 안전 환경에 관한 실태 연구. 전남대학교 대학원 석사학위논문.
이은해·이미리·박소연(2006). **아동 연구방법의 이해**. 서울: 학지사.
이은화 외(1995). **유아교사론**. 경기: 양서원.
이은화·김영옥(1997). **유아를 위한 부모교육**. 서울: 동문사.
이은화·정진·박현주·김현정(2000). 문화와 놀이의 관계. **유아교육연구, 20**.
이재연·김경희(1989). **부모교육**. 경기: 양서원.
이정환·박은혜(1995). **유아관찰워크북**. 서울: 한국어린이육영회.
이진숙(2004). 취학 전 시기의 모-자녀 관계, 교사 및 또래관계가 아동의 초기 학교적응에 미치는 영향. **미래유아교육학회지, 11**(4), 333-357.
이현옥·박정선(2007). **영유아교수 방법론**. 서울: 공동체.
임미수(2013). 유치원 교사의 다문화 교육에 대한 인식 및 실태조사. 한국교원대학교 대학원 석사학위논문.

임재택·박재환(1999). **유아 교육과정**. 서울: 양서원.

임재택 외(2012). **생태 유아 교육프로그램**. 서울: 공동체.

임재택(1992). **현대유아 교육과정**. 경기: 양서원.

임재택(1995). 유아 교육기관 운영관리. 경기: 양서원.

임재택(2008). **생태교육학개론**. 경기: 양서원.

자연주의 유아 교육실천연구회(2011). **자연주의 유아교육 프로그램**. 서울: 공동체.

장명림·황성온·김미나(2012). 2013-2017 유아교육 중장기 발전 방향. 육아정책연구소.

장미경·이상희·윤미원·정민정·손금옥·신현정(2006). **보육학개론**. 서울: 태영출판사.

장원동·류현수(2012). **부모교육**. 서울: 태영출판사.

장혜진·김은실·상경하·송신영(2013). 5세 누리과정 효과분석 기초연구: 초등학교 적응을 중심으로. 육아정책연구소.

장혜진(2014). 누리과정 연계: 초등학교 1학년 학기 초 적응을 중심으로. 누리과정 발전을 위한 수도권 2지역 토론회. 육아정책연구소.

전남련·김재환·이혜배(2007). **아동행동 연구 및 관찰평가**. 서울: 창지사.

전남련(2006). **유아관찰평가의 이론과 실제**. 경기: 양서원.

정갑순(2006). **부모교육**. 서울: 창지사.

정계숙 외(2013). **부모교육**. 서울: 창지사.

정계영(1996). 영주지역 유아 교육기관의 시설·설비현황에 관한 연구. **경문전문대학논문집, 16**, 141-178.

정금자(1999). **유아놀이 지도의 이론과 실제**. 서울: 교육과학사.

정미라·배소연(1999). 유아 교사의 안전지식 정도에 대한 연구. **유아교육연구, 19**(1), 189-205.

정선희(1997). 다문화 교육에 관한 유아 교사의 인식과 실태조사. 이화여자대학교 대학원 석사학위논문.

정윤경(2004). **발도르프교육학**. 서울: 학지사.

정인자(1998). 보육시설 안전사고 실태 및 안전보육환경 평가. 숙명여자대학교 교육대학원 석사학위논문.

정진·성원경(1994). **유아놀이와 게임 활동의 실제**. 서울: 학지사.

정진·성원경(2004). **유아놀이와 게임**. 서울: 학지사.

조미희(2003). 유치원특수학급교사와 원적학급교사의 교사효능감에 따른 역할 수행에 관한 연구. 공주대학교 특수교육대학원 석사학위논문.
조복희(1991). **가정학연구방법론**. 파주: 교문사.
조옥희·권영자(1999). **3, 4, 5세를 위한 몬테소리 유아교육**. 서울: 중앙적성출판사.
조희숙 역(1987). **유아생활지도**. 서울: 창지사.
지성애(2000). **유아놀이지도**. 서울: 정민사.
지옥정(2009). **유아 교육현장에서의 프로젝트 접근법**. 서울: 창지사.
채종옥·이경화·김소양(2004). **유아와 놀이 이론과 실제**. 서울: 양서원.
최미진(2014). 유치원 통합학급에서의 협력교수에 대한 질적 사례연구. 공주대학교 특수교육대학원 석사학위논문.
최석란·이경희·이상화·서원경(2006). **놀이지도**. 서울: 공동체.
최석란(2005). 놀이와 유아발달. 양서원.
최인혜(2012). 부모의 원가족 경험과 부모-자녀 간 상호작용과의 관계. 인천대학교 교육대학원 석사학위논문.
표준국어대사전(2014). http://stdweb2.korean.go.kr
한국교육개발원(2014). 교육통계 DB.
한국교육평가학회(2004). **교육평가용어사전**. 서울: 학지사.
한국유아교육학회(1996). **유아교육사전**. 서울: 한국사전연구사.
한국행동과학연구소(1983). **부모교육**. 서울: 문교부.
한임순(2003). **최신유아교육개론**. 서울: 동문사.
한주미(2008). 교사와 어린이를 위한 유리드미의 실제, 발도르프교육연구. 제1회 하계 세미나 발표자료. 69-76.
허재화(2000). 공립유치원 종일제의 안전교육 현황분석 및 발전 방향. 동국대학교 교육대학원 석사학위논문.
황재윤(2014). 다문화가정 자녀의 교육 실태 및 정책에 관한 연구. 동아대학교 국제전문대학원 석사학위논문.
황해익·정혜영(2000). **유아 교사를 위한 포트폴리오 평가**. 경기: 양서원.
황해익(2003). **유치원원감 자격연수**. 부산: 부산시교육청.

Almy, M.(1975). *The Early Childhood Education at Work*. New York: MacGraw-Hill.
Axline, V. M.(1969). *Play therapy*. Boston: Houghton Miffin.
Barz, H.(1984). *Der Waldorkindergarten*. Weinheim und Basel.

Baumrind, D.(1966). Effects of authoritative parental control on children behavior.

Beaty, J. J.(2002). *Observing development of the young child* (5th Ed..). Upper Saddle River, NJ: Merrill Prentice Hill.

Begley, S.(1997, Spring/Summer). How to build a baby's brain. In Newsweek(Special Ed.), *Your child from birth to three*, 28-32.

Bergen, D.(1988). *Play as a medium for learning and development*. Portsmouth, N. H.: Heinemann.

Berlyne, D.(1960). *Conflict, arousal and curiously*. New York: McGraw Hill.

Berne, E.(1961). *Transactional analysis in psychotherapy*. New York: Grove Press.

Bloom(1964). *Stability and change in human Characteristics*. New York: Wiley.

Bretheton, I., & Wate, E.(1985). Growing points of attachment theory and research. *Monographs of the Society for Reserch in Child Development, 50*, 1-2.

Cochran, M.(1988). *Parental empowerment in family matters: Lessons learned from a research Program*. In Sigel, I. E.(Series Ed.), & Powell, D. F.(Vol. Ed.). *Advances in applied development psychology: Vol. 3. Parent education as early childhood intervention*. 1-22. Norwood, NJ: ABLEX.

Cohen, D., Stern, V., & Balaban, N.(1996). *Observing and recording the behavior of young children*. NY: Teacher College Press.

Committee for Economic Development(2006). The Economic Promise of Investing in High-Quality Preschool: Using Early Education to Improve Economic Growth and the Fiscal Sustainability of States and the Nation. Executive Summary. ERIC, ED 502296.

Connolly, J. A., & Doyle, A. B.(1984). Relations of social fantasy play to social competence in preschoolers. *Developmental Psychology, 20*, 797-806.

Crain. W.(1992). *Theories of Development Concepts and Applications*. New Jersey: Englewood Cliffs.

Dreikurs, R., & Grey, L.(1968). *A new approach to discipline: Logical consequences*. New York: W. Clement Stone.

Epstein, A. S., Schweinhart, L. J., DeBruin-Parecki, A., & Robin, K. B.(2004). Preschool assessment: Aguide to developing a balanced approach. NIEER *Policy Briefs, 7*.

Erikson, E. H.(1950). *Childhood and society*. New York: Norton, Bacon.

Erikson, E. H.(1950). *Childhood and society*. New York: W. W. Norton.

Freud, A.(1948). *The ego and the mechanisms of defence*. New York: International Universities Press.

Frost, J. L. (1976). *Revisiting Early Childhood Education*. New York.

Frost, J. L., & Klein, B. L.(1979). *Children's play and playgrounds*. Boston: Allyn & Bacon.

Gestwicki, C.(1999). *Home, scholl, and community relations: A guide to working with families* (4th Ed.). Delmar.

Ginott, H. G.(1972). *Between Parent and Child*. New York: Macmilian.

Gordon, T.(1975). *P. E. T.*. New York: New American Library.

Grunelius, E. M.(1994). *Erziehung im fruehen Kindesalter*. Freiburg: Verlag die Kommenden.

Huizinga, J.(1981). *Homo Ludens: A Study of the Play-Element in Culture*. 김윤수 (역). 호모루덴스: 놀이와 문화에 관한 한 연. 서울: 까치. 원서출판 1955.

Hurlock, E. B.(1964). *Child Development*. New York: McGraw Hill.

Hutt, C.(1971). Exploration and play in children. In Herron R. E., & Sutton-Smith, B.(Eds.). *Child's play*, 231-251. New York: John Wiley & Sons.

Jaffke F.(2004). **아이들과 함께 그림 그리기**. 김정임 (역). 서울: 해오름.

Johnson, J., Christie, J., & Yawkey, T.(1999). *Play and early childhood education*. New York: Longman.

Jonson, J. E., Chritie, J. E., & Yawkey, T. D.(1987). *Play and Early Childhood Development*. Glenvies, IL: Scott, Foresman and Company.

Kagan, S.(1995). The changing face of parenting education. ERIC Digest (EDO-PS-95-7).

Katz L. & Chard, S.(1989). Issues in selectiong topics for projects. ERIC Document ED 424031.

Katz, L.(1993). What can we learn from Reggio Emilia. In C. Edwards, L. Gandini, & G. Forman (Eds). *The hundred Language of Children: The Reggio Emilia Approach to early childhood education*. Norwood, NJ: Ablex.

Lenneberg, E.(1967). *The biological foundaions of language*. New York: Wiley.

McMillan, J. H.(1997). *Classroom assessment: Principles and practice for effective instruction*. Boston, MA: Allyn and Bacon.

Montessori, M.(1964). *The Montessori Method.* New York: Schocken Books.

Montessori M.(1965). *Dr. Montessori's Own Handbook.* New York: Shocken Books.

Montessori, M.(1976). *What You Should Know about Your Child.* India: Kalakshetra Publications.

Montessori, M.(1984). *The Absorbent Mind.* New York: Dell Publishing.

NAEYC Accreditation(2005). *NAEYC Early childhood program standards and accreditation criteria: The mark of quality in early childhood education.* Washington, DC: NAEYC.

NAEYC(1991). Health and Safety tips. *Young Children, 46*(6), 26.

National association for education of young children(2014). *NAEYC early childhood program standards and accreditation criteria & guidance for assessment*(2014년 4월 1일 업데이트 자료). NAEYC.

National Association for the Education of Young Children(1991). Guildlines for appropriate currirulum content and assesment in programs serving children age 3 through 8. *Young Children, 96*(3), 31-38.

National Resource Center for Health and Safety In Child Care(1997). Stepping Stones to Using Caring for Our children: National Health and Safety Performance Standards-Guidelines for Out-of-Home Child Care Programs. Protecting Children From Harm. National Resource Center for Health and Safety In Child Care.

National Resource Center for Health and Safety In Child Care(2003). Stepping Stones to Using Caring for Our children: National Health and Safety Performance Standards-Guidelines for Out-of-Home Child Care Programs. 2nd Ed.. National Resource Center for Health and Safety In Child Care.

National Resource Center for Health and Safety In Child Care(2003).Stepping Stones to Using Caring for Our children, 2nd Ed. Compliance/Comparison Checklist. National Resource Center for Health and Safety In Child Care.

Nilsen, B.(2001). *Week by week : Plans for observing and recording young children* (2nd Ed.). New York: Delmar Publishers Inc.

Pepler, S., & Ross, H.(1981). Effects of play on convergent and divergent problem solving. *Child Development, 52*, 1202-1210.

Piaget, J.(1962). *Play, Dreams and imitation childhood.* New York: W. W. Norton.

Piaget, J.(1962). Play, dreams and imitation in childhood. New York: Norton.

Piaget, J.(1973). *The psychology of intelligence*. Totowa. N. J.: Lttlefield & Adams.

Piaget, J.(1983). Piaget's theory. In Mussen, P. H.(Ed.). *Handbook of child psychology, l*(1), 103-128. New York: John Wiley & Sons.

Prescott, E.(1984). When do you think about spaces?. *Beginnings, Summer*, 3-5.

Robinson, H. F., & Schwarts, S. L.(1982). *designing curriculum for early childhood.* Boston: Allyn and bacon, Inc.

Ruth, S.(1951). *An introduction to child study*. New York: Macmillan Co.

Sciarra, D. J., & Dorsey, A. G.(1979). *Developing and administering child care center.* Boston: Houghton Mifflin Co.

Seefeldt, C., & Barbourm, N.(1986). *Early childhood education: An introduction.* Columbus, OH: Charles E. Merrill.

Shaklee, B. D., Barbour, N. E., Ambrose, R., & Hansford, S. J.(1997). *Designing and Using Portfolio*. Boston, MA: Allyn and Bacon.

Spencer, H.(1973). *principles of psychology*. New York: Appleton-Century-Crofits.

Spodek, B.(1991). *Early childhood curriculum and cutural definitions of knowledge*. In Spodek, B., & Saracho, O. N.(Eds.). Issues in early childhod curriculum. New York: Teachers College Press.

Steiner, R.(1948). *Die Erziehung des Kindes vom Gesichtspunkt des Geisteswissenschaft.* Stuttgart: Freis Geistes Leben.

Sutton-Smith, B.(1967). The role of play in cognitive development. *Young Children, 22*, 361-370.

Tompson, R. A.(2008). Hearing on Improving Head Start for America's Children. House Committee on Education and Labor Subcommittee on Early Childhood, Elementary, and Secondary Education. U. S. Congress.

Vygotsky, L. S.(1976). Play and it's role in the mental development of the child. In. Bruner, J. S., Jolly, A & Sylva, K.(Eds.). *Play: its role in development and evolution*. New York: Penguin Book.

Vygotsky, L. S.(1978). *Mind in society: The development of higher psychological processes*. Cambridge, MA: Harvard University Press.

Vygotsky, L. S.(1979). The role of play in development. In Cole, M., John-steiner, M.,

Scribner, S., & Souberman, E.(Eds.). *Mind in society*, 92-104. Cambridge, MA: Harvard University Press.

Waton, J. B.(1930). *Behaviorism*. New York: W. W. Norton.

Weikart, D. P.(1989). *Quality preschool programs: A long-term social investment*. New York: Ford Foundation Project on Social Welfare and the American Future, Occasional Paper Number Five.

Williams(1987). *Determining the curriculum*. In Seefedlt, Co.(Ed.). The early childhood curriculum. A review of current research. New York: Teachers College Press. 1.

Wing, L., Gould, J., Yeates, S. R., & Bnridrly, L. M.(1977). Symbolic play in severely mentally retarded and in autistic children. *Journal of Child Psychology and Psychiatry, 18*.

/저/자/소/개/

김 정 임
독일함부르크대학교 교육학(철학) 박사
울산과학대학교 유아교육과 교수

김 준 규
동아대학교 대학원(교육학 박사)
대동대학교 교수

박 희 숙
대구가톨릭대학교 교육학 박사
부산경상대학교 아동복지보육상담과 교수

황 현 숙
창원대학교 대학원 교육학과(교육학 박사)
창원문성대학교 유아교육과 교수

유아교육개론

초판 1쇄 인쇄 / 2017년 2월 2일
초판 1쇄 발행 / 2017년 2월 10일

공저자 / 김정임 · 김준규 · 박희숙 · 황현숙
발행인 / 이 중 수
발행처 / **동 문 사**

서울특별시 서대문구 홍제원 1길 12
(홍제동 137-8)
Tel : 02)736-3718(대), 736-3710, 3720
Fax : 02)736-3719
등록번호 : 제9-17호
가격 : 19,000원

ISBN : 978-89-8251-860-7(93370)
E-mail : dong736@naver.com
www.dongmunsa.com